मैनेजर पाण्डेय की तारीख़-ए-पैदाइश के मौक़े पर

सितम्बर की पहली तारीख़ 23 सितम्बर के साथ आ गयी थी
अभी तो एक साल भी पूरा नहीं हुआ था।
जो दिन बाक़ी रह गये
वे तारीख़-ए-पैदाइश के हैं या तारीख़-ए-वफात के,
ये ना तारीख़-ए-पैदाइश के हैं ना तारीख़-ए-वफात के
यह उन लोगों के हैं जिन्हें मैनेजर पाण्डेय के
इल्म और एहसास का शदीद एहसास है,
एक किताब को तरतीब देते हुए, इन बचे हुए दिनों के
तेज़तर गुज़र जाने का डर सताता है,
किताब के मुकम्मल हो जाने का ख़याल भी डराता है,
कुछ पन्ने किताब से बाहर रह जायें तो किताब की उम्र बढ़ जाती है।
आज की शाम मैनेजर पाण्डेय के साथ गुज़रती थी
शमीम हनफ़ी का कॉल आ ही जाता था कि
पाण्डेय जी को जन्मदिन की मुबारकबाद देना।
कभी चलूँगा तुम्हारे साथ, फिर हुआ यूँ कि एक दिन
मैनेजर पाण्डेय शमीम हनफ़ी साहब के घर आ गये,
वह दिन मुक्तिबोध की तारीख़-ए-पैदाइश का था
एक सादा-सा बिस्किट और एक प्याली चाय
कितनी ख़ूबसूरत, लज़ीज़ और ज़िन्दगी से भरपूर मालूम होती थी।
एक रास्ता बायीं तरफ़ को जेएनयू जाता है,
और दूसरा रास्ता सीधा पाण्डेय जी के घर की तरफ़
जो आगे जाकर बायें तरफ़ को मुड़ जाता है
और फिर एक रास्ता मुसाफ़िर को उनके घर तक ले जाता है,
उनके इल्म की गहराई और इज़हार की सतह तक।
जो साफ़, सादा और उजला था
यह एहसास तो इन रास्तों को भी रहा होगा
इसी बीच कोई फ़ोन आ जाता
बनी हुई चाय थोड़ी ठण्डी हो जाती
पाइप का धुआँ उनकी बातों और विचारों के साथ
किसी और आलम का पता देने लगता।
आज की तारीख़ उनके रुख़सत होने के बाद पहली बार आयी है
और कुछ इस तरह आयी कि जैसे वह गयी ही नहीं थी।
शाम अब गहरी होने लगी है
वक़्त निकलता जा रहा है जो चाय और सादे से बिस्किट का था
इस रुख़सत होते हुए वक़्त में इतना कुछ छुपा है कि
वक़्त के गुज़रने का एहसास कचोटने भी लगता है।
23 सितम्बर की तारीख़ फिर आयेगी।
एक तारीख़ और नज़दीक आ रही है
गुज़रती हुई तारीख़ आने वाली तारीख़ तो नहीं हो सकती
आज की शाम आने वाली और शामों के बारे में कुछ कहती है।
शब्द और कर्म, शब्द और साधना तक आ गये हैं।

–प्रो. सरवरुल हुदा
23 सितम्बर, 2023

हमने जाती हुई दुनिया को पुकारा ही नहीं

मैनेजर पाण्डेय को याद करते हुए...

सम्पादक

प्रो. सरवरुल हुदा

वाणी प्रकाशन

प्रकाशन के उत्कृष्टतम 60 वर्ष

vaniprakashan.com

पेपरबैक पहला संस्करण : 2023

वाणी प्रकाशन

4695, 21-ए, दरियागंज, नयी दिल्ली-110 002

फ़ोन : +91 11 23273167, 23275710

शाखाएँ

अशोक राजपथ, पटना-800 004, बिहार

कॉफ़ी हाउस कैम्पस, महात्मा गांधी मार्ग, इलाहाबाद-211 001, उत्तर प्रदेश

महात्मा गांधी अन्तरराष्ट्रीय हिन्दी विश्वविद्यालय, वर्धा-442 001, महाराष्ट्र

36/ए, शेक्सपियर सरणी, रानी बिरला गर्ल्स कॉलेज के पास, कोलकाता-700 017, प. बंगाल

sales@vaniprakashan.in
vaniprakashan@gmail.com

Hamne Jaati Hui Duniya ko Pukara Hi Nahin
Edited by Prof. Sarwarul Huda

ISBN : 978-93-5775-620-4
Criticism/Memoirs

मूल्य : ₹ 350

आर. टेक ऑफ़सेट प्रिंटर्स, दिल्ली-110 032 में मुद्रित

वाणी प्रकाशन का लोगो मक़बूल फ़िदा हुसेन की कूची से

शर्म होगी तो ख़ुद आयेगी पलट कर आज़िज़,
हमने जाती हुई दुनिया को पुकारा ही नहीं।

अब शहर में तेरे कोई हम-सा भी कहाँ है

मैंने मैनेजर पाण्डेय को 1996 में जेएनयू के भारतीय भाषा केन्द्र में देखा। पहली ही नज़र में वह सबसे अलग नज़र आये। काफ़ी दिनों तक उन्हें नज़दीक और दूर से देखता रहा लेकिन उनसे मिलने की हिम्मत नहीं होती थी। अपने दोस्त नीलकण्ठ के साथ कभी-कभी उनकी क्लास में चला जाता और यह भी हुआ कि राह चलते उन्हें आदाब कहकर गुज़र जाता। मुझे याद है कि एम.ए. उर्दू और एम.ए. हिन्दी के विद्यार्थियों के लिए फ्रेशर वेलकम का आयोजन किया गया था। उसमें शायद पहली मर्तबा उन्हें सुना था। यह भी याद है कि जेएनयू कैम्पस का ज़िक्र करते हुए उन्होंने कहा था कि नये विद्यार्थियों को जेएनयू होने में साल छह महीने का समय लग जाता है। उस वक़्त यह समझ में नहीं आया था कि जेएनयू होना क्या होता है। उनकी आवाज़ में एक ख़ास कशिश थी, एक फ़ितरी अन्दाज़ था। कोई बनावट नहीं थी न व्यक्तित्व में और न भाषा में। ऐसा महसूस हुआ कि जैसे हम सब एक सच्चाई के सामने मौजूद हैं और सच्चाई का इज़हार जिस भाषा में हो रहा है वह भाषा भी सच्चाई की भाषा मालूम होती थी। यह पहला मौक़ा था जब यह भी समझ में आया कि सच्चाई की भाषा और भाषा की सच्चाई दोनों में क्या रिश्ता है। उनको जब भी सुना तो यह महसूस हुआ कि इन्सान को अपनी आत्मा की भाषा और उसकी आवाज़ से समझौता नहीं करना चाहिए। जो लोग सुबह-शाम अपनी भाषा बदल लेते हैं, वह मैनेजर पाण्डेय के क़रीब नहीं हो सकते। पाण्डेय जी को अपनी बात कहने में ज़्यादा वक़्त नहीं लगता था। मैंने इक्का-दुक्का ही ऐसी शख़्सियत को देखा है जिसमें सोचने-समझने की इतनी तीव्रता होती है। उनकी पेशानी पर फ़िक्र की गहरी लकीर हुआ करती थी। लेकिन जब बोलने का वक़्त आ जाये तो अचानक वह फ़िक्र की लकीर उनकी भाषा के साथ किसी और ही दुनिया में पहुँचा देती थी। एक सोचता हुआ दिमाग़ किस तरह पूरे वजूद के साथ बातचीत में शरीक हो जाता था। फ़िक्र की लकीर वक़्त के साथ और गहरी होती गयी। धीरे-धीरे ज़माना भी बदलता रहा। बदलते ज़माने ने पाण्डेय जी की फ़िक्र को प्रभावित ज़रूर किया लेकिन वह

अपने बुनियादी सरोकार के साथ बोलते और लिखते रहे। उन्हें देखकर महसूस होता था कि एक शख़्स ने एक उम्र में कितना सोचा है। वह किसी से डरते नहीं थे और न उन्हें किसी को डराने का फन आता था। वह समझते थे कि अपनी बात अपने अन्दाज़ में अपनी सोच के साथ कह देनी चाहिए। मतभेद का मतलब यह नहीं होता कि कोई किसी ख़याल या चिन्तन का विरोधी है। मैंने संगोष्ठियों में उन्हें जब भी सुना तो यही महसूस किया कि कोई शीर्षक या आइडियोलॉजी किस तरह ज्ञान के साथ अहसास का हिस्सा बन जाती है।

एक बार जेएनयू के भारतीय भाषा केन्द्र में अडोर्नो पर एक संगोष्ठी हो रही थी। उसमें वक्ता के रूप में नामवर सिंह और मैनेजर पाण्डेय थे। पहले पाण्डेय जी ने भाषण दिया और उसके बाद नामवर सिंह का भाषण हुआ। मैनेजर पाण्डेय पूरी तैयारी के साथ आये थे। पाण्डेय जी की तैयारी कुछ इस तरह दिखाई दी कि उनके सामने नोट्स थे, कभी नोट्स की तरफ़ देखते और कभी सुनने वालों की तरफ़। यह एक ऐसा तजुर्बा था जिसने बताया कि स्कॉलरशिप क्या होती है। नामवर सिंह ने जिस अन्दाज़ में तक़रीर की उसकी एक अपनी शान थी, उन्हें बहुत कुछ याद था और फिर उन्होंने पाण्डेय जी की बातों को भी आगे बढ़ाया। यह दूसरा हुनर था जो एक ही संगोष्ठी में एक ही विभाग के दो विद्वान आलोचकों के ज़रिये सामने आया था। बाद में अडोर्नो पर उनका एक लेख भी प्रकाशित हुआ। पाण्डेय जी जब बोलते थे तो कुछ लोगों के चेहरे उतर भी जाते। मुझे यह भी महसूस हुआ कि गुज़रते वक़्त के साथ उनसे नाराज़ होने वालों की तादाद भी बढ़ती चली गयी। वक़्त इन्सान को जो दुनियादारी सिखाता है वह उस नैतिकता के विरुद्ध है जिसका लिहाज़ ना करना ख़ुद को ख़राब करना है। पाण्डेय जी के मिज़ाज में जो शक्ति थी, उसे सख़्ती भी कहनी चाहिए जो दुनिया भर के सच्चे लेखक का मुक़द्दर है।

पाण्डेय जी पर कलीम आजिज़ का यह शेर पूरा उतरता है–

शर्म होगी तो ख़ुद आयेगी पलट कर आज़िज़,
हमने जाती हुई दुनिया को पुकारा ही नहीं।

पाण्डेय जी को मैंने हमेशा एक ही रफ़्तार से चलते हुए देखा। एक सहजता और गम्भीरता उनके अन्दाज़ और गुफ़्तार का हिस्सा रही है। इस गम्भीरता में थोड़ी बेनियाजी भी शामिल थी जो कशिश रखती थी। वे चलते हुए बात करना कम ही पसन्द करते थे। अगर कुछ बोलना और सुनना ज़रूरी होता तो उनकी आवाज़ कुछ तेज़ हो जाती। इसकी वजह शायद यह हो कि रास्ता तो रास्ता है राह चलते हुए जल्दी-जल्दी बात को पूरी करके आगे बढ़ जाना होता है। पाण्डेय जी दायें-बायें तो

नहीं देखते थे मगर निगाह को नीचे करके चलना एक ओढ़ी हुई शराफ़त होती है जो उनकी निगाह में ठीक नहीं थी। वह चलते हुए अक्सर निगाह उठाकर आने जाने वालों को देखते थे। भारतीय भाषा केन्द्र आते वक़्त आमतौर पर उनके हाथ में कोई किताब या पत्रिका होती थी। मैंने क्लास में हमेशा उन्हें नोट्स के साथ पढ़ते हुए देखा है। शुरू में हैरत होती थी, दोस्तों से कहता था कि हिन्दी के इतने बड़े विद्वान आलोचक हैं, मगर देखकर पढ़ाते हैं। कुछ समय के बाद यह राज़ समझ में आया यह तो क्लास के प्रति उनकी तैयारी है। यानी एम.ए. के विद्यार्थियों को क्या और कितना पढ़ना है, मैनेजर पाण्डेय इस तैयारी के साथ ही क्लास में आते थे। पाण्डेय जी को मैंने कभी तेज़ चलते हुए नहीं देखा और जितना तेज़ सोचते थे और तेज़ बोलते थे उनके चलने के अन्दाज़ में उतनी ही आहिस्तगी थी। अलबत्ता सुबह के टहलने में उन्हें मैंने कुछ तेज़ क़दम चलते हुए ज़रूर देखा था। यह तेज़ी सुबह के वक़्त की थी। जैसे-जैसे दिन उठता था उनके क़दमों की रफ़्तार अपनी अस्ल की तरफ़ आ ही जाती थी। भारतीय भाषा केन्द्र जाते हुए उन्हें बहुत देखा। कभी ऐसा होता कि हम लोग पीछे चल रहे होते और पाण्डेय जी आगे की तरफ़ बढ़ते जाते। उनकी रफ़्तार का ख़याल रखते हुए हम लोग अपनी रफ़्तार को कम कर लेते या फिर कोई ऐसा रास्ता होता तो उसे बदलकर हम अपनी रफ़्तार में आ जाते। मैनेजर पाण्डेय की गुफ़्तगू में जो एक व्यंग था वह उनके लेखन में आमतौर पर कम दिखाई देता है। इसकी वजह शायद यह हो कि लोगों की मौजूदगी उन्हें भाषा और चिन्तन का ख़ास ख़याल रखने पर मजबूर करती थी। इसी मौक़े पर महसूस होता था कि बोलना लिखने से ज़्यादा प्रभावित करता है। लिखते वक़्त एक शख़्स तन्हा होता है, लेकिन यह तन्हाई भी तन्हाई नहीं होती। देखा जाये तो वक़्त इस तन्हाई में शरीक रहता है।

मैनेजर पाण्डेय की शख़्सियत की एक अहम बात उनकी मासूमियत है। अगर इन्सान अन्दर से मासूम ना हो तो मासूम बनने की अदा ज़ाहिर हो जाती है। एक तरह से तो कोई भी मुकम्मल तौर पर मासूम नहीं है। बढ़ती उम्र के साथ वक़्त इन्सान को बहुत कुछ समझा और सिखा देता है। इन्सान की पैदाइशी मासूमियत गँदला जाती है। मैनेजर पाण्डेय ने तमाम उम्र उस मासूमियत को बचाये रखने की कितनी कोशिश की इसके बारे में कोई भी यक़ीनी तौर पर कुछ नहीं कह सकता। फिर भी महसूस होता है कि पाण्डेय जी की आँखों में हैरत थी और यह वही हैरत थी जो मासूमियत की वजह से पैदा होती है। उन्होंने ज़िन्दगी, ज़माना और अदब के बारे में बहुत कुछ सोचा पढ़ा और लिखा फिर भी एक मासूमियत थी जो तमाम उम्र उनकी शख़्सियत का हिस्सा बनी रही। मैंने जब भी कभी उनसे रूबरू बैठकर बात की तो यही महसूस

हुआ कि वह हैरत से देख रहे हैं और सुन रहे हैं। जो सुना हुआ और देखा हुआ होता था उसे भी। उनके अन्दर एक अजीबोगरीब कैफ़ियत थी जो मासूमियत और हैरत से पैदा होती है। एक मानी में उनका दिल और दिमाग़ आम ज़िन्दगी में आम आदमी की तरह भी सोचता था और उस आदमी की तरह भी जो अपने बारे में किसी और के दिमाग़ की तरह सोचता है, किसी और की नज़र से देखता है। हाँ उसमें इतना घमण्ड नहीं कि वह दूसरे की नज़र और दूसरे की सोच को महत्त्व ना देता हो। पाण्डेय जी बोलते-बोलते बिल्कुल ख़ामोश हो जाते थे। एक विद्यार्थी भी उनसे बात कर सकता था और वह बातचीत के दरमियान आमतौर पर सामने वाले की बात को काटते नहीं थे। कई बार ऐसा हुआ कि वह कहने लगे कि देखो तुम्हारे सोचने का यह तरीक़ा इस समय मुझे ठीक नहीं लग रहा है। तुमने अपने सन्दर्भ को थोड़ा छोटा कर लिया। तुम ज़रा इस ओर भी ध्यान केन्द्रित करो। यह सब बातें मैंने उस शख़्स की ज़बान से सुनी हैं जो सुबह से शाम तक सिर्फ़ लिखने और पढ़ने के बारे में सोचता था। उसकी क़लम काग़ज़ पर लकीरों को बनाती थी। ये लकीरें सीधी होती थीं। बहुत आसानी से इन्हें पढ़ा जा सकता था। उन सीधी लकीरों में सोच की एक गहराई थी। अजीब बात है और किसी भी स्कॉलर के लिए एक चैलेंज भी कि लिखने और बोलने में अपनी ज़ुबान और अपने ख़याल को किसी एक विषय पर कैसे केन्द्रित किया जाता है। वह बोलते-बोलते अलग दिशाओं की तरफ़ निकल जाते थे लेकिन फिर वह मुख्य मुद्दे पर आ जाते थे। जब किसी अदीब और आलोचक का सन्दर्भ छोटा हो जाये तो उसके लिखने और बोलने की सीमा भी सिमट जाती है। पाण्डेय जी किसी सीमा के अन्दर रहकर ख़याल की सतह पर कितनी दूर तक जा सकते थे। इसका अन्दाज़ा उनकी तक़रीर और तहरीर को देखकर किया जा सकता है।

पाण्डेय जी ने मासूमियत की हिफ़ाज़त में पूरी उम्र गुज़ार दी। उसे लोगों ने जिस तरह गँवाया और लुटाया है वह भी हमारे सामने है। अपनी शख़्सियत को बचाए रखना भीड़ में रहते हुए अपनी भाषा और संवेदना की हिफ़ाज़त करना और तमाम उम्र एक ही आवाज़ में बात करना कोई आसान काम नहीं है। मैं आगे चलकर उनके अदबी ख़यालात और उनके आलोचनात्मक रवैये की तरफ़ इशारा करूँगा। मैंने लिखा है कि उन्हें सुनते हुए लोग पहलू बदलने लगते थे, कुछ पर नागवारी के आसार ज़ाहिर हो जाते थे लेकिन उनके पास सुनने के अलावा कोई चारा भी न था। लोग वक़्त और हालात को देखकर अपनी भाषा भी बदल लेते हैं और अपनी संवेदना भी। पाण्डेय जी ने अगर यह सब कुछ किया होता तो उन्हें वह सारे ही पुरस्कार और उपाधियाँ मिल जातीं जिसके लिए लोगों ने अपनी ज़ुबान और अपनी संवेदना का ख़ून किया है।

पाण्डेय जी को देखते हुए अभी दिन ही कितने हुए थे लेकिन एक आवाज़ थी जो मेरे वजूद के अन्दर दाख़िल होती जा रही थी और मेरा विश्वास मज़बूत होता जाता था कि जेएनयू में मुझे एक सच्चा और ईमानदार उस्ताद और स्कॉलर मिल गया है जिसकी मुझे उस वक़्त तलाश थी। मैं सोचता हूँ कि यह मेरी ख़ुशनसीबी है कि मुझे शुरू में ही पाण्डेय जी की किताब 'साहित्य के समाजशास्त्र की भूमिका' मिल गयी। जो उनसे बार-बार मिलने और गुफ़्तगू करने का बहाना बनी। आज जब मैं इस किताब की भूमिका लिख रहा हूँ तो उन दिनों को कैसे भूल सकता हूँ। उस किताब के अनुवाद के सिलसिले में कभी-कभी तो दिन में दो-तीन बार मिलना पड़ता था—कभी सेंटर में और कभी उनके घर पर। वह किताब हिन्दी से उर्दू ज़बान में आयी और यह कहा जाने लगा कि भारतीय भाषा केन्द्र जिस मक़सद के लिए जेएनयू में बना था शायद यह पहली किताब है जो हिन्दी और उर्दू को व्यावहारिक रूप से एक-दूसरे के क़रीब लाने की एक कोशिश है। वह दिन मेरी ज़िन्दगी के यादगार दिन थे और कभी-कभी तो यह होता था केदारनाथ सिंह, असलम परवेज़, सदीकुर रहमान के साथ मिलकर किताब का कोई एक हिस्सा या एक पन्ना सुनता था और एक दुनिया फैलती हुई-सी महसूस होती थी। पाण्डेय जी इतना कुछ जानने और समझने के बावजूद एक विद्यार्थी की बातों को हैरत और मासूमियत के साथ सुनते थे। इन्सान की सबसे बड़ी ताक़त उसकी वह मासूमियत है जो उसे न सिर्फ़ एक अच्छा इन्सान बनाती है बल्कि इन्सानियत पर भरोसा करना भी सिखाती है। मैं कभी-कभी अपने हॉस्टल कावेरी से निकला और देखता कि थोड़े फ़ासले पर पाण्डेय जी आहिस्ता-आहिस्ता अपने ख़ास अन्दाज़ में केन्द्र की तरफ़ बढ़ रहे हैं। मैं उनके साथ हो लेता और पूछता कि सर इस शब्द के क्या मानी हैं। आपने इन्हें किस सन्दर्भ में इस्तेमाल किया है। उन्होंने कभी यह नहीं कहा कि रास्ते में बात मत करो या सेंटर चलो। वह अपनी बात शुरू कर देते थे। मैंने उन्हें कभी भी बिल्कुल इत्मीनान के साथ बैठे हुए नहीं देखा। उनकी पेशानी पर फ़िक्र की एक लकीर हमेशा दिखाई देती थी। मैंने बहुत ग़ौर से माथे की उस लकीर को देखा था। इस देखने के अमल में कितनी दूर तक गया हूँ, इसका अन्दाज़ा लगाना अब ख़ुद मेरे लिए भी मुमकिन नहीं। मैंने जिस सन्दर्भ की बात की है वह सन्दर्भ इतिहास और राजनीति के बग़ैर बड़ा हो ही नहीं सकता।

मैं पाण्डेय जी के सिलसिले में विचारधारा की बात करना नहीं चाहता हूँ क्योंकि सब लोग जानते हैं कि उनकी विचारधारा क्या थी। लेकिन यह बात कम लोग जानते हैं कि उस विचारधारा में उनके यहाँ कितनी व्यापकता थी। और वक़्त के साथ उन्होंने उस विचारधारा में कितनी गुंजाइश पैदा की। एक पुरानी लकीर है

जिसे लोग अभी भी पीट रहे हैं और वह यह नहीं देखते कि पाण्डेय जी ने उस लकीर से जो गहरी निस्बत का इज़हार किया और तमाम उम्र उस लकीर का लिहाज़ किया। वे नहीं मानते कि कोई और लकीर बड़ी नहीं हो सकती या उस लकीर का दूसरी लकीरों के साथ कोई रिश्ता कायम नहीं हो सकता। पाण्डेय जी के यहाँ कोई दिखावा नहीं था वह जैसे थे वैसे ही दिखाई देते। दिल्ली जैसे शहर में कई दशकों तक ख़ुद को इस तरह बनाये रखना किसी घटना से कम नहीं है। पाण्डेय जी के साथ कुछ ऐसी महफ़िल भी मैंने देखी है जो उर्दू के बड़े अदीबों की महफ़िल थी। एक मौक़े पर शह्रयार साहब ने मुझे फ़ोन किया कि तुम पाण्डेय जी को लेकर फलां होटल में आओ फिर हो सके तो केदारनाथ सिंह को भी साथ ले आओ। शह्रयार की दरख़्वास्त पर यह सब लोग एक जगह जमा हुए और फिर जो आलम था वह आलम नज़र नहीं आया। पाण्डेय जी और शह्रयार में धीरे-धीरे दोस्ती बढ़ती गयी। मुझे शह्रयार फ़ोन करके पाण्डेय जी की ख़ैरियत पूछते और कहते कि सरवर, प्रो. पाण्डेय कमाल के आदमी हैं जितना अच्छा बोलते हैं उतना ही अच्छा लिखते हैं कोई बनावट नहीं है।

मैनेजर पाण्डेय के अध्यापक जीवन को जिन लोगों ने क़रीब से देखा है वह मेरी इस बात से सहमत होंगे कि उन्हें सबसे ज़्यादा चिन्ता क्लासरूम और रिसर्च की हुआ करती थी। विश्वविद्यालय में हमेशा कुछ ऐसे शिक्षक रहे हैं, जिन्होंने अपने ज्ञान और संवेदना से विद्यार्थियों को मालामाल किया। कभी-कभी ऐसा होता है कि बाहर की दुनिया में किसी की स्कॉलरशिप ज़्यादा पहचान ली जाती है मगर क्लासरूम में विद्यार्थियों को उनसे कम फ़ायदा पहुँचता है। मैनेजर पाण्डेय के यहाँ जो स्कॉलरशिप थी वह एक ही वक़्त में दो स्तरों पर अपनी ज़िम्मेदारी निभाती। उन्होंने पढ़ाते हुए विद्यार्थियों पर कभी किसी विचारधारा को थोपने की कोशिश नहीं की। अगर विद्यार्थी को किसी विचारधारा में ख़ास दिलचस्पी है तो वह उसे पूरी आज़ादी देते थे। एक बार 'दीवाने अशरफ अली खाँ फ़ग़ाँ' के विमोचन समारोह में उन्होंने जो तक़रीर की थी वह भी एक महत्त्वपूर्ण हवाला है। अशरफ अली खाँ फ़ग़ाँ ने ग़ज़ल गायी तो उसमें एक लाइन थी 'नहीं मालूम अब तक दूर या नज़दीक मंज़िल है' इसी से फ़ायदा उठाते हुए उन्होंने सभा में कहा कि लोग यह समझते हैं कि वे मंज़िल पर पहुँचे हुए हैं मगर बहुत बाद में पता चलता है कि वे चले ही नहीं थे। यह सुनकर सब लोग हँसने लगे लेकिन उनके चेहरे पर जो गम्भीरता थी वह कुछ और कहती थी। जेएनयू ही में एक सभा हो रही थी जिसमें हिन्दी और उर्दू के रिश्ते पर लोग विचार कर रहे थे, उन्होंने साफ़ तौर पर कहा कि हम मिलते रहे, चाय पीते रहे लेकिन हिन्दी की संवेदना उर्दू वालों के लिए और उर्दू की संवेदना हिन्दी वालों के

लिए अजनबी बनी रही। इसके क्या कारण हैं, इस पर विचार करना चाहिए। विचार का सिलसिला अपने आप से शुरू करना चाहिए कि हमने हिन्दी और उर्दू को एक साथ लाने और समझने के प्रयास में क्या कुछ किया है और हमें क्या कुछ करना चाहिए था। साफ़-साफ़ कहने वाला हमेशा लोगों की निगाह में खटकता रहता है। असल में साफ़गोई उस वक़्त मुमकिन है जब आदमी को पूरी तरह पता हो कि उसे साहित्य में इलेक्शन तो लड़ना नहीं है कि उसे वोट की चिन्ता होगी। पाण्डेय जी को साहित्य में न इलेक्शन लड़ना था और न ही अपने विचारों और ख़याल की बुनियाद पर किसी को इलेक्शन जितवाना था। ऐसी सूरत में उन्हें उस आवाज़ और अन्दाज़ में बोलना था जिसका ज़िक्र पहले ही मेरे लेख में आ चुका है। मुझे महसूस होता है कि उस आवाज़ में ज्ञान विचार और प्रतिबद्धता के साथ-साथ जो ईमानदारी थी उसके क़दरदान हमेशा कम रहे हैं। सच्चाई ज्ञान को ज़्यादा धारदार बना देती है। सच्चाई ज्ञान को जिस तरह लोगों के सामने पेश करती है उसकी भाषा अलग-अलग होकर भी अलग-अलग नहीं होती। किसी इन्सान में जब भी सच्चाई का सामना करने की हिम्मत नहीं होती है तो ऐसे में वह इन्सान स्वयं ही आन्तरिक और मानसिक समस्या से ग्रस्त हो जाता है। सबसे अच्छा रास्ता तो यही है कि सच्चाई से भरे ज्ञान का सम्मान किया जाये और जो किताबें हमने नहीं पढ़ी हैं उनके न पढ़ने का हिसाब किसी और से ना माँगा जाये। पाण्डेय जी बात करते-करते कभी-कभी ताली बजा देते थे। यह ताली भी उनकी मासूमियत का एक हवाला थी पर वह बोलने से नहीं चूकते थे। मैंने उनसे यही सीखा कि साहित्य की दुनिया में समय और अवसर को गँवाना ख़तरनाक है।

पाण्डेय जी को जितना महसूस किया है वह लिख पाना मेरे लिए मुमकिन नहीं था। जितना मुमकिन हो सका उसमें उनकी शफकत का बड़ा हिस्सा है। अहसास की दुनिया आसानी से आवाज़ नहीं बनती। इस दुनिया के वासी की पहचान आसानी के साथ की जा सकती है। मुझे पाण्डेय जी को महसूस करने और उन्हें बार-बार सुनने की ज़रूरत एक ऐसे शहर में महसूस हुई जो हमेशा एक ही तरह से किसी का कभी नहीं रहा। यह बात तो किसी भी शहर के बारे में कही जा सकती है लेकिन शहर दिल्ली अपनी जिन ख़ूबियों से पहचाना जाता है उनमें से एक को देखकर आगे निकल जाना कहते हैं। पाण्डेय जी ने इस शहर को जो पहली मर्तबा देखा होगा और जब इसे आख़री मर्तबा देखा होगा तो उन पर क्या गुज़री होगी और उन्होंने क्या सोचा होगा, यह कौन जानता है। वैसे देखा जाये तो वह शिकवा-शिकायत कम ही करते थे बल्कि शिकवे का उनकी ज़िन्दगी में कोई स्थान ही नहीं था। अपने दुख को छुपाना और उसे अपने व्यक्तित्व की तामीर के लिए इस्तेमाल

करना कोई पाण्डेय जी से सीखे। मुझे याद है कि पाण्डेय जी के जवान बेटे आनन्द के मार दिये जाने की ख़बर आयी तो सेंटर ऑफ़ इंडियन लैंग्वेज़ में एक शोक सभा हुई थी। जिसमें केन्द्र के शिक्षकों ने अपने-अपने तौर पर पाण्डेय जी से अपनी संवेदना और दुख का इज़हार किया, उस वक़्त भी पाण्डेय जी ख़ुद को सँभाले हुए थे। बात यह है कि ऐसे मुश्किल वक़्त में भी ख़ुद को सँभाल के रखना कितना मुश्किल होता है। पाण्डेय जी ने अपने एक इंटरव्यू में जिन बातों पर अपने दुख का इज़हार किया है उसमें एक यह घटना भी है। दूसरी घटना वह है जब उनके पिताजी का देहान्त हुआ और उसी दिन इन्दिरा गांधी की हत्या भी कर दी गयी थी। सारा शहर हर तरफ़ से बन्द था कहीं आने जाने की सूरत नहीं थी। पाण्डेय जी ने हवाई जहाज़ से जाने की कोशिश की तो एयरपोर्ट पर पहुँचना भी मुमकिन नहीं था। यह घटना भी उनकी ज़िन्दगी की एक बड़ी घटना थी। पाण्डेय जी ने इस दुख का भी इज़हार किया है कि मैं नागार्जुन पर एक किताब लिखना चाहता था। किताब लिखनी शुरू भी कर दी गयी थी, लेकिन वह किताब मुकम्मल नहीं हो पायी। असल में सवाल करने वाले ने उनसे जो सवाल किया था उसका जवाब देना किसी के लिए भी आसान नहीं है। सवाल यह था की 75 साल के लम्बे जीवन में आप जब मुड़कर पीछे की तरफ़ देखते हैं तो क्या महसूस करते हैं। यह सवाल बहुत-सी तमन्नाओं को जगाता है, बहुत-सी यातनाओं की याद ताज़ा करता है। ज़िन्दगी की मेहरूमिया याद आती हैं। एक लम्बे अरसे के बाद इन्सान के लिए यह मुमकिन नहीं हो पाता कि वह उन कमियों को दूर कर सके, लेकिन पाण्डेय जी ने जिन बातों पर अपनी शिकायत दर्ज की है उसका रिश्ता उनकी अपनी ज़िन्दगी अपने घर से है और उसका रिश्ता बाहर की दुनिया से भी है। कोई और होता तो तरह-तरह की बातें करता। अपनी उपलब्धियों की गाथा बयान करता, अपनी परेशानियों का ज़िक्र करता और उन परेशानियों का ज़िम्मेदार वह दूसरों को ठहराता, लेकिन वह कहते हैं कि ज़िन्दगी से मेरी शिकायत कुछ निजी है। यह इतनी बड़ी बात है कि इससे ज़िन्दगी का चेहरा शर्मिन्दा नहीं होता। ज़िन्दगी गाने लगती है, गुनगुनाने लगती है और ज़िन्दगी पर हमारा भरोसा क़ायम रहता है।

पाण्डेय जी ने अपने इंटरव्यू में सिर्फ़ साहित्य सिद्धान्त के बारे में बात नहीं की बल्कि अपने ज़माने को भी सामने रखा है। पाण्डेय जी ने सामाजिक जीवन और उनके मूल्यों के बारे में जैसी आलोचना की है शायद किसी और आलोचक ने नहीं की है। उन्हें किसी का डर नहीं किसी की परवाह नहीं थी। उन्होंने खुलकर अपनी बात लिखी और कही। अकेले में, लोगों के दरमियान और फिर जहाँ कहीं भी उन्हें कुछ साहित्य और समाज के बारे में सोचने का अवसर मिला समय की चालाकी से

ख़ुद को बचाने की कोशिश की। समय की चालाकी का उनकी नज़र में कोई और ही मतलब था। वह साहित्य के माध्यम से समय की चालाकी को पहचानना चाहते थे। पाण्डेय जी ने उसी इंटरव्यू में दारा शिकोह पर अपनी किताब का ज़िक्र किया है। दारा शिकोह उनकी ज़िन्दगी का एक महत्त्वपूर्ण विषय बन गया था। उनकी ज़िन्दगी में यह किताब छप नहीं सकी लेकिन उसके लिखे जाने की तैयारी और पूरी प्रक्रिया को मैंने क़रीब से देखा है।

एक शोले का ख़ामोश हो जाना

कमोबेश एक माह अस्पताल में रहने के बाद कल रात मैनेजर पाण्डेय साहब अपने घर आ गये। इस दरमियान में उनके विद्यार्थी और अपने दोस्त डॉक्टर नीलकण्ठ के साथ उन्हें देखने अस्पताल गया था। आज शाम मैं उन्हें देखने के लिए जामिया से इस यक़ीन के साथ गया कि वो पहले से बेहतर होंगे। उनकी बेटी रेखा ने बताया कि पाण्डेय जी की सुविधा को ध्यान में रखकर बाहर के कमरे को आईसीयू की तरह बना दिया गया है। उनकी देखभाल के लिए तीन लोग वहाँ मौजूद थे। घर का दरवाज़ा जिससे मैं उनसे मिलने के लिए दाख़िल होता था, आज वह बन्द था। बन्द तो वो पहले भी रहता था लेकिन देर से ही सही वो खुल जाता था। इस आवाज़ के साथ कि कौन है? कौन है में बज़ाहिर ग़ुस्सा होता था मगर उसकी अपनाइयत को महसूस करने वाले बहुत लोग हैं। आज मैंने आवाज़ नहीं दी लेकिन मैं उनकी आवाज़ को सुन रहा था। दूसरे दरवाज़े पर रेखा खड़ी थी। हिन्दी के इतने बड़े आलोचक और यक़ीनन अपनी शर्तों पर ज़िन्दगी और अदबी ज़िन्दगी गुज़ारने वाली शख़्सियत को दोबारा इस हाल में देखना बहुत मुश्किल था। मगर वो पहले से कुछ बेहतर नज़र आये। वो अब भी कुछ नहीं बोल रहे थे। आँखें खोलते हैं, इशारों में कुछ कहते हैं और आँखें आँसुओं से भर आती हैं। रेखा ने कहा सरवर आये हैं। उन्होंने मेरी तरफ़ देखा और कई बार देखा। मैं कुछ बोलना चाहता था और ख़ुद मुझे भी समझ में नहीं आ रहा था कि क्या बोलूँ। कोई दस मिनट के क़रीब मैं उन्हें देखता रहा। उनकी नज़र मुझ पर थी और वो शायद दरवाज़े की तरफ़ भी जा रही थी। जब मैंने उनसे कहा कि सर मैं अब जा रहा हूँ। रेखा कहने लगीं कि वो आपकी बात सब सुन रहे हैं। रेखा ने एक मर्तबा नज़दीक जाकर कहा कि सरवर जा रहे हैं फिर आयेंगे। उसी कमरे में मैं इतनी बार सर से मिलने के लिए हाज़िर हुआ हूँ कि अब उसे अस्पताल की तरह देखना बड़ा ही दुखद था। पाण्डेय जी फ़ौरन कहते थे सरवर बैठ जाओ। मैं उनकी टेबल पर रखी किताबों और पत्रिकाओं को देखने लगता था तो कभी-कभी कह देते थे कि पढ़ना चाहते हो तो ले जाओ या बाद में

ले जाना। आज उसी टेबल पर दवाएँ रखी थीं और कुछ काग़ज़ात भी। वो पाइप भी नज़र नहीं आ रहा था जिसको पीते हुए धुआँ फैल जाता और फिर उसके साथ पाण्डेय जी की भाषा फ़िक्र-ओ-अहसास की किसी और दुनिया में पहुँचा देती थी। डॉक्टरों ने पाइप पीने से मना कर दिया था मगर मुकम्मल तौर पर वो छोड़ न सके।

पिछली मुलाक़ात में उन्हें कमज़ोर तो देखा था मगर धुएँ का कमरे में ज़रा-सा फैल जाना हौसला दे रहा था। सर से आख़िरी मुलाक़ात उनके घर पर हुई। वह अस्पताल से दो दिन पहले ही आये थे काफ़ी कमज़ोर हो चुके थे लेकिन आवाज़ में वही खनक और जोश था। नीलकण्ठ और हम दोनों इकट्ठे ही उनके घर गये थे। बातचीत के बीच उन्होंने हम दोनों को बहुत ग़ौर से देखा और सुना बहुत-सी दुआएँ दीं। हमने उन्हें याद दिलाया कि कैसे हम लोग आपकी क्लास में बैठ जाया करते थे। उन्होंने हँसते हुए कहा, "तुम दोनों मित्र भी हो और मूर्ख भी।" यह जुमला हमारी ज़िन्दगी का एक महत्त्वपूर्ण हवाला बन गया है। नीलकण्ठ से हमारी दोस्ती का आग़ाज जेएनयू के भारतीय भाषा केन्द्र से हुआ था। वह हिन्दी में एम.ए. करने आये और मैं उर्दू में। फिर रिसर्च का ज़माना भी हम लोगों ने एक साथ देखा। सर को मैंने यह भी कहा कि–"सर हम दोनों एक ही शहर के भी हैं।" तब वे ज़ोर से हँस पड़े और बोले कि "तब तो बात और ठीक बैठती है।"

आज की शाम पाण्डेय जी ने सिर्फ़ देखा और कुछ न कहा। जो कुछ कहा वो सब देखने में शामिल था। जो शामिल नहीं था वो मेरी पकड़ से बाहर था या मैं उसे समझने में नाकाम था। मैंने ऐसी आवाज़ बहुत कम सुनी है जिसमें ईमानदारी, ज़ेहनत, ध्यान, ज्ञान और अपने नज़रिये पर सख़्ती से क़ायम रहने की क़ीमत इस तरह शामिल हो गयी हो। कौन है जो पाण्डेय जी की इस आवाज़ से ख़ुद को अलग रख पाया। नाराज़गी या ख़ुशी दोनों सूरतों में पाण्डेय जी को सुनना हमारी इल्मी ही नहीं अख्लाकी ज़रूरत बन गयी। इस आवाज़ के बग़ैर हिन्दी ही नहीं हिन्दुस्तानी अदबी फिज़ा और अदब का तसव्वुर नहीं किया जा सकता। मैनेजर पाण्डेय साहब की वो आवाज़ एक मर्तबा फिर फिज़ा में गूँजे, हम उसकी दुआ करते हैं। यहाँ इस बात की वज़ाहत ज़रूरी है कि दारा शिकोह का नाम एक ख़ास सूरत-ए-हाल के सन्दर्भ में बार-बार लिया जाता है। लिहाज़ा पिछले दिनों जब एक किताब दारा शिकोह के बारे में छपी तो मैंने सवाल किया कि आज की तारीख़ में दारा शिकोह की इल्मी शख़्सियत का अध्ययन एक ख़ास साहित्यिक दृष्टिकोण से मुमकिन है या नहीं, मुझे इसका कोई मुनासिब जवाब नहीं मिला है। अब ये तो मुमकिन नहीं कि दारा शिकोह सिर्फ कादरिया सिलसिले के एक नुमाइन्दे के तौर पर हमारे लिए अहम हों। अगरचे इस सिलसिले से दारा शिकोह की निस्बत की अहमियत हमेशा क़ायम रहेगी।

उपनिषद् का अनुवाद जो 'सिर्रे अकबर' के नाम से मौजूद है, इससे दारा शिकोह के विस्तृत दृष्टिकोण का इज़हार होता है। बनारस जाकर संस्कृत सीखना, ये भी दारा शिकोह की ज़िन्दगी का एक वाक़या है।

आज सुबह दस बजकर दस मिनट पर मेरे दोस्त डॉ. एहतेशाम अहमद खान का लखनऊ से फ़ोन आया कि सरवर कुछ मालूम हुआ। मैं समझ गया था कि हो न हो पाण्डेय जी के इन्तक़ाल की ख़बर हो। एक खटका-सा कई दिन से लगा हुआ था। पिछली दो मुलाक़ातों के बारे में मैं लिख चुका हूँ। आज उन्हें यूँ ख़ामोश देखना मेरे लिए बहुत मुश्किल था। लेकिन मुझे उनकी एक बात याद आने लगी कि ज़िन्दगी में ये वक़्त आ ही जाता है। बस ये कि आदमी ज़िन्दगी पर शर्मिन्दा ना हो। आज फिर उसी दरवाज़े पर था जिस दरवाज़े से उनसे मिलकर बाहर आया था और निकलते हुए मेरे पाँव कई बार दरवाज़े पर रुक गये थे। शायद वक़्त भी रुक गया था। कोई चीज़ थी जो तेज़-तेज़ आगे की तरफ़ निकलती जाती थी। नीलकण्ठ ने कहा कि मैं यहीं हूँ, आ जाओ। कई लोग पाण्डेय जी के घर के बाहर खड़े थे और ये सब उनके शागिर्द थे। वही दरवाज़ा नज़र के सामने था। आज कोई शोर नहीं था, कोई आवाज़ नहीं थी। रोने की आवाज़ अन्दर की तरफ़ से आ रही थी। रोने की आवाज़ तमाम आवाज़ों से अलग है वो भी उस बेटी के रोने की आवाज़ जिसका नाम रेखा है। वो जब रेखा कहकर बेटी को बुलाते थे तो लगता था कि जैसे कोई रेखा सी बन गयी है। ख़ुद पाण्डेय जी की पेशानी पर चिन्तन की जो रेखा रहा करती थी, वो हर पेशानी का मुक़द्दर नहीं है। पेशानी की इस रेखा का अपना एक अन्दाज़ था। उसमें कोई चालाकी नहीं थी और न ही वक़्त को ख़ुश करने की कोई ख़्वाहिश। पाण्डेय जी को देखकर महसूस किया जा सकता था कि एक ज़िन्दगी में कोई शख़्स और कितना सोच सकता है। जब उन्हें पहली बार देखा था तो निगाह उनकी पेशानी पर ही ठहर गयी थी। चिन्तन की उस रेखा को कोई एक हद तक ही समझ सकता था। धीरे-धीरे उन्हें सुनते, देखते और पढ़ते हुए चिन्तन की इस लकीर को समझने की कोशिश की। वो एक ही वक़्त में विभिन्न दिशाओं में सोचने की सलाहियत रखते थे मगर असल विषय से दूर नहीं जाते थे। जिस फ़िक्र की रेखा और लकीर का मैंने ज़िक्र किया है वो एक उम्र की साधना का नतीजा है। समय के साथ अध्ययन की रफ़्तार बढ़ती रही। अध्ययन ने उनके व्यक्तित्व में उस ग़ुस्से को भी रास्ता दिखाया जो किसी भी ज़माने के ईमानदार लेखक में हुआ करता है। ये ग़ुस्सा ग़ुस्सा भी कहाँ था। कहते हैं कि पढ़ लीजिए, पढ़कर देखिए। आज वो शोला ख़ामोश हो गया था। पाण्डेय जी के साथ हिन्दी आलोचना की एक रौशन परम्परा का अन्त हो गया था।

ये रौशनी ज्ञान और ईमानदारी और साधना तीनों से मिलकर बनी थी। पाण्डेय जी को देश के एक विचारक के रूप में देखा जाता है। मुझे उनसे इतनी ख़ामोश तालीम मिली है कि नैतिकता से भरी बातों को इधर-उधर सुनने की ज़रूरत महसूस नहीं हुई। बाहर की दुनिया में नैतिकता का व्यक्तित्व से लगाव बहुत कम दिखाई देता है। क्लासरूम और शोध की नैतिकता को सुनते हुए कितने बरस हो गये और नैतिकता माइक की आवाज़ से निकलकर अध्यापन और शोध की दुनिया में नहीं आ सकी या बहुत कम आयी। पाण्डेय जी साहित्य के किसी विषय पर घंटों बोल सकते थे मगर एक ख़ास तरह की तैयारी के साथ। उनकी क्लास याद आ गयी। आज उन्हें देखकर न जाने कितने ख़यालात ने आ घेरा है। बड़ी मुश्किलों से मैं उस कमरे तक पहुँचा था। जहाँ उनका वजूद ख़ामोश था। इसी कमरे में वो पढ़ते थे और मिलते थे। कमरे के पंखे की रफ़्तार कभी तेज़ नहीं हुई। पाण्डेय जी ने सारा जीवन बाहर की जिन तेज़ हवाओं का सामना किया उसका इज़हार उनके लेखों में हुआ है। ये हवा कब किधर से आयी, यह कहना मुश्किल है। बस इतना कहा जा सकता है कि पाण्डेय जी ने कभी ज़माने के साथ समझौता नहीं किया। समझौता नहीं करना दुनिया के लिए परेशानी का कारण बन जाता है। शायद ही कोई ऐसा अदीब हो जिसने सरकार और दरबार से इतनी दूरी बनायी हो जितनी कि पाण्डेय जी ने बनायी। एंटी-इस्टैब्लिशमेंट का दावा तो सभी करते हैं लेकिन वक़्त कुछ और साबित कर देता है। पाण्डेय जी इस्टैब्लिशमेंट के साथ कभी नहीं गये। अपनी शर्तों के साथ सोचने और जीने वाले लोग उन्हें अच्छे लगते थे। पाण्डेय जी की एक किताब 'संकट के बावजूद' है जिसमें कई अनुवाद शामिल हैं। उसमें उन्होंने अपने समय के हालात का ज़िक्र करते हुए अदब की दुनिया की जाँच-पड़ताल की है। जो दुनिया वक़्त के साथ बेरुतबा होती जा रही है। अदीब के लिए अपनी शर्तों के साथ लिखना और पढ़ना पहले भी आसान नहीं था, पाण्डेय जी ने एक मज़मून 'इस अकाल बेला' में लिखा है। इसमें भी उन्होंने अपने ज़माने के साहित्यिक और आलोचनात्मक दृश्य का नक्शा पेश किया है। वो नामवर सिंह और केदारनाथ सिंह के चले जाने का अक्सर ज़िक्र करते थे। कुछ वैचारिक मतभेद हो सकते हैं और होंगे मगर पाण्डेय जी के यहाँ इन दोनों दोस्तों के गुज़र जाने का जो दुख था वो मैंने महसूस किया था। एक मर्तबा कहने लगे कि ये दोनों चले गये, अब क्या रखा है। लेकिन वो कभी जज़्बाती नहीं होते थे। आवाज़ में गम्भीरता तो होती थी मगर वो रुँधती नहीं थी। उनके वजूद में समुन्दर का सा उबाल था और ख़ामोशी भी। 'अनभै साँचा' की भूमिका में उन्होंने केदारनाथ सिंह को याद किया है। पाण्डेय जी की पेशानी पर फ़िक्र की जो लकीर

जीवन और साहित्य के गहरे अध्ययन से बनी और स्थापित हुई थी उसे भी आज चैन से सोने का मौक़ा मिल गया था। रम्ज़ अज़ीमाबादी का एक शेर याद आता है—

मुद्दत से रम्ज़ आँख भी झपकी नहीं ज़रा,
अब थक गये हैं चैन से सोने का वक़्त है।

पाण्डेय जी की बात से कभी महसूस नहीं हुआ कि वो थक गये हैं। मैंने कभी उन्हें झपकी लेते हुए नहीं देखा। वो हर तरह बेदार और चौकन्ना रहते थे। मैंने माथे की जिस चिन्तन रेखा का ज़िक्र किया है वह इतनी गहरी थी कि उसके बारे में एक हद तक ही कुछ कहा जा सकता है। हिन्दी आलोचना को हजारीप्रसाद द्विवेदी और नामवर सिंह के बाद पाण्डेय जी ने वैचारिक रूप से समृद्ध किया। अब सूरज डूब रहा है। शाम सर के ऊपर आ गयी है। कल चार बजे पाण्डेय जी का अन्तिम संस्कार होगा। कल की सुबह आज की सुबह से अलग होगी और कल की शाम आज की शाम जैसी तो नहीं होगी। लेकिन इन सुबहों और शामों में कोई रिश्ता तो होगा जो समय कभी रौशन करेगा। पाण्डेय जी के घर से आज शाम लौटते हुए जिन ख़यालात ने मुझे घेरा उन सबका ठीक-ठीक इज़हार मेरे लिए मुमकिन नहीं। आती हुई शाम मेरे लिए कम-से-कम आज तो रौशन नहीं थी। बाहर ट्रैफ़िक का शोर बहुत था और मुझमें जो एक ख़ुदकलामी थी उसकी ख़बर तो सिर्फ़ मुझे थी और मेरी आँखों को।

आज शाम 5 बजे प्रोफ़ेसर मैनेजर पाण्डेय की आख़िरी रस्म अदा की गयी। इस मौक़े पर उनके दोस्तों, रिश्तेदारों और विद्यार्थियों की एक बड़ी तादाद मौजूद थी। मेरे दो प्रिय विद्यार्थी डॉ. महज़र रज़ा और डॉ. साक़िद फरीदी भी मेरे साथ थे। पल भर में निगाहों से एक वजूद को ओझल हो जाना था। आग देने की रस्म अदा करने से पहले उनके जिस्म को एक ख़ास स्थान पर तक़रीबन एक घंटे के लिए रखा गया था। मैंने पाण्डेय जी को इसी श्मशान घाट में नामवर सिंह की अन्तिम रस्म की अदायगी के वक़्त देखा था और आज की शाम वो ख़ुद इस स्थान पर साकित और ख़ामोश थे। ज़िन्दगी इसी तरह अपना मतलब समझाती है। मैनेजर पाण्डेय की अन्तिम यात्रा में जो लोग आये थे वो सब मैनेजर पाण्डेय से गहरा लगाव रखते थे। एक उस्ताद की ज़िन्दगी विद्यार्थियों में कैसे मुंतकिल हो जाती है उसे भी आज देखने का मौक़ा मिला। मैं जितने लोगों को पहचान सका उनमें ज़्यादातर पाण्डेय जी के विद्यार्थी थे और सब हाथ जोड़े उनके ख़ामोश वजूद के सामने खड़े थे। जब उन्हें आग देने के लिए ले जाया जाने लगा तो ख़ामोशी और सन्नाटे का ऐसा शोर था जिसका इज़हार मुमकिन नहीं। चन्द क़दमों का फ़ासला था और सबको मालूम था कि बस पल भर में हिन्दी अदब की एक बड़ी शख़्सियत और इस मुल्क के तहज़ीबी

चिन्तक और विचारक को हमेशा के लिए निगाह से ओझल हो जाना था। प्रोफ़ेसर मैनेजर पाण्डेय जी की बेटी रेखा ने आख़िरी रस्म अदा की। बेटी का पूरा वजूद काँप रहा था। अपने वज़ूद की सारी ऊर्जा को कोई कितना भी समेटे हाथ काँपने लगता है और वो भी बेटी का हाथ जिसने ये सोचा नहीं होगा कि ये वक़्त इतनी जल्दी आ जायेगा और उसे ये रस्म भी अदा करनी पड़ेगी। ये दृश्य पास खड़े तमाम लोगों के लिए बहुत ही भावनात्मक था। लेकिन रेखा की आवाज़ के अलावा हर तरफ़ सन्नाटा था और अगर कोई आवाज़ थी तो शोले की थी।

यह किताब एक विद्यार्थी की उस संवेदना का इज़हार है जिसमें उर्दू-हिन्दी की संवेदना भी शामिल है। मैनेजर पाण्डेय को मैंने एक उर्दू के स्कॉलर और विद्यार्थी की तरह भी पढ़ा है। इसकी लिपि देवनागरी है क्योंकि इस लिपि से मेरा एक रिश्ता चला आ रहा है। इस रिश्ते को मज़बूत करने में जेएनयू के भारतीय भाषा केन्द्र का महत्त्वपूर्ण योगदान है। ख़ुद मैनेजर पाण्डेय ने उर्दू साहित्य के बारे में जितनी बातचीत की है उससे भी हिन्दी और उर्दू की संवेदना को एक-दूसरे के क़रीब आने का मौक़ा मिला। मेरी ज़ुबान पर हिन्दी के अल्फ़ाज़ अगर उर्दू के मालूम होते हैं तो इसमें उस संवेदना का ही अहम रोल है। इसके बग़ैर मैं भारतीय भाषा केन्द्र के अपने विद्यार्थी जीवन के बारे में सोच नहीं सकता इसलिए आज से यह किताब मेरे लिए उस रिवायत को आगे बढ़ाने की एक कोशिश है जिसका आगाज़ जेएनयू के भारतीय भाषा केन्द्र से हुआ था।

इस किताब की तैयारी में मुझे जिन अनुभवों से गुज़रना पड़ा उसका विस्तार से ज़िक्र करना इस वक़्त ज़रूरी नहीं है लेकिन इतना ज़रूर कहूँगा कि मैनेजर पाण्डेय के लिए लोगों के दिलों में एक ऐसी जगह है जो मुश्किल से पैदा होती है। दिलों में जगह बनाने कि लिए लोग तरह-तरह की कोशिश करते हैं और जगह नहीं बन पाती। इसकी वजह और कुछ नहीं कि साहित्य की दुनिया में किसी कमज़ोर सहारे के ज़रिये देर तक कोई जगह सुरक्षित नहीं रखी जा सकती है। मैंने यह भी महसूस किया है कि पाण्डेय जी के बारे में लोग जिस तरह सोचते हैं उसमें अब एक दुख भी शामिल है। दुख का कारण एक ऐसे शख़्स का हमारे बीच से चले जाना है जो किसी की परवाह नहीं करता था। व्यावहारिक जीवन में इन्सान ख़ुद को किस-किस तरह से दुनिया वालों के सामने पेश करता है और यह सब कुछ इस अभिलाषा का नतीजा है कि लोग उसे जान लें और पहचान लें। यह ख़्वाहिश इतनी ज़्यादा हो जाती है कि इन्सान भी समय की निगाह में तमाशा बन जाता है। पाण्डेय जी ने ख़ुद को जिस तरह समय के सामने पेश किया उसमें एक ऐसी अदा भी पोशीदा थी जो यह कहती है कि मुझे छुप जाना है। यह छुप जाना व्यक्तित्व का

ही नहीं बल्कि साहित्य का भी एक विमर्श और शीर्षक रहा है। पाण्डेय जी के बारे में कुछ लोग लिखना भी चाहते हैं और देर से लिखना चाहते हैं। ज़्यादा भी लिखना चाहते हैं लेकिन रुककर-ठहरकर ताकि उनके बारे में कोई नयी बात कही जा सके। यह नयी बात उनके व्यक्तित्व और उनकी आलोचना दोनों के सिलसिले में मतभेद के रूप में भी सामने आ सकती है मगर कुछ ऐसे लोग भी हैं जो सिरे से ना पढ़ना चाहते हैं ना लिखना चाहते हैं और ना नये सिरे से कुछ सोचना चाहते हैं। यह कौन लोग हैं? ज़ाहिर है कि साहित्य की दुनिया में ऐसे लोग भी हर ज़माने में रहे हैं। अध्ययन करना हमेशा मुश्किल काम रहा है। कुछ ऐसे लोग भी हैं जो अध्ययन करते ज़रूर हैं दुनिया के बहुत-से विचार आत्मिक पहलुओं पर उनकी नज़र है मगर बाज़ार और समय की ज़रूरत उन्हें किसी ऐसे व्यक्तित्व और उसकी आलोचना और उसकी दर्शनिकता की तरफ़ आने से रोकती है जिससे उनके बाज़ार का भाव गिर जाने का डर है। बाज़ार कब नहीं था मगर हम बाज़ार के इस तरह से पहले कभी नहीं हुए थे। बीच-बीच में ऐसा भी महसूस होता है कि जैसे बाज़ार का हिस्सा होने के बावज़ूद लोग ख़ुद को बाज़ार से अलग भी बताना चाहते हैं और उनकी ज़ुबान पर कुछ ऐसे नाम आते हैं जिनसे हमारे साहित्यिक और सांस्कृतिक जीवन को सम्मान मिला है। यह सारी चालाकियाँ हमें बाज़ार ही सिखाता है। इस बाज़ार में पाण्डेय जी का व्यक्तित्व कितना अजनबी और दूर दिखाई देता है। इन अनुभवों के साथ यह किताब छप रही है। ज़ाहिर है कि अनुभव हमारे अपने हैं और ज़रूरी नहीं कि दूसरों के भी ऐसे ही अनुभव हों लेकिन मैं यह समझता हूँ कि इस किताब में जिन बुज़ुर्गों और नौजवानों के लेख हैं, वह यह बताते हैं कि पाण्डेय जी को पढ़ना और उन्हें महसूस करना क्या अर्थ रखता है। लोग किस-किस तरह से अपने बारे में लिखवाना चाहते हैं और फिर भी उनकी ख़्वाहिश पूरी नहीं हो पाती। पाण्डेय जी की ज़िन्दगी में उन पर जो किताबें छपी हैं वह भी यह बताती हैं कि साहित्य में आधार का भाव ज़िन्दगी से पैदा होता है और लेखन से मिलना, बात करना और नैतिकता के जो दूसरे हवाले हैं वह बहुत देर तक साहित्य की दुनिया में किसी को ज़िन्दा नहीं रख सकते। समय किसके साथ क्या बर्ताव करेगा, कब कौन समय की भेंट चढ़ जायेगा और समय कब किसे भुला देगा, इसका उत्तर तो समय ही देगा। समय ही है जो किसी को एक लम्बी आयु के साथ दूसरे समय के हवाले कर देता है। यह सब कुछ थोड़ा या ज़्यादा हम सब ने साहित्य की दुनिया में देखा है। पाण्डेय जी ने भी देखा था और कुछ ऐसे अवसर भी आये जब इस विषय पर उन्होंने कुछ लिखा भी और बोला भी। वह भावनात्मक भाषा का इस्तेमाल कम करते थे। कभी-कभी दिल और आँखें एक-दूसरे के साथ कुछ ऐसा रिश्ता बना लें जिसमें थोड़ी नमी हो

तो अलग बात है। पाण्डेय जी के यहाँ एक तरह का ख़ुद को सँभाला हुआ रवैया था। उन्हें अपने बारे में लिखने और लिखवाने बोलने और बुलवाने का कोई शौक़ नहीं था। इतना ही शौक़ था जो कि किसी भी इन्सान में हो सकता है।

मुझे इस बात की ख़ुशी है कि मैनेजर पाण्डेय पर कुछ लिखने के लिए मैंने जिन लोगों से दरख़्वास्त की, उनमें से ज़्यादातर लोगों ने उन पर कुछ लिखा है। मैं यह भी चाहता था कि यह किताब उनकी यादों पर हो। उनकी आलोचना पर आलोचना का समय आता रहेगा मगर यादों को समेटना और उन्हें तहरीर करना इस वक़्त ज़्यादा ज़रूरी है। इस किताब में कुछ नौजवानों की तहरीरें हैं। इन नौजवानों में हिन्दी और उर्दू के अध्यापक भी हैं और रिसर्च स्कॉलर भी। मेरा ख़याल है कि इन नौजवान लिखने वालों के लिखे की वजह से यह किताब कुछ ज़्यादा महत्त्वपूर्ण हो गयी है। अब यही नये लिखने व पढ़ने वाले हैं जिनसे हमारी सांस्कृतिक और साहित्यिक ज़िन्दगी का भविष्य उज्ज्वल होगा। इन्हीं के ज़रिये से कुछ और नये लिखने-पढ़ने वाले साहित्य की तरफ़ आयेंगे और उन्हें पाण्डेय जी की किताबें और तहरीर को भी पढ़ने का अवसर प्राप्त होगा। यह ऐसा चिराग़ है जो जलता रहेगा। एक लौ से दूसरी लौ जलती रहेगी। कोई ऐसी लौ इतिहास में कभी हुई नहीं जिसने समय की तेज़ हवा का मुक़ाबला न किया हो। ख़ुद पाण्डेय जी ने जिस तरह अपने समय और समय की चुनौतियों को देखा और इनका मुक़ाबला किया वह भी हमें यह बताता है कि वह ज़िन्दगी ही क्या जो सीधी लकीर पर चलती रहे और उसे किसी दूसरी बड़ी लकीर और आड़ी तिरछी राहों का सामना न करना पड़े। मैं इन नौजवान अध्यापकों और शोधार्थियों का शुक्रगुज़ार हूँ कि उन्होंने मेरी दरख़्वास्त पर पाण्डेय जी के बारे में कुछ लिखा। इस किताब में कुछ और महत्त्वपूर्ण अदीब प्रोफ़ेसर्स ने भी लिखा है–जिसमें सदीकुर रहमान क़िदवई, प्रोफ़ेसर हरीश त्रिवेदी और अशोक वाजपेयी की तहरीर भी शामिल हैं। अशोक वाजपेयी, पाण्डेय जी के जीवन काल में ही उन पर दो लेख लिख चुके हैं। इस लेख को मैंने ऑनलाइन पढ़ा था और उनका शुक्रिया अदा करते हुए उसे शामिल कर रहा हूँ। प्रोफ़ेसर हरीश त्रिवेदी अंग्रेज़ी के प्रोफ़ेसर और स्कॉलर हैं लेकिन भारतीय भाषा और ख़ासतौर पर हिन्दी साहित्य के बारे में उनका जो ज्ञान है वह क़ाबिले-तारीफ़ है। उन्होंने मेरी दरख़्वास्त पर यह लेख क़लम बन्द किया है। मैं ख़ासतौर पर उनका शुक्रगुज़ार हूँ। इस लेख से अन्दाज़ा भी होगा कि उन्होंने पाण्डेय जी के व्यक्तित्व और उनकी लेखन प्रक्रिया को कितनी गहराई मगर ख़ामोशी के साथ देखा और महसूस किया है। प्रोफ़ेसर सदीकुर रहमान क़िदवई साहब जेएनयू में उनके साथ एक ही विभाग में रहे हैं। उन्होंने भारतीय

भाषा केन्द्र की यादों को यहाँ ऐसी संवेदना के साथ पेश किया है जिसकी मरकज में पाण्डेय जी का व्यक्तित्व है। इस किताब में प्रोफ़ेसर शमीम हनफी का लेख भी शामिल है जो अनुवाद है पाण्डेय जी की किताब 'साहित्य के समाजशास्त्र की भूमिका' का। यह लेख भूमिका के तौर पर उन्होंने लिखा था जो मेरी तर्जुमा की हुई किताब में शामिल है। यह ज़िक्र भी बेमेल ना होगा कि जेएनयू में इस किताब का विमोचन समारोह हुआ था और प्रोफ़ेसर शमीम हनफी मुख्य अतिथि के तौर पर इसमें शरीक हुए थे। प्रोफ़ेसर शमीम हनफी का पाण्डेय जी से गहरा सम्बन्ध था। वह पाबन्दी के साथ एक-दूसरे का हालचाल पूछते थे। पाण्डेय जी पर जो एक जलसा ज्ञानपीठ के द्वारा हुआ था उसमें भी शमीम हनफी साहब न सिर्फ़ शरीक हुए थे बल्कि पाण्डेय जी के व्यक्तित्व पर बड़ी गहराई से नज़र डाली थी। मैंने हनफी जी को यहाँ इसलिए शामिल किया है ताकि एक मर्तबा फिर देखा जा सके कि उर्दू अदब का एक विचारक पाण्डेय जी की शख़्सियत और उनकी आलोचना को किस तरह देखता था। इस किताब में महाश्वेता देवी द्वारा लिखा एक लेख भी शामिल किया है। यह लेख भी पाण्डेय जी को कुछ और अलग तरह से समझने में हमारी मदद करता है। मैं अपने दोस्तों, अज़ीज़ और शागिर्दों का किस तरह शुक्रिया अदा करता हूँ जिनकी दिलचस्पी के बग़ैर किताब तैयार नहीं हो सकती थी। जिन अज़ीज़ के मजामीन इस किताब में शामिल हैं उन्होंने पाण्डेय जी को ध्यान और धैर्य के साथ पढ़ा। वही दरअसल हमारी एक ताक़त है।

हिन्दी का शायद ही कोई आलोचक हो जिसे उर्दू के हल्के में इतनी तवज्जो से पढ़ा जा रहा हो जितना मैनेजर पाण्डेय को पढ़ा जाता है। इसका आगाज़ तो अनुवाद की हुई मेरी किताब से हुआ था लेकिन बीच-बीच में उनके कई लेखों का उर्दू में तर्जुमा हुआ और साहित्य और इतिहास के सन्दर्भ में जो उनकी किताब 'साहित्य और इतिहास-दृष्टि' है, उसने भी उन्हें उर्दू समाज में एक ख़ास आलोचक की पहचान अदा की है। उस किताब का अनुवाद भी उर्दू में जल्द ही आ जायेगा। इसी तरह उनके लेख भी अलग-अलग वक़्तों में उर्दू की अदबी दुनिया में गुफ़्तगू का मौजू बनते रहे हैं, अब जब कि पाण्डेय जी हमारे दरमियाँ नहीं हैं तो उनका लेखन और उनका व्यक्तित्व न सिर्फ़ हिन्दी के विद्यार्थियों, अध्यापकों या पाठकों के लिए महत्त्वपूर्ण है बल्कि उर्दू के हल्के में भी उनको एक अपने अज़ीज़ और निकट के तौर पर देखा और पढ़ा जा रहा है। यह एक ऐसी बात है जिसने पाण्डेय जी को एक ऐसे दीप के रूप में पेश किया है जो लिखता तो हिन्दी में है लेकिन उसकी संवेदना और उसका विचार किसी एक ज़ुबान और उसकी लिपि तक महदूद नहीं है,

बल्कि समय के साथ उसका दायरा बढ़ता जा रहा है। यह कभी-कभी होता है। हर दीप का यह भाग्य भी नहीं है। ऐसा उस समय होता है जब किसी दीप के यहाँ ज़िन्दगी, समाज और साहित्य को देखने का नज़रिया इन्सानी और अखलाकी होता है।

एक मुलाक़ात में पाण्डेय जी को मैंने कलीम आजिज़ का यह शेर सुनाया था—

शर्म होगी तो ख़ुद आयेगी पलट कर आजिज़,
हमने जाती हुई दुनिया को पुकारा ही नहीं।

वह पाइप पी रहे थे। शेर को सुनने के बाद थोड़ी देर ख़ामोश रहे फिर कहने लगे, सरवर दोबारा सुनाओ। मैंने सुनाने के साथ-साथ किसी काग़ज़ पर लिख भी दिया था। इस किताब को बनाते हुए सोचता रहा कि किताब का क्या नाम रखा जाये। कलीम आजिज़ का यह शेर याद आया और पाण्डेय जी की वह मुलाक़ात भी जो उनकी ज़िन्दगी और उनके साहित्यिक लेखन के सन्दर्भ में मौजूँ मालूम होता है।

डॉ. रेखा पाण्डेय का आभार व्यक्त करता हूँ कि उन्होंने इस किताब की तैयारी में मेरी मदद की। उनसे बात करके हमेशा यह महसूस हुआ कि जैसे पाण्डेय जी की आवाज़ थोड़ी बदली हुई सूरत में हम तक पहुँच रही है। वाणी प्रकाशन के मालिक अरुण माहेश्वरी साहब का बहुत शुक्रिया कि उन्होंने मेरी इस किताब को अपने यहाँ से छापना मंजूर किया। मुझे याद है कि जब पहली मर्तबा उनसे किताब के सिलसिले में बात हुई और मैंने उन्हें बताया कि पाण्डेय जी पर एक किताब तैयार करना चाहता हूँ तो सुनते ही उन्होंने कहा कि आप बस किताब तैयार करके मुझे भेज दें छपने की चिन्ता न करें। आमतौर पर पब्लिशर का यह अन्दाज़ और मिज़ाज देखने को नहीं मिलता कि किसी अदीब या आलोचक के बारे में इतनी जल्दी और आसानी के साथ अपने जोशो जज़्बे का इज़हार करें। मैं एक मर्तबा फिर अरुण माहेश्वरी साहब का आभार व्यक्त करता हूँ। इसके साथ अनूप और अयाज़ का दिल से शुक्रिया अदा करता हूँ जिन्होंने टाइपिंग और सेटिंग जैसे मुश्किल काम को आसान बना दिया।

20 अक्तूबर, 2023 **—प्रो. सरवरुल हुदा**

नयी दिल्ली

अनुक्रम

स्मृति शेष

विचार पक्ष

आलोचना का सामाजिक चेहरा

महाश्वेता देवी

बांग्ला के रचनात्मक साहित्य की तुलना में बांग्ला का आलोचना साहित्य दुर्बल है। इस दृष्टि से बांग्ला से हिन्दी साहित्य काफ़ी आगे है। आधुनिक हिन्दी आलोचना की जो गगनचुम्बी परम्परा रामचन्द्र शुक्ल से शुरू हुई, वह आचार्य हजारीप्रसाद द्विवेदी, रामविलास शर्मा और नामवर सिंह से होते हुए मैनेजर पाण्डेय तक जुड़ती है। हमने बांग्ला मासिक 'भाषा बन्धन' में आचार्य शुक्ल पर लम्बा आलेख प्रकाशित किया था। हजारीप्रसाद द्विवेदी तो शान्तिनिकेतन में मेरे गुरु ही थे। आलोचकों की यह कड़ी मैनेजर पाण्डेय से जुड़कर नयी चमक पा जाती है। यह चमक विचार की चमक है। मैनेजर की विलक्षण आलोचना दृष्टि पर दृष्टिपात किये बग़ैर पिछले तीन-चार दशकों की हिन्दी आलोचना की मुकम्मल तस्वीर बन ही नहीं सकती। ध्यातव्य है कि इन दशकों में मैनेजर पाण्डेय में कोई वैचारिक भटकाव नहीं आया। भटकाव नहीं आया, इसीलिए वे हिन्दी के शीर्ष स्थानीय साहित्य समालोचक और मार्क्सवादी चिन्तक हैं। वे यह ऊँचाई इसलिए हासिल कर पाये, क्योंकि उनके लिए सबसे ज़्यादा महत्त्वपूर्ण सामाजिकता और प्रतिबद्धता रही है। सामाजिकता और प्रतिबद्धता ही उन्हें सर्वहारा वर्ग की चिन्ताओं से जोड़ती है। 'शब्द और कर्म' पुस्तक में 'साहित्य और सर्वहारा' पर विचार करते हुए वे लिखते हैं, "पूँजीवादी युग में बुर्जुआ और सर्वहारा वर्ग का संघर्ष और सर्वहारा की विजय यात्रा मानव इतिहास की प्रक्रिया की अनिवार्यता है। जो साहित्यकार सर्वहारा की विजय में मानव समाज का भविष्य देखते हैं, वे सर्वहारा की विचारधारा, उद्देश्य और संघर्ष को अपनी रचनाशीलता से जोड़ते हैं।" कहना न होगा, मैनेजर ने अपने साहित्य को, अपने सरोकारों को सर्वहारा के संघर्षों से शिद्दत से जोड़ा है। मैनेजर किसी रचना का मूल्यांकन सामाजिकता के सवाल की कसौटी पर करते हैं। यही सवाल आलोचना कर्म की भी कसौटी बनता है। मैनेजर की एक किताब ही है–'आलोचना की सामाजिकता'।

समाज से कटकर न कोई सृजन सम्भव है, न आलोचना। सामाजिक सरोकारों के प्रति मैनेजर की गहरी संलग्नता सिर्फ़ साहित्य समालोचना में ही नहीं दिखती, जनसंघर्षों में भी दिखती है। पिछली 13 फ़रवरी को दिल्ली के प्रेस क्लब में जनसंघर्ष की एक कड़ी के रूप में आयोजित परिसंवाद में उनकी अविस्मरणीय हिस्सेदारी सामाजिक सरोकारों के तकाजे के कारण ही सम्भव हुई। वह परिसंवाद सत्ता-प्रतिष्ठान द्वारा अनवरत उत्पीड़ित तसलीमा नसरीन, मक़बूल फ़िदा हुसैन और विनायक सेन जैसे लोगों के सवाल पर आयोजित था। उसमें हिस्सा लेते हुए मैनेजर ने कहा था कि भारतीय संविधान की प्रस्तावना के आरम्भ में ही भारत के लिए 'समाजवादी', 'धर्मनिरपेक्ष' और 'लोकतान्त्रिक गणराज्य' की बात की गयी है। तसलीमा और एम.एफ. हुसैन के सन्दर्भ में क्या भारत ने समाजवाद और धर्मनिरपेक्षता का परिचय दिया है? क्या यही लोकतन्त्र है? नहीं दिया है। तो क्या ये तीनों शब्द अप्रासंगिक नहीं हो गये हैं? प्रताड़ना की शिकार तसलीमा तो विदेशी हैं, एम. एफ. हुसैन तो भारतीय हैं। उन्हें क्यों नहीं देश में आने दिया जा रहा है। मैं पूछना चाहती हूँ कि मैनेजर के इस सवाल का जवाब केन्द्र सरकार के पास है? जनसंघर्षों से मैनेजर जैसे लेखकों का जुड़ना बेहद तात्पर्यपूर्ण है। तसलीमा इन दिनों जिस तरह के संघर्ष से घिरी हैं, उस तरह के सवालों पर मैनेजर ने पहले ही सुचिन्तित तरीके से विचार किया था। 'आलोचना की सामाजिकता' में उन्होंने लिखा है, "आज के भारतीय समाज में मुख्यधारा की सत्ता और संस्कृति से उत्पीड़ित और दमित अनेक जन-समुदाय जीने की स्वतन्त्रता से लेकर रचने की स्वतन्त्रता तक के लिए संघर्ष कर रहे हैं। उनमें प्रमुख हैं स्त्रियाँ, दलित, आदिवासी और अन्य अनेक प्रकार की जनजातियाँ, जिनकी स्वतन्त्रता की आकांक्षाएँ और कोशिशें उनकी रचनाशीलता में व्यक्त हो रही हैं। हिन्दी आलोचना स्वतन्त्रता के लिए उनके प्रयत्न और संघर्ष के महत्त्व की पहचान के बदले रचाव की वक्रता और पढ़ने के सुख की आकांक्षा लेकर उन रचनाओं के पास जाती है और निराश होने पर उनको कोसती है।"

बोलने-लिखने में यह तेजस्विता कहाँ से आती है? यह वैचारिकता से उत्पन्न होती है। मैनेजर पाण्डेय उस परिसंवाद में जनसंस्कृति मंच के बतौर अध्यक्ष शामिल हुए थे। उस मंच से, श्री पाण्डेय की वैचारिकता से मैं अपने को अत्यन्त निकटता से जुड़ पाती हूँ। यह वैचारिक निकटता ही आजीवन बनी रहती है। यह निकटता ही थी कि गुजरात में घुमन्तू जनजातियों के बीच काम शुरू होने के बाद 'बुधन' नामक जो पत्रिका हमने शुरू की, उसमें मैनेजर पाण्डेय का बहुत योगदान लिया गया और वह अधिकारपूर्वक लिया गया। मैनेजर पाण्डेय उस पत्रिका के मुख्य सलाहकार थे।

मैनेजर की वैचारिकता और सामाजिक सरोकारों के कारण ही मैं उनका बहुत सम्मान करती हूँ। हालाँकि वे मुझसे 15 साल छोटे हैं। मैनेजर अपनी वैचारिक प्रखरता और लेखन के लिए देशभर में हिन्दीतर भाषाओं में भी यथेष्ट प्रतिष्ठित हैं। 'शब्द और कर्म', 'साहित्य और इतिहास-दृष्टि', 'साहित्य के समाजशास्त्र की भूमिका', 'भक्ति आन्दोलन और सूरदास का काव्य', 'अनभै साँचा' जैसी मूल्यवान कृतियों के एकान्त स्रष्टा ने भाषा सेतुबन्धन का भी महत्त्वपूर्ण काम किया है। मैनेजर ने सखाराम गणेश देउस्कर की कृति 'देशेर कथा' का बांग्ला से हिन्दी में अनुवाद किया और उसकी लम्बी भूमिका भी लिखी। मैनेजर ने व्यक्तिगत जीवन में कई आघात सहे। उन्हें जब आघात मिला, हमने भी आघात अनुभव किया। मैं यह कहना चाहती हूँ कि आघातों के बावजूद विचारों पर कैसे दृढ़ रहा जाता है, यह मैनेजर से सीखा जाये।

उन जैसा कोई और नहीं था

प्रो. सदीकुर रहमान क़िदवई

मुझे इतना मलाल हुआ कि मैं उसका इज़हार नहीं कर सकता। दोस्तों के इन्तक़ाल की ख़बर पर ये तो होता ही है। ऐसे शख़्स के बारे में जिससे आप बहुत क़रीब रहे हों और क़रीब होने की वजह से एक जगह रहना या एक प्रोफ़ेशन में होना नहीं है बल्कि ये तो एक आम-सी बात थी लेकिन पाण्डेय जी के यहाँ जो बातें थीं उन बातों ने मुझे उनसे बहुत क़रीब किया और न सिर्फ़ क़रीब किया बल्कि आख़िर तक हमारा रिश्ता बना रहा। पहली बार पाण्डेय जी से मेरी मुलाक़ात उस वक़्त हुई जब वो अपनी पिछली नौकरी को छोड़कर दिल्ली आये और उन्होंने जेएनयू के भारतीय भाषा केन्द्र को जॉइन किया। जेएनयू में उनका पहला दिन मेरी उनसे मुलाक़ात का भी पहला दिन था। मैंने सोचा एक छोटा-मोटा आदमी और ऐसा बेतकल्लुफ़ सा, साहित्यिक दुनिया में किस तरह आया। इस तरह के कई सवालात मेरे ज़हन में रहे मगर जब हमारी उनसे मुलाक़ात हुई तो वो अजीब-ओ-ग़रीब शख़्स मालूम हुए। उन जैसा कोई नहीं था। हम दोनों मिले और फिर इस तरह कि जैसे बहुत पहले से मिलते रहे हों। वो हमारे सामने होते और जो उनसे बातें होतीं उसमें किसी क़िस्म की कोई बनावट नहीं थी और न लाग-लपेट। यानी एक ऐसा शख़्स जो बिल्कुल जैसा है वो उसी तरह हमारे सामने है। उनके अन्दर किसी क़िस्म की कोई ऐसी बात न थी जो उन्हें इस दुनिया में अन्दर से कमज़ोर करे। हम बहुत बेतकल्लुफ़ हो गये। मैं उर्दू में था और वो हिन्दी में। दुनिया के हर मौज़ू पर गुफ़्तगू करना और उस पर हर तरह की राय देना, ये मामूल सा बन गया। वो मुझे हमेशा गाँव के आदमी मालूम हुए। बिहार के गाँव से आये थे और गाँव की ज़िन्दगी के जितने पहलू थे सब उनके अन्दर समाए हुए थे। उसी तरह से वो मिलते, उसी चीज़ के बारे में कहते जिससे उनका एक सच्चा और गहरा रिश्ता होता। वो हर एक विषय पर खुलकर बात करते थे। वो कोई ऐसी बात नहीं कहते थे जो उन्हें वापस लेनी पड़े। असलम परवेज़ और केदारनाथ सिंह और हम एक जगह बैठते थे। हमारा रोज़ का मिलना था।

पाण्डेय जी भी आ जाते थे। वो हमेशा लिखते-पढ़ते रहते थे। उन्होंने उर्दू अदब के बारे में इतना गहरा अध्ययन न किया हो, इसके बावजूद वो अहम बातों और लोगों से पूरी तरह वाक़िफ़ थे। अदब की तारीख़ और मुल्क की तारीख़ पर उनका मुताला गहरा था। दारा शिकोह पर वो काम कर रहे थे। आम ज़िन्दगी के जो वाक़ेयात हैं उन पर वो खुलकर बातें करते थे। उनके बात करने का अपना ही अन्दाज़ था। वो उसी देहाती ज़ुबान में कहते थे। एक ऐसा शख़्स जिसके साथ मिलने-जुलने में कोई रुकावट नहीं थी। बातचीत करने में अपने बारे में, दूसरों के बारे में भी। ये सब कुछ था। वो जहाँ भी होते, महफ़िल में उनका अपना एक रंग होता। न पाबन्दियाँ थीं न रुकावटें। आज़ादियाँ थीं। खुले दिल और दिमाग़ से मिलते, बातें करते। मैं समझता हूँ कि यहाँ की इंटेलेक्चुअल लाइफ में जिस तरह के लोग होने चाहिए, पढ़े-लिखे, बेतकल्लुफ़, खुलकर बात करने वाले, दुनिया के हालात से सियासी और तारीख़ी वाक़ेयात जो कुछ हो रहा है उससे क़दम मिलाके चलने वाले। उनको देखकर ये अन्दाज़ा नहीं होता था कि ये शख़्स इतना ज़्यादा संवेदनशील होगा। ये शख़्स जो बेतकल्लुफ़, अपनी मिट्टी में ढला हुआ शख़्स, हमने बहुत क़रीब से उसे देखा। उनके बेटे का इन्तक़ाल हुआ तो ज़ाहिर है बड़ा दुख हुआ। उन्होंने बड़ी बहादुरी के साथ जवान बेटे की मौत का दुख सहा। आख़िरी वक़्त तक वो लिखते-पढ़ते रहे और लिखने-पढ़ने में उनके यहाँ कोई रिज़र्वेशन नहीं था। उर्दू और हिन्दी में आमतौर से फ़ासला रहता है लेकिन इत्तेफ़ाक की बात ये थी कि मुझे जो लोग मिले वो ऐसे मिले कि फ़ासले रहते नहीं थे। पाण्डेय जी ने इस फ़ासले को कम किया। उनसे मिलकर ये महसूस हुआ कि हम बग़ैर किसी बनावट के बात कर सकते हैं, उनको सुन सकते हैं, अपनी बात कह सकते हैं और उसमें कोई रुकावट न हो। वो आम बातचीत और स्वभाव में बेहद नरम थे। दोस्ताना और शरीफ़ाना उनकी ज़िन्दगी थी। अगरचे लहजे में गाँव का अक्खड़पन ज़रूर था और वो अच्छा लगता था। दिल्ली में हम सबने ज़िन्दगी गुज़ारी, एक ख़ास लहजे और एक खास अन्दाज़ के आदी हो चुके थे। पाण्डेय जी जैसे आदमी का लहजा, उनकी ज़बान और उनकी बातें नयी भी लगती थीं और अच्छी भी लगती थीं। कभी-कभार लगता था कि बिल्कुल मुनासिब मौक़े पर वो ज़बान बोली जा सकती थी। उनके जाने से और अचानक चले जाने से मुझे ये लगा कि मेरे साथ व्यक्तिगत तौर पर ये हुआ कि मेरी दुनिया ख़ाली हो गयी। दिल्ली में मेरा हमउम्र और हमअस्त्र दोस्त एक भी नहीं रहा। सब ख़त्म हो गये। मैनेजर पाण्डेय से इतना ज़्यादा ताल्लुक था कि हम दोनों अचानक मिल जाते थे और देर तक साथ रहते थे। अब वो मुलाक़ातें ख़त्म हो गयीं।

पाण्डेय जी जैसा दूसरा आदमी अब वास्तव में नहीं आयेगा। कहते तो हैं कि फलां शख़्स ने ऐसी जगह ख़ाली की है कि उसे भरा नहीं जा सकता। लेकिन पाण्डेय जी ने वास्तव में ऐसी जगह ली थी जो पहले किसी ने नहीं ली थी और उनके बाद जो ख़ाली हुई तो कोई दूसरा आदमी उनके जैसा नज़र नहीं आता।

अदब की समाजियात और मैनेजर पाण्डेय

प्रो. शमीम हनफ़ी

कुछ लोग तो शायरी और फ़िक्शन तक को एखलाकियात के दायरे से बाहर रखने पर आमादा नहीं होते, चे जा कि अदब की तनक़ीद और ताअबीर की बुनियादी मुज़मेरात! ज़ाहिर है कि किसी भी वक़्क़ाद को वह चाहे जितना बड़ा हैयतपरस्त हो, शेर कहने वाले या फ़िक्शन लिखने वाले की तखलीकी आज़ादी मयस्सर नहीं होती। लिहाज़ा किसी-न-किसी सतह पर घूम-फिरकर वह एखलाकियात की बहस से दो-चार ज़रूर होता है, फिर यह बात भी हमें साफ़ कर लेनी चाहिए कि अदब और आर्ट के मामलात में एखलाक का तसव्वुर अपने आम समाजी मफहूम का ताबेअ नहीं होता, बकौल 2120 से "अदब एखलाक से ज़्यादा की एखलाक शै है"।

इस नुक्ते की तरफ़ इशारा यहाँ इसलिए किया गया कि पिछले कुछ बरसों से अदब की तखलीक करने वाले और अदब की ताअबीर ओ तनक़ीद की जोखिम उठाने वाले के एखलाकी मौक़िफ की बहस बहुत दूर जा पड़ी है। मतब या वैनुल मतुनियत के मसलों को ख़ुश्क़ और बेहरूह लेसानी (मुबाहिसे) तक महदूद कर देना एक तरह की बेतौफिकी ही नहीं, फ़िक्री ग़ारतगरी और तशदुद भी है, ऐसा न होता तो अदबी तनक़ीद का दायरा इस हद तक नहीं सिमटता और न ही तनक़ीद सिर्फ़ नक्कादों के लिए लिखी जाती। फ़ैशनेबल आर्ट और साहित्य हो या फ़ैशनेबल तनक़ीद, जीती-जागती इन्सानी सूरते हाल और हमारे तरज़े अहसास से उसका रिश्ता बहुत कमज़ोर और बहुत मशकूक होता है। कोलोनियल अहद के दौरान और नाम निहाद जदीद तहज़ीबी निशातुस्सानिया के साये में हमारे यहाँ जिस अदबी रिवायत की तश्कील हुई, उससे बढ़कर पोस्ट कोलोनियल अहद की अदबी और इलमी सरगरमियों पर दूर से भी नज़र डाली जाये तो साफ़ पता चलता है कि जदीद अदब की तारीख़ का अधिक हिस्सा एक इन्तेहाई महदूद और मोहलिक और एक क़िस्म की मगरिबजदगी का मारा हुआ है। निर्मल वर्मा कहते थे कि जदीद अदब मग़रिबी

दुनिया के बनाये हुए रास्तों से होकर निकल जाने के सिवा भला और किस सच्चाई से परदा उठाता है? जहीद उलूम की तरह जदीद अदब ने भी हमें ज़्यादातर ऐसे तजुरबाती और एक ऐसी इजतमाई सूरतेहाल की ख़बर दी है, जिसका ताल्लुक हमारी अपनी ज़मीन और ज़माने से या तो है ही नहीं, या है भी तो बस दूर का और बिलवासता है। हफ़्ता भर पहले (ये सतरें 15 जनवरी 2006 की एक दोपहर में लिखी जा रही हैं) कथा ऐशया (दिल्ली) के जलसों में शिरकत के लिए विजय दान देथा भी राजस्थान से आये हुए थे। एक गुफ़्तगू के दौरान, उन्होंने बताया कि कहानी लिखना उनके लिए ऐसा ही फितरी अमल है जैसा कि कोयल के लिए कूकना। गोया कि गर्मी की रुत के साथ जब आम के पेड़ों पर बीर आने लगते हैं और फज़ा में उनकी गर्म महक रच जाती है तो कोयल की कूक भी सुनाई देने लगती है, जैसे यह सब कुछ, यह सारा तजरबा ज़मीन से उग रहा हो। समय के इस मरहले में ज़मानो मकान बाहम एक हो जाते हैं। तारीख़ और भूगोल में किसी तरह की दूरी नहीं रह जाती।

इस समस्या के बहुत-से पहलू हैं, और हर पहलू पर विस्तार से बहस की जा सकती है, लेकिन उस वक़्त तो मेरा अस्ल सरोकार प्रोफ़ेसर मैनेजर पाण्डेय और उनकी निहायत रौशन और मानी आफरीन किताब 'अदब में समाजियात का अमल' से है, जो मेरे ज़ेहन में एक साथ बहुत-से सवाल जगाती है। यह तमाम प्रश्न अदब के वास्ते से मुझे अपने जमानों मकान, अपनी तारीख़ और भूगोल का अहसास दिलाते हैं और नयी तनक़ीद की अखलाकियात के मसले दो चार करते हैं।

तक़रीबन बीस बरस पहले, मैंने 'नयी तनक़ीद' 'इक नयी अखलाखियात की ज़रूरत' के विषय से एक निबन्ध लिखा था। (यह मज़मून मेरी किताब 'कारी से मुकालमा' में शामिल है।) उस वक़्त यह मज़मून पहले पहल 'किताबनुमा' देहली के एक शुमारे में शाया हुआ था और उसकी इशात पर मेरे वह मआसरीन बहुत व्याकुल हुए थे? जो हर तरह की अदबी और तख़्लीकी सरगर्मी की अखलाकियात के किसी भी तसव्वुर से बेताल्लुक और 'आगे' की चीज़ समझते हैं। पता नहीं उसका असल सबब तरक़्क़ी पसन्दी से अखतलाफ़ में मुजमिर था या जदीदयत और माबोद जदीदयत के तनाज़े में, लेकिन पिछले पन्द्रह बीस बरसों के दौरान यही असहाब नयी तनक़ीद के अखलाकियात के ऐसे मुक़दमात में उलझे हैं कि अब पलट कर क्यों अपने माज़ी की तरफ़ भी नहीं देखते, चे जाये कि इस मअशरती सरते ए हाल और इन्सानी सरोकार के तजज़ीए का कोई ऐसा रास्ता अख़्तियार करें जो उन्हें ग्लोबलाइज़ेशन (Globlization), इनफोटेक (Info-tech), सारफियत और अहदे हाज़िर की सियासत के सबसे बड़े मुजरिमों की पैदा कर्दा दुनिया की तफहीम

ओ ताअबीर तक भी ले जा सके, मेरा ख़याल है कि दरअसल इसी इदराक से नयी तनक़ीद की अखलाकियात और आज की दुनिया ने अदब और आर्ट की गर्मी को समझने और उसका मफहूम, मुतअयन करने की मरकजी जहते नमूदार होती हैं!

अदब की आर्ट की मुखतलीफ असालीव की ऐसी तनक़ीद जिसका चलन, उन दिनों ख़ुद हमारे मुल्क की कई इलाक़ाई जवानों में आम से इसे उर्दू को मअसिर तनक़ीद के साथ रख कर देखा जाये तो एक तशवीशनाक सूरत सामने आती है, मकामे इवरत है कि उर्दू की नयी तनक़ीद का एक हिस्सा 'आज' भी रेवायती और रस्सी मिज़ाज रखने वाली 'फन्नी क़दरों' और सनाए बदाए के फेर में पड़ा हुआ है। दूसरी तरफ़ वह तालेआ आज़मा और दुनियादार नक्काद हैं जो हवा का रुख देखकर अपने सफ़र की सिमते तबदील करते रहते हैं, अदब में और दुनिया के आम कारोबार में फ़र्क़ नहीं करते और पल भर के लिए भी यह नहीं सोचते कि हर अदबी रिवायत के कुछ अपने तकाज़े भी होते हैं, अपने तारीख़ी और तबई हवाले भी होते हैं, अपने मखसूस खुलकिये की तरह एक मीज़ाने नकद भी होती है, इसलिए हर अदबी रिवायत की एक अलग समाजयात भी होती है। यह अहसास अभी उर्दू तनक़ीद की दुनिया में ख़ातिर ख़्वाह तरीक़ा से आम नहीं हुआ है! बज़ीर आग़ा की किताब 'शायरी का मिज़ाज' के बाद इस मेआर की कोई किताब सामने नहीं आयी! अदब के समाजयाती मुताअले की रिवायत को जिस तरह उर्दू में पनपना चाहिए था वह मुमकिन न हो सका!

इस पसमंज़र में प्रोफ़ेसर मैनेजर पाण्डेय की इस किताब का हिन्दी से उर्दू में मुनतकील किया जाना और शाये होना हर लिहाज़ से एक वक़्रीअ एकदाम है! पाण्डेय जी ने इस दशत की सय्याही में एक उम्र गुज़ारी दी है और एक बुनियादी हक़ीक़त, जिसका शअर हिन्दी वालों में उर्दू से ज़्यादा आम और गहरा है, यह है कि अदब के मुख्तलिफ मैलानात और अदब की दुनिया में रूनुमा होने वाली मुख्तलिफ तहरीकों का मुताअला हर मआशरे में और हर माहौल में यकसाँ नहीं होता। ऐसे किसी मुताअले का आगाज़ करते वक़्त हमें इस रम्ज़ को भी हमेशा पेशे नज़र रखना चाहिए कि हर मैलान और हर तहरीक दुनिया के एक इलाक़े से दूसरे इलाक़े में था, एक ज़ुबान से दूसरी ज़ुबान में जब मुनतक़िल होती है तो तब्दीली, तरमीम और तनसीख के एक अमल से भी बहरहाल गुज़रती है। उनीसवीं सदी की हमारी निशाअते सानिया यूरोपी Renaissance का अक्स महज़ नहीं थी! हमारी ज़ेहनी, तहज़ीबी और जमालयाती क़दरे मग़रीबी निशाअते सानिया की परवर्दा क़दरों से मुख्तलिफ थी! इसी तरह हमारी तरक़्क़ी पसन्दी भी यूरोप की मुख्तलिफ जवानों

के अदब में आम होने वाली तरक़्क़ी पसन्दी का चर्चा नहीं थी। अपनी तरक़्क़ी पसन्दी के दायरेकार में मफहूम और जेहात का तअयुन हमें अपनी तारीख़, अपने जोग़राफयाई और तबई माहौल, अपने समाजी और मआशरती निज़ाम, अपनी इजतेमाई ज़िन्दगी को दरपेश मसअलों और ज़रूरतों के मुताबिक़ करना चाहिए था। इसी तरह हमारी जदीदयत और हमारी माबाद जदीदयत के भी कुछ अपने मखसूस तकाज़े हैं। हमारा तारीख़यत का तसव्वर, हक़ीक़त का तसव्वर हमारी अपनी तारीख़, हमारे इजतमाई माज़ी के मलबे की तह से नमूदार हुआ है, एक क़ोम के नज़र कभी किसी दूसरी क़ोम के तजुर्बों की बाजगश्त नहीं होती!

प्रोफ़ेसर मैनेजर पाण्डेय ने अपनी किताब के इवनदाइए में एक मान बात हिन्दी के मौजूदा अदबी कलचर के हवाले से यह कही है—

"अभी हिन्दी में अदब की समाजयात के बारे में तरह-तरह के शक और फैले हुए हैं। इनमें से कुछ तो (बीसवीं सदी की) पाँचवीं दहाई की मार्क्सी तनक़ीद में समाजयात की इसलाह का गाली की तरह इस्तेमाल के असर का नतीजा है, और कुछ अदब की समाजयात के इस्तका और उसकी हमूलयावीयों से अदम वाकफ़ियत का नतीजा हो सकता है कि यह किताब ऐसे शकुक ओ शुरुवात को दूर करने में कुछ मआविन हो! जो लोग हर नये ख़याल को बग़ैर जाने-पहचाने फिलफार ख़ारिज करने के आदी हो चुके हैं, उनसे कुछ कहना और उम्मीद रखना बेकार है, यह किताब उनके लिए लिखी गयी है जो ख़यालों की दुनिया में दाख़िल होते वक़्त तुलसीदास की उस सूक्ति को हमेशा याद रखते हैं।"

यह खिताब असल में उन सबसे है, जो इस किताब को पढ़ेंगे, किसी भी नये ख़याल से तआरुफ़ का मरहला तो बाद में आता है, पेरा वनदीयों का सिलसिला पहले ही शुरू हो जाता है, इसलिए हमारी अपनी ज़ुबान के पढ़ने वालों में बहुत-से ऐसे कारी होंगे जो अदब की आम लफ़ज़ियात का एक बँधा टिका तसचुर रखते होंगे और तारीख़, सियासत, मआशीयात, आर्केलोजी, उमशनियात, देवमाला, इल्मुलवजूद, फलसफे नफसियात की किसी इसनलाह को अदब की तवजीहात में शामिल करने के ख़याल से भी बौखला जायेंगे, पता नहीं यह आसान सी बात ऐसे लोगों की समझ क्यों नहीं आती कि दुनिया का कोई शोवाए इल्म ऐसा नहीं जिसे ख़ुद कफील और इतमामयाफता कहा जा सके। तमाम उलूम उनकी नीयत इन्सानी हो या समाजी या साइंसी ज़ंजीर की मुख्तलिफ कड़ियों की तरह एक सिलसिले में पिरोए हुए और एक-दूसरे से मुलहिक है! इन्हें दूसरे से कृतअन अलग करके देखना हवा को मुट्ठी में भरने जैसा है, तमाम उलूम के मर्कज़ में इन्सान है और इन्सानी

हस्ती ही तमाम मसलों का महवर है। इसी कलीद से मज़ाहिर और मौजूदात के तमाम कुफल खुलते हैं। यही सच्चाई कायनात के हर मज़हर को एक असास मुहैया करती है, लिहाज़ा यही वास्ता है एक फर्द के वास्ते से एक इजतमा का समझने का–

क़तरे में दजला दिखाई न दें, और जुज़ में कुल
खेल लड़कों का हुआ, दीदाए बीना न हुआ।

अदब और आर्ट की बस्ती में दाख़िले का रास्ता सिर्फ़ इस अदब पारे या फन पारे की हेवन नहीं होती। इस बस्ती की फ़सल में बहन से दरवाज़े और दरीचे खुलते रहते हैं, मैनेजर पाण्डेय ने अपने मबाहिस की शुरुआत ही इस सवाल से की है कि किया अदब की समाजयात एक अज़ाद (कायम विज़जात) इल्म है, फिर उन्होंने पूरी किताब को पाँच अववाद में तकसीम किया है, जिसका खाका कुछ इस तरह है।

1. अदब की समाजयात का मझहुम।
2. अदब की तफहीम का समाजी, जाविया हिन्दुस्तानी रिवायत।
3. अदब के मआसफ माहिरीन समाजयात।
4. अदबी असनार की समाजयात और नावेल।
5. मक़बूलो आम अदब की समाजयात।

हर बाब के जैली उनवनात और जिमनी मवाहिस की तफसील बहुत तूलानी है, इनमें से कुछ बहसें इस सवाल के गिर्द घूमती हैं कि अदब और समाज के रिश्तों को बिलओमुमकिन जावियों से देखा जाता है, अदब की समाजयात से मुताअलिक आम तस्सवुरात किया है। अदब की समाजयात के ख़िलाफ़ दलाएल किया है? समाजयात और मार्कसियत में फ़र्क़ क्यों कर क़ायम होता है? समाजी नुक्ता ए नज़र और तारीख़ी नुक्ता ए नज़र का मतलब किया है? समाजयात के अहम तरीन नुमाइन्दों की हैसियत जिन उलेमा को हासिल हैं, उनके बुनियादी मोअकफ में इमलयाज किन बालों की बुनियाद पर मुमकिन है? शायरी की समाजयात और नावेल की समाजयात के हुदूद में तफरीक ज़रूरी क्यों है? इलावा अजी तीसरी दुनिया के फिक्कों का समाजयाती मुताअला किन रास्तों की निशानदेही करता है? इस जिमन में मगरीब और मशरिक के माबिन एखतलाफ और इमतयाज की बुनियादें क्या है? मकबुले आम अदब और अवामी अदब के मुआनी किन वास्तों से मुतअयन होते हैं? वग़ैरह-वग़ैरह। ज़ाती तौर पर मुझे इन तमाम सवालों से दिलचस्पी है, क्योंकि यही सवाल तो उन बसायल की निशानदेही करते हैं, जो हमें आप अपनी हस्ती और अपने माहौल या मुआशरे से मुतआरिफ कराते हैं। इन्सान बहरहाल

तजरीद नहीं इन्सानी वजूद की तरह इन्सानी मुआशरो भी कुछ ठोस बुनियादों के बग़ैर अपना इज़हार इस तरह कभी नहीं कर सकता कि हम इस आईने में अपना अक्स भी पहचान लें, मआसिर हिन्दुस्तानी तारीख़ में मुंशी रवीन्द्रनाथ टैगोर और मोहनदास गांधी के अलावा तशखीस का पसमंज़र दरअसल इसी तरह से सवालों से उनकी बसीरत के तआलुक का पता देता है!

मैनेजर पाण्डेय की किताब में यह सवाल अपनी तमाम मुमकिन परतों के साथ सामने आये हैं और उन्होंने उनके इसटेरियो टाइप जो जब ढूँढ़ने के बजाय इन सवालों की हक़ीक़त और मआत से पर्दा उठाने की जद्दोजहद की है, नज़रयाती बुनियादों ज़्यादा इल्मी और मनतकी बुनियादों पर, इसीलिए उनकी तहरीर में जजुवातियत हैं, पाण्डेय का उसलुव बहुत शफ़ाफ और ग़ैर मुबहीम है, वह धीमे सुरों में सोचते का शायबा तक नहीं, जिससे रिवाइती तरक़्क़ी-पसन्दों की तहरीरें बोझल नज़र आती हैं, लेकिन अपनी बात लफ़्ज़ों में घुमाए-फिराए बग़ैर, सीधे-सच्चे क़दरें ऊ में अपने क़ारी तक पहुँचाते हैं। रिवाइती, रसमो असालीव, तनक़ीद और घिसे-पिटे मबाहिस से बोझल फ़ज़ा में मुझे इस दिलचस्प किताब ने हवा के एक ताज़ा झोंके का तजुरबा बख्शा है! मैं चाहता हूँ कि आप भी इस तजुरबे में इसी तरह शरीक हों?

सरवरुल हुदा ने इस किताब का उर्दू तरजुमा बहुत मेहनत, तवजह और दियानतदारी के साथ किया है, इल्मी किताबों के तरजुमे की बुनियादी शर्त यही होती है। उन्होंने यह ज़िम्मेदारी कामयाबी के साथ निभायी है।

प्रोफ़ेसर मैनेजर पाण्डेय : जैसा व्यक्तित्व वैसा कृतित्व

प्रो. हरीश त्रिवेदी

प्रोफ़ेसर मैनेजर पाण्डेय से मिलते ही चित्त प्रफुल्ल हो जाता था। वे बड़े नामी-गिरामी आलोचक थे, पिछले कुछ दशकों से बस नामवर जी के बाद उन्हीं का स्थान था, और एक से बढ़ कर एक मौलिक, शोधपरक और व्यापक दृष्टि वाली पुस्तकें लगातार लिखने वालों में रामविलास जी के बाद शायद वही अग्रणी थे। अपने शिष्यों और पाठकों पर उनके कृतित्व का ही नहीं बल्कि उनके व्यक्तित्व का भी गहरा और दूरगामी प्रभाव पड़ता था।

व्यक्तिगत

उनकी कृतियों का विवेचन तो उनके अन्य समर्थ पाठक करेंगे ही, इस छोटे-से लेख में मैं बस उनके अनूठे व्यक्तित्व के कुछ पक्षों का उल्लेख करूँगा और उन पक्षों का कुछ विवेचन भी करने का दुस्साहस करूँगा। कहते हैं कि किसी भी महापुरुष के व्यक्तिगत पक्ष पर सार्वजनिक रूप से बात नहीं होनी चाहिए और सबकी निजता की मर्यादा की रक्षा अवश्य होनी चाहिए, जो सही भी है। लेकिन पाण्डेय जी की ही आलोचक-दृष्टि के अनुसार अगर हम किसी साहित्यिक कृति को उसके ऐतिहासिक, सामाजिक और सांस्कृतिक सन्दर्भ से जोड़े बिना कदापि नहीं समझ सकते तो किसी व्यक्ति को इन सन्दर्भों से काट कर कैसे समझेंगे? व्यक्ति कैसे बनता है—इन सभी शक्तियों के दबाव में ढल कर ही तो? एक अर्थ में साहित्यिकों का व्यक्तित्व भी काफ़ी हद तक उनकी अभिव्यक्ति का हिस्सा होता है, उनकी एक कृति ही होता है।

जैसाकि स्पष्ट होता चलेगा, मैं पाण्डेय जी के व्यक्तित्व और उनकी अभिव्यक्ति की शैली का परम प्रशंसक रहा हूँ और जन-साधारण पर पड़ने वाले

उनके गहरे प्रभाव का भी साक्षी रहा हूँ। मेरे उनसे सम्बन्ध घनिष्ठ या आत्मीय तो नहीं थे पर मैत्री अवश्य थी और हमारे बीच कुछ अन्य तन्तु भी थे जो हमें निकट लाते थे। वे बनारस के पढ़े थे तो मैं बगल में ही इलाहाबाद का। वे बरेली और जोधपुर में पढ़ा कर जेएनयू पहुँचे थे तो मैं भी इलाहाबाद विश्वविद्यालय में पढ़ाना शुरू करके, फिर छह महीने उन्हीं के बनारस हिन्दू विश्वविद्यालय में पढ़ाकर, उनसे कुछ वर्ष पहले ही दिल्ली विश्वविद्यालय आ गया था। वे हिन्दी पढ़ाते थे और मैं अंग्रेज़ी, पर वे पश्चिमी आलोचना और ख़ासकर सैद्धान्तिकी के घनघोर पाठक थे। मेरा भी एक पाँव तो हिन्दी में ही रहा है क्योंकि अंग्रेज़ी में, और अनेक अवसरों पर हिन्दी में भी, मैं जो लिखता रहा हूँ। उसका हिन्दी और भारतीय साहित्य से सतत तुलनात्मक सम्बन्ध रहा है। तो जब भी हम मिलते थे तो बिना किसी औपचारिकता के स्वाभाविक संवाद सहज ही प्रवाहित होने लगता था। इसका एक कारण यह भी था कि वे मुझसे बड़े तो थे पर बस पाँच ही छः साल बड़े, तो अधिक अन्तर नहीं था।

पाण्डेय जी से जुड़े अनेक व्यक्तिगत प्रसंग हैं जो उनका बड़प्पन दर्शाते हैं। इग्नू में जब एक अलग अनुवाद विभाग खुला तो उसके बोर्ड ऑफ़ स्टडीज़ में जो दो बाहरी विशेषज्ञ मनोनीत हुए उनमें एक मैनेजर पाण्डेय थे और एक मैं था। हर छठे-छमाहे मिलना होता था। जब हम किसी मीटिंग के लिए आते थे और जिस कमरे में बैठने की व्यवस्था होती थी, वहाँ से हर आधे घण्टे में हम दोनों कमरे से बाहर निकल आते थे और गलियारे में कुछ दूर खड़े होकर वे हिन्दी के थे तो अपना पाइप सुलगाते और मैं अंग्रेज़ी का था तो बस सिगरेट जलाता और हम लोग देर तक जग-चर्चा करते। सन् 2018 में 'अदहन' नाम की पत्रिका ने विशेषांक छापा साहित्य के इतिहास के लेखन पर तो मुझे गर्व हुआ कि उसमें पहला लेख उस विषय के मूर्धन्य विद्वान पाण्डेय जी का था तो साथ ही एक लेख मेरा भी था। जब 'प्रेमचन्द और क्रिकेट' नाम से 'जनसत्ता' की रविवारी में मेरा एक लेख छपा तो सुबह-सुबह (जब मैं सो रहा था) खलल डालने वाला पहला फ़ोन नामवर जी का आया और फिर तुरन्त दूसरा पाण्डेय जी का। हँसते हुए बोले, "मैं तो अब तक समझता था कि पूरे हिन्दी जगत में मैंने ही बाख़्तीन (Bakhtin, रूसी आलोचक) को पढ़ा है पर अब यह उजागर हुआ कि आप भी पढ़े बैठे हुए हैं।" (इस प्रकार जब वे अपनी चुटीली शैली में स्वयं उपहास पैदा करते हुए बोलते थे तो मज़ा दुगुना हो जाता था।)

2019 में जब मैंने अब्दुर-रहीम खानेखाना पर एक पुस्तक सम्पादित की (वाणी प्रकाशन) तो मैंने सात लेख तो नये मँगवाये पर तीन पहले के छपे लेख भी शामिल किये जिनमें एक आचार्य शुक्ल का था, एक नामवर जी का, और एक पाण्डेय जी का। मेरा अपना आलेख था 'रहीम की जीवन-दृष्टि' जिसे पढ़कर

उन्होंने तुरन्त फ़ोन किया। मैंने कुछ संकोचपूर्वक कहा कि मैंने कुछ अलग कहने की कोशिश की है तो बोले, "तभी तो फ़ोन कर रहा हूँ! आपने कोशिश ही नहीं की है, आपने प्रमाण-सहित सिद्ध भी तो कर दिया है।" वे दरियादिल गुण-ग्राहक थे, सभी को पढ़ने और सभी से कुछ सीख सकने को तत्पर रहते थे।

व्यक्ति और कृति

इतनी लम्बी भूमिका बाँधने के बाद कह सकता हूँ कि जब मैंने पाण्डेय जी को पहली बार देखा और बोलते सुना तो बस अचम्भित रह गया। दिल्ली के बड़े-बड़े मंचों से वे इस सहज भाव से बोलने लगते थे कि जैसे उनको चिन्ता ही न हो कि उनके बारे में लोग क्या सोच रहे होंगे। प्रथम दृष्टया उनके व्यक्तित्व में कुछ भी प्रभावशाली नहीं था अपितु कुछ उल्टा ही। नाटे तो नहीं थे वे पर औसत लम्बाई से कम ही थे। रंग उनका (पुराने मुहावरे में) कुछ दबा हुआ या तपा हुआ था, जो औसत के अनुसार ही था। पर उनका बोलने का स्वर और लहजा कुछ ऐसा था कि मैंने न कभी किसी और व्यक्ति में पाया और न पाने की सम्भावना है। वे हमेशा काफ़ी ऊँचे स्वर में बोलते थे, बल्कि लगता था कि कुछ चीख-से रहे हैं, और उनकी आवाज़ कुछ नकसुरी-सी भी थी। जिस गति में बोलते थे उसे विलम्बित कहना पर्याप्त नहीं होगा, क्योंकि कुछ दीर्घ मात्राएँ तो वे इतनी लम्बी खींचते थे कि ऐसा लगता था कि जैसे स्लो-मोशन (slow motion) चल रहा हो जिसमें क्रिकेट या अन्य खेलों के कुछ अधिक रोमांचक क्षण दुबारा दिखाये जाते हैं। (स्वयं वे टीवी पर क्रिकेट देखने के शौक़ीन थे।) कभी-कभी तो यहाँ तक लगता कि वे किसी और व्यक्ति की नक़ल तो नहीं उतार रहे हैं! उनकी एक और विशेषता क्या थी कि उन्होंने 'श' और 'स', या 'व' और 'ब', में कभी भेद नहीं माना, दोनों ध्वनियों को समदृष्टि से देखते और उच्चारित करते रहे। इसी तरह क, ख, ग, ज, फ इत्यादि अक्षरों के दो प्रकार के उच्चारण हो सकते हैं जो उनके नीचे बिंदी लगाकर दर्शाया जाता है, इसका तो उन्हें भूले से भी ख़याल तक नहीं आया। इस अर्थ में वे सर्वथा देशज ही नहीं बने रहे पर धुर देहात के भी निर्भीक ध्वजा-वाहक रहे। उनकी वक़्तृता की यह सब विशेषताएँ उनके किसी भी भाषण में चार चाँद लगाती थीं, बल्कि आठ-दस चाँद। कई चाँद थे सर-ए आसमाँ...

तो कूट प्रश्न यह है कि ऐसे उपहासास्पद-से लगने वाले व्यक्ति को सभी श्रोता मुग्ध भाव से सुनते कैसे रहते थे और सभी पर उनका इतना गहरा प्रभाव कैसे पड़ता था? मेरी नज़र में यह प्रश्न व्यक्तिगत नहीं है, या कि व्यक्तिगत बहुत कम है

और मूलत: यह सांस्कृतिक-सामाजिक प्रश्न है। मेरा विचार है कि पाण्डेय जी का यह व्यक्तित्व कुछ तो स्वाभाविक या विरासती अवश्य था, जैसे कि उनकी क़द-काठी या गाँव के गरीब माता-पिता द्वारा दिया गया नितान्त आकांक्षावादी अंग्रेज़ी नाम 'मैनेजर।' (उनकी माँ का नाम था 'लखपती देवी' जो 'हजारी प्रसाद' पर कहीं भारी पड़ता है।) पर साथ ही उनके व्यक्तित्व के अनेक पक्ष हैं जो स्वयं उनके द्वारा पोषित और सम्बलित ही नहीं थे अपितु उन्हीं के विधिवत गढ़े हुए भी थे। जैसा कि पाण्डेय जी को अवश्य ही पता रहा होगा, New Historicism नाम की जो सैद्धान्तिकी मुख्यत: Stephen Greenblatt के द्वारा विकसित व प्रचारित की गयी थी उसका एक बीज-शब्द था self-fashioning। यहाँ fashion का वह अर्थ नहीं है जो हिन्दी में प्रचलित है मतलब सज-धज की सबसे नयी शैली। क्रिया के रूप में प्रयुक्त इस शब्द का अर्थ होता है ढालना, गढ़ना, आकार देना। इस अर्थ में पाण्डेय जी का व्यक्तित्व मुझे लगता था कि अधिकांश उन्हीं के द्वारा पोषित या निर्मित है, और वह भी एक सुविचारित कारण से।

पाण्डेय जी बिहार के एक गाँव के जन्मे थे और केवल अपनी प्रतिभा के बल पर देश की राजधानी दिल्ली में एक उच्च अकादमिक पद पर पहुँचे थे। इस बीच उन्होंने आराम से पढ़ सकने लायक अंग्रेज़ी सीखी, कुर्ता-धोती के बजाय पैंट-शर्ट पहनने लगे, और पान खाने के बजाय पाइप भी पीने लगे। पर उन्होंने अगर नहीं छोड़ी तो अपनी बोली-बानी नहीं छोड़ी। न केवल उसी स्वर में बोलते रहे बल्कि जिसे हम 'शुद्ध' उच्चारण कहते हैं वह उन्होंने सीखने का प्रयत्न भी नहीं किया, यानी अंग्रेज़ी और उर्दू तो दूर की बात पर मानक हिन्दी में भी नहीं। वे जनता के हैं और जनता से जुड़े हुए हैं और सिर्फ़ दिखावे के लिए ज़रा भी परिमार्जित या परिनिष्ठित न हुए हैं और न होना चाहते हैं, यह उनके भाषण शुरू करते ही तत्काल प्रकट और प्रमाणित होने लगता था।

लेकिन ऐसी स्वाभाविक अभिव्यक्ति पर डटे रहना दिल्ली जैसे शहर में बड़ी चुनौती का काम था, और यह ख़तरा उन्होंने ऐसे उठाया जैसे कि यह उनकी प्रतिरोधात्मक क्षमता का परचम हो। वे जब जेएनयू में पढ़ाने आये तो स्पष्ट ही नामवर जी के वट-वृक्ष की छत्रछाया में रहने आये और वहीं उनको अपने को स्थापित करना था, यथासम्भव प्रतिष्ठापित भी करना था। नामवर जी की अलग अपनी स्वत: निर्मित और अर्जित अति-विशिष्ट गरिमा थी जो किस अंग्रेज़ी आभिजात्य से कम थी, उनका तराशा हुआ तलफ्फुज़ था और चुटीला शब्द-चयन था, और विचारधारा कुछ लचीली थी और तभी सरस थी। उनके ये सभी गुण अपना

अतुलनीय मानक आप बने। तो पाण्डेय जी ने उनसे यह आमूल व्यक्तिगत भेद तो स्थापित किया ही, उसके अलावा एक बड़ा भेद और भी उन्होंने पल्लवित-पुष्पित किया और वह था अपने कृतित्व में।

दो-टूक मार्क्सवाद

पाण्डेय जी की अपनी आलोचना के केन्द्र में इतिहास-बोध था, समाज ही नहीं बल्कि समाजशास्त्र भी था। हिन्दू-मुस्लिम सौमनस्य था। उनके चिन्तन के केन्द्र में कहानी से अधिक उपन्यास था। जो उनकी एक पुस्तक के शीर्षक के अनुसार अपने आप में ही लोकतान्त्रिक है। उनका मार्क्सवाद बिना किसी लाग-लपेट के दो-टूक मार्क्सवाद था। विचारधारा की दृष्टि से शास्त्रीय या किंचित ठोस और स्थूल रूप का मार्क्सवाद, जो दूर से ही पहचाना जा सकता था क्योंकि वह बहु-प्रचलित शब्दावली में था। उपन्यास-विवेचन की उस वामपन्थी परिपाटी में था जो पश्चिम में पहले ही काफ़ी विकसित हो चुका था। उसमें कला और शिल्प के तत्त्व लगभग अनदेखे किये जा सकते थे जो कहानी या कविता की विधाओं में उतनी आसानी से सम्भव नहीं था। पाण्डेय जी की इस प्रकार से अलग पहचान ही नहीं बनी बल्कि अलग ही लोकप्रियता बनी, प्रभामण्डल बना और प्रभावक्षेत्र बना, "constituency" बनी।

जब नामवर जी नहीं रहे तो पाण्डेय जी ने एक विडियो साक्षात्कार में उनका भाव-विभोर हो कर नहीं पर संयत आकलन किया और उनकी प्रशंसा में उनकी तुलना सचिन तेंदुलकर तक से की। यह भी कहा कि नामवर जी के साथ वे जोधपुर में पढ़ा चुके थे और फिर नामवर जी के जेएनयू आने के कुछ ही समय बाद 'संजोगबस' वे स्वयं भी जेएनयू आ गये। इस शब्द के अनेक रोचक और सार-गर्भित अर्थ खुलते हैं, पर उन्हें छोड़कर इस पर भी ध्यान दें कि इसके पाँच अक्षरों में पाण्डेय जी ने तीन को अनायास ही तत्सम से तद्भव बना दिया है। यही तो उनका ख़ास अन्दाज़-ए बयां था (ज़ नहीं, ज!), इसी से तो उनके अनुयायी बल और सम्बल पाते थे।

धीरे-धीरे पाण्डेय जी की अपनी पहचान दृढ़तर होती चली गयी और ऐसा नहीं था कि उनको स्वयं अपने महत्त्व का भान न हो। एक पुराना प्रसंग इस सन्दर्भ में याद आ रहा है तो उसी के साथ यह स्नेह-संस्मरण समाप्त करता हूँ। अवसर था प्रेम सिंह की पुस्तक 'क्रान्ति का विचार और हिन्दी उपन्यास' (2000) के विमोचन का और सभागार था शायद त्रिवेणी। पाण्डेय जी बोले तो उन्होंने इस पुस्तक की अनेक भूलें और ग़लतियाँ गिनाईं (शायद उन्हें लगा हो कि यह तो उनके अपने क्षेत्र

में दखलन्दाज़ी है), और अन्त में उन्होंने कहा कि इस पुस्तक में एक बड़ी ग़लती और है, कि इस पूरे मार्क्सवादी विमर्श में उनका अपना नाम तो आया ही नहीं या फिर न के बराबर आया! फिर उन्होंने इसका सम्भावित कारण बताया। बोले, "यही हो सकता है कि या तो यह लड़का (अर्थात डॉ. प्रेम सिंह) मुझे मार्क्सवादी नहीं समझता"—इस पर कई लोग हँसे—"या फिर यह मुझे आलोचक ही नहीं मानता!" इस पर सब लोग हँसे। बाद में मैं बोला तो मैंने कहा कि इस पुस्तक-विमोचन में लगता है कि लेखक को एक संकट-मोचन की भी आवश्यकता है।

यह बीस-बाईस साल पहले की बात है। आज कोई लड़का, वयस्क या वयोवृद्ध क्या है कहीं हिन्दी जगत में जो पाण्डेय जी को मार्क्सवादी नहीं समझता या फिर उन्हें आलोचक ही नहीं मानता? दोनों रूपों में उनका अवदान सर्वथा अनुपेक्षणीय है, बल्कि अविस्मरणीय है। मुझे स्वयं इस बात का भी मलाल है कि मेरा लिखा कुछ पढ़ कर तुरन्त फ़ोन करने वाले लगातार कम होते जा रहे हैं।

मैनेजर पाण्डेय :
एक उजला कोना अँधेरे में डूब गया

अशोक वाजपेयी

मैनेजर पाण्डेय का जन्म 23 सितम्बर, 1941 को बिहार के गोपालगंज ज़िले के लोहटी गाँव में हुआ, जब वह पाँचवीं कक्षा में थे माँ का स्नेह उनसे छिन गया। तेरह साल की उम्र में उनका विवाह हो गया था। गाँव में बी.ए. (डीएवी कॉलेज, बनारस से) पास करने वाले वह पहले व्यक्ति थे। एम.ए. (हिन्दी) उन्होंने बीएचयू से किया जहाँ वह वामपन्थी राजनीति के सम्पर्क में आये। डॉ. जगन्नाथ प्रसाद शर्मा के निर्देशन में उन्होंने 'भक्ति आन्दोलन और सूरदास' पर अपना शोध कार्य 1968 में पूरा किया। बरेली कॉलेज में दो साल पढ़ाया। फिर जोधपुर विश्वविद्यालय में चले गये जहाँ उन्होंने छह वर्षों तक अध्यापन कार्य किया, नामवर सिंह के आग्रह पर जवाहरलाल नेहरू विश्वविद्यालय के भारतीय भाषा केन्द्र में फिर वे आ गये।

मैनेजर पाण्डेय का पहला लेख 'भक्ति काव्य की लोकधर्मिता' 1968 में डॉ. त्रिभुवन सिंह द्वारा सम्पादित 'साहित्यिक निबन्ध' पुस्तक में छपा, फिर नामवर सिंह द्वारा सम्पादित 'आलोचना' में उनके लेख प्रकाशित होने शुरू हुए। उनकी कृतियों में—

'शब्द और कर्म', 'साहित्य और इतिहास-दृष्टि', 'भक्ति आन्दोलन और सूरदास का काव्य', 'सूरदास', 'साहित्य के समाजशास्त्र की भूमिका', 'आलोचना की सामाजिकता', 'उपन्यास और लोकतन्त्र', 'हिन्दी कविता का अतीत और वर्तमान', 'आलोचना में सहमति-असहमति', 'भारतीय समाज में प्रतिरोध की परम्परा', 'साहित्य और दलित दृष्टि', 'शब्द और साधना', 'संकट के बावजूद' (मुख्यत: विदेशी लेखकों के कुछ चुनिन्दा साक्षात्कारों एवं आलेखों का अनुवाद, चयन और सम्पादन), 'अनभै साँचा', 'मेरे साक्षात्कार', 'मैं भी मुँह में ज़ुबान रखता हूँ', 'संवाद-परिसंवाद', 'बतकही', 'देश की बात', 'मुक्ति की पुकार',

'सीवान की कविता', 'नागार्जुन : चयनित कविताएँ', 'सूर संचयिता', 'मुग़ल बादशाहों की हिन्दी कविता', 'लोकगीतों और गीतों में 1857', 'शब्द और साधना' आदि प्रमुख हैं।

उन्हें हिन्दी अकादमी द्वारा दिल्ली का 'शलाका सम्मान', 'साहित्यकार सम्मान', 'राष्ट्रीय दिनकर सम्मान', रामचन्द्र शुक्ल शोध संस्थान, वाराणसी का 'गोकुल चन्द्र शुक्ल पुरस्कार' और दक्षिण भारत प्रचार सभा का 'सुब्रह्मण्य भारती सम्मान' आदि सम्मान मिले हैं। लम्बी बीमारी के बाद दिल्ली में 6 नवम्बर, 2022 को 81 वर्ष की अवस्था में उनका देहावसान हो गया।

साहित्य और आलोचना की सामाजिकता को उनकी समझ और परख का आधार मानने-मनवाने का आग्रह करने वालों में मैनेजर पाण्डेय एक अग्रणी और प्रखर आलोचक थे। साहित्य को मनुष्यता की अभिव्यक्ति का एक माध्यम बताते हुए उन्होंने लगभग दो दशकों पहले कहा था कि—

"मनुष्य की मनुष्यता पूरी तरह प्रकट होती है उसकी स्वतन्त्रता में–विचार, कल्पना, और कर्म की स्वतन्त्रता में। आलोचना उसी स्वतन्त्रता का पालन-पोषण करती हुई, उसके संग-साथ चलती हुई और उसके पक्ष में लड़ती हुई सामाजिक बनती है।"

आगे उन्होंने यह जोड़ा था कि—

"आलोचना चाहे समाज की हो या साहित्य की, वह सामाजिक बनती है सत्ता के सामने सच कहने के साहस से। किसी भी समाज में आलोचना का स्वास्थ्य उस समाज के बौद्धिक वातावरण पर निर्भर होता है। अगर समाज का बौद्धिक वातावरण उन्मुक्त और संवादधर्मी होगा तो आलोचना भी मूलगामी, उत्सुक, तेजस्वी, प्रश्नाकुल और सत्यनिष्ठ होगी, लेकिन अगर बौद्धिक वातावरण रूढ़िवादी, पीछेदेखू, और सहमतिवादी होगा तो आलोचना वैसी ही होगी।"

उनके दुखद अवसान पर यह याद करना चाहिए कि उन्हें अपने सबसे सक्रिय दशकों में उन्मुक्त और संवादधर्मी बौद्धिक वातावरण मिला था जिसके कारण वे तेजस्वी-उत्सुक, प्रश्नाकुल बन पाये और जो दुर्भाग्य से उनके अन्तिम वर्षों में ठीक उलट गया। आज की सत्यनिष्ठ आलोचना, फिर भी सच कहने का दुस्साहस कर रही है : जैसे सच्चा साहित्य वैसे ही सत्यनिष्ठ आलोचना आज स्वयं हिन्दी समाज की रूढ़िवादी पीछेदेखू सहमतिवादी सत्ता का लगभग राजनीतिक प्रतिपक्ष है।

ऐसा वातावरण बनाने-बिगाड़ने में आलोचक और आलोचना की क्या भूमिका होती है और हमारे समय में हुई आलोचनाओं पर गहराई से विचार करने की ज़रूरत है।

मैनेजर पाण्डेय एक विद्वान आलोचक थे। वाल्टर बेन्यामिन का सहारा लेते हुए उन्होंने मुक्तिबोध के प्रसंग में सभ्यता के इतिहास में छुपी बर्बरता को पहचानने की कोशिश की है।

पाण्डेय जी ने शायद पहली बार हिन्दी आलोचना में यह पहचाना कि—

"क्या यह आश्चर्य की बात नहीं है कि देश के विभाजन और उससे जुड़ी हुई सम्पूर्ण त्रासदी पर निराला, पन्त, नागार्जुन, केदारनाथ अग्रवाल, मुक्तिबोध, शमशेर बहादुर सिंह और त्रिलोचन में से किसी ने कोई महत्त्वपूर्ण कविता नहीं लिखी है उस समय ही नहीं, बाद में भी नहीं। उस समय के कवियों में केवल अज्ञेय ने 12 अक्तूबर 1947 से 16 नवम्बर 1947 के बीच 'शरणार्थी' शीर्षक से 11 कविताएँ लिखीं थीं और साथ ही अनेक कहानियाँ भी जो 1948 में 'शरणार्थी' नाम से प्रकाशित पुस्तक में मौजूद हैं।"

अन्यत्र पाण्डेय जी ने यह भी दर्ज किया है कि—

"नागार्जुन के काव्य संसार में भारतीय समाज के उन समुदायों के लिए भी जगह है जिन पर दूसरे कवियों ने ध्यान ही नहीं दिया है। नागार्जुन ने आदिवासियों पर लगभग एक दर्जन अत्यन्त महत्त्वपूर्ण कविताएँ लिखी हैं।"

उनकी स्पष्ट मान्यता थी कि, "कोई भी रचना कालजीवी हुए बिना कालजयी नहीं हो सकती।"

उनकी आलोचना में रचनाओं की कालजीवित की हमेशा खोज और पड़ताल होती रही है। संयोगवश यह कहना भी प्रासंगिक है कि उनके सबसे प्रिय आधुनिक कवि नागार्जुन रहे हैं और उनकी आलोचना नागार्जुन को समझने-सराहने में बेहद मददगार साबित होती है। वे मानते हैं—

"नागार्जुन की कविता में कल्पना का चमत्कार कम है, यथार्थ की सघनता अधिक है, दार्शनिक अमूर्तन कम है, अनुभव की व्यापकता अधिक है। ज्ञान की गठरी छोटी है लेकिन करुणा का सागर अथाह है। उनकी कविता विचार से अधिक भावों की कविता है। नागार्जुन कविता में जीवन-यथार्थ का चित्रण अधिक करते हैं और विचारधारा पर बहस कम। लोक हृदय में लीन उसके हृदय का विवेक और चाहे जो ग़लती करे लेकिन जन-मन की पहचान में वह कभी ग़लती नहीं करता।"

पाण्डेय जी की आलोचना का एक महत्त्वपूर्ण हिस्सा उनके उपन्यास पर किये गये विचार और विश्लेषण हैं। उन्होंने लिखा है—

"उपन्यास और लोकतन्त्र के सम्बन्ध में विचार करते समय यह ध्यान में रखना ज़रूरी है कि लोकतन्त्र केवल एक राजनीतिक व्यवस्था और शासन पद्धति ही नहीं है, वह एक ऐसी मानसिकता भी है जो सहिष्णुता की संस्कृति, दूसरों का सम्मान, दूसरों के अन्तरों का स्वीकार, विचारों की अनेकता का आदर, अभिव्यक्ति की स्वतन्त्रता और संवाद की तत्परता विकसित करती है। लोकतन्त्र की ये विशेषताएँ उपन्यास के स्वभाव और संरचना में निहित होती हैं और उपन्यास ऐसी ही मानसिकता का निर्माण भी करता है। वह व्यक्ति की स्वतन्त्रता के साथ-साथ समाज के हित को भी ध्यान में रखता है जो लोकतन्त्र का भी अनिवार्य गुण है। उपन्यास मनुष्य की गरिमा और उसकी स्वतन्त्रता की रक्षा का प्रयत्न करते हुए ही व्यक्ति को सामाजिक और समाज को माननीय बनाने में सफल हुआ है।"

अच्छा आलोचक अच्छा शोधकर्ता भी होता है। पाण्डेय जी में अथक शोध की वृत्ति थी। उन्होंने मराठी के विद्वान सखाराम गणेश देउस्कर (1869-1912) की बांग्ला में लिखी कृति 'देशेर कथा' के बाबूराव विष्णु पराड़कर द्वारा हिन्दी में किये गये अनुवाद (1910) को सम्पादित कर हिन्दी में उसकी पुन:प्रस्तुति की। अपनी भूमिका में पाण्डेय जी लिखते हैं—

"देउस्कर भारतीय जनजागरण के ऐसे विचारक हैं जिनके चिन्तन और लेखन में स्थानीयता और अखिल भारतीयता का अद्‌भुत संयोग है। वे महाराष्ट्र और बंगाल के नवजागरण के बीच सेतु के समान हैं। उनका प्रेरणास्त्रोत महाराष्ट्र है, पर वे लिखते बांग्ला में हैं।"

हममें से बहुतों को, कम-से-कम हिन्दी में, देउस्कर द्वारा की गयी औपनिवेशिक ज़हनियत की तीक्ष्ण व्याख्या का पहली बार पता चला।

पाण्डेय जी ने कुछ मुसलमान शासकों की हिन्दी कविता का एक संचयन 'मुग़ल बादशाहों की हिन्दी कविता' भी तैयार कर प्रकाशित करवाया। उसमें कई मुग़ल शासकों जैसे–अकबर, जहाँगीर, शाहजहाँ, औरंगज़ेब की रचनाएँ संकलित हैं। भूमिका में पाण्डेय जी लिखते हैं—

"भारतीय समाज के इतिहास का जो मुग़लकाल है वह हिन्दी साहित्य के इतिहास का भक्तिकाल और रीतिकाल है। भक्तिकाल का कोई भी कवि किसी दरबार का कवि नहीं था। लेकिन रीतिकाल के लगभग सभी कवि किसी-न-किसी दरबार में कवि थे। इसीलिए मुग़ल दरबार में हिन्दी कविता की खोज का अर्थ है मुग़ल-दरबार से रीतिकाल के कवियों के सम्बन्ध की खोज।"

आज जब एक हिंसक-आक्रामक क़िस्म की मानसिकता, जिसने औपनिवेशिकता से अनेक चीज़ें उधार या हड़प ली हैं, हमारे सामाजिक चित्त को बदलने और उसे लोकतन्त्र से विरत करने की चेष्टा कर रही है, और मुग़लों के अवदान और उसकी सर्जनात्मकता को सुनियोजित रूप से विकृत और अवमूल्यित किया जा रहा है, ऐसी शोध का व्यापक सामाजिक महत्त्व है। आलोचक समाज को कैसे शिक्षित करता है, यह उसका एक उदाहरण है।

पाण्डेय जी ने अनुवाद भी किया है और संस्कृति चिन्तकों के निबन्धों का हिन्दी में रूपान्तरण भी किया है। हिन्दी में साहित्य के समाजशास्त्र के एक तरह से वे प्रस्तोता हैं। संसार में चल रहे और विकसित हो रहे बौद्धिक विमर्श से उनका गहरा परिचय रहता था।

दशकों तक जवाहरलाल नेहरू विश्वविद्यालय के भारतीय भाषा केन्द्र में पाण्डेय जी सक्रिय रहे और उनके अनेक सुदीक्षित छात्र इस समय कई जगहों पर काम कर रहे हैं। जहाँ तक मुझे याद आता है, इस विश्वविद्यालय में पहली बार मुझे पाण्डेय जी ने ही कुछ बोलने के लिए न्योता दिया था। मैंने 'तार सप्तक' पर कुछ बोला था।

दिल्ली में पिछले तीन दशकों में रहते हुए उनसे कई आयोजनों में मुलाक़ात होती रहती थी। अगर उन्हें बोलना होता था तो वे हमेशा तैयारी से आते थे और अपने संरक्षक नामवर सिंह की तरफ़ अवसर के अनुकूल बहते या अपने सहयोगी केदारनाथ सिंह की तरह अधीर नहीं होते थे। उनके वक्तव्य हमेशा सुचिन्तित होते थे। हैदराबाद के केन्द्रीय विश्वविद्यालय में उन पर केन्द्रित एक आयोजन हुआ था जिसमें मैं भी शामिल था।

70-80 के दशकों में वे मेरे घोर और मुखर विरोधी थे पर बाद में शायद उन्हें वैचारिक मतभेदों के बावजूद मैं सराहनीय लगने लगा था। कई बार वह मेरी कोई टिप्पणी पढ़कर या कहीं प्रकाशित कविता देखकर फ़ोन करते थे। उनसे गपशप करने का अलग मज़ा था। एक बार हम साथ-साथ कथाकार मैत्रेयी पुष्पा के गाँव भी गये थे। आते-जाते उनका सान्निध्य आत्मीय, पुरलुत्फ़ और बौद्धिक रूप से उत्तेजक था। उनका देहावसान लम्बी बीमारी के बाद हुआ। हिन्दी आलोचना और शोध का, हिन्दी विद्वत्त का एक उजला कोना अँधेरे में डूब गया।

Manager Pandey : A True Public Intellectual

Prof. Kuldeep Kumar

Professor Manager Pandey, one of the most significant Marxist literary critics in Hindi, breathed his last on Sunday, after ailing for a long time. He was 81.

What distinguished him from his peers was his firm conviction that criticism of literature per se has to be criticism of the society that has produced it. In the true tradition of Karl Marx, he critiqued society while writing about the literary works of past and present writers.

Besides the late Namwar Singh, he was perhaps the only academic and critic who was so deeply interested in various disciplines of social sciences. His writings on the Sociology of Literature are a case in point in this regard. He wrote a series of articles in the 1970s and 1980s in Aalochana, a highly reputed journal devoted to literary criticism, to introduce the Hindi literary world to structuralism and other influential intellectual theories of those times.

This quest took him to make a deep and serious study of how literature could be understood and analysed from a sociological as well as a historical perspective. This resulted in the writing of his influential books *Sahitya aur Samajshastreeya Drishti* (Literature and Sociological Approach) and *Sahitya aur Itihas Drishti* (Literature and Historical Approach).

Born on September 23, 1941, in the village of Lohati in Bihar's Gopalganj district, Prof. Pandey received his early education in his village and joined Banaras Hindu University where he did his Masters and Doctorate in Hindi.

His pro-people perspective and progressive ideas were reflected in his books on medieval Bhakti poet Surdas and a study of a Hindi novel titled *Upanyas aur Loktantra* (Novel and Democracy), perhaps the only study of its kind.

His other books too made his socio-political position amply clear. A cursory glance at their titles – *Aalochana ki Samajikta* (The Social Nature of Criticism), *Aalochana mein Sahmati-Asahmati* (Consent and Dissent in Criticism), *Bharatiya Samaj mein Pratirodh ki Parampara* (Tradition of Resistance in Indian Society), to cite a few – is enough to tell us of his ideological-political coordinates. Little wonder that he did not remain an armchair intellectual but made necessary literary and cultural interventions at the appropriate junctures.

He was closely associated with Jan Sanskriti Manch, a cultural-literary organisation with leanings towards the Communist Party of India (Marxist-Leninist), also known as Vinod Mishra group, in various capacities and was elected its president.

He continued to articulate his firm belief in a democratic and secular polity and envisaged an India that would embrace everybody irrespective of caste, creed, language or region. He was truly a people's intellectual. Perhaps, this was the reason behind his close relationship with Nagarjun, the people's poet and his encouragement to his students to work on the poet's life and work.

I had the good fortune of becoming first his much younger friend in 1975 and later his student. He was a first-rate teacher whose lectures were laced with erudition, the prowess of analysis, humour, and wit. He was also a superb intellectual guide to his students and generously imparted knowledge to them.

At the Centre of Indian Languages, Jawaharlal Nehru University, he, along with Namwar Singh and Kedarnath Singh formed the Trinity. Alas, with his passing away, the last member of the revered Trinity is gone.

Manager Pandey : Teacher, Colleague, Friend and Scholar

Prof. Chaman Lal

On November 6, 2022, around 8.30 a.m., one of the legendary teachers and scholars of Jawaharlal Nehru University (JNU), Professor Manager Pandey, passed away. He was 81. He had authored/edited over 30 books, all in Hindi, out of which some were translated into a few other Indian languages.

Manager Pandey was born on September 23, 1941 in Lohti village, now in Gopalganj and earlier in Sivan district of Bihar. After early education in the village at Khurharia High School, which was about 10 kilometers away from his village and where he had to cross a river every day, his parents sent him to DAV College in Banaras (Uttar Pradesh) for graduation.

Pandey lost his mother early in his childhood and was taken care of by his widowed paternal aunt. His farmer father continued to support his education, so he was the first in his family not only to receive education but even to receive the highest academic degree— a doctorate.

Manager Pandey did Master of Arts (MA) and Doctor of Philosophy (PhD) in Hindi from Banaras Hindu University (BHU) in 1968 on the topic — *Sur ka Kavya: Parampara aur Pratibha* (Poetry of Sur (Das): Tradition and Talent). This thesis, in book form, was published as *Krishana Katha ki Parampara aur Surdas ka Kavya* (The tradition of Krishana narration and Surdas's Poetry) by Macmillan (now defunct) in 1982. Its new and revised edition came out as *Bhakti Andolan aur Surdas ka Kavya* (Bhakti tradition and Surdas's Poetry) from Vani Prakashan Delhi in 1993.

Pandey began his career at the Bareilly College as a Hindi lecturer in 1969. He started writing scholarly articles in prestigious Hindi journals, and was soon appointed as lecturer at Jodhpur University in 1970, from where he moved to JNU in Delhi in March 1977.

My interaction with him started from the very beginning. He was put up for some time in H. No. 165 of Uttarakhand block, which was temporarily used as a JNU guest house, and which was perhaps vacated by Prof. Satish Chandra, after he was appointed Chairman of University Grants Commission. Later he shifted to a flat in Ber Sarai, in front of the Old Campus, where all the schools/centres of JNU were then located.

I was selected for admission to the PhD course in the Centre of Indian Languages in 1976, during the Emergency, but my admission along with another student, was withheld due to political reasons. We were offered admission in March 1976, after the Emergency was withdrawn. I met Pandey and sought his advice, as from 1977, CIL had planned to start M.Phil admissions. Prior to that, direct admission to PhD was done with a pre-PhD course. He advised me to wait till the 1977 session admissions, which were just months away and take admission to a combined MPhil/PhD course. I heeded his advice and appeared for the entrance test again in 1977, got selected chose him as my supervisor.

The CIL, as part of the School of Languages in JNU, was set up in 1974 without any faculty, with courses in Hindi and Urdu. Naamvar Singh joined as Professor and Chairperson in November 1974, around the time Savitri Chander Shobha and S P Sudhesh had also joined. Chintamani, Kedarnath Singh and Manager Pandey were brought in by Naamvar Singh. Out of all six earlier faculty members of Hindi in CIL, Pandey was the last to leave the world. In January 2022, S P Sudhesh bid goodbye at the age of 85+.

Pandey's talent for evaluation of literature and society flourished in JNU's atmosphere of critical thinking. His first book, *Shabad Aur Karm* (Word and Action), was published in 1981. It brought in a breeze of freshness in the stereotypical scene of Hindi literary criticism. Among CIL students, he created a big impact by his teaching of the Sociology of Literature and occasionally Historical Perspectives on Literature papers to MPhil students.

Under the leadership of professors Naamvar Singh and Mohamad Hasan, the curricula of Hindi and Urdu were radicalised with the inclusion of advanced courses, which could not be imagined in other Indian universities. Critical thinking was the spirit of these core courses, which were common for English or European languages literary studies, but entirely new for Indian languages.

The two courses that attracted most attention and gave credibility to Hindi and Urdu literary studies were Sociology of Literature and Historical Perspective in Literature. (*Sahitya ka Samajshashtar and Sahitya ki Itihas Drishti*). Both these courses were taught in Hindi by Manager Pandey and Naamvar Singh. The latter also taught Marxist Perspective of Literature to M A (Hindi) students, which was also taught by Pandey during Singh's sabbatical.

In 1981, another book by Pandey- *Sahitya aur Itihas Drishti* (Literature and Historical Perspective), came out from the newly set up progressive publisher, People's Literacy Delhi, which brought out many Marxist literary theory classical books in Hindi translation. This book established Pandey as an important Hindi critic in the academic world. Another book which brought laurels to him was *Sahitya ke Samajshashtar ki Bhumika* (An Introduction to Sociology of Literature), published in 1989, and since has run into many editions and has been translated into a few other Indian languages, including Urdu. This book was and is still recommended in many other Indian languages MA and research degree courses.

Apart from these two important literary theory books, Pandey published many books on modern and medieval literature. In the general perception of Hindi writers/scholars/students and cultural activists, he was and is considered a Marxist literary critic. He remained president of a radical Leftist cultural organisation *Jan Sanskriti Manch* for many years. Some of his later books are referred to here briefly.

Pandey's next important publication was *Anbhai Sancha*. It was published in very tough and tragic circumstances. His young and only son Anand was murdered in his village in Bihar on August 16, 2000, allegedly by Bihar Police in league with criminal gangs of the area, against whom Anand was fighting as a young and popular activist. This book is dedicated to his son with an introduction describing the anguish of the author. This is a collection of 20 articles on literature from his three decades of innumerable writings on Hindi literature. It includes writings on medieval Bhakti literature to modern dalit literature. The book, *Mere Sakshatkar* (My Interviews), based on his 16 interviews with different Hindi writers, including many by his students and CII faculty member Devender Chaubey, is included in this collection published in 1998.

Another book of interviews — *Main Bhi Munh Mein Zuban Rakhta Hoon* (I Too Have a Voice) — was published in 2005. Two more books based on his interviews were published — *Batkahi and Samvad-Parisamvad*. A collection of his 26 selected articles - *Aalochna ki Samajikta* (Social Aspects of Criticism) were published in 2005, which centred more on modern fiction and cultural issues.

An issue of *Samved* edited by Kishan Kaljayee focussed on Manager Pandey and titled *Sankat Ke Bavjud* (Despite Crisis), was published in 2002, in which 26 known critics/writers of Hindi discussed his critical literary writings. A separate book, *Sankat ke Bavjud* (Despite Crisis) - selections and translations of some world-renowned authors was published later by Pandey.

A few more books on the contribution of Manager Pandey were published during his life time.

One of his edited books is *Sivan ki Kavita* (Poetry of Sivan). Despite living in Delhi since 1977, Manager Pandey was bound to his roots in Sivan in Bihar, and he collected the literary talent of that area into this collection. He also edited selected writings of major Hindi writers — Surdas, Kumar Vikal, Nagarjun, Madhav Rao Sapre, Munshi Navjadik, Lal Sreevastava and other.

Manager Pandey had brought many such books to the public domain that depicted India's freedom struggle, but were out of sight in present times. One such book was *Desh Ki Baat*, one was in Marathi by Sakharam Vishnu Paradkar and another in Hindi by Dev Narayan Dwivedi with the same title. Both books were important publications in the socio-political history of India.

Another such book was *Munshi Navjadik Lal Sreevastva's Pradhinon ki Vijay Yatra* (The Winning journey of Subjugates). He acquired its copy from a German University with the help of his friends. The book was first published in 1934, its 1937 edition was banned by the British colonial rulers. The book contains descriptions of the freedom struggle of 36 countries, including India. Similarly, Madhav Rao Sapre was an eminent journalist, also having the credit of the first short story writer of Hindi- *Eik Tokri Bhar Muthi*. His selected writings were edited by Manager Pandey.

There are other books- *Upnyas aur Loktantr* (The Novel and Democracy), *Sahitya aur Dalit Drishti* (Literature and Dalit perspective), *Hindi Kavita ka Atit aur Vartman* (The Past and Present of Hindi Poetry), *Aalochna mein Sahmati-Asahmati* (The consent and dissent in Criticism), *Bhartiya Sahitya mein Pratirodh ki Parampra* (The Legacy of Resistance in Indian Literature), *Mukti Ki Pukar* (The Call of Liberation)- edited Poetry, *Shabad aur Saadhna*, *Acharya Dwidey Abhinandan Granth* (Edited), *Lokgeeton mein 1857*- edited with an introduction (1857 in Folk Songs), *Sanklit Nibandh* (Collected essays of Manager Pandey) was published by NBT (National Book Trust of India).

One of his last and significant publications was *Mughal Badshahon ki Hindi Kavita* (Hindi Poetry of Moghul Emperors) in 2016. In this collection, the editor begins his introduction with Babar, the founder of the Mughal regime in India, who wrote poetry in Persian. Babar's daughter Gulbadan Begum also wrote poetry in Persian. Manager Pandey found no evidence of Humayun writing poetry, but he appreciated and patronised poetry by having two Persian poets in his Durbar. From emperor Akbar begins the uninterrupted flow of poetry from the pen of Mughal emperors. Not only did they write poetry, they also patronised a large number of poets.

Pandey found an old book *Mughal Badshahon ki Hindi*. The book was written by Pandit Chander Bali Pandey and was published by Nagri Pracharini Sabha Varanasi in 1940. This book contained Hindi poetry penned by Mughal emperors from Akbar to Bahadurshah Zafar. He also consulted Harbans Mukhia's book Indian Mughals, which further confirmed the poetry penned by Emperor Shah Alam. This collection, edited by Pandey, includes the maximum number of poems penned by Shah Alam, Akbar is second in the number of poems. Manager Pandey notes that many people will be surprised to know that even Aurangzeb penned Hindi poems. With an elaborate introduction, he describes the Mughal emperor's Hindi as *Braj Bhasha* poetry.

Surdas also wrote in *Braj Bhasha*, which was a major poetic form of the Hindi language before the present Khari Boli replaced it. The collection includes Hindi poetry of Akbar, Jahangir, Shahjahan, Aurangzeb, Azam Shah, Mozam Shah Shah Alam Bahadur Shah, Jahandarshah Mauj, Mohammad Shah, Ahmad Shah, Alamgir, Mohammad Shah Alam and lastly of last Mogul emperor Bahadur Shah Zafar.

For many years Manager Pandey was working on Dara Shikoh, who was killed by Aurangzeb in the fratricidal war for power, but was considered the most philosophical prince among all Mughal ruling families. That was his most ambitious project, which remained unfulfilled due to his life being cut short.

Manager Pandey received many accolades in form of awards and honours, such as *Shalaka Samman* of the Delhi Government, Dakshin Bharat Prachar Sabha's Subramaniam Bharti award, was honoured by Bihar government and more.

Manager Pandey enriched not only Hindi literature, but the world of Indian literature through his writings and he also became a role model as a dedicated and disciplined scholar. He was known for scolding his students quite often, but remained an equally concerned teacher and always protected them.

His death was mourned not only in condolence/memorial meetings including one in CIL and another by JNUTA, but by many of his publishers and writers' organisations in Delhi. In Bihar, especially in the Sivan area, many meetings were held. Obituaries were written by many writers in Hindi, English, and Punjabi in many parts of the country.

The writer is retired professor & former chairperson at the Centre of Indian Languages, Jawaharlal Nehru University, New Delhi. At present, he is honorary advisor to Bhagat Singh Archives and Resource Centre New Delhi.

'संकट के बावजूद' में प्रो. पाण्डेय का अनुवादक रूप

डॉ. वीरेश कुमार

विगत दशकों में अनुवाद और अनुवाद कर्म की महत्ता बहुत बढ़ी है। इस विषय के विचारकों का एक समूह तो अब अनुवादकों को ना सिर्फ़ मूल लेखकों के समकक्ष समझता है बल्कि कई अर्थों में उनके ऊपर भी मानता है। इनका कहना है कि किसी एक भाषा में प्रवीणता प्राप्त हो तो आप लेखक बन सकते हैं। लेकिन अनुवादक बनने के लिए तो कम-से-कम दो भाषाओं में महारत होनी ही चाहिए।

इसके अलावा अनूदित विषय-वस्तु की गहन समझ का होना भी सफल अनुवाद कर्म की एक शर्त है। आधुनिक शिक्षा शास्त्र में, अनुवाद (Translation), निर्वचन (Interpretation) और बहिर्वेशन (Extrapolation) को तीन ऐसी गतिविधियाँ माना गया है जिनके लिए विषयवस्तु का ज्ञान मात्र ही अपेक्षित नहीं है। इसके लिए उसका गहरा बोध होना भी आवश्यक है।

हमारी राष्ट्रीय शिक्षा नीति के दस्तावेज़ों में भारतीय समाज को एक 'ज्ञान-समाज' (Knowledge Society) बनाने का संकल्प व्यक्त किया गया है। इसके लिए योजना आयोग की तर्ज़ पर 'ज्ञान आयोग' (Knowledge Commission) की स्थापना भी डॉ. यशपाल की अध्यक्षता में की गयी थी। हिन्दी के श्री अपूर्वानंद जी भी इसके सदस्य रहे।

अनुवाद के माध्यम से विदेशी भाषाओं, ख़ासकर अंग्रेज़ी से ज्ञान पाठ (Knowledge Text) का भारतीय भाषाओं में स्थानान्तरण तथा एक भारतीय भाषा की सामग्री का दूसरी भारतीय भाषा में रूपान्तरण, इस आयोग की प्रमुख गतिविधियों में से एक रही है। इस महती उद्देश्य की प्राप्ति के लिए मानव संसाधन विकास मन्त्रालय के उच्चतर शिक्षा विभाग द्वारा राष्ट्रीय साक्षरता मिशन की तर्ज़ पर एक राष्ट्रीय अनुवाद मिशन की स्थापना भारतीय भाषा संस्थान, मैसूर में की गयी है जो अपने दम भर इस महान् कार्य में सहयोग दे रहा है।

लेकिन ये सब ऐसी गतिविधियाँ हैं जो पेशे के तौर पर चलाई जा रही हैं। इनके बीच ही आदरणीय मैनेजर पाण्डेय जैसे लोग भी हैं जो बिना किसी आर्थिक लाभ की आशा के यही काम कर रहे हैं और शायद उन पेशेवर लोगों से बेहतर ढंग से कर रहे हैं। हमारे समाज को इसका आभार मानना चाहिए।

पाण्डेय जी जैसे अनुवादकों के लिए परम्परा से 'शौक़िया' विशेषण का प्रयोग किया जाता रहा है। यह इनकी प्रतिबद्धता है जिसके कारण ये इस ओर प्रवृत्त होते हैं। इनको अपने अनुवाद कर्म की महत्ता का बोध होता है और उसके चुनाव की स्वतन्त्रता भी होती है। इसलिए वह अनुवाद के लिए ऐसी कृतियों या विषयों को चुनते हैं जिन्हें वह महत्त्वपूर्ण समझते हैं। जो उसकी सोच, भावना या विचारधारा के नज़दीक होती हैं।

पाण्डेय जी के अनुवाद कर्म की महत्ता मेरी समझ में यही है कि उन्होंने अनुवाद के लिए ऐसी कृतियों को चुना है जिनमें निहित विचारों ने अपने-अपने दौर में इस दुनिया को बदलने में महती भूमिका निभायी है और पीढ़ियों के जीवन को प्रभावित किया है और आगे भी करते रहेंगे।

इनमें प्रमुख हैं—कार्ल मार्क्स, जार्ज लूकाच, ईवान क्लीमा और रेतामार के साक्षात्कार; रेमण्ड विलियम्स, रिचर्ड हॉगर्ट, फ्रेडरिक क्रूज और ज्योतिस्वरूप सक्सेना के आलेख।

मेरी ख़ुशकिस्मती यह रही कि मैंने भारतीय कम्युनिस्ट आन्दोलन और संगठन के दोनों ही स्वरूपों को नज़दीक से एक कार्यकर्त्ता के रूप में देखा है। ये हैं—ग्रास रूट लेवेल और फुनगी लेवेल। बिहार के बेगूसराय ज़िले में जैसे कन्हैया जी का गाँव 'बीहट' मिनी मॉस्को माना जाता था वैसे ही वहाँ से लगभग 14 किलोमीटर उत्तर में बसा मेरा गाँव वीरपुर मिनी लेनिनग्राद कहा जाता था। मैंने उन दर्जनों नेताओं और सैकड़ों कार्यकर्ताओं को देखा है जिन्होंने अपने तन-मन और धन तक की आहुतियाँ दे-देकर कम्युनिस्ट संगठन और आन्दोलन का पोषण और फैलाव किया।

साथ ही मैंने देश की राजधानी में चाय की प्यालियों में तूफ़ान उठाने वाले उन क्रान्तिवीरों को भी देखा है जो जल्द ही विभिन्न सरकारी कार्यालयों की शोभा बढ़ाते पाये गये और इस तरह वेतनभोगी कर्मचारी की तर्ज़ पर 'वेतनभोगी क्रान्तिकारी' की एक नयी श्रेणी क़ायम की। मैंने ज़मीन पर चलने वाले उन हथियारबन्द संघर्षों की भी प्रत्यक्षदर्शिता की है जिसने बिहार जैसे सामन्तवादी समाज में बदलाव की उस धारा को बहाया जिसे बाद में समाजवादियों ने अपहृत कर 'सामाजिक न्याय' का नाम दिया और इसके बल पर दलों के नाम और निशान बदल-बदल कर सत्ता का स्वाद चखते रहे।

इसलिए 'संकट के बावजूद' मेरे लिए एक पुस्तक मात्र नहीं है जिसकी मैं समीक्षा लिख रहा हूँ। यह मेरे लिए उस आईने की तरह है जिसमें मैं अपने विशृंखल विचारों की वह शृंखला देख रहा हूँ जो अपने व्यवस्थित रूप में आज भी दुनिया को और ख़ासकर इसके वंचित वर्गों को मुक्ति के मार्ग का नक्शा दिखा सकती है। यही इस अनुवाद कर्म की महत्ता है कि वह मुझ जैसे अधकचरे अध्येता को अपने विचारों का स्रोत ढूँढ़ने और उसकी तरतीब बिठाने में मदद करता है। जिनके एतद् सम्बन्धी विचार सुलझे हुए हैं उनको उन्हें पुख़्ता करने में मदद मिलती है और जो इस लाइन में नौसिखिये हैं या फिर दिल्ली की हवा लगने के बाद ही जिनको इसका (साम्यवादी विचारों) का स्वाद मिला है उनके लिए तो यह किताब किसी विगनर्स ग्रामर से कम नहीं है।

जहाँ तक प्रासंगिकता की बात है तो यह कहना पड़ेगा कि कोई चीज़ अगर महत्त्वपूर्ण है तो उसकी प्रासंगिकता भी अवश्य ही होगी। इसका उलटा भी सत्य हो सकता है।

इस दृष्टि से इस पुस्तक की जो सामग्री कार्ल मार्क्स के साक्षात्कारों से सम्बन्धित है, वह मुझे अधिकाधिक प्रासंगिक लगती है। इनके अलावा अन्य विचारकों की बातों की भी अपनी प्रासंगिकता है। लेकिन उनको पढ़कर कोई एक राय बनाने में एक कठिनाई यह है कि ये सब जटिल समय की उपज हैं। अब मार्क्स के समय जैसी स्पष्ट परिस्थितियाँ नहीं रहीं जिनकी छाया उनके विचारों पर भी पड़ती है। फिर भी जहाँ-जहाँ उनकी बात मेरी समझ में आयी मैं उन्हें रेखांकित करने की कोशिश ज़रूर करूँगा।

पहली कृति : पूँजी के ख़िलाफ़ श्रम का विद्रोह [आर. लैंडर का कार्ल मार्क्स से साक्षात्कार]

यह सारी बातचीत अन्तरराष्ट्रीय मज़दूर संगठन के इर्द-गिर्द घूमती है जिसे मैं भूल नहीं रहा तो किसी ज़माने में कॉमिनटर्न कहते थे। इसके बारे में साक्षात्कार लेने वाला कहता है कि "मैं यह निःसन्देह कह सकता हूँ कि यह वास्तविक मज़दूरों का सही संगठन है।" लेकिन अगली ही साँस में वह कहता है कि "लेकिन ये मज़दूर दूसरे वर्ग के राजनीतिक एवं सामाजिक विचारों से संचालित हो रहे हैं।" अपने इस निष्कर्ष के प्रमाण स्वरूप वह (संवाददाता) संगठन की परिषद् के एक प्रमुख सदस्य का उदाहरण देता है जिससे वह मिल चुका था। उसके बारे में वह लिखता है

कि वह व्यक्ति आम जनता की सभाओं में शासक वर्ग के ख़िलाफ़ घृणा से भरे ज़ोरदार भाषण देता था लेकिन जिस ऑफ़िस या फैक्ट्री में वह काम करता था वहाँ रोज़ बड़े मालिक तो बड़े मालिक, अपने छोटे मालिक की फटकार सुनता पर कुछ नहीं बोलता था। उस पत्रकार ने उस नेता के इस दोहरे चरित्र को 'शिकारी कुत्ते की आज्ञाकारिता' की संज्ञा दी है।

यह विवरण पढ़ते हुए मेरे सामने अपने गाँव, जबार या सूबे के एक भी कम्युनिस्ट नेता का चेहरा नहीं घूमा और साथ ही अपने दिल्ली प्रवास (जेएनयू के छात्र के तौर पर) में बिताये सात वर्षों के दौरान देखे गये अनेक (लगभग सभी) चेहरे मेरे सामने घूम गये जो या तो कर्मचारी यूनियन में या छात्र यूनियन में सक्रिय थे। उनकी तकरीर सुनते समय नसों में मानो ख़ून उबलने लगता था। मालूम होता था कि अपना भाषण समाप्त करने के बाद यह मंच से उतरेगा और सीधे जाकर वीसी नहीं तो डीएसडब्लू का शीष उतारकर ज़रूर लायेगा। लेकिन होता ये था कि मंच से उतरते ही वे नेतागण या तो अपनी पहले की मुलाजमत वाली सीटों पर जा बैठते या फिर साल-दो साल बाद किसी-न-किसी विभाग में शिक्षक का या आरए का पद प्राप्त कर जाते और उनकी बोलती बन्द हो जाती। लेकिन तकरीर करने को फिर नये-नये चेहरे सामने आ जाते। भाषणों का सिलसिला चलता रहा और आन्दोलन की साख गिरती रही। मेरी दृष्टि में यह देशभर के कम्युनिस्ट आन्दोलन के वाष्पीकरण के कारणों का एक नमूना है जो मार्क्स के समय में भी था और आज भी है। सीधे शब्दों में कहें तो विचार और व्यवहार के इसी दोगलेपन ने इस शानदार आन्दोलन को इस स्थिति में लाकर खड़ा कर दिया है। और कल तक जिन्हें कोई पूछता और जानता तक न था आज राजनीति के आसमानों में उनके नाम के डंके बज रहे हैं। मैंने अगर यह बात ख़ुद न देखी होती तो मैं न्यूयॉर्क वर्ल्ड के उस पत्रकार की बातों पर कभी विश्वास ना करता। और इसे साम्राज्यवादी दुष्प्रचार कहकर उड़ा देता। हालाँकि ऐसे मामलों में यूरोपीय और अमेरिकी बुद्धिजीवियों की वैचारिक तटस्थता का बड़ा ही अच्छा उदाहरण इसी पुस्तक में संकलित शिकागो ट्रिब्यून के संवाददाता द्वारा अपने सम्पादक को भेजे गये पोस्ट में मिलता है। वह लिखता है—"अमेरिका में डॉ. कार्ल मार्क्स पूँजी के लेखक और अन्तरराष्ट्रीय समाज के संस्थापक या उसके प्रमुख नेता के रूप में जाने जाते हैं। इस साक्षात्कार में उन्होंने इस संगठन के वर्तमान स्वरूप पर प्रकाश डाला है। फिर भी इंटरनेशनल की आम परिषद् की आज्ञा से 1871 ई. में प्रकाशित इसके सामान्य नियमों के कुछ अंश आपके लिए मैं भेज रहा हूँ जिन्हें देख कर आप इस संगठन के इरादों और उद्देश्यों के बारे में स्वयं अपनी निष्पक्ष राय बना सकते हैं।"

इस साक्षात्कार के प्रमुख बिन्दुओं और उसकी प्रासंगिकता की चर्चा हम आगे करेंगे। जैसा कि पूर्व में उल्लिखित किया है, अपने साक्षात्कार 'पूँजी के ख़िलाफ़ श्रम का विद्रोह' की भूमिका में आर. लैंडर लिखते हैं कि "मज़दूर दूसरे वर्ग के राजनीतिक और सामाजिक विचारों से संचालित हो रहे हैं..." और इसके तुरन्त बाद कार्ल मार्क्स के घर और उनकी बैठक का वर्णन करते हुए कहते हैं कि मार्क्स अपने रहन-सहन और रूप-रंग से मध्यम वर्ग के सम्पन्न व्यक्ति से लगते हैं। बैठक वाले कक्ष को देखकर यह कहा जा सकता है कि वह सुख-सुविधा सम्पन्न तो था ही, उसे देखकर उसमें रहने वाले व्यक्ति की सुरुचि और सम्पन्नता का भी पता चलता है। वह आगे लिखता है कि कार्ल मार्क्स के व्यक्तित्व की ख़ास विशेषताओं (यानी उनके क्रान्तिकारी विचारों) से इस साज-सज्जा का कोई मेल नहीं बैठता है। इसके पहले ही वह लिख चुका है कि, "साधारण अर्थों में मार्क्स कभी मज़दूर नहीं रहे।" ऐसा लिखकर मानो वह अपने पूर्व के निष्कर्ष को सही साबित करना चाहता है कि इंटरनेशनल तो वास्तविक मज़दूरों का सही संगठन है लेकिन ये मज़दूर दूसरे यानी मध्यम वर्ग के राजनीतिक और सामाजिक विचारों से संचालित हो रहे हैं।

मेरी समझ में यह इस पूरे क्रान्तिकारी आन्दोलन का मुख्य विरोधाभास रहा है। मैंने अपने इलाक़े में सरज़मीनी सतह पर देखा है। कम्युनिस्ट पार्टी के सारे नेता और प्रमुख कार्यकर्ता मध्यम वर्ग से और वोटर, समर्थक और सिंपेथाइजर हँसुआ फ़रोश मज़दूर वर्ग से। आगे चलकर समाजवादियों या यूँ कहना अधिक सटीक होगा कि जनता परिवार की पार्टियों ने इसी विरोधाभास को भुनाया और सत्ता की सीढ़ियों पर चढ़ने में सफल हुए। क्योंकि उनकी सारी कमज़ोरियों के बावजूद एक बात सत्य है कि उनके यहाँ यह विरोधाभास इतने प्रकट रूप में नहीं था। उनके नेता, कार्यकर्ता और मतदाता-समर्थक सब मोटे तौर पर एक ही वर्ग से आते थे। इसी समीकरण की सीधी अभिव्यक्ति लालू जी द्वारा दिये गये मशहूर नारे में हुई कि "वोट हमारा, राज तुम्हारा नहीं चलेगा नहीं चलेगा।"

इस साक्षात्कार में अपने संगठन के बारे में मार्क्स कहते हैं—"हमारा संगठन आम जनता का एक खुला संगठन है और इसकी कार्यवाही की पूरी रिपोर्ट छपती रहती है। ...इसका वास्तविक स्वरूप ऐसा है कि जिसमें स्थानीय क्रियाशीलता (Local activities) और स्वतन्त्रता (Liberty) को सर्वाधिक महत्त्व मिलता है। यह (इंटरनेशनल) नियन्त्रण की शक्ति नहीं, एकता पैदा करने वाली संस्था मात्र है..." बाद के समय की कम्युनिस्ट पार्टियों की घनघोर केन्द्राभिमुख बनावट और कार्यशैली को देखते हुए मार्क्स के उपरोक्त वक्तव्य की महत्ता का पूरा आभास

हो जाता है। संवाददाता के इस प्रश्न के जवाब में कि इस एकता का लक्ष्य क्या है, मार्क्स उत्तर देते हैं—"राजनीतिक शक्ति पर विजय प्राप्त करके मज़दूर वर्ग की आर्थिक मुक्ति लाना। उस राजनीतिक शक्ति का सामाजिक उद्‌देश्यों की पूर्ति के लिए उपयोग करना।" यहाँ सामाजिक उद्‌देश्यों का तर्जुमा यदि Societal Needs किया जाय तो बड़े ही दिलचस्प तथ्य सामने आते हैं। सोसाइटल नीड्स की यह अवधारणा भी यूरोप की ही देन है। पौर्वात्य संस्कृतियों में इसके बदले सामाजिक 'दायित्वों' पर अधिकाधिक बल रहा है। फिर हमारी शिक्षा नीति सम्बन्धी दस्तावेजों में शिक्षा के चरम उद्‌देश्यों के सन्दर्भ में इसकी चर्चा हुई है। कहा गया है कि शिक्षा का परम उद्‌देश्य है छात्र के व्यक्तित्व का सर्वांगीण विकास और इस विकास का उद्‌देश्य है सामाजिक उद्‌देश्यों की पूर्ति। ये सामाजिक उद्‌देश्य चार बताये गये हैं—उत्पादकता, आधुनिकता, एकात्म की भावना और आध्यात्मिकता।

मुझे लगता है कि मार्क्स ने जब 'सामाजिक उद्‌देश्य'—इस शब्दावली का प्रयोग किया तो उनके मन में आध्यात्मिकता को छोड़कर बाकी तीनों तत्त्वों का स्पष्ट स्वरूप अवश्य ही रहा होगा जिसमें उत्पादकता सर्वोपरि रही होगी। मार्क्स स्वयं को नास्तिक कहते थे लेकिन उनके इन्हीं साक्षात्कारों के कुछ बिन्दुओं पर ऐसा लगता है कि सामान्य मान्यता के विपरीत कोई व्यक्ति आस्तिक ना होते हुए भी आध्यात्मिक हो सकता है। और वह व्यक्ति यदि मार्क्स जैसा महापुरुष हो तो इस असम्भव के सम्भव होने की सम्भावना और भी अधिक है। मार्क्स का परिचय देते समय संवाददाता ने जिस शब्दावली का प्रयोग किया है और जिनका आदरणीय पाण्डेय जी ने सटीक शब्दानुवाद किया है, वह देखने लायक है। वे चाहते तो इसे अनावश्यक प्रकरण समझ कर छोड़ भी सकते थे। संवाददाता के शब्द हैं—" अब मैं क्रान्ति के अवतार, इंटरनेशनल के संस्थापक तथा मार्गदर्शक और पेरिस कम्यून के पक्षधर के आमने-सामने हूँ....मार्क्स को देखकर सुकरात की याद आती है जिसने अपने ज़माने के महाप्रभुओं में अपनी आस्था प्रकट करने के बदले शहीद होना बेहतर समझा था..."

अब मैं अपनी बात बताता हूँ। मेरे पिता के बैठकखाने की दीवार पर मार्क्स और लेनिन के छायाचित्र अगल-बगल टँगे थे और आज भी टँगे हैं। बचपन से लेकर आज तक जब-जब भी मैंने मार्क्स के चित्र को देखा मेरी कल्पना में हमेशा किसी गौतम, किसी वशिष्ठ या किसी कपिल या कण्व की छवि तैर गयी। वहीं लेनिन की तस्वीर देख कर कभी ऐसी अनुभूति नहीं हुई।

कार्ल मार्क्स के ऋषिसुलभ व्यक्तित्व की चर्चा करने वाला यह संवाददाता अकेला नहीं है। अगले साक्षात्कार के कर्ता 'शिकागो ट्रिब्यून' के संवाददाता का भी कुछ ऐसा ही अवलोकन है। यह साक्षात्कार 'न्यूयॉर्क वर्ल्ड' के पहले साक्षात्कार के आठ वर्ष बाद लिया गया था। तब तक मार्क्स की माली हालत में तंगी आ गयी थी। न्यूयॉर्क वर्ल्ड के संवाददाता ने उनके जिस घर को सुख-सुविधाओं से सम्पन्न बताया था उस घर के बारे में शिकागो ट्रिब्यून का संवाददाता लिखता है कि उनके घर को देखकर यह अन्दाज़ा लगाना मुश्किल नहीं है कि अपनी विचारधारा के लिए उन्हें भारी क़ीमत चुकानी पड़ी है और जीवन की सारी सुख-सुविधाओं से भी वंचित रहना पड़ा है। लेकिन इन सारी परेशानियों के बावजूद वे अत्यन्त लगन और दृढ़ता से अपने विचारों का प्रचार करते रहे हैं। ज़ाहिर है, ऐसी लगन विचारों के प्रति गहरे संकल्प से ही पैदा होती है। हम भले ही इस विचारधारा की आलोचना करें, लेकिन इस व्यक्ति के आत्मत्याग के प्रति सम्मान की भावना तो जगती ही है।

मैंने भी कम्युनिस्ट सांसद का फूँस का घर देखा है। औकात घटने के कारण जीप से स्कूटर और स्कूटर से ताँगे और साइकिल की सवारी करते देखा है। और आगे चलकर इन्हीं आँखों से किराये के मकान से तिनमहला घर बनानेवालों और सायकिल से बुलेरो/स्कार्पियो तक का सफ़र करनेवाले इसी दल के नेताओं को भी देखा है। और फिर सारा शीराज़ा बिखरते हुए भी देखा है।

आगे यही संवाददाता लिखता है कि "अपने जीवन के ख़ास शौक़ समाजवाद की चर्चा करते समय वे (मार्क्स) उस अति नाटकीयता के शिकार नहीं होते, जिसका आरोप उन पर अक्सर लगाया जाता है, बल्कि वे 'मानवजाति की मुक्ति' की अपनी काल्पनिक योजनाओं की चर्चा इस दृढ़ विश्वास के साथ करते हैं कि उनके सिद्धान्त यदि इस सदी में नहीं तो अगली सदी में ज़रूर सही साबित होंगे। कैसी अटल आस्था है।"

मैं इसे ही एक नास्तिक की आध्यात्मिकता कहता हूँ। अपने सत्य के प्रति अटल विश्वास—यही तो आध्यात्मिकता है। नरसी मेहता की परिभाषा पर कसें तो मार्क्स से बड़ा वैष्णव जन कौन होगा!

अब मैं इन साक्षात्कारों के मूल बिन्दुओं और पाण्डेय जी द्वारा इनके अनुवाद की चर्चा करूँगा जिन्हें हम मार्क्स की सूक्तियाँ कह सकते हैं—"दुनिया के हर हिस्से के मज़दूर वर्ग की कुछ समस्याओं का अपना विशेष रूप होता है और वहाँ के मज़दूर उनको अपने ढंग से हल करने की कोशिश करते हैं।" (न्यूयॉर्क वर्ल्ड को साक्षात्कार)

× × ×

"जहाँ शान्तिपूर्ण आन्दोलन मज़दूर वर्ग के उद्देश्यों को पूरा करने में कारगर हो वहाँ विद्रोह करना पागलपन ही है।" (वही)

× × ×

"अपनी समस्याओं के हल के लिए साधनों का चुनाव करना हर देश के मज़दूर वर्ग का अपना मामला है।" (वही)

× × ×

"मज़दूरों की आर्थिक मुक्ति के आन्दोलन का एक सबसे प्रचलित तरीक़ा हड़ताल है।"

× × ×

"हम मध्यवर्ग से कोई मेल-मिलाप नहीं करना चाहते। अब वह आधुनिक आन्दोलनों से उसी तरह पिछड़ गया है जैसे जर्मन के वे अध्यापक जो अब भी (यूरोप में) भावी सांस्कृतिक लोकतन्त्रवाद के मसीहा माने जाते हैं।"

नोट—जर्मन को हिन्दी से और यूरोप को भारत से बदल दें तो कैसा रहे!

× × ×

संवाददाता—"धर्म के बारे में आपकी क्या राय है?"

मार्क्स—"इस सम्बन्ध में मैं संगठन की ओर से कुछ कहना नहीं चाहता। जहाँ तक मेरा सवाल है, मैं नास्तिक हूँ।"

(उपर्युक्त)

इस ख़ास इंटरव्यू में मार्क्स की चिन्तना का एक अतिमहत्त्वपूर्ण पहलू है—उनकी ऐतिहासिक विकास की अवधारणा। वे कहते हैं—"इतिहास की प्रगति अब उस अन्तिम दौर में पहुँच रही है जब शासन एक शोषक वर्ग के हाथों से निकलकर जनता के हाथों में आ जायेगा। ...इतिहास की इस प्रक्रिया को समझने के लिए एक विचारक की बुद्धि चाहिए... "(वही)

क्या यह भी एक तरह का नियतिवाद नहीं है? क्या विकास और परिवर्तन की इस ऐतिहासिक प्रक्रिया की अपनी एक गति नहीं है?

क्या ऐसा चाहनेवालों को इस गति से तालमेल बिठाकर बढ़ना चाहिए या फिर उसके आगे-आगे दौड़ने का प्रयास करना चाहिए। क्या रूस के अति पिछड़े कृषि प्रधान समाज को पूँजी प्रधान समाज के संक्रमण से गुज़ारे बिना सीधे साम्यवादी समाज व्यवस्था के चौखटे में फिट कर देना ग़लती थी? क्या आज का रूस उसी छूटे हुए पन्ने को पलटने में लगा है। क्या चीन के बारे में भी ऐसा ही कहा जा सकता है?

क्या भारत में इस आन्दोलन के गर्भपात के यही कारण हैं—ऐतिहासिक प्रगति की सीढ़ियों को फलाँगने की कोशिश।

ये तमाम प्रश्न हैं, जो इस साक्षात्कार से गुज़रने के बाद पाठक के मन में उठने चाहिए। यदि ऑनेरेरियम और टीए/डीए की चिन्ताओं से वह ख़ाली है तो! मार्क्स का दूसरा साक्षात्कार ('शिकागो ट्रिब्यून' में 1879 में प्रकाशित)

इसकी भूमिका में साक्षात्कारकर्ता लन्दन में कार्ल मार्क्स के निवास स्थान की चर्चा करता है जो 1871 के न्यूयॉर्क वर्ल्ड संवाददाता के विवरण के विपरीत जीवन की साधारण सुख-सुविधाओं से भी वंचित है। इसका अर्थ यह हुआ कि 1871 से 1879 के इन आठ वर्षों के बीच क्रान्तिद्रष्टा कार्ल मार्क्स की माली हालत गिरी है। लेकिन हमारे क्रान्तिद्रष्टा तो आठ वर्षों से कहाँ से कहाँ पहुँच जाते हैं।

इसके बाद वह मार्क्स के निजी पुस्तकालय के पुस्तकों का वर्णन करता है जिसमें शेक्सपियर, चार्ल्स डिकेंस, थैकरे, मोलियर, रेमिन, बेकन, गेटे और वाल्टेयर जैसे महान् लेखकों की कृतियाँ शामिल हैं। संवाददाता की टिप्पणी है कि किसी व्यक्ति द्वारा पढ़ी जाने वाली पुस्तकों को देखकर उस व्यक्ति के बारे में राय बनाई जा सकती है। यह पढ़कर मैं असमंजस में पड़ गया हूँ कि सिर्फ़ 'रोज़गार समाचार' पढ़ने वाले अपने क्रान्तिकारी मित्रों के बारे में क्या राय बनाऊँ!

इस संवाददाता ने अपने सम्पादक को मार्क्स द्वारा स्थापित कम्युनिस्ट इंटरनेशनल के घोषणा पत्र के कुछ अंश भेजे हैं। जिसमें लिखा है—"मज़दूर वर्ग की मुक्ति का काम सिर्फ़ मज़दूर वर्ग को ही पूरा करना है। मज़दूर वर्ग की मुक्ति के लिए संघर्ष का अर्थ वर्ग-विशेषाधिकारों और वर्ग-एकाधिकारों के लिए संघर्ष करना नहीं है बल्कि समान अधिकारों और कर्तव्यों की स्थापना और सभी तरह के वर्ग शासन को पूर्णतः समाप्त करने के लिए संघर्ष करना है..."

इतने स्पष्ट निर्देशों के बावजूद पूँजीपति वर्ग के शासन को समाप्त कर 'सर्वहारा के अधिनायकत्व' की विचित्र परिकल्पना कहाँ से आयी—यह विचारणीय है।

नोट—यहाँ मैं एक ख़ासतौर से स्पष्ट करना चाहता हूँ कि अपनी अनुवादकीय टिप्पणी में पाण्डेय जी ने लिखा है कि अपने अनुवाद के दौरान उन्होंने उन हिस्सों को छोड़ दिया है जिन्हें वे वर्तमान हालात में ग़ैर-ज़रूरी समझते हैं।

मतलब यह कि प्रकाशित सारे अंश अनुवादक के मतानुसार हमारे देश के वर्तमान हालात के सन्दर्भ में ज़रूरी हैं। क्योंकि तुलसी का यह प्रसिद्ध कथन 'संग्रह त्याग न बिनु पहिचाने', मैंने पाण्डेय जी के मुँह से ही पहली बार सुना था। इससे इन अनुवादों की महत्ता और प्रासंगिकता पर और बल पड़ता है।

कम्युनिस्ट इंटरनेशनल के उद्देश्य के बारे में संवाददाता और मार्क्स का सवाल-जवाब बड़ा ही महत्त्वपूर्ण है—

संवाददाता—वह उद्देश्य क्या मज़दूर वर्ग का प्रभुत्व कायम करना है?

डॉ. मार्क्स—जी नहीं। उद्देश्य मज़दूर वर्ग की मुक्ति है।

लेकिन उनके अनुयायियों ने तो इस स्पष्ट अनुदेश के बावजूद कुछ और ही करने का प्रयास किया।

आगे मैं मार्क्स के कुछ कथनों को उद्धृत करने जा रहा हूँ। इसमें से यदि मार्क्स का नाम हटा दिया जाय तो यह आज के किसी हिन्दी दैनिक के सम्पादकीय के अंश जैसा लगता है–"हमारा विचार यह है कि वर्तमान व्यवस्था जिसमें एक ओर पूँजीपतियों के हाथ में पूँजी और भूमि है तथा दूसरी ओर मज़दूरों के पास एक बाज़ार की वस्तु के रूप में बेचने के लिए केवल श्रम शक्ति है...मज़दूर पेशेवर राजनीतिज्ञों पर अब और अधिक विश्वास नहीं कर सकते। विधायक गुटबाज़ी और अखाड़ेबाजी के शिकार हैं। राजनीति व्यवसाय बन गयी है..."

मुझे तो मैसूर में बैठकर यह पढ़ते समय लगा कि मार्क्स यह सब बेंगलूरु के बारे में लिख रहे हैं जो दक्षिण भारत राष्ट्रमत या राजस्थान पत्रिका में छपा है।

मैं अपनी लेखनी को यहीं विराम देता हूँ। मार्क्स की सीधी-सादी और मर्मस्पर्शी बातों को पढ़ने के बाद उनके आधुनिक कालीन शिष्यों की जटिलतापूर्ण बातें एक तो मेरी समझ में ठीक से नहीं आतीं दूसरे आलेख का आकार भी इससे अनावश्यक बढ़ जायेगा। फिर मुझे यह आशा भी है और लोग भी इन विषयों पर लिखेंगे।

इसका अन्त मैं इस उपदेश के साथ नहीं करना चाहता कि कार्ल मार्क्स के उपर्युक्त विचारों के आलोक में हमें आज साम्यवादी आन्दोलन की दशा और दिशा पर पुनर्विचार करना चाहिए...वग़ैरह...वग़ैरह।

इसका अन्त अपने मित्रवर डॉ. रमेश कुमार के प्रति आभार व्यक्त करता हूँ जिन्होंने इस विषय पर कुछ लिखने का सुझाव दिया। आदरणीय डॉ. मैनेजर पाण्डेय जेएनयू में मेरे शिक्षक रह चुके हैं। अपने मास्टर की तहरीर पर क़लम चलाना बहुत ही जोखिम का काम है। लेकिन मुझे पूरा विश्वास है कि वे मेरे पूर्व के अपराधों और पहले की मेरी धृष्टताओं की तरह इस चेष्टा को भी क्षमा कर देंगे।

हिन्दी के विवेक का शुक्ल पक्ष थे प्रो. मैनेजर पाण्डेय

प्रो. जितेन्द्र श्रीवास्तव

प्रो. मैनेजर पाण्डेय नहीं रहे लेकिन अपनी कृतियों में वे सदा बने रहेंगे। उनका जाना कोई साधारण घटना नहीं। यह एक ऐसी क्षति है जिसकी क्षतिपूर्ति सम्भव नहीं है। वे सही अर्थों में एक जन बुद्धिजीवी थे। गुरु के रूप में तो वे आकाशधर्मा थे ही। हिन्दी जगत में उनके बारे में यह अफ़वाह फैला दी गयी थी कि उन्होंने सिर्फ़ सैद्धान्तिक क़िस्म की आलोचना लिखी है, व्यावहारिक आलोचना से उनका कोई लेना-देना नहीं है। इससे मैनेजर पाण्डेय का अहित हुआ हो या न हुआ हो, हिन्दी की नयी पीढ़ी का अहित ज़रूर हुआ है। बहरहाल, अपने प्रति किये गये किसी भी दुष्प्रचार का उत्तर मैनेजर पाण्डेय ने कभी अशालीन ढंग से नहीं दिया। उन्होंने बराबर श्रेष्ठ और ज़रूरी लिखकर लोगों की ज़बान बन्द की है। उनकी आलोचना की परिधि बड़ी है। उनकी आलोचना के केन्द्र में एक ओर भक्ति साहित्य है तो दूसरी ओर समकालीन साहित्य भी है।

मैनेजर पाण्डेय ने जो भी लिखा-कहा, पूरी ज़िम्मेदारी से लिखा-कहा। कोई उनके लेखन, उनकी स्थापनाओं और उनके विश्लेषण से असहमत हो सकता है लेकिन उसे अनदेखा नहीं कर सकता। उनकी कोई भी पुस्तक उठाकर पढ़ जाइए, ज्ञान-विज्ञान की जैसी आवाज़ाही उनकी आलोचना में है, उनके समकालीन किसी दूसरे आलोचक की आलोचना में शायद नहीं है। वे साहित्य के सीमित परिसर के आग्रही न होकर, उसे दूसरे अनुशासनों से जोड़ने के प्रबल पक्षधर थे। वे भाष्य अथवा टीका को आलोचना मानने से इनकार करते रहे। 'आलोचना' के विषय में उनकी सोच दुविधा और सुविधा की सोच नहीं थी। उन्होंने लिखा भी है—"आलोचना में चाहे सहमति हो या असहमति, उसका साधार और सप्रमाण होना ज़रूरी है तभी सहमति या असहमति विश्वसनीय होती है। आलोचना की विश्वसनीयता को सबसे अधिक ख़तरा होता है मनमानेपन से। आलोचना में तर्क-वितर्क, खण्डन-मण्डन, आरोप-प्रत्यारोप के लिए जगह होती है, पर उतनी ही जितनी विचारशीलता में

सत्यनिष्ठा और सच्चाई के लिए ज़रूरी है। आलोचना सहमति या असहमति के नाम पर 'मनमाने की बात' नहीं है। जब आलोचना में मनमानेपन का विस्तार होता है तो आलोचना ग़ैर-ज़िम्मेदार हो जाती है। ग़ैर-ज़िम्मेदार आलोचना से वैचारिक अराजकता पैदा होती है। आलोचना में सहमति-असहमति का सन्तुलन तब बिगड़ता है जब ख़ुद को सही मानने की जिद दूसरों को ग़लत साबित करने की कोशिश बनती है।"

'आलोचना में सहमति-असहमति' पुस्तक के पहले आलेख में पाण्डेय जी ने विस्तार से हिन्दी आलोचना की दशा-दिशा पर विचार किया है। उन्होंने सप्रणाम रेखांकित किया है कि हिन्दी में साहित्य-सिद्धान्त की एक परम्परा आधुनिक काल के आरम्भ से ही है। वे भारतेन्दु से लेकर ओमप्रकाश वाल्मीकि तक की लम्बी परम्परा की याद दिलाते हुए कहते हैं, "अर्थ-मीमांसा के लिए पाठ और उसकी दुनिया (भीतरी और बाहरी) के सम्बन्ध की खोज और पहचान ज़रूरी है जिसमें सिद्धान्त हमारी मदद करता है। अगर आलोचना का लक्ष्य पाठ की व्याख्या है तो व्याख्या के भी अनेक सिद्धान्त हैं, भारत में और पश्चिम में भी। व्याख्या का एक लक्ष्य पाठ में व्यक्त अर्थ के सच की खोज है और ऐसी खोज सिद्धान्तहीन नहीं होती। रचना के अर्थ की चिन्ता एक स्तर पर भाषा, मनुष्य की चेतना और संसार के सम्बन्ध की चिन्ता है और इस सम्बन्ध को सिद्धान्त के सहारे समझा जा सकता है केवल सहजबोध से नहीं।" ज़ाहिर है, पाण्डेय जी इस निष्कर्ष तक एक लम्बी बौद्धिक और रचनात्मक प्रक्रिया से गुज़रने के बाद पहुँचे हैं। वे किसी पाठ की व्याख्या को अन्तिम और निरापद नहीं मानते। वे व्याख्या के पीछे की राजनीति को भी रेखांकित करते हैं और एडवर्ड सईद की इस बात के साथ अपनी सहमति व्यक्त करते हैं कि आलोचनात्मक चेतना मूलत: विकल्पों की खोज की दुर्निवार प्रवृत्ति है।

मैनेजर पाण्डेय चीज़ों को किस तरह देखते हैं, इसे नाभादास की मीरा सम्बन्धी पंक्ति की उनकी व्याख्या में देखा जा सकता है। पाण्डेय जी लिखते हैं—"नाभादास ने स्त्री पराधीनता के विरुद्ध खड़ी होने वाली मीराबाई के बारे में जो लिखा है, उसकी आख़िरी पंक्ति है—'लोकलाज कुलश्रृंखला तजि मीरा गिरिधर भजी।' स्त्री को पराधीन बनाने वाली दो ही बड़ी ताक़तें होती हैं—एक, जिसे लोकलाज कहते हैं, लोक की मर्यादा। दूसरी सबसे बड़ी पराधीनता स्त्री की होती है, कुल की मर्यादा, पितृसत्ता जिसको कहते हैं। इन दोनों का मीरा ने निषेध किया, खण्डन किया। यह बात 16वीं सदी में नाभादास ने बतलाई। मीराबाई के बारे में इससे दूसरी बड़ी बात किस आलोचक ने लिखी है? इसीलिए मैं कह रहा हूँ कि जहाँ भी रचना मनुष्य की

मनुष्यता के पक्ष में, अमानवीयता के विरुद्ध, मनुष्य की स्वतन्त्रता के पक्ष में और परतन्त्रता के विरुद्ध खड़ी होती है, वहीं वह राजनीतिक हो जाती है।" स्पष्ट है, पाण्डेय जी किसी रचना को राजनीति रहित नहीं मानते और 'रचना की राजनीति' को बारीकी से उभारते और उघाड़ते हैं। वे बल देकर रेखांकित करते हैं कि प्रेमचन्द ने पहली बार हिन्दी साहित्य को गहरे स्तर पर राजनीतिक बनाया।

हिन्दी नवजागरण पर बात करते हुए मैनेजर पाण्डेय दो महत्त्वपूर्ण बातें कहते हैं। एक, हिन्दी में नवजागरण की चेतना का जो विकास हुआ उसका एक स्रोत बंगाल का नवजागरण था तो दूसरा महाराष्ट्र का। दो, 'हिन्दी नवजागरण के निर्माता केवल साहित्यकार न थे। वे सभी साहित्यकार के साथ-साथ जागरूक पत्रकार भी थे, इसलिए वे अपने समय और समाज के सामने खड़ी चुनौतियों और समस्याओं के बारे में गम्भीरता से सोचने और लिखने वाले आधुनिक बुद्धिजीवी थे।' 'माधव राव सप्रे का महत्त्व' निबन्ध में पाण्डेय जी ने सप्रे जी के योगदान को रेखांकित करते हुए हिन्दी और भारतीय नवजागरण पर विस्तार से विचार किया है। अन्तोनियो ग्राम्शी के विचारों के आलोक में नवजागरण पर विचार करते हुए उन्होंने एक उल्लेखनीय बात की ओर इशारा किया है—'भारतीय नवजागरण की एक विशेषता नयी इतिहास-दृष्टि का विकास भी है। उपनिवेशवाद किसी देश के भूगोल पर ही क़ब्ज़ा नहीं करता, वह उस देश के इतिहास और इतिहास-दृष्टि का भी औपनिवेशीकरण करता है और इसी प्रक्रिया में अधीनों की चेतना को तोड़-मरोड़ कर अपने अनुकूल बनाता है। हेगेल ने 'इतिहास दर्शन' नामक पुस्तक में लिखा था कि 'हिन्दुओं का कोई इतिहास नहीं, उनका ऐसा विकास नहीं हुआ है जो वास्तविक राजनीतिक स्थिति तक पहुँचता। उन्होंने विदेशियों पर विजय प्राप्त नहीं की है, बल्कि हर बार पराजित हुए हैं।' यही इतिहास-दृष्टि भारत के बारे में यूरोपीय इतिहास लेखन को प्रभावित करती रही है। ज़ाहिर है कि इस इतिहास-दृष्टि से भारतीयों के मन में हीनता की भावना पैदा होती रही है जिससे मुक्ति स्वाधीनता की चेतना के विकास के लिए ज़रूरी थी।"

शिवदान सिंह चौहान हिन्दी के मार्क्सवादी आलोचकों में शीर्षस्थानीय हैं लेकिन उनकी और उनके अवदान की चर्चा अब न के बराबर होती है। मैनेजर पाण्डेय ने शिवदान सिंह चौहान को हिन्दी की मार्क्सवादी आलोचना का भगीरथ कहते हुए उनके योगदान को विवेकसम्मत ढंग से रेखांकित किया है। उनका मानना है कि चौहान साहब ने "अपने आलोचनात्मक लेखन में लगातार आलोचना को पूर्वग्रह से मुक्त करने के लिए वैचारिक संघर्ष किया।"

'राहुल जी और हिन्दी समाज' नामक निबन्ध में पाण्डेय जी ने राहुल सांकृत्यायन के योगदान पर विस्तार से विचार करते हुए उन लोगों की ख़बर ली है जो राहुल जी को मार्क्सवाद से अलगाने की षड्यंत्रकारी कोशिशें करते रहे हैं।

वे सुरेन्द्र चौधरी की विश्लेषण पद्धति और विचारशीलता की मुक्त कंठ से प्रशंसा करते हैं लेकिन उनकी भाषा पर अपनी गहरी आपत्ति दर्ज करते हैं। वे राजेन्द्र यादव के साथ बहस करते हैं लेकिन पूरी ईमानदारी से यह स्वीकार भी करते हैं—"मैं पिछले वर्षों से 'हंस' के अंक पढ़ता रहा हूँ और कभी-कभी उसमें लिखता भी रहा हूँ। इस प्रक्रिया में मेरा पहला अनुभव यह है कि राजेन्द्र यादव हंस के लेखकों के विचारों का सम्मान करते हैं, उनको काट-छाँट कर नहीं छापते, मतभेदों के बावजूद। दूसरा अनुभव यह है कि हंस का अंक मिलते ही सबसे पहले मैं राजेन्द्र यादव का सम्पादकीय पढ़ता हूँ और पढ़ने के बाद सम्पादकीय में व्यक्त राजेन्द्र यादव के विचारों तथा सोच की उनकी शैली के बारे में अपनी असहमतियाँ प्राय: खरी-खरी और कभी-कभी निन्दात्मक भाषा में ज़ाहिर करता हूँ। उसी भाषा में वे जवाब भी देते हैं। लेकिन उन्होंने कभी मतभेद को मनभेद नहीं बनाया, बातचीत बन्द नहीं की और वैचारिक विरोध के बदले बैर पालने का प्रयत्न नहीं किया। इससे ज़ाहिर है कि राजेन्द्र यादव अब हिन्दी में दुर्लभ होती जा रही उस मानसिकता के व्यक्ति हैं जिसे जनतान्त्रिक कहा जाता है।"

'उपन्यास-चिन्तन' पाण्डेय जी के चिन्तन का एक प्रमुख क्षेत्र है। वे पिछले लगभग पैंतीस वर्षों से उपन्यासों और महत्त्वपूर्ण उपन्यासकारों के योगदान और महत्त्व पर विचार कर रहे हैं। वे इस बात से चिन्तित रहते हैं कि हिन्दी में उपन्यास की आलोचना का ठीक ढंग से विकास नहीं हो पाया। उपन्यास वह कला-रूप है जो ऐतिहासिक और सामाजिक रूप से परिभाषित मनुष्य की पुन:प्रस्तुति करता है।

इसी क्रम में पाण्डेय जी यह भी कहते हैं कि इतिहास से कविता का सम्बन्ध वैसा नहीं होता जैसा उपन्यास का होता है। वैसे इसका यह अर्थ कदापि नहीं है कि वे कविता और इतिहास के सम्बन्धों को पूरी तरह नकार रहे हैं। अपने विश्लेषण में पाण्डेय जी बेहद वस्तुनिष्ठ दिखाई देते हैं। उपन्यास और कविता के इतिहास से सम्बन्ध की व्याख्या के लिए वे 'भारत विभाजन' की घटना का उदाहरण देते हैं। यह सही है कि विभाजन की अभिव्यक्ति कथा-साहित्य में अधिक हुई, कविता में कम। यहाँ यह याद करना भी उचित है कि कविता की अपेक्षा कथा-साहित्य में घटनाओं के भीतर प्रवेश करने का अवसर अधिक होता है। हिन्दी में साहित्य के समाजशास्त्र पर जिन लोगों ने गम्भीर कार्य किया है, मैनेजर पाण्डेय उनमें अग्रणी हैं। 'साहित्य का समाजशास्त्र' नामक उनकी पुस्तक को अपार लोकप्रियता हासिल है।

उपन्यास केन्द्रित उनकी पुस्तक को पढ़ते हुए उनके अध्ययन के विस्तृत फलक का पता चलता है। वे सही अर्थों में एक बहुपठित आलोचक हैं। यहाँ यह कहना अनुचित न होगा कि वे बौद्धिक आतंक के प्रसार के लिए विदेशी विद्वानों को कभी उद्धृत नहीं करते। उनके समग्र लेखन में बौद्धिक और वैचारिक सन्तुलन है। वे उन आलोचकों से भिन्न हैं जो अपने मत को ही सर्वोपरि और अन्तिम मानते हैं। कह सकते हैं कि पाण्डेय जी में गहरी बौद्धिक और अकादमिक ईमानदारी है। उपन्यास के समाजशास्त्र पर बात करते हुए वे प्रेमचन्द के कथा-साहित्य की गम्भीर चर्चा करते हैं। वे स्त्री-पुरुष के बीच कहानी कहने, सुनने और पढ़ने की प्रक्रिया और उनके दृष्टिकोण के अन्तर पर बात करते हुए एक ज़रूरी प्रश्न करते हैं—"क्या इस अन्तर के कारण और प्रभाव की खोज उपन्यास के समाजशास्त्र का विषय नहीं है?" लेकिन यह भी सच है कि हिन्दी में इस तरह सोचने-समझने की दृष्टि और प्रक्रिया न के बराबर है। पाण्डेय जी इस स्थिति के प्रति अपनी चिन्ता ज़ाहिर करते हैं।

भारत में लिखे गये या लिखे जा रहे उपन्यास कितने 'भारतीय' हैं, यह एक बहस का विषय है। लम्बे समय से कुछ विद्वान इस विषय पर कार्य भी कर रहे हैं। पाण्डेय जी की चिन्ता में यह विषय उनके आलोचक जीवन के शुरुआती दिनों से है। वे 'भारतीय उपन्यास की भारतीयता' पर बात करते हुए कुछ महत्त्वपूर्ण बिन्दुओं की ओर इशारा करते हैं।

पहला, 'भारतीय उपन्यास का स्वतन्त्र रूप तब विकसित हुआ जब उपन्यास रचना के केन्द्र में भारतीय किसान जीवन आया। तभी यह यथार्थवाद विकसित हुआ, जो राष्ट्रीय जागरण का अभिन्न अंग था। किसान जीवन से जुड़कर ही भारतीय उपन्यास की सच्ची भारतीयता विकसित हुई और उपन्यास राष्ट्रीय जीवन की महागाथा का प्रतिनिधि साहित्य रूप बना।'

दूसरा, 'कुछ लोग पश्चिम के आधुनिक साहित्य में स्वच्छन्दतावाद और यथार्थवाद की विकास-प्रक्रिया को ध्यान में रखकर जब आधुनिक भारतीय साहित्य में इन प्रवृत्तियों की विकास-प्रक्रिया को समझने की कोशिश करते हैं, तब वे यह देखकर चकित होते हैं कि पश्चिम में स्वच्छन्दतावाद के पश्चात् यथार्थवाद आया था, लेकिन आधुनिक भारतीय साहित्य में इन दोनों प्रवृत्तियों का साथ-साथ विकास मिलता है। हिन्दी में छायावाद के समानान्तर प्रेमचन्द का कथा-साहित्य है। यही नहीं, यहाँ तो कभी-कभी एक ही लेखक की दो रचनाओं में और कहीं एक ही रचना में रोमांटिक और यथार्थवादी प्रवृत्तियाँ साथ-साथ मिल जाती हैं।'

तीसरा, 'दुनिया के अनेक देशों के इतिहास में इस बात के प्रमाण मिलते हैं कि उपन्यास कई बार भाषा की रक्षा और उसके विकास के लिए संघर्ष, जातीय अस्मिता की रक्षा और विकास का माध्यम बन जाता है। भारतीय स्वाधीनता आन्दोलन के इतिहास से भी इस बात की पुष्टि होती है। लेकिन अपनी भाषा और जातीय अस्मिता की रक्षा के लिए संघर्ष में उपन्यास का अमोघ अस्त्र के रूप में प्रयोग के उदाहरण बहुत नहीं मिलते। ऐसा ही एक दुर्लभ उदाहरण है फकीर मोहन सेनापति का उपन्यास 'छमाड़ आठ गुंठ' जिसने उड़िया भाषा के अस्तित्व की रक्षा का काम किया।'

पाण्डेय जी 'भारतीयता' के साथ ही 'इतिहास बोध की कला' पर विचार करते हैं और मुक्ति के सन्दर्भ में उपन्यास की सामाजिक भूमिका का रेखांकन करते हुए लिखते हैं, "उपन्यास का राजनीतिक, सांस्कृतिक और विचारधारात्मक महत्त्व तीसरी दुनिया के देशों में केवल उपनिवेशवाद से मुक्ति के संघर्ष के काल में ही नहीं था, वह इन देशों की स्वाधीनता के बाद भी बना हुआ है। इन देशों में जहाँ-जहाँ राष्ट्रवाद नये रूप में उभर रहा है वहाँ-वहाँ नयी राष्ट्रीय चेतना के विकास में उपन्यास अपनी सामाजिक भूमिका निभा रहा है।"

यहाँ यह कहा जाना ज़रूरी है कि मैनेजर पाण्डेय के लिए उपन्यास की आलोचना का अर्थ कथानक का विश्लेषण मात्र नहीं है। वे उसके सामाजिक, सांस्कृतिक, नैतिक और राजनीतिक निहितार्थों की पड़ताल करते हैं। नदी का जल वही और उतना ही नहीं होता, जितना पहली नज़र में या सामान्य दृष्टि से दिखता है। जल के ऊपरी आवरण के नीचे जल की जो अनेक परतें हैं, जल का जो अजस्र स्रोत है, उसे देखना सही अर्थों में नदी को देखना है। बड़ा आलोचक 'कृति' को भी इसी प्रकार देखता है। मैनेजर पाण्डेय इस बात पर बल देते हैं कि तीसरी दुनिया के उपन्यासों को यूरोप के उपन्यासों से अलगाया जाना चाहिए। लेकिन इसका यह आशय नहीं है कि उपन्यासों के शिल्प विधान के सम्बन्ध में यूरोप के महान उपन्यासकारों की कला से तीसरी दुनिया के उपन्यासकारों ने जो सीखा है, वे उसको अस्वीकार कर रहे हैं। वे पूरी ईमानदारी से इस सत्य को स्वीकार करते हैं लेकिन यह भी मानते हैं, "तीसरी दुनिया के उपन्यासों के समाजशास्त्र के स्वरूप पर विचार करते समय इन उपन्यासों के विशिष्ट रचना सन्दर्भ और उस सन्दर्भ से उपजे उनके विशिष्ट स्वरूप की पहचान आवश्यक है। तभी इन उपन्यासों के राजनीतिक, सांस्कृतिक और विचारधारात्मक महत्त्व का बोध हो सकता है।"

प्रेमचन्द, मैनेजर पाण्डेय ही आत्मा और विवेक के घनिष्ठ सहचर हैं। 'भारतीय उपन्यास और प्रेमचन्द' पर बात करते हुए वे आरम्भ में ही कह देते हैं, "उन्होंने भारतीय उपन्यास और उसकी यथार्थवादी कला को अधिक उन्नत बनाया। उनके रचनात्मक प्रयत्न से भारतीय उपन्यास और स्वाधीनता आन्दोलन के बीच अधिक आत्मीय और गहरा सम्बन्ध स्थापित हुआ।" ज़ाहिर है, एक आलोचक के रूप में मैनेजर पाण्डेय के लिए प्रेमचन्द के इस अवदान का विशेष महत्त्व है। प्रेमचन्द एक समतामूलक समाज के आग्रही थे। उसी का स्वप्न देखते थे। पाण्डेय जी ने 'राष्ट्रवाद, उपन्यास और प्रेमचन्द' शीर्षक निबन्ध में प्रेमचन्द के इस स्वप्न का विस्तृत और विश्वसनीय विश्लेषण किया है।

जैनेन्द्र की 'सुनीता' को प्रकाशित हुए पचहत्तर वर्ष से अधिक हो गये। इस उपन्यास का प्रकाशन हिन्दी साहित्य में एक बड़ी घटना थी। इसने साहित्य और नैतिकता के कई मानदण्डों को निर्णायक चुनौती दी थी। मैनेजर पाण्डेय इसे आख्यानपरक नहीं, वैचारिक उपन्यास मानते हैं। वे जैनेन्द्र की कथा-भाषा की विशिष्टता को रेखांकित करते हुए कुछ महत्त्वपूर्ण बातों की ओर संकेत करते हैं। मैनेजर पाण्डेय ने संजीव, मदन मोहन, शाद अज़ीमाबादी और रणेन्द्र के उपन्यासों पर भी लिखा है। ये आलेख पाण्डेय जी के उपन्यास चिन्तन की निरन्तरता और गम्भीरता के प्रमाण हैं।

एक काव्यालोचक के रूप में मैनेजर पाण्डेय के आस्वाद और अध्ययन का विस्तार नयी पीढ़ी के लिए आश्चर्य का विषय हो सकता है। उन्होंने जिस उत्कण्ठा, विवेकशीलता और गहराई के साथ सूरदास, रहीम, कबीरदास और मीराँ पर लिखा है, उसी उत्कण्ठा, विवेकशीलता और गहराई के साथ मैथिलीशरण गुप्त, दिनकर, नागार्जुन, त्रिलोचन, अज्ञेय, रघुवीर सहाय, धूमिल, कुमार विकल, केदारनाथ सिंह और कई नये कवियों पर भी लिखा है। कबीर की भाषा के बारे में उनका स्पष्ट मानना है कि वह मूल रूप से भोजपुरी है। अपनी बात के प्रमाण स्वरूप उन्होंने कई अन्य बातों के अतिरिक्त कबीर का एक दोहा भी उद्धृत किया है। दोहा इस प्रकार है—

बोली हमरी पूरबी, हमको लखै न कोय।
हमको तो सोई लखै, जो पूरब का होय।

इसके अतिरिक्त उनका कबीर सम्बन्धी आलेख कुछ अन्य कारणों से भी महत्त्वपूर्ण है। यहाँ दो कारण तो गिनाये ही जा सकते हैं। पहला, वे कबीर को मूलतः प्रेम का कवि सिद्ध करते हैं।

दूसरा, वे निर्गुण धारा की कविता को श्रमजीवी जनता के जीवन की वास्तविकताओं और आकांक्षाओं की कविता मानते हुए कबीर को उसका प्रतिनिधि कवि मानते हैं। वे बल देकर कहते हैं कि कबीर की कविता एक बुनकर (श्रमजीवी) की कविता है। वे कबीर को अतीत की तेजस्वी ज्ञान धारा और भविष्य की सम्भावनाओं का कवि कहते हैं, और यह बेहद महत्त्वपूर्ण बात है। दादू दयाल, मीराँ और रहीम पर पाण्डेय जी ने जो लिखा है, उसमें बहुत नयापन है। ये आलेख इन कवियों को समझने की नयी दृष्टि देते हैं।

मैनेजर पाण्डेय ने हिन्दी आलोचना में बड़ा योगदान किया है, इससे किसको इनकार हो सकता है। उनके कई आलेखों ने 'आँख खोलने' का काम किया है। 'हिन्दी की पहली आधुनिक कविता' एक ऐसा ही आलेख है। इस आलेख में 13 अक्तूबर, 1881 को पटना की 'बिहार बन्धु' पत्रिका में प्रकाशित महेश नारायण की कविता 'स्वप्न' का विस्तृत विश्लेषण है। 'स्वप्न' कविता से अलग नवजागरण काल में 'स्वप्न' केन्द्रित रचनाओं की बहुलता के विषय में पाण्डेय जी ने मानीख़ेज इशारा किया है। उन्होंने वाल्टर वेंजामिन के हवाले से स्पष्ट किया है कि प्रत्येक युग आने वाले युग का केवल स्वप्न ही नहीं देखता, बल्कि स्वप्न देखने की प्रक्रिया में ही जागरण की दिशा में आगे बढ़ता है।

'स्वप्न' कविता के सन्दर्भ में पाण्डेय ने यह भी रेखांकित किया है कि निराला से लगभग चार दशक पहले महेश नारायण ने इस कविता में मुक्त छन्द का प्रयोग किया था। नाथूराम शर्मा 'शंकर' पर बहुत कम लिखा गया है। नयी पीढ़ी के बहुत-सारे लोग उन्हें जानते तक नहीं हैं। पाण्डेय जी ने उनकी कविता और महत्त्व पर एक लम्बा आलेख लिखा है। यह हिन्दी आलोचना को (कई अर्थों में) समृद्ध करने वाला आलेख है।

प्रेमचन्द के बाद, मैनेजर पाण्डेय के चित्त और विवेक के सर्वाधिक क़रीब नागार्जुन ही हैं। हालाँकि मुक्तिबोध और रघुवीर सहाय भी उन्हें बेहद प्रिय हैं। 'हिन्दी कविता का अतीत और वर्तमान' नामक पुस्तक में नागार्जुन की कविता पर दो आलेख हैं। 'नागार्जुन का विक्षोभ रस' और 'नागार्जुन की कविता की दुनिया'। यदि किसी को नागार्जुन की कविता की ठीक-ठीक समझ बनानी हो तो उसके लिए ये दोनों आलेख बेहद उपयोगी सिद्ध होंगे। मैनेजर पाण्डेय कविता और कवि-कर्म को कितने विस्तृत धरातल पर समझने की कोशिश करते हैं, यह त्रिलोचन सम्बन्धी उनके इस कथन से समझा जा सकता है—"त्रिलोचन की कविता हमारे सामने एक महत्त्वपूर्ण सवाल रखती है कि आज हम जिन स्थितियों का सामना कर रहे हैं,

उसमें कौन-सी कविता सार्थक भूमिका निभा सकती है? आजकल जनता की चेतना पर लगातार संचार-माध्यमों का हमला बढ़ रहा है, उसकी अनुभूति, कल्पना और सोच को एक ख़ास ढाँचे में ढालने की कोशिश हो रही है। यहाँ मनुष्य लोहा, कोयला आदि की तरह एक संसाधन मान लिया गया है, जिसका शोषण व्यवस्था के अस्तित्व के लिए अनिवार्य हो रहा है। इस व्यवस्था में मनुष्य की मनुष्यता ख़तरे में है। यहाँ आदमी को रूढ़ियों और बर्बर आदिम प्रथाओं की आग में झोंका जा रहा है। सत्ता क्रमशः अधिक खूँखार और दमनकारी होती जा रही है और जनवादी शक्तियाँ फूट और बिखराव की स्थिति में पड़ी हैं।"

वामपन्थी विचारों के आग्रही आलोचकों ने अज्ञेय की कविता पर लगभग न के बराबर विचार किया है। अज्ञेय की मृत्यु के वर्षों बाद भी कई आलोचक अज्ञेय के रचना-कर्म के प्रति पूर्वाग्रहग्रस्त हैं। अब भी कइयों के लिए 'अज्ञेय बनाम मुक्तिबोध' एक रोचक खेल है। लेकिन इन लोगों से अलग, मैनेजर पाण्डेय अज्ञेय के काव्य संसार में सहृदयता, तर्कशीलता और वस्तुनिष्ठता के साथ प्रवेश करते हैं। विभाजन की त्रासदी को अभिव्यक्त करने वाली अज्ञेय की मार्मिक कविताओं के बहाने उन्होंने उनका एक ज़रूरी मूल्यांकन किया है। उन्होंने लिखा है—'शरणार्थी' शीर्षक से लिखी अज्ञेय की 11 कविताओं में उनकी गहरी मानवीय संवेदनशीलता, भारतीय स्वाधीनता आन्दोलन के इतिहास की विसंगतियों की समझ, शरणार्थी होने और बनने की पीड़ा की अनुभूति, इन्सानियत की तड़प की पहचान, मुनष्यता के अपमान का बोध, दंगों में लुटी स्त्री की अस्मत और अस्मिता के प्रति अथाह करुणा, धर्म के पाखण्ड के आतंक के नंगे नाच की शिनाख़्त, दलितों की सर्वग्रासी यातना की चिन्ता और स्वराज्य के ख़ाली और खोखले अर्थ की विडम्बना की अभिव्यक्ति है।

मैनेजर पाण्डेय भक्तिकाल के कवियों से होते हुए जब समकालीन कविता तक पहुँचते हैं तब इस यात्रा से प्राप्त अनुभवों को भी सामने रखते हैं। वे सिर्फ़ 'वाह वाह' के सम्मोहन में नहीं रहते। नकारात्मक प्रवृत्तियाँ उनमें गहरा क्षोभ उत्पन्न करती हैं और वे कविता के वर्तमान तथा भविष्य के प्रति चिन्तित भी होते हैं। रघुवीर सहाय पर लिखे लेख में उनकी कई चिन्ताएँ उजागर हुई हैं। 'आज का समय और कविता का संकट' शीर्षक निबन्ध कविता सम्बन्धी चिन्ताओं से ही उपजा है। इस आलेख में उन्होंने बेहद अप्रिय लेकिन उसी अनुपात में सही तथ्यों को सामने रखा है।

यह अकारण नहीं है कि पाण्डेय जी ने एक ओर सिने गीतकार के रूप में लोकप्रिय जनपक्षधर कवि शंकर शैलेन्द्र पर लिखा है तो समाज-विज्ञानी के रूप

में प्रसिद्ध पी.सी. जोशी की कविताओं पर भी। वे 'कविता' को प्रेम करने वाले आलोचक थे और उन्हें जहाँ कहीं भी सच्ची कविता मिलती भी उसे अवश्य रेखांकित करते थे।

मैनेजर पाण्डेय को चिन्तक कहने का विशेष प्रयोजन है। हिन्दी साहित्य के आलोचकों में वे उन दो-तीन लोगों में एक हैं, जो साहित्य के समानान्तर समाज और संस्कृति के प्रश्नों से भी निरन्तर टकराते रहते हैं। उनकी पुस्तक 'भारतीय समाज में प्रतिरोध की परम्परा' में उनके लिखे ऐसे निबन्ध संकलित हैं जिनमें साहित्य के साथ-साथ (उतने ही महत्त्व के साथ) समाज और संस्कृति के बड़े प्रश्नों पर गम्भीरता से विचार किया गया है। साहित्य के समाजशास्त्र की तरह वे संस्कृति के समाजशास्त्र की गहरी आवश्यकता महसूस करते हैं। उनका प्रस्ताव है कि इसके विकास में ग्राम्शी के विचारों से बहुत मदद मिल सकती है।

पाण्डेय जी संस्कृति पर विचार करते हुए 'लोक संस्कृति' और 'जन-संस्कृति' में अन्तर करते हैं। सामान्यत: इन्हें एक ही माना जाता है। लेकिन पाण्डेय जी स्पष्ट करते हैं—"पूँजीवाद के लिए लोक-संस्कृति म्यूज़ियम की वस्तु है और जन-संस्कृति एक चिढ़ाने वाली खुराफात, लेकिन जनता के लिए दोनों संजीवनी शक्ति हैं।"

मैनेजर पाण्डेय के पूरे लेखन में चिन्तन की ऐसी बारीकी और स्पष्टता भरी हुई है। वे उलझाने वाले नहीं, सुलझाने वाले विद्वान हैं। वे संस्कृति के जटिल प्रश्नों के हल के सन्दर्भ में एक ओर वाल्टर वेंजामिन, ग्राम्शी, अडोर्नो, बोर्दिए, उमा चक्रवर्ती तक जाते हैं तो दूसरी ओर ई.पू. छठी शताब्दी की सुमंगला माता की कविता तक भी जाते हैं। उनके लेखन में कहीं कोई छोटा रास्ता नहीं है। वे लम्बे समय से दारा शिकोह से जुड़ी सामग्री एकत्रित कर रहे थे। उम्मीद है, वह कार्य आने वाले दिनों में प्रकाशित होगा।

इस पुस्तक में सखाराम गणेश देउस्कर की पुस्तक 'देशेर कथा', महावीर प्रसाद द्विवेदी की पुस्तक 'सम्पत्तिशास्त्र' और अश्वघोष की रचना 'वज्र सूची' पर जो आलेख संकलित हैं, वे हिन्दी आलोचना और चिन्तन का आयतन बढ़ाने के साथ ही मैनेजर पाण्डेय के अध्ययन और चिन्तन के विस्तार के भी द्योतक हैं। ये आलेख इस बात का प्रमाण हैं कि वे 'ताली बजाऊ लोकप्रियता' के समानान्तर 'विवेक उद्वेलन' की पक्षधरता स्वीकार करने वाले आलोचक थे। और कहने की जरूरत नहीं कि 'विवेक उद्वेलन' का मार्ग समकालीन समय में साहित्य का राजमार्ग नहीं, जनमार्ग है।

महादेवी वर्मा की महान कृति 'शृंखला की कड़ियाँ' पर विचार करते हुए पाण्डेय जी उनकी कविता के साथ आरम्भ से ही जुड़े पूर्वाग्रह पर बात करते हैं। वे उनको स्त्री स्वाधीनता की तलाश करने वाली दार्शनिक के रूप में देखते हैं। इस आलेख में उन्होंने एक कटु सत्य की ओर संकेत किया है जिस पर ध्यान दिया जाना ज़रूरी है, क्योंकि जबसे जागिए तभी से सबेरा। पाण्डेय जी ने लिखा है—"ऐसा लगता है कि नारीवादी और अन्य लेखिकाएँ भी 'शृंखला की कड़ियाँ' के महत्त्व से पूरी तरह परिचित नहीं हैं। वे सीमोन द बोउआ की किताब पढ़ती हैं, लेकिन 'शृंखला की कड़ियाँ' नहीं, क्योंकि वह हिन्दी में लिखी है, फ्रेंच या अंग्रेज़ी में नहीं।"

हिन्दी आलोचना का एक श्याम पक्ष यह भी है कि वामपन्थी चिन्तक-आलोचक महात्मा गांधी की ओर कम ही जाते हैं। कइयों को यह प्रगतिशीलता के विरुद्ध जान पड़ता है। लेकिन मैनेजर पाण्डेय गांधी के साथ अकुण्ठ भाव से जाते हैं और बिना हिचक कहते हैं कि "उनका विचारों से वैसा ही है सम्बन्ध था, जैसा कबीर का था या एक कवि का होता है।" उन्होंने गांधी जी द्वारा तुलसीदास पर लिखे निबन्ध को कोट करते हुए उनके द्वारा की गयी विभीषण के चरित्र की व्याख्या को याद किया है। ज़ाहिर है, ऐसी व्याख्या के लिए जिस नैतिक साहस की ज़रूरत है, वह हमारी बौद्धिक-अकादमिक दुनिया में धीरे-धीरे छीज रहा है। कभी गांधी जी ने कहा था, 'मैं ऐसी कला चाहता हूँ जो करोड़ों लोगों से बोल सके।' पाण्डेय जी इसे याद करते हुए लोक कलाकार भिखारी ठाकुर और उन पर लिखी केदारनाथ सिंह की कविता को याद करते हैं और इस प्रकार कला, विचार और जीवन के अन्त:सम्बन्ध की व्याख्या करते हैं।

मैनेजर पाण्डेय 'प्रतिबद्ध मार्क्सवादी' हैं, 'अन्ध मार्क्सवादी' नहीं। यही कारण है कि वे 'मार्क्सवाद' की प्रेक्टिस को बहस और प्रश्न से बाहर नहीं मानते। वे 'उत्तर आधुनिकता' के 'सुविधा समय' में मार्क्सवाद से पल्ला झाड़ चुके या झाड़ रहे बुद्धिजीवियों पर सिर्फ़ प्रहार नहीं करते बल्कि उनके वैचारिक विचलन के पूरे तर्कशास्त्र का विश्वसनीय विश्लेषण भी प्रस्तुत करते हैं। अब भी मार्क्सवाद में जिन लोगों का विश्वास बचा हुआ है, उन्हें 'आज का समय और मार्क्सवाद' शीर्षक निबन्ध ज़रूर पढ़ना चाहिए। यह निबन्ध मार्क्सवाद के विषय में ठोस राय बनाने में मदद करता है। मैनेजर पाण्डेय अपने लेखन को किस प्रकार तार्किक ऊँचाई देते हैं, यह देखने के लिए इस निबन्ध में 'कल्पना' की ज़रूरत के विषय में कही गयी उनकी बातों को देखना चाहिए। एक ईमानदार चिन्तक इसी प्रकार अपनी भूमिका का निर्वाह करता है।

समाज में जब कोई विचारक की भूमिका में आ जाता है तब उससे अपेक्षाएँ बढ़ जाती हैं। लोग सिर्फ़ उसके लिखे का इन्तज़ार नहीं करते बल्कि अलग-अलग विषयों/प्रसंगों पर उससे संवाद भी करते है। इस संवाद की प्रक्रिया में उस विचारक की बौद्धिकता, प्रतिबद्धता, अध्ययनशीलता, तार्किकता और ईमानदारी आदि गुणों का सहज ही पता लग जाता है। कह सकते हैं कि अपने लेखन में भले कोई व्यक्ति एक पर्दा खींच ले लेकिन संवाद में उसे यह सुविधा हासिल नहीं होती। संवाद एक पारदर्शी प्रक्रिया है जिसमें अनौपचारिकता अल्ट्रासाउंड मशीन की तरह होती है। यदि संवादकर्ता कुशल हो तो वह सामने वाले के हृदय और बुद्धि के कोने-अन्तरे में चुपचाप बैठी बातों को भी बाहर निकाल लेता है। चूँकि मैनेजर पाण्डेय की उपस्थिति हिन्दी जगत में एक सक्रिय चिन्तक की भी थी इसलिए यह स्वाभाविक था कि लोग उनसे भी संवाद करें। और लोगों ने खूब किया भी। उनसे किये गये ऐसे संवाद पूर्व में 'मेरे साक्षात्कार' और 'मैं भी मुँह में ज़बान रखता हूँ' शीर्षकों से पुस्तकाकार प्रकाशित हो चुके हैं। इन पुस्तकों के बाद प्रकाशित 'संवाद-परिसंवाद' उनकी इस विधा की एक और कृति है। इस कृति में संकलित संवाद-परिसंवाद अलग-अलग विषयों पर केन्द्रित हैं।

पाण्डेय जी का मानना था कि पिछले पचास वर्षों में कविता की संस्कृति बदली है। उनका स्पष्ट मानना था कि 'कविता से कोई हथियार का कार्य ले, यह सम्भव नहीं।' उन्होंने उचित ही लिखा था—"यह देखना भी प्रासंगिक होगा कि कविता एक सीमा तक ही पाठक की चेतना को प्रभावित करती है। 'अँधेरे में' कविता के पाठ के बाद पाठक की चेतना वही नहीं रहती जो पाठ के पूर्व थी लेकिन कविता से ही सब कुछ बदल डालने की आशा करना, कविता की सीमा से अनभिज्ञता के अतिरिक्त दूसरा कुछ नहीं। इसीलिए मैं यह फिर कहना चाहूँगा कि कविता की सीमा पहचान कर ही कवि ख़ुद को भी बदल सकता है और कविता को उसकी सीमा से मुक्त कर सकता है।" और कहने की ज़रूरत नहीं कि कविता की 'शक्ति' और 'सीमा' की पहचान आलोचक और कवि—दोनों के लिए ज़रूरी है।

एक संवाद में एक प्रश्न के उत्तर में वे डॉ. अम्बेडकर और प्रेमचन्द पर टिप्पणी करते हैं। यह टिप्पणी दलित साहित्य के सन्दर्भ में है और सोचने-विचारने का मौक़ा देती है।

पण्डेय जी के संवादों की दुनिया हिन्दी साहित्य तक ही सीमित नहीं है। उनके वहाँ 'प्रेम' पर संवाद है, 'रामचरितमानस' पर संवाद है, 'आपातकाल' पर संवाद है, 'प्राथमिक शिक्षा' पर संवाद है, 'समकालीन कविता' पर कई संवाद हैं,

'आदिवासी समाज और साहित्य' तथा हृदयेश की कहानियों पर परिसंवाद हैं तो एक संवाद 'दोन किखोते' पर भी है। यहाँ अलग-अलग सभी संवादों पर चर्चा सम्भव नहीं है लेकिन मैनेजर पाण्डेय के कुछ मन्तव्यों को ज़रूर देखा जा सकता है। ये मन्तव्य एक आलोचक-विचारक के रूप में उनकी भूमिका को स्पष्ट करते हैं।

'प्रेम' की भूमिका स्पष्ट करते हुए एक प्रश्न के उत्तर में वे कहते हैं—"किसी सामाजिक-राजनीतिक आन्दोलन की विवेकपरकता और प्रगतिशीलता को परखने का सबसे अच्छा तरीक़ा यह देखना है कि मानवीय प्रश्नों—खासकर स्त्री-पुरुष सम्बन्धों से जुड़े प्रश्नों पर उसका नज़रिया कितना विवेकपरक और प्रगतिशील है।" सरवान्तीस के विश्वप्रसिद्ध उपन्यास 'दोन किखोते' को केन्द्र में रखकर पूछे गये एक प्रश्न के उत्तर में उन्होंने यह महत्त्वपूर्ण टिप्पणी की है—"अगर आप हिन्दी-उर्दू की परम्परा को याद करें तो यहाँ अरबी, फ़ारसी से होते हुए दास्तानों की परम्परा थी, उसी तरह से स्पेन में परम्परा थी। इस उपन्यास की एक बड़ी विशेषता और उपलब्धि यह मानी जाती है कि इस उपन्यास के छपने के बाद, एक तरह से दास्तानों की परम्परा लगभग समाप्त हो गयी। क्योंकि उपन्यास के भीतर स्वयं दास्तानों पर या कह सकते हैं कि वह जो वीर-गाथात्मक रोमांस थे, उन पर गहरा व्यंग्य किया गया है। एक दूसरी बात इस क्रम में यह ज़रूर कहूँगा कि इस उपन्यास का पूरा नाम ध्यान में रखना ज़रूरी है। उपन्यास का पूरा नाम है 'प्रसिद्ध दोन किखोते का इतिहास और उनकी साहसी कथाएँ।' इससे यह भी मालूम होता है कि वे वीर-गाथात्मक परम्परा को याद भी करते हैं पर उससे अलगाने के लिए इतिहास को भी सामने रखते हैं। असल में स्पैनिश में इसका उच्चारण दूसरी तरह होता है। हम लोग अंग्रेज़ी से परिचित होने के कारण उसको डॉन क्विग्ज़ोट कहते हैं लेकिन स्पैनिश में इसको दोन किखोते कहा जाता है। बल्कि यह भी समझिये कि सारे यूरोप में बल्कि सारी दुनिया में भी इस उपन्यास की लोकप्रियता का एक असर यह है कि इसके पात्र मुहावरे की तरह सारी दुनिया में प्रचलित हैं।"

'रामचरितमानस' की लोकप्रियता में 'अन्तर्वस्तु' अथवा 'रूप' की भूमिका सम्बन्धी एक सवाल को बड़े फलक पर रखते हुए उन्होंने जो जवाब दिया है, वह किसी भी महत्त्वपूर्ण और लोकप्रिय रचना/कृति को समझने में मददगार है। उनके शब्द हैं—"कलात्मक दृष्टि से रामचरितमानस एक अत्यन्त महत्त्वपूर्ण रचना है इसलिए उसकी लोकप्रियता का एक बड़ा कारण उसका कलात्मक रूप भी है और वह भी कलात्मक रूप ऐसा जो अपने होने का आभास नहीं कराता। प्राय: रचनाओं में जहाँ कला अपने होने का आभास कराने लगे तो वहाँ लोकप्रियता में

वह बाधक बन जाती है। लेकिन जहाँ वह अपने होने का आभास न कराये वहीं कला प्रभावशाली बनकर रचना को लोकप्रिय बनाती है। रामचरितमानस की कला पाठक को अलग से महसूस नहीं होती बल्कि आप कह सकते हैं कि 'मानस' की संवेदना और विचारधारा दोनों को सहज रूप में पाठक तक पहुँचा देती है। दूसरी बात विचारधारा को बहुत-सीमित अर्थ में समझने के कारण रामचरितमानस को ख़ारिज करने की जल्दबाज़ी बहुत है। विचारधारा की जटिलता को देखिए तो लगेगा कि रामचरितमानस में अनेक तरह के द्वन्द्व हैं; उन सारे द्वन्द्वों को तुलसीदास की चेतना के द्वन्द्व मानकर तो नहीं देखा जा सकता है।" भाषा के 'वर्ग चरित्र' पर विचार करते हुए उन्होंने एक उत्तर में जो कहा है, वह हिन्दी समाज की बुनावट का सही आकलन है। वे कहते हैं—"भाषा के साथ वर्ग या हिन्दुस्तान के सम्बन्ध में वर्ण का सम्बन्ध भाषा के प्रयोग में दिखाई देता है। भाषा के स्वभाव में वह हो, यह ज़रूरी नहीं है। जो लोग जिस उद्‌देश्य और विचारधारा से भाषा का प्रयोग करते हैं वे लोग अपने उद्‌देश्य और विचारधारा के अनुकूल भाषा को बनाते-बिगाड़ते भी हैं। इसलिए आज के ज़माने में स्त्री-भाषा और दलित-भाषा की बात करना उचित ही है क्योंकि ये दोनों समुदाय जिस भाषा को जानते हैं, जिसको वो सहते हुए जीते-मरते हैं, उस भाषा का कई बार अपनी ज़िन्दगी के अनुभवों की अभिव्यक्ति के लिए उपयोग करते हैं। मैं हिन्दी क्षेत्र की एक वास्तविकता की ओर आपका ध्यान ले जाना चाहता हूँ। कहावतों और मुहा्वरों में किसी भाषा क्षेत्र के लोकमत की अभिव्यक्ति होती है। हिन्दी क्षेत्र की लोकभाषाओं में और हिन्दी में भी ऐसी असंख्य कहावतें और मुहावरे हैं जो स्पष्ट रूप से जातिवादी और दलित विरोधी हैं। उसी तरह से स्त्री विरोधी कहावतें और मुहावरे भी हिन्दी क्षेत्र की लोकभाषाओं और स्वयं हिन्दी में मौजूद हैं। इन मुहावरों और कहावतों का विस्तार से विवेचन करके यह बताया जा सकता है कि भाषाओं और विचारधारा के अन्तरंग सम्बन्ध का विश्लेषण कीजिए तो मालूम होगा कि भाषाओं का प्रयोग वर्गीय प्रयोजनों के लिए होता है जिससे भाषाओं का वर्गीय चरित्र भी बनता है।"

मैनेजर पाण्डेय रवीन्द्रनाथ टैगोर को भारतीय रचनाशीलता का मार्गदर्शक मानते हैं। वे बल देकर कहते हैं कि—'उनमें अपने सच और अनुभव कहने का साहस था।' आज के साहित्यकारों के विषय में यह बात पूरे विश्वास और प्रमाण से नहीं कही जा सकती। इस पुस्तक में संकलित एक संवाद में वे कविता के सम्बन्ध में आधुनिकतावादियों की समझ पर कठोर लेकिन ज़रूरी टिप्पणी करते हैं। उनका कहना है—"आधुनिकतावादियों का यह तर्क कि जीवन जटिल हो गया है,

इसलिए कविता जटिल है, इतना अप्रासंगिक है कि अब हास्यास्पद हो गया है। कविता का काम जीवन को यथावत प्रस्तुत करना नहीं, उसकी पुनर्रचना करना है। और पुनर्रचना में संगति और बोधगम्यता ज़रूरी है। मैं तो यह भी कहना चाहूँगा कि किसी कविता में बोधगम्यता नहीं तो उसका मतलब यह हुआ कि कवि को भी जीवन के उन पक्षों का बोध नहीं है जिनकी चर्चा कविता में हुई है।" एक आलोचक-चिन्तक के रूप में मैनेजर पाण्डेय ने जो लेखन किया है (जिसमें 'संवाद' भी शामिल हैं) उसमें इतनी गहराई और संश्लिष्टता है कि उस पर पूरी पुस्तक लिखी जा सकती है। लेकिन यहाँ इस आलेख को अन्तिम रूप देते हुए इतना तो कहा ही जा सकता है पाण्डेय जी का आलोचना साहित्य हिन्दी के विवेक का शुक्ल पक्ष है। यह सही है कि वे अब भौतिक रूप से कभी उपलब्ध नहीं होंगे। अब कभी फ़ोन पर उनकी खनकती आवाज़ सुनाई नहीं देगी। अब कोई बौद्धिक समस्या आने पर उसके समाधान के लिए उनकी छाँव में नहीं बैठ पाऊँगा, लेकिन उनकी कृतियाँ आकाशदीप की तरह मार्ग प्रशस्त करती रहेंगी, इसमें कोई दो मत नहीं है। वे अपने सर्वोत्तम रूप में सदैव हमारे साथ रहेंगे।

प्रो. मैनेजर पाण्डेय

प्रो. अख़लाक़ आहन

मैनेजर पाण्डेय (23 सितम्बर 1941-06 नवम्बर 2022) की शख़्सियत से आशनाई हर उस शख़्स को थी जो गुज़री सदी में अस्सी और नब्बे के दशक में जवाहरलाल नेहरू विश्वविद्यालय में था। उनकी जीती-जागती शख़्सियत, कलन्दराना अन्दाज़, भोजपुरी लहजे की मिठास, तन्ज़ोमज़ह के तर्ज़ में बेधड़क और बेलाग गुफ़्तगू, हिन्दी अदब से सम्बन्धित संजीदा सेमिनार हों या विद्यार्थियों के सियासी जलसे समाजियात और मार्क्सवाद से सम्बन्धित गहरे और दार्शनिक बहसों के सिम्पोज़ीयम या होली के अवसर पर झेलम हॉस्टल में होने वाले हंगामे और हँसी-ठिठोली के जमघट। प्रो. मैनेजर पाण्डेय जैसे जेएनयू की ज़िन्दगी की चलती-फिरती मूरत थे। या तहज़ीब-ए-जेएनयू की ठोस सूरत। स्वभाव में सादा मिज़ाज और तर्ज़ में सादगी का नमूना लेकिन हिन्दी साहित्य के साथ-साथ इतिहास, समाजशास्त्र, मार्क्सवादी दर्शन, नये पश्चिमी मुबाहिस और फ़िक्री और दार्शनिक विचारों का गहरा अध्ययन। अब ऐसे शिक्षक साहित्य की दुनिया में भी तलाश करें तो मुश्किल से कोई नज़र आयेगा। इन सबके साथ एक विद्यार्थी जैसी जिज्ञासा ऐसी कि जैसे कोई प्यासा पानी की तलाश में भटक रहा हो। नाचीज़ भी उसी दौर में एक विद्यार्थी के तौर पर आया था। जिन शिक्षकों का शोध कैम्पस में सुना, देखा और प्रभावित हुआ उनमें प्रोफ़ेसर पाण्डेय भी थे। ये कोई अनोखी बात नहीं है क्योंकि उस ज़माने में शायद ही कोई ऐसा रहा हो जो इस माहौल से प्रभावित न हुआ हो। कैम्पस में रोमिला थापर, बिपिन चन्द्र, मोहम्मद हसन, नामवर सिंह, भांबरी, इम्तियाज़ अहमद, टी.के. बोमन, हरबंस मुखिया, अब्दुल वदूद अज़हर, प्रो. सदीकुर रहमान क़िदवई, मैनेजर पाण्डेय, हाशिम क़ुरेशी, एजाज़ अहमद, आनन्द कुमार और दूसरे प्रख्यात शिक्षकों की एक दुनिया थी और लगभग हर विभाग में कुछ ऐसे शिक्षक ज़रूर थे जो चलते-फिरते ज्ञान का भण्डार थे।

नाचीज़ से उनकी मोहब्बत और लगाव के कारण भी शुद्ध अकादमिक थे। इस दौर से सम्बन्धित कैम्पस के हर शख़्स की तरह मैं भी उनके व्यक्तित्व से आशना था लेकिन मुझे ये सौभाग्य प्राप्त था कि उन्होंने मुझे ढूँढ़ा था और आख़िर दम तक इस रिश्ते को सहेज कर रखने में उनकी इल्म नवाज़ी का ही दख़ल रहा। दो हज़ार के आसपास उनकी दिलचस्पी दारा शिकोह में पैदा हुई और उन्हें ऐसे शख़्स की तलाश थी जो दारा की किताबों और लेखों तक उनकी पहुँच करा दे। उनके इसी तलाश और जुस्तजू के दौरान हमारे शिक्षकों में से किसी ने या शायद इतिहास विभाग के शिक्षक प्रो. हरबंस मुखिया ने नाचीज़ का ज़िक्र उनसे किया और फिर उन्होंने अपने शिष्यों के ज़रिये से मुझे धर लिया। उन्हीं दिनों में नये शिक्षकों का निवास स्थल पुराने ट्रांसिट हॉल्स में आ चुका था और वो शायद उत्तराखण्ड में रहते थे और पैदल ही सेंटर या लाइब्रेरी की तरफ़ जाते। अक्सर रास्ते में उनसे मुलाक़ात हो जाती। उनकी ख़ातिर दारा शिकोह की किताबों की तलाश ने ख़ुद मुझमें दारा शिकोह की इल्मी और अदबी कारनामों के प्रति दिलचस्पी पैदा कर दी। मुझे दारा की कोई किताब मिलती तो उनके लिए भी साथ पहुँचाता। और इस हवाले से उनसे बात भी होती। इसी दौरान उन्होंने मुग़ल दौर के बादशाहों और शहज़ादों की हिन्दी शायरी के हवाले से काम किया और एक-दो बार बातचीत में प्रोफ़ेसर मुखिया ने उनसे कहा कि वो 'तज़किरा नफ़ाएसुल मआसिर' ज़रूर देखें जो उस दौर के शेरों का बहुत ही महत्त्वपूर्ण तज़किरा है बल्कि उस ज़माने का एक महत्त्वपूर्ण स्रोत भी है। फिर क्या था, उन्होंने मुझसे हासिल करने की इच्छा जतायी। मालूम हुआ कि किताब अभी तक पाण्डुलिपि के रूप में ही है और उसकी एक पाण्डुलिपि नैशनल म्यूज़ियम दिल्ली में सुरक्षित है। जब ये बात उन्हें बतायी तो उन्होंने कहा कि जैसे भी हो मैं उसे प्राप्त करूँ। जो लोग नैशनल म्यूज़ियम के पाण्डुलिपि के सेक्शन से अवगत हैं वो जानते हैं कि ये कितना मुश्किल काम है फिर भी पाण्डेय जी के आये दिन के शौक़ और ज़ोर देने ने मुझे भी मजबूर कर दिया कि उसे हासिल कर लूँ। पाण्डुलिपि लाकर उसे आदि से अन्त तक पढ़ा करते थे लेकिन किसी मुग़ल बादशाह या उस परिवार की हिन्दी शायरी का ज़िक्र नहीं था। जब इसे स्पष्ट किया तब उन्हें चैन आया और मुझे भी।

उनके प्रिय शिष्य प्रो. देवेन्द्र चौबे से भेंट और दोस्ती का कारण भी वही थे। प्रोफ़ेसर चौबे जेएनयू के इसी विभाग से जुड़े हैं। कभी-कभार हम उनसे मिलने मुनिरका एन्क्लेव उनके घर पर चले जाते जो उन्होंने रिटायरमेंट के बाद ख़रीदा था और जो लगभग जेएनयू के मुख्य द्वार के सामने है। हम वहाँ जाते, बैठते और एक

कमज़ोर जिस्म में जोश-ओ-जुनून के उस शोले को हैरत से ताक़ते, सुनते और एक नये जोश और ज़िन्दादिली के तोहफ़े के साथ ख़ुश-ख़ुश वापिस होते। गम्भीर बातों के दौरान भी वो कुछ ऐसा कह जाते कि महफ़िल ज़ाफ़रान ज़ार हो जाती। एक बार हम तीन दोस्तों प्रो. मनिन्दर नाथ ठाकुर, प्रो. देवेन्द्र चौबे और मैंने फ़ैसला किया कि अपने शौक़ और दिलचस्पी के साथ-साथ उनसे सवालात करें और उनके जवाबात छापें। ये अनुभव अच्छा रहा और इस तरह विभिन्न बहसों के हवाले से उनका एक विस्तृत साक्षात्कार एक हिन्दी पत्रिका में छपा। इसी तरह की किसी मुलाक़ात में मैंने कहा कि मैं 'रुबाइयात-ए-दारा शिकोह' का उर्दू तर्जुमा कर रहा हूँ। बस क्या था उन्होंने कहा कि मैं इसका हिन्दी में अनुवाद कर दूँ। मैंने भी नैतिकता के तौर पर हाँ कह दिया। मुझे क्या मालूम कि ये बातें सिर्फ़ रस्मी नहीं थीं। दूसरे दिन भी फ़ोन आ गया और इस ख़्वाहिश का इज़हार कर दिया कि इस तर्जुमे को मैं पहली फुरसत में मुकम्मल कर दूँ। फिर भी मुझे इसकी शिद्दत का अन्दाज़ हुआ। उन दिनों मैं किसी और काम में व्यस्त था सो कुछ दिन तक टलता रहा लेकिन हर दूसरे-तीसरे दिन उनका फ़ोन,

नशेमन पर नशेमन इस कदर तामीर करता जा,
कि बिजली गिरते-गिरते आप ख़ुद बेजार हो जाये।

की तरह मेरी बेतवज्जही काफ़ूर हो गयी और मैंने हिन्दी अनुवाद शुरू कर दिया। बहुत बार ऐसा होता कि उनका फ़ोन आता तो मैं शर्मिन्दगी की वजह से फ़ोन न उठाता। फिर वो चौबे जी या उनकी बीवी रश्मि जी को फ़ोन करते और उनसे याद दिलाते। इस तरह मेरी सुस्ती के बावजूद ये काम पूरा हो गया और इसे उन्हें पेश कर दिया और हम सब ने चैन की साँस ली। दारा से सम्बन्धित और शायद उनका ये आख़िरी इल्मी काम था जो अभी तक छप नहीं सका है। इस ज़िक्र से ये इशारा भी करना है कि अब ऐसी दिलसोज़ी और शौक़ से पढ़ने-पढ़ाने और साहित्यिक काम करने वालों से ज्ञान और अध्ययन के इदारे और महफ़िलें वीरान होती जा रही हैं। उन्हें गम्भीर काम करने वालों और अपने मिज़ाज के लोगों से गहरा भावनात्मक लगाव भी था और वो खुलकर इसका इज़हार भी करते। काम करने वाले अपने साथियों और शिष्यों से उन्हें बहुत मुहब्बत थी जैसे कि वो उनके खानदान का हिस्सा थे। उनकी अस्सीवीं सालगिरह के मौक़े पर कोरोना की वजह से उनके एज़ाज़ में ऑनलाइन सेमिनार हुआ जिसके आयोजक प्रोफ़ेसर चौबे थे। इसमें सब शामिल हुए। ईद के मौक़े पर बड़ी पाबन्दी से फ़ोन करके बधाई देते और साथ ही ये भी

कहते कि वो तीन लोगों को इस अवसर पर मुबारकबाद देने का एहतेमाम करते हैं। इनमें दिवंगत प्रोफ़ेसर शमीम हनफ़ी, प्रो. सरवरुल हुदा और नाचीज़ शामिल हैं। इसकी वजाहत भी करते और कहते कि इन हज़रात से इस वजह से ख़ास लगाव है कि ये कई भाषाओं के साहित्य के अध्ययन में सहयोग करते हैं। प्रोफ़ेसर सरवरुल हुदा ने साहित्य के समाजशास्त्र से सम्बन्धित उनकी किताब 'साहित्य के समाजशास्त्र की भूमिका' का उर्दू में अनुवाद करके एक कारनामा अंजाम दिया और उर्दू दुनिया को इस अहम काम से परिचित करवाया। प्रोफ़ेसर पाण्डेय की एक ख़ूबी बेमिस्ल थी और उसका ज़िक्र किये बग़ैर उनके व्यक्तित्व पर गुफ़्तगू अधूरी रह जायेगी और वो है उनकी बेलाग-लपेट और बिना किसी मसलेहत, अपनी बात कहने की हिम्मत। ये उनकी महबूबियत के साथ उनसे शिकायत की वजह भी बनती थी। वो आख़िरी उमर तक अपने सिद्धान्तों और विचारों यानी मार्क्सवादी दर्शन के हवाले से पाबन्द रहे और इससे कभी दूरी का इज़हार नहीं किया। जैसा कि उनके कुछ समकालीनों के यहाँ देखने को मिला। मुझे याद है कि जब उनके समकालीन हिन्दी साहित्य के विख्यात आलोचक प्रो. नामवर सिंह का आख़िरी दिनों में संघ परिवार और सत्ता से नज़दीकी का मामला आया तो मैंने प्रोफ़ेसर पाण्डेय से सवाल पूछ लिया। उन्होंने जिस सफ़ाई के साथ इसकी वाज़हत की वो आँख खोलने वाली भी थी और ख़ुद उनकी साफ़गोई की मिसाल भी थी। उन्होंने कहा कि प्रोफ़ेसर नामवर ने सत्तर के दशक से ही मार्क्सवादी दर्शन से दूरी बना ली जिसका इज़हार कभी-कभी ऐलानिया सूरत में उनके लेखों में भी होता रहा। उन्होंने ये भी कहा कि उसी ज़माने में एक लेख उन्होंने नामवर सिंह के हवाले लिखा था जिसका आधा हिस्सा उनकी ख़ूबियों का बखान था लेकिन आधा उनकी सख़्त आलोचना पर था।

जब पाण्डेय जी की तबीयत की ख़राबी की ख़बरें मिलीं तो मुझे हमेशा ऐसा लगता रहा कि वो फिर से उठकर आ जायेंगे और उसी तरह महफ़िलें गरम होती रहेंगी। पर लेकिन जब उनके शिष्यों और बेटी रेखा ने आकर कहा कि एक बार ज़रूर आकर देख लें। अस्पताल में उनकी स्थिति को देखकर यही प्रतीत हुआ कि वो उठ खड़े होंगे परन्तु ईश्वर की यह इच्छा नहीं थी। हिन्दी साहित्य की दुनिया बहुत बड़ी है और उसमें कई सारी विभूतियाँ हैं परन्तु मैनेजर पाण्डेय जैसा व्यक्ति हिन्दी साहित्य में दूसरा नहीं मिलता।

इतिहासबोध की समग्रता का प्रस्ताव

जीतेन्द्र गुप्ता

मैनेजर पाण्डेय हिन्दी के उन कुछ एक आलोचकों में हैं, जिन्होंने साहित्य और संस्कृति के प्रश्नों की समकालीनता से निरन्तर मुठभेड़ की है और इन दोनों ही क्षेत्रों में सैद्धान्तिक व व्यावहारिक आलोचना के मानकों को निर्मित किया है। हिन्दी आलोचना में पाण्डेय जी के बौद्धिक उद्यम को इस शर्त पर समझा जा सकता है, जब यह जाना जाये कि उन्होंने अपनी आलोचना के मानकों को हिन्दी के तीन महान आलोचकों से संघर्ष करते हुए निर्मित किया। इसके साथ यह भी रेखांकित करना चाहिए कि उन्होंने हिन्दी आलोचना की जनपक्षधर परम्परा को तब विस्तारित किया जब कलावादी प्रवृत्तियाँ बौद्धिक अहम् के अनोखे प्रतिमानों को निर्मित करने की कोशिशें निरन्तर कर रही थीं।

स्पष्टता और निरन्तरता पाण्डेय जी के बौद्धिक उद्यम की सबसे प्रमुख विशेषता है। इनकी आलोचना एक ओर समसामयिक सरोकारों को स्पष्ट करती है, वहीं दूसरी ओर साहित्य अनुशासन की अकादमिक ज़रूरतों की भी पूर्ति करती है। 'इतिहास' हिन्दी साहित्य के लिए ही नहीं बल्कि साहित्येतिहास के लिए भी सबसे बड़ी समस्या रहा है। वैसे 'इतिहास' को ही परिभाषित करना बहुत बड़ी चुनौती है; साहित्येतिहास इन मायनों में जटिल से जटिल होता जाता है क्योंकि यह सामाजिक स्थिति, उत्पादन सम्बन्ध और वर्गीय सम्बन्ध से सीधे सम्बन्धित न होते हुए इन स्थितियों के सापेक्ष समाज 'साहित्यिक' स्तर पर जो हस्तक्षेप करता है, उसका वर्णन-विश्लेषण स्वयं में समाहित किये होता है। ज़ाहिर-सी बात है कि साहित्येतिहास के सन्दर्भ में भी उसी तरह का रूढ़िवाद मौजूद है, जैसा कि स्वयं इतिहास अनुशासन के साथ। पुराण काल से इतिहास के सन्दर्भ में काल की 'चक्रीय' रूढ़िवादी व्याख्या मौजूद रही है। हालाँकि यह याद रखना चाहिए कि हिब्रू सभ्यता की देन के रूप में इतिहास की रैखिक अवधारणा भी अपनी अन्तिम परिणति

में रूढ़िवाद में सीमित हो जाने के लिए अभिशप्त रही है। इन दो ध्रुवों के बीच हीगेल की दार्शनिक वृत्तियाँ और सीधे रूप में 'द्वन्द्वात्मकता' इतिहास की अवधारणा के लिए वैकल्पिक प्रारूप प्रस्तावित करती हैं।

पाण्डेय जी इतिहास की इसी अवधारणा को स्वीकार करते हैं। इस आधारभूत सिद्धान्त के आधार पर उनका मानना है, "साहित्य के इतिहास का आधार है, साहित्य के विकासशील स्वरूप की धारणा। साहित्य की निरन्तरता और विकासशीलता में आस्था के बिना साहित्य का इतिहासलेखन सम्भव नहीं।" (साहित्य और इतिहास-दृष्टि, 4) लेकिन 'इतिहास' अनुशासन के रूप में साहित्य के सन्दर्भ में उतनी अधिक मदद नहीं करता है। यही कारण रहा कि रामविलास शर्मा ने 'इतिहास' से ज़्यादा 'परम्परा' पर ज़्यादा अधिक ज़ोर दिया। रामविलास शर्मा के शब्द हैं, 'जो महत्त्व ऐतिहासिक भौतिकवाद के लिए इतिहास का है, वही आलोचना के लिए साहित्य की परम्परा का है।" (परम्परा का मूल्यांकन, 9) पाण्डेय जी ने इस मूल्य को उचित रूप में ग्रहण किया है। उनकी मान्यता है, "किसी काल के साहित्य में कोई ऐसा परिवर्तन नहीं होता जो अतीत और भविष्य से पूर्णत: विच्छिन्न हो। रचनात्मक प्रवृत्तियों, चिन्ताधाराओं, सौन्दर्यबोधीय मूल्यों और साहित्य मूल्यों की विकासशील परम्परा में परिवर्तन और निरन्तरता का द्वन्द्वात्मक गतिशील सम्बन्ध होता है। यहाँ तक कि क्रान्तिकारी परिवर्तनों के बीच भी एक विकासशील निरन्तरता होती है।' (साहित्य और इतिहास-दृष्टि, 9)

यह बिल्कुल स्वाभाविक है कि आधुनिक हिन्दी साहित्य के इतिहासबोध के निर्माण में मैनेजर पाण्डेय आचार्य रामचन्द्र शुक्ल की भूमिका सबसे महत्त्वपूर्ण मानते हैं। आचार्य शुक्ल के इतिहास से सबसे ज़्यादा समस्या रूढ़िवादी विचारकों को ही होती है। इस रूढ़िवाद में जातीय उच्चताबोध से लेकर रूपवाद तक की सभी प्रवृत्तियाँ गहराई से शामिल हैं। "आधुनिक हिन्दी साहित्य की आधुनिकता के केन्द्र में स्वाधीनता की चेतना रही है। उस स्वाधीनता की चेतना का पहला सन्दर्भ राजनीतिक था, जिसका लक्ष्य था उपनिवेशवाद से मुक्ति। दूसरा सन्दर्भ सामाजिक स्वाधीनता का था, जिसमें किसानों, दलितों और स्त्रियों की आज़ादी का प्रश्न महत्त्वपूर्ण था। इस तरह स्वाधीनता आन्दोलन के दौर के हिन्दी साहित्य की चेतना साम्राज्यवाद विरोध और सामन्तवाद विरोध से जुड़ी हुई थी। ऐसे साहित्य की आलोचना का राजनीतिक होना अनिवार्य था। इसलिए रामचन्द्र शुक्ल की आलोचना में राजनीति मौजूद है।" (आलोचना की सामाजिकता, 22) आचार्य शुक्ल की चिन्तनपद्धति के गम्भीर विश्लेषण के बाद पाण्डेय जी का यह निष्कर्ष बिल्कुल उचित है कि

"वे [आचार्य शुक्ल] इतिहास की आलोचना और इतिहास में राजनीति की चर्चा करने से परहेज रखने वाले व्यक्ति न थे, साहित्यिक परिवर्तनों को प्रेरित और प्रभावित करने में राजनीति की भूमिका को स्वीकार करते थे।" (साहित्य और इतिहास-दृष्टि, 106) परम्परा के इस भौतिकवादी मूल्यांकन द्वारा पाण्डेय जी स्पष्ट रूप से साहित्य की 'निरपेक्षता' के सिद्धान्त की आलोचना विकसित करते हैं, जिसका सीधा पर्याय 'ज्ञान के ब्राह्मणीकरण' से मुक्ति है।

वास्तविकता यह है कि मैनेजर पाण्डेय ज्ञान की सामाजिकता के प्रति बेहद सतर्क आलोचक हैं। आचार्य शुक्ल ने जिस तरह से 'कला कला के लिए' सिद्धान्त की घोर आलोचना की थी, उसी प्रकार पाण्डेय जी 'ज्ञान ज्ञान के लिए' की धारणा के कट्टर विरोधी हैं; ध्यान देने की बात है कि उत्तर-आधुनिकता के लिए यही मूल आधार है, जो उसे वाग्विलास के लिए मौक़ा देता है। "बौद्धिकता का लक्ष्य मनुष्य की स्वाधीनता है, मनुष्य की अमूर्त अवधारणा की दार्शनिक स्वतन्त्रता नहीं, समाज में पराधीनता के शिकार मनुष्यों की सामाजिक और सांस्कृतिक स्वतन्त्रता। यही उस बौद्धिकता की मूल गरिमा है, जिसके अभाव में आलोचनात्मक चेतना की सारी क्रियाशीलता सत्ता और व्यवस्था के लिए मात्र मनोरंजन होती हैं।" (आलोचना की सामाजिकता, 17)

आचार्य शुक्ल की परम्परा का मूल्यांकन करते हुए पाण्डेय जी का कहना है, "क्रोचे के कला-दर्शन के राजनीतिक अभिप्राय को ग्राम्शी ने पहचाना और जनतन्त्र विरोधी कला-दृष्टि कहा। व्यक्तिवाद और रहस्यवाद पर निर्भर कलावाद का जनतन्त्र विरोधी होना आश्चर्य की बात नहीं। आश्चर्य की बात यह है कि आज हिन्दी के नये कलावादी अपने जनतन्त्र विरोधी राजनीतिक अभिप्राय को छिपाने के लिए आलोचना के जनतन्त्र की दुहाई दे रहे हैं। पुराने और नये कलावाद में इतना तो फ़र्क़ होगा ही। कलावादी क्रोचे ईमानदारी से जनतन्त्र-विरोधी था, साहित्य के भोपाल गणतन्त्र के नये कलावादी बेईमानी से जनतन्त्र समर्थक बन रहे हैं। वे आलोचना-दृष्टियों के बहुलवाद (प्यूरलिज़्म) की दुहाई देकर अपनी कला दृष्टि को उचित ठहराना चाहते हैं।' (आलोचना की सामाजिकता, 42)

पाण्डेय जी 'साहित्येतिहास' के मूल्यांकन में 'राजनीति' के तत्त्व को कभी भी विस्मृत नहीं करते हैं। सुदूर अतीत के मूल्यांकन के व्यावहारिक व सामयिक प्रभाव क्या होंगे, इस तथ्य पर वह गहरी नज़र रखते हैं। अतीत की प्रवृत्तियाँ किन रूपों में वर्तमान में मौजूद हैं या अपनी उपयोगिता की दावेदारी कर रही हैं, इसे मूल्यांकित करते हुए पाण्डेय जी ने लिखा है, "अलंकार, रीति, वक्रोक्ति और ध्वनि को काव्य

की आत्मा मानने वाले आचार्यों का साहित्य चिन्तन मुख्यतः रूपवादी है। संस्कृत काव्यशास्त्र में काव्यसंसार की स्वायत्तता की स्वीकृति, कृति का निर्मित वस्तु के रूप में वस्तुनिष्ठ विवेचन और शब्दार्थ के सौन्दर्यपरक सम्बन्ध के विश्लेषण में उसका रूपवादी स्वरूप दिखाई देता है। लेकिन इसके साथ ही भरत के 'नाट्यशास्त्र' से आचार्य रामचन्द्र शुक्ल तक के साहित्य चिन्तन की परम्परा में साहित्य और भाषा की सामाजिकता की खोज करने की प्रवृत्ति भी है। जो लोग आजकल संस्कृत काव्यशास्त्र को आधुनिक बनाने के प्रयत्न में पुराने रीतिवाद को वैज्ञानिक सिद्ध करते हुए 'रीतिविज्ञान' की दुकान चला रहे हैं, वे भारतीय काव्यशास्त्र की वस्तुवादी और सामाजिकता सम्पन्न चिन्तनधारा की उपेक्षा करके पुराने रीतिवाद को नये रूप में प्रतिष्ठित करना चाहते हैं।" (साहित्य और इतिहास-दृष्टि, 61)

आचार्य शुक्ल की इतिहास-दृष्टि को लेकर अब तक व्यापक विश्लेषण हो चुका है, लेकिन एक सम्यक् दृष्टिकोण, जिसमें द्वन्द्वात्मकता अन्तर्निहित होती है, का निरन्तर अभाव मौजूद रहा है। मध्यकाल की ज्ञानाश्रयी कविता को लेकर आचार्य शुक्ल की मान्यता थी, "इस पंथ का प्रभाव शिष्ट और शिक्षित जनता पर नहीं पड़ा, क्योंकि उसके लिए न तो इस पंथ में कोई नयी बात थी, न नया आकर्षण... पर अशिक्षित और निम्न श्रेणी की जनता पर इन सन्त-महात्माओं का बड़ा भारी उपकार है।" (हिन्दी साहित्य का इतिहास, 68) आचार्य शुक्ल का आरोप यहाँ तक है कि "इस शाखा की रचनाएँ साहित्यिक नहीं हैं।" (वहीं) स्वाभाविक तौर पर इससे आचार्य शुक्ल का 'लोक' के विषय में दृष्टिकोण स्पष्ट होता है। मैनेजर पाण्डेय ने जहाँ आचार्य शुक्ल की सचेत और वैज्ञानिक-वस्तुनिष्ठ दृष्टिकोण की प्रशंसा की है, वहीं उनके पूर्वोक्त दृष्टिकोण को लेकर आलोचना भी की है, "वास्तव में ग़लत दृष्टिकोण लेकर चलने पर ग़लत निष्कर्ष पर पहुँचना स्वाभाविक है। शुक्ल जी ने सन्त काव्य को लोक विरोधी मान लिया, तो उससे प्रभावित होने वाली जनता को भी 'मूर्ख' समझ लिया। सन्त कवि उस समय की सामन्ती व्यवस्था, उसके सांस्कृतिक मूल्यों और मर्यादाओं के विरुद्ध आवाज़ उठा रहे थे। यही नहीं, वे उस व्यवस्था में पीड़ित जनता में आत्मगौरव का भाव जगाकर उसे ऊपर उठा रहे थे, इसलिए उनको लोकविरोधी और जनता को 'मूर्ख' तथा 'अन्धी भेड़' समझना ग़लत है।' (साहित्य और इतिहास-दृष्टि, 105)

हालाँकि आचार्य शुक्ल 'ज्ञानाश्रयी' मार्ग के कवियों के प्रति जो भाव रखते हैं, वह भाव हर कहीं नहीं मौजूद है। 'लोकसंस्कृति' ने उनकी इतिहास-दृष्टि के निर्माण महत्त्वपूर्ण भूमिका निभायी है। मैनेजर पाण्डेय ने इस सन्दर्भ में लिखा है,

"आचार्य शुक्ल की इतिहास-दृष्टि की एक बड़ी विशेषता यह है कि उन्होंने हिन्दी साहित्य के विकास में लोकसंस्कृति और लोकसाहित्य के योगदान का मूल्यांकन किया है और उसके जातीय रूप को उजागर किया है।" (साहित्य और इतिहास-दृष्टि, 115)

लेकिन यह बात स्पष्ट तौर पर याद रखनी चाहिए कि आचार्य शुक्ल ने 'जनता की चित्तवृत्ति' के जिन कारणों का उल्लेख किया है, "जनता की चित्तवृत्ति बहुत कुछ राजनीतिक, सामाजिक, साम्प्रदायिक तथा धार्मिक परिस्थिति के अनुसार होती है। अत: कारणस्वरूप इन परिस्थितियों का किंचित् दिग्दर्शन भी साथ ही साथ आवश्यक होता है।" (हिन्दी साहित्य का इतिहास, 22), वे कारण उनको भी प्रभावित करते हैं। एक ख़ास तरह का पुनरुत्थानवादी दृष्टिकोण आचार्य शुक्ल के इतिहासबोध में शामिल है। यह स्थिति शायद ज़्यादा गम्भीर है क्योंकि इस प्रभाव को आज के समाज पर गम्भीर रूप से महसूस किया जा सकता है। मैनेजर पाण्डेय ने आचार्य शुक्ल के इस अन्तर्विरोध को स्पष्ट रूप से रेखांकित किया है, "विश्व प्रपंच' की लम्बी भूमिका में विकासवाद का समर्थन करते हुए भी जगह-जगह वेद, उपनिषद, पुराण और दर्शनों से उद्धरण जुटाकर यह दिखाने का प्रयत्न किया है कि प्राचीन भारतीय चिन्तन में वे बातें मौजूद हैं, जो अब पश्चिम के वैज्ञानिक चिन्तन में आ रही हैं।" (साहित्य और इतिहास-दृष्टि, 125)

इस विश्लेषण से यह तो बिल्कुल स्पष्ट है कि 'साहित्येतिहास' में राजनीति का जो पक्ष शामिल है, वह वर्तमान की ज़रूरतों और सामाजिक सरोकारों द्वारा निर्धारित होता है। उदाहरण के लिए कबीर के सन्दर्भ को लिया जा सकता है। आचार्य शुक्ल ने कबीर पर सूफ़ियों के प्रभाव को स्पष्ट रूप से चिह्नित किया था, "जिस प्रकार कुछ वैष्णवों में 'माधुर्य' भाव से उपासना प्रचलित हुई थी उसी प्रकार सूफ़ियों में भी ब्रह्म को सर्वव्यापी प्रियतम या माशूक मानकर हृदय से उद्‌गार प्रदर्शित करने की प्रथा थी। इसको कबीरदास ने ग्रहण किया।" (हिन्दी साहित्य का इतिहास, 73) लेकिन साम्प्रदायिक आलोचक आचार्य शुक्ल के आलोचनात्मक विवेक को पूरी सहृदयता से ग्रहण नहीं कर पाते हैं। ज़ाहिर-सी बात इसके मूल में भारतीय समाज की वह रूढ़िवादी धारणा मौजूद है, जहाँ विश्वास किया जाता है कि जाति प्रथा समाज की 'शुद्धता' के लिए सबसे अनिवार्य है और जातिगत संरचना में सर्वोच्च स्थान पर मौजूद जाति यानि ब्राह्मण स्वयं में ज्ञान का पर्याय है। यह ऐसी स्थिति है जहाँ दो भिन्न समाज और समुदायों के विचार आदान-प्रदान को किसी भी स्तर पर नहीं स्वीकार किया जाता है। हमारे वर्तमान समाज पर इन विचारों के प्रभाव को

आसानी से लक्षित किया जा सकता है। इस स्थिति का 'साहित्येतिहास' पर भी प्रभाव पड़ा है। आलोचना में शामिल हो पायी इन अनुदार प्रवृत्तियों को पाण्डेय जी सख़्ती से चिह्नित किया है। "रामस्वरूप चतुर्वेदी की आलोचना की व्याख्या में राजनीति का दूसरा रूप कबीर को हिन्दू निष्ठा का कवि सिद्ध करने के लिए एड़ी-चोटी का पसीना एक करने में दिखाई देता है... उन्होंने कबीर को हिन्दू परम्परा में आत्मसात करने के लिए सबसे पहले सूफ़ी परम्परा को अभारतीय मान लिया है।" (आलोचना की सामाजिकता, 28)

कबीर की एक व्याख्या भारत की सामाजिक समरसता के आधार पर होती है, और दूसरी रूढ़िवादी साम्प्रदायिक आधार पर। इस प्रवृत्ति की ओर पाण्डेय जी ने जो इशारा किया है, वह भारतीय समाज में मौजूद एक गम्भीर संकट की ओर इशारा करती है। यह संकट संस्कृति को धर्म का पर्याय मानने से निर्मित हुआ है। इसका परिणाम तात्कालिक रूप से साम्प्रदायिक और असहिष्णु समाज के रूप में प्राप्त होता है, तो दूसरी ओर ज़्यादा गम्भीर रूप से यह स्थिति मनुष्य समाज की 'चेतन उपलब्धियों' को नष्ट करती है। पाण्डेय जी इन स्थितियों और परिणामों की गम्भीर चिन्ता करते हैं। लोकतान्त्रिक मूल्यों को नुक़सान पहुँचाने वाली इन स्थितियों को वे 'बर्बरता' से समीकृत करते हैं। इस बर्बरता से "संस्कृति के मानवीय प्रयोजन और भाषा के सामाजिक सरोकारों का अस्तित्व ख़तरे में है।" (आलोचना की सामाजिकता, 18)

मैनेजर पाण्डेय ज्ञान के सामाजीकरण की चिन्ता हर एक स्तर पर करते हैं। ज्ञान के सामाजीकरण का सीधा पर्याय समाज की संरचना पर ध्यान देने से है। यदि सामाजिक संरचना को समझने के लिए भौतिकवादी-द्वन्द्वात्मक दृष्टिकोण की अवहेलना की जाये, तो परिणाम साम्प्रदायिक-धार्मिक विभाजन के रूप में प्राप्त होगा। भारतीय समाज बहुलतावादी समाज है। ब्रितानियों की औपनिवेशिक नीतियों के कारण हिन्दू-मुस्लिम जैसे धार्मिक समुदायों का नस्लीय स्तर पर विभाजन कृत्रिम रूप में किया गया। भाषा और साहित्य के स्तर पर इसका प्रतिफलन इस रूप में हुआ कि हिन्दी को हिन्दू समुदाय और उर्दू को मुस्लिम समुदाय के सम्बद्ध किया गया। यह एक विभाजनकारी नीति थी, जिसका उद्देश्य भारतीय समाज की समरसता को भंग करना और उसकी एकता को नष्ट करना था। प्रत्यक्ष-अप्रत्यक्ष रूप से वैचारिक स्तर पर इस विभाजक नीति का प्रभाव हर कहीं मौजूद है। उदाहरण के लिए आचार्य शुक्ल ने ही उर्दू और हिन्दी को दो भाषाओं के रूप में ही माना है; अन्यथा कोई कारण न था कि हिन्दी साहित्य के स्वरूप निर्माण में ग़ालिब के योगदान को विस्मृत

किया जाता। बिल्कुल इसी प्रकार नज़ीर की लोकोन्मुखी काव्य परम्परा पर भी ध्यान न देना इस तथ्य की ओर इशारा करता है कि आचार्य शुक्ल ने हिन्दी-उर्दू के भेद को गहरे रूप में स्वीकार किया था।

मैनेजर पाण्डेय के इतिहासबोध में ये सभी समस्याएँ शामिल हैं। यही कारण है कि वे 'दूसरी परम्परा' के निर्धारण से असहमति रखते हैं, और इसका कारण यह है कि "इसमें उर्दू भाषा और उसके साहित्य की कोई चिन्ता नहीं है और न ही उर्दू साहित्य में व्यक्त समाज की वास्तविकताओं और आकांक्षाओं की पहचान की कोशिश है" और इसका परिणाम यह होता है कि "हम उर्दू भाषा और उसके साहित्य को छोड़कर केवल हिन्दी पर बहस करेंगे तो वह मुख्यत: हिन्दू समाज पर बहस हो जायेगी।" (आलोचना की सामाजिकता, 71)

हालाँकि भाषा के स्तर पर भोजपुरी को स्वतन्त्र भाषा और साहित्य के स्तर पर मूल्यांकित करके उन्होंने कई ऐतिहासिक प्रश्नों पर नये सिरे से विचार करने के लिए प्रेरित किया है, लेकिन यहाँ ज़रूरी था कि वे हिन्दी और भोजपुरी के सम्बन्धों को स्पष्ट करते। यह इस कारण से बहुत ज़रूरी है क्योंकि रामविलास शर्मा ने 'हिन्दी जाति' की अवधारणा के साथ खड़ी बोली हिन्दी के विकास के सन्दर्भ में जनपदीय भाषाओं के विषय में जो मान्यताएँ रखी हैं, उनसे बहस किये बिना भोजपुरी या अवधी को स्वतन्त्र भाषा का दर्जा देना सम्भव नहीं प्रतीत होता। इसके अलावा वर्तमान में जनपदीय भाषाओं की जो स्थिति है, वह इन भाषाओं के विकास को पश्चगामी दिशा की ओर होना ही इंगित कर रहा है। भदेस की अभिव्यक्ति के लिए ही लोकप्रिय जनमाध्यम जनपदीय भाषाओं का इस्तेमाल करते हैं। इसके अलावा यह याद रखने की बात है कि साहित्य के स्तर पर किसी भाषा/बोली का विकास भाषा के 'समग्र' विकास और उसकी सामाजिक व्यापकता बढ़ने का पर्याय नहीं होता। उदाहरण के लिए मध्यकाल में साहित्यिक स्तर पर ब्रज भाषा के अतिशय 'विकास' के बावजूद वह नवीन सामाजिक ज़रूरतों को पूरा करने में सक्षम नहीं थी; और हिन्दी क्षेत्र के वैचारिक विकास में खड़ी बोली हिन्दी की ऐतिहासिक भूमिका निर्धारित हो पायी। इसी सन्दर्भ में यह दोहराने की ज़रूरत है कि पाण्डेय जी द्वारा रामविलास शर्मा पर लगाया गया यह आरोप सही नहीं प्रतीत होता है कि "यह आश्चर्यजनक है कि भारतीय नवजागरण और हिन्दी नवजागरण पर विचार करते समय साम्राज्यवाद के विरूद्ध भोजपुरी क्षेत्र के संघर्ष की कोई विशेष चर्चा नहीं होती है।" (आलोचना की सामाजिकता, 118) ध्यान देने की बात है कि पाण्डेय जी ने स्वयं ही मंगल पाण्डेय, कुँवर सिंह आदि ग़दर के नायकों का ज़िक्र किया है।

ये सभी नायक ऐसे हैं, जिनकी चर्चा रामविलास शर्मा ने भी की है। इसके अलावा विभिन्न इतिहासकारों ने भी भारतीय नवजागरण में भोजपुरी क्षेत्र के योगदान को स्वीकार किया है। मंगल पाण्डेय से लेकर स्वामी सहजानन्द तक की चर्चा भिन्न-भिन्न परिप्रेक्ष्यों में की गयी है।

आधुनिकता के विभिन्न आयामों पर पाण्डेय जी ने सन्तुलित दृष्टिकोण और परिप्रेक्ष्य के साथ विचार किया है। साहित्य के सन्दर्भ में आधुनिकता का एक सन्दर्भ 'उपन्यास' जैसी सृजनात्मक गद्य विधा का उदय भी है। भारतीय और ख़ासतौर से हिन्दी क्षेत्र में उपन्यास विधा का उदय इस विधा के साथ जुड़े यूरोपीय अनुभव से भिन्न है। यह भिन्नता सामाजिक परिस्थितियों में अन्तर के कारण है। भारतीय उपन्यासों के बारे में पाण्डेय जी की मान्यता है, "भारतीय उपन्यास का स्वतन्त्र रूप तब विकसित हुआ जब उपन्यास रचना के केन्द्र में किसान जीवन आया। तभी वह यथार्थवाद विकसित हुआ, जो राष्ट्रीय जागरण का अभिन्न हिस्सा था। किसान जीवन से जुड़कर ही भारतीय उपन्यास की सच्ची भारतीयता विकसित हुई और उपन्यास राष्ट्रीय जीवन की महागाथा का प्रतिनिधि साहित्य रूप बना।" (आलोचना की सामाजिकता, 274) इसके साथ पाण्डेय जी उपन्यास विधा की विशेषताओं की भी चर्चा करते हैं। "उपन्यास मुक्तिधर्मी आख्यान है। वह अपने पाठकों को न आदेश देता है, न उपदेश। वह समाज और जीवन के बारे में सोचने की प्रेरणा देता है। वह प्रश्न करता है और उत्तर खोजने में पाठकों की मदद करता है। उपन्यास ने सामाजिक व्यवस्थाओं, विचारधाराओं, पितृसत्ता से उपजी पराधीनताओं, जाति-व्यवस्था, ग़ुलामी, नस्ल-भेद, उपनिवेशवाद, आधिपत्य, अस्मिता, साम्प्रदायिकता, लोकतन्त्र और यहाँ तक कि स्वयं अपने स्वरूप के बारे में प्रश्न करते हुए पाठकों की चेतना और सहानुभूति का विस्तार किया है।" (आलोचना की सामाजिकता, 260)

हालाँकि यहाँ मैनेजर पाण्डेय के निष्कर्षों से पूरी तरह से सहमत नहीं हुआ जा सकता है क्योंकि इन निष्कर्षों में स्वाभाविक तौर पर द्वन्द्वात्मकता का अभाव है। उदाहरण के तौर पर आरम्भिक भारतीय उपन्यासों में से एक 'आनन्दमठ' स्वयं में प्रतिक्रियावादी विचारों को समाहित किये हुए है। बिल्कुल इसी तरह समकालीन समय में ढेरों की संख्या में लेखक मौजूद हैं, जो उपन्यास जैसी विधा का प्रतिक्रियावादी इस्तेमाल कर रहे हैं; जिसमें कामगत कुण्ठाओं से लेकर केवल नस्ल, जाति या लिंग के आधार पर सामाजिक उपलब्धियों पर दावेदारी जैसी स्थितियाँ सामने हैं। वास्तव में चिन्तन की द्वन्द्वात्मक पद्धति और यथार्थवादी लेखन शैली ही

उपन्यास विधा के उन गुणों को स्वयं में समाहित करने की क्षमता रखती है, जिनका ज़िक्र पाण्डेय जी ने पूर्वोक्त किया है।

ये तथ्य इस समय इसलिए ज़्यादा महत्त्वपूर्ण हैं क्योंकि अस्मितावादी चिन्तन ने चिन्तन की द्वन्द्वात्मक पद्धति पर आघात किया है और व्यापक सामाजिक सरोकारों को मात्र 'हित समूह' के सरोकारों तक में सीमित कर दिया है। यह वैसी ही स्थिति है, जैसी एक समय हिन्दी में 'साहित्य की निरपेक्षता' के दावेदारों ने निर्मित की थी, जिसकी पाण्डेय जी ने समयानुकूल सख़्त आलोचना की थी। "साहित्य संसार की स्वतन्त्रता, कृति की स्वायत्तता, सौन्दर्यबोधीय मूल्यों की समाज निरपेक्षता और रचनाकार की अद्वितीयता की धारणाएँ काल और साहित्य सम्बन्धी बुर्जुआ चिन्तन की देन हैं, और इनका पूँजीवादी समाज-व्यवस्था से गहरा सम्बन्ध है। इन धारणाओं में बुर्जुआ वर्ग की सांस्कृतिक आकांक्षाएँ व्यक्त होती हैं और तरह-तरह की रूपवादी आलोचनाओं से इनको समर्थन प्राप्त होता है।' (साहित्य और इतिहास-दृष्टि, 85)

सोवियत संघ के विघटन की छाया में सामने आयी इक्कीसवीं सदी में सबसे प्रमुख चुनौती 'विचारधारा' के स्तर पर ही है। यह चुनौती सैद्धान्तिक और व्यावहारिक, दोनों ही स्तरों पर है। सोवियत विघटन ने पूँजीवादी देशों को और वहाँ के विचारकों को यह सुविधा दी कि इस विघटन को 'मार्क्सवाद' की 'अपर्याप्तता' के रूप में व्याख्यायित किया जा सके। मार्क्सवाद वैश्विक स्तर पर आधुनिकता के विचार के अग्रगामी रूप में है, जिसमें तर्क और वैज्ञानिकता के साथ सार्वभौमिकता को मूल्य के तौर पर स्वीकार किया जाता है। लेकिन इसी के सापेक्ष पश्चिमी-पूँजीवादी देशों की ओर से 'चपल-पूँजी' की तरह 'उत्तर-आधुनिक' विचारों का भी निर्यात जबरदस्त ढंग से हुआ और हो रहा है। उत्तर-आधुनिकता मूल रूप से इस तथ्य पर य़कीन करती है कि 'तर्क' की वैधता ख़त्म हो गयी है, 'सार्वभौमिकता' जैसी कोई चीज़ नहीं होती है! उत्तर-आधुनिक विचार का हिन्दी साहित्य पर क्या प्रभाव पड़ा है, इस विषय पर पाण्डेय जी ने गम्भीरता से विचार किया है। उत्तर-आधुनिकता की मूल-राजनीति आलोचना की सामाजिकता को नष्ट करना है। भाषा भी इसका एक माध्यम है। वर्तमान में प्रचलित आलोचना भाषा के बारे में विचार करते हुए पाण्डेय जी ने लिखा है, "ऐसी हिन्दी में लिखी आलोचना कितनी सामाजिक होगी। हिन्दी आलोचना की भाषा का और रूप वहाँ दिखाई देता है जहाँ आलोचना को रचना बनाने की कोशिश में व्यक्ति-वैचित्र्यवाद से होड़ करता उक्ति-वैचित्र्यवाद आलोचना की भाषा को 'संध्या भाषा' बना देता है।" (आलोचना की सामाजिकता, 16)

पाण्डेय जी ने इन प्रवृत्तियों के इतिहास की भी गहरी पड़ताल की है। उन्होंने इस प्रवृत्ति का आरम्भ 'भोपाल गणतन्त्र' (आलोचना की सामाजिकता, 42) से माना है।

भाषा से लेकर स्त्री-विमर्श तक पाण्डेय जी मार्क्सवाद के प्रति प्रतिबद्धता बरकरार रखते हुए सामाजिक स्तर पर मौजूद नये प्रश्नों का सामना करने में कभी हिचक नहीं महसूस करते हैं। मार्क्सवाद की प्रचलित अवधारणा के अन्तर्विरोधों को स्पष्ट करने के लिए उनके इस उद्धरण से गुज़रना पर्याप्त होगा। "मानव जीवन की दूसरी आधारशिला स्त्री-पुरुष के आपसी सम्बन्ध की उपेक्षा के कारण केवल आर्थिक आधार पर लिखा गया मानव इतिहास अधूरा है। यही कारण है कि इस इतिहास-दृष्टि से निर्मित सामाजिक व्यवस्था में स्त्री स्वाधीन नहीं हो सकी, व्यक्तिगत सम्पत्ति के अन्त के बावजूद पुरुष की उस अधिकार भावना का अन्त नहीं हुआ जिसकी ग़ुलाम स्त्री सदियों से होती रही है। मार्क्सवाद की इस ओम (ओ.एम.—ऑफिशियल मार्क्सिज़्म) वाली समझ में भी स्त्री हाशिये पर ही खड़ी रही।" (आलोचना की सामाजिकता, 148)

पाण्डेय जी की कई मान्यताओं से असहमति व्यक्त करने के लिए कई बिन्दु मौजूद हैं, लेकिन यहाँ रेखांकित करने योग्य तथ्य यही है कि वरिष्ठों की पीढ़ी में वे शायद अकेले ऐसे आलोचक थे, जो समाज से लेकर साहित्य व संस्कृति के क्षेत्र में सामने आये नये से नये प्रश्नों से टकराने में संकोच नहीं करते थे और आलोचना के 'जनतन्त्र' पर अटूट विश्वास रखते हुए समाज को 'बहस' के लिए प्रेरित करते थे, और यही उनके आलोचना कर्म की सार्थकता है।

‘तुलसी मस्तक तब नवै, धनुष बाण जब हाथ’

डॉ. नीलकंठ

छोटी-सी काया, कृशकाय शरीर और देर तक खींचकर बोलने वाली आवाज़। देख कर या ऊपरी तौर पर सुनकर कोई कह नहीं सकता कि वह एक ऐसे व्यक्ति से मिल रहा है जो इस दुनिया में दुर्लभ है। साहित्यिक दुनिया में बहुत-सारे लोगों का आभामण्डल और प्रभामण्डल पहले से ही चकाचौंध मचाये रखता है। पद, क़द और मद से भरी दुनिया में वो जो भी बोलते लिखते हैं उसे हाथोहाथ लिया जाता है। पाण्डेय जी को ऐसी कोई सहूलियत हासिल नहीं थी। उन्होंने अपनी सीमाएँ और चुनौतियों से लड़कर अपना रास्ता तैयार किया था। इसलिए उनको ना तो क़द ना पद ना स्थापित अखाड़ों के मद की परवाह थी। हाँ स्थापित अखाड़ों ने अलग-अलग रूपों में उनकी चिन्ता ज़रूर की। उनकी फ़ितरत आप इस बात से समझ सकते हैं कि वह प्रचार-प्रसार के लिए माकूल बड़े-बड़े पत्र-पत्रिकाओं के बजाय छोटी पत्रिकाओं के लिए लिखना पसन्द करते थे। हिन्दी के वायुयान पर सवार होकर विदेश सैर करना, दूरदर्शन की चमक-दमक में दिखना या कि राष्ट्रीय अख़बारों में तस्वीर सहित निरन्तर छपना इसका कोई शौक़ उन्हें नहीं था। जिस दुनिया में लोग विदेश यात्रा के लिए अपनी सारी प्रतिबद्धताओं को ताक पर रखकर शासन के सामने खीसें निपोरते हुए नज़र आते हैं वहाँ विदेश यात्रा के कई अनुरोधों के ऊपर उन्होंने अपनी प्रतिबद्धताओं को तवज्जो दी। वह किसी भी चीज़ के बाज़ारीकारण के ख़िलाफ़ थे चाहे वह लेखन का ही क्षेत्र क्यों ना हो। लाभ और लोभ में लिपटी दुनिया में एक ऐसे व्यक्ति से मिलना जो अपनी भोजपुरी ठाठ से रची दुनिया के आगे तमाम दुनियावी लाभ लोभों को छार समान समझता हो, सचमुच दुर्लभ है। अपनी स्वतन्त्रता और स्वायत्तता किसी भी क़ीमत पर वह गिरवी रखने को तैयार न होते थे। हालाँकि इसकी ठीक-ठाक क़ीमत भी उन्होंने चुकाई। स्थापित गढ़ों और मठों के चक्रव्यूह को भेदना इतना भी आसान नहीं होता। और उस ज़माने में तो दुनिया इतनी धीमी और नियन्त्रित थी कि आपको अपनी बात लोगों तक पहुँचाने के लिए स्थापित रास्तों का

ही सहारा लेना पड़ता था। पर पाण्डेय जी ने क़लम की ताक़त में विश्वास किया। भारतीय भाषा केन्द्र के शोधार्थियों-विद्यार्थियों ने जब भी उन्हें देखा तो लाइब्रेरी में या अपने घर पर अध्ययन में लीन। सभा और गोष्ठियों में भी वह कम ही दिखते थे। लाइब्रेरी की अधिकतर महत्त्वपूर्ण पत्र-पत्रिकाओं, चाहे वह किसी भी विषय का हो, पाण्डेय जी पढ़ जाते थे। अर्थशास्त्र और समाजशास्त्र के क्षेत्र में आयी नयी-से-नयी किताबों के पहले कुछ पाठकों में से वो एक होते थे। मुझे याद है कि अपनी मृत्यु से लगभग साल भर पहले सम्भवत: कोरोना काल के दौरान ही अर्थशास्त्र के क्षेत्र में कोई नयी किताब आयी थी। उस किताब को पढ़ने के लिए उनमें जो बेचैनी थी वह शायद ही किसी अर्थशास्त्र पढ़ने-पढ़ाने वाले प्रोफ़ेसर में भी हो। मैंने विश्वविद्यालय में मौजूद अर्थशास्त्र के कुछ महानुभावों से चर्चा की तो उन्हें ऐसी कोई जानकारी भी नहीं थी। पर पाण्डेय जी ने सारी जुगत लगाकर किताब मँगवाई और पढ़े भी। पढ़ने के बाद चाय पर कभी-कभी हम लोगों के समक्ष अपने विचार भी प्रकट करते रहे। दरअसल वह मेहनत के साथ ठोस लेखन के पैरोकार थे, कम-से-कम आलोचना के क्षेत्र में तो अवश्य। आलोचना विधा को विषय तक सीमित करने के बजाय वो उसे तमाम अनुशासनों से जोड़ने के पक्षधर थे। साहित्य के समाजशास्त्रीय अध्ययन की जिस ठोस परम्परा की उन्होंने नींव डाली उसने हिन्दी आलोचना की दशा और दिशा बदल डाली। साधारण-सी काया वाले इस व्यक्ति के शब्दों का असाधारण प्रभाव होता था। हालाँकि वो मंचीय विद्वान नहीं थे। उन्हें लोग उनके लेखन, शिक्षण और प्रतिबद्धता से जानते थे। फिर भी जब कभी वह मंच से बोलते थे तो हास्य, व्यंग्य और ज्ञान की त्रिवेणी बहती थी। उनके शब्दों के असाधारण प्रभाव के मूल में होता था उनके चुटीले व्यंग्य के साथ-साथ शब्द और कर्म की साम्यता। उस समय रामविलास शर्मा, नामवर सिंह और आचार्य नगेन्द्र जैसे दिग्गज के अखाड़ों से अलग अपनी पहचान बनाना कोई आसान काम नहीं था। इसके लिए कुशाग्र बुद्धि, किसी भी विचार को उसके मूल से समझना, विस्तृत-श्रमसाध्य अध्ययन और अन्त में सिद्ध आलोचकीय मानदण्डों से आतंकित हुए बिना बेबाक कहने लिखने वाले एक साहसिक मन की आवश्यकता थी। पाण्डेय जी एक बार अपने युवा दिनों की कुछ बातें बता रहे थे। यूँ तो वो बहुत सारे क़िस्से सुनाते रहते थे पर कुछ बातें अचानक से ख़ास प्रसंगों में चमक उठती हैं। पटना में साहित्य आलोचना और इतिहास से सम्बन्धित कोई कार्यक्रम था। उसमें रामशरण शर्मा सहित साहित्य के बहुत-सारे दिग्गज मौजूद थे। पाण्डेय जी को भी एक वक्ता के रूप में अवसर दिया गया था। बहुत-सारे विद्वानों के बोलने के पश्चात पाण्डेय जी को भी बोलने

का अवसर मिला। पाण्डेय जी की शुरू से आदत रही है कि वह किसी भी विषय पर अध्ययन कर पूर्ण तैयारी से बोलने जाते थे और स्थापित स्रोतों को उद्धृत करते हुए अपनी बात कहा करते थे। जब वह मंच से बोलकर हटे तो प्रसिद्ध इतिहासकार रामशरण शर्मा ने उनके बारे में किसी से बात करते हुए कहा कि यह लड़का इसी तरह आगे बढ़ता रहा तो सब की छुट्टी कर देगा। मंच तो छोड़िए कक्षा में भी पढ़ाने के लिए जो सामग्री वो तैयार करते थे उसे अगली दफा इस्तेमाल नहीं करते। उनका मानना था कि साल-दर-साल एक जैसी सामग्री को लेकर कक्षा में जाना उचित नहीं है। समय बदल रहा है चीज़ें बदल रही हैं तो एक शिक्षक को भी अपनी कक्षा में अद्यतन रहना चाहिए। नयी-नयी जानकारियों के साथ। यही कारण है कि उनके कक्षा शिक्षण में पुनरावृति का भास बहुत कम होता था। बनाये गये नोट्स तो कई दफा फाड़ कर डस्टबिन में फेंकते हुए मैंने देखा है। अपने श्रम का अकादमिक क्षेत्र में इतनी बेरहमी से त्याग बिरला है। लोग तो एम.ए. के दिनों में बनाये गये नोट्स को सीने से चिपकाये फिरते हैं जैसे कि उनके एम.ए. दिनों के बाद विमर्श वहीं रुक गया हो। दरअसल हम अपनी सुविधा के लिए सभी आलोचकों या साहित्यकारों को किसी-न-किसी परम्परा से जोड़ने की कोशिश करते हैं। वैसे तो मैनेजर पाण्डेय की परम्परा की बात करना किसी ख़ास निष्कर्ष तक ले जाने के लिए सार्थक नहीं है। परन्तु वह बहुपठित व्यक्ति थे तो उनकी आलोचना का प्रभाव होना लाजिमी है। सूत्रात्मक वाक्य, हास्य व्यंग्य का पुट, आलोचना और साहित्य की वैश्विक समझ, सैद्धान्तिकी पर बल, साहित्य की सामाजिकता पर ज़ोर, रहस्य और अध्यात्म के प्रति निषेध का भाव, भक्ति काव्य और तुलसी साहित्य प्रेम—ये सब कुछ ऐसे पक्ष हैं जो उन्हें आचार्य शुक्ल की परम्परा के आलोचकों की श्रेणी में ला खड़ा करते हैं।

उनके बारे में एक और धारणा आम लोगों के मन में बैठी हुई है कि पाण्डेय जी बड़े ही क्रोधी स्वभाव के थे। बहुधा उनकी उद्विग्नता को भी लोग क्रोध ही समझ लिया करते थे। निराला की एक पंक्ति है—"हाथ जो पाथेय थे ठग ठाकुरों ने रात लूटे"। बार-बार जीवन में चोट खाकर खड़े होने में होश के भी होश छूट जाते हैं। जो क्रोध और उद्विग्नता का एक बाहरी आवरण उनके जीवन में दिखता था वो एक तरह का कृत्रिम सुरक्षा कवच होता था। ठग ठाकुरों से बचने की एक तरह की पेशबन्दी थी वो। हॉकी प्लेयर धनराज पिल्लै से एक बार किसी ने पूछा कि आप इतने तुनकमिज़ाज क्यों हैं? उनका जवाब था कि संघर्ष के कारण मैं तुनकमिज़ाज हो गया। अगर आप सच्चे मन से पाण्डेय जी के पास जाना चाहते थे तो वही क्रोध और उद्विग्नता आपकी यात्रा को सुगम करती थी। दरअसल जो उनके प्रारम्भिक

क्रोध को झेल लेता था वो उनके हास्य और व्यंग्य का आनन्द प्राप्त करता था और धीरे-धीरे सामीप्य का भी। मुझे और मुझ जैसे कई लोगों को कितनी ही घटनाएँ याद होंगी जब हमने पाण्डेय जी के प्रारम्भिक क्रोध को झेला और उस आवरण के पार उनके अपनेपन से स्नेहसिक्त हुए। वो जब आपके होते थे तो आपके सुख-दुख को भी अपना लेते थे। आपके परिवार और बच्चों की भी चिन्ता ऐसे करते थे जैसे इतने बड़े शहर में उन्हें कहीं कुछ परेशानी न हो। कितनी ही बार उन्होंने मुझे समझाया कि तुम्हारा स्वस्थ और सुरक्षित रहना तुम्हारे बच्चों और पत्नी के लिए अधिक ज़रूरी है। ख़ुद की ज़िन्दगी भले ही सिद्धान्त और आदर्श को निभाते-निभाते लहूलुहान हो गयी हो पर अपने विद्यार्थियों को हमेशा वो व्यावहारिक सलाह ही देते थे।

अन्त में एक और बात। निभाना कोई उनसे सीखे। प्रेम या प्रेम के नाम पर अतिरिक्त सांस्कृतिक गतिविधियाँ करने वाले तो आपको अकादमिक दुनिया में बहुत लोग मिल जायेंगे पर निभाने वाले–"ते नर न घनेरे"। प्रेम 'चाकरी मन' वालों के लिए नहीं है। सूरदास को याद करते हुए पाण्डेय जी अक्सर मज़ाक़िया लहजे में कहते थे। जीवन की संचित सारी पूँजी लगाकर भी निभाना वो सिखा गये। नहीं तो कौन इस दुनिया में किसी की चिन्ता करता है। उन्होंने निभाया और अन्त तक निभाया। जब वो स्त्री-विमर्श और प्रेम पर बात करते थे तो उनका मन बोलता था। सिर्फ़ प्रेम ही नहीं बाकी स्नेह सम्बन्धों का भी अन्तिम दम तक उन्होंने निर्वाह किया। पर मनुष्य की भी एक सीमा होती है। सन्तुलन का सौन्दर्य जीवन को भी सुन्दर बनाये रखे, आवश्यक नहीं। मोह के धागे सन्तुलन से नहीं चलते।

अब कभी उनकी याद आती है तो मुँह में पाइप, उससे निकलता हुआ धुआँ और अग्नि से बनी एक छवि टँग जाती है। लोदी शवदाह गृह में मैं उनकी चिता को जलते हुए देख रहा था। एक तरफ़ आग की लपटें उठ रही थीं और दूसरी तरफ़ स्मृतियों की। अन्तिम दिनों तक उनके अन्दर लिखने-पढ़ने की एक बेचैनी थी। मृत्यु से कुछ दिन पहले मैं और सरवर जब उनसे मिलने गये थे तो वो चलने में असमर्थ हो गये थे। पर सुनते ही पहिए वाली कुर्सी पर वो बाहर आये। छूटते ही मज़ाक़िया लहजे में बोले—आओ, तुम दोनों मूर्ख भी हो और मित्र भी। एक ही जगह से तो हो ही। कोई और सुने तो इसी बात पर लाल-पीला हो जाये। पर हम जानते थे कि वो हमें साथ देखकर प्रसन्न हो जाते थे। वो उद्गार अपनेपन की अभिव्यक्ति थी। शायद हमारा साथ उन्हें भारतीय भाषा केन्द्र की परम्परा को पल्लवित करता हुआ प्रतीत होता था। ख़ैर हमसे पढ़ने-लिखने की बात तो की ही उस अवस्था में भी दारा शिकोह वाली किताब को पूरी करने की बात करने लगे। कहने लगे ठीक होते ही

सबसे पहले वही काम करूँगा और तुम दोनों की मूर्खता का उपयोग भी। उनके अन्दर आख़िरी दम तक जो ये सुलगती हुई आलोचकीय अग्नि मौजूद थी उसी का एक रूप मुझे धुआँ और पाइप में दिख रहा था और ये सब मिलकर चिता की उस आग में विलीन हो रहे थे। मैं नतमस्तक, हतप्रभ हाथ जोड़ बस विलीन होती हुई अग्नि को देखे जा रहा था। पर मन बार-बार उनके उसी रूप को याद करना चाह रहा था जब वो हँसी-ठिठोली करते हुए हास्य-व्यंग्य शैली में अपने विद्यार्थियों को जीवन और साहित्य की बारीक बात सिखा जाया करते थे। 'तुलसी मस्तक तब नवै, धनुष बाण जब हाथ'।

आलोचना की संस्कृति और मैनेजर पाण्डेय की आलोचना

डॉ. पंकज पराशर

वर्तमान राजनीतिक व्यवस्था में सच्ची और खरी-खरी कहने वाली आलोचना के लिए जिस तरह लगातार जगह कम होती जा रही है और असहमतों को बर्दाश्त करने की सहिष्णुता घटती जा रही है, उसी तरह साहित्यिक समाज में भी बिना किसी लाभ-लोभ के सच कहने वाली आलोचना की जगह लगातार घटती चली जा रही है। जिस साहित्यिक समाज में सच्ची और खरी आलोचना के लिए स्थान कम होता चला जाये और लेखकप्रियता के दबाव में आलोचना का स्थानापन्न प्रशंसा/ठकुरसुहाती बन जाये, उस समाज में लोकतन्त्र और आलोचना दोनों की संस्कृति ख़तरे में आ जाती है। संयोग से आज़ादी के बाद भी जिस तन्त्र को 'लोक' का तन्त्र कहा जाता है, उसमें शुरुआत से ही लोक को किनारे करते जाने और तन्त्र का अपने पक्ष में इस्तेमाल करने की प्रवृत्ति रही है। इसलिए हमारी जिन संस्थाओं के नाम में किसी-न-किसी रूप में लोक शब्द जुड़ा है, उन संस्थाओं तक में लोकतन्त्र का घोर अभाव है। हालाँकि हर बात का सूत्र अपनी परम्परा में ढूँढ़ लेने वाले परम्पराप्रिय लालबुझक्कड़ कभी-कभी क्षणिक उदारतावश 'निन्दक' को 'नियरे' राखने की बात तो करते हैं, लेकिन नियरे रहने वाला निन्दक जब वास्तव में अपनी कर्मठता दिखाने लगता है तो उनकी सारी लोकतान्त्रिकता हवा हो जाती है और निन्दक के प्रशंसक न बन पाने की निराशा से उपजी खिन्नता आलोचना की संस्कृति से ही खिन्नता बन जाती है। सचाई चूँकि अपनी तासीर से ही कड़वी होती है, इसलिए रचनात्मक आलोचना को भी व्यक्तिगत स्तर पर ग्रहण करने और नाराज़गी ज़ाहिर करने का अशालीन तरीक़ा बढ़ा है। ऐसे में इहलोक सुधारने की चिन्ता में हलकान कई आलोचक जहाँ लेखकप्रिय बनने के लिए अतिशय व्यावहारिकता का दामन थामने लगे हैं, वहीं दूसरी ओर रचनाकारों की असहिष्णुता और अमर होने की

व्यग्रता ने भी आलोचना के मार्ग को अवरुद्ध किया है। इस वजह से आलोचना की विश्वसनीयता प्रश्नचिह्न के घेरे में आ जाती है और आलोचना से आशा भी अर्थहीन-सी प्रतीत होती है। वर्तमान परिदृश्य में सच्ची और खरी-खरी कहने वाली आलोचना की तासीर से परिचित और लेखकप्रियता के लाभ को त्यागने के कबीराना अन्दाज़ से लैस आलोचना ही किसी भी परिस्थिति में अपनी विश्वसनीयता की रक्षा कर पाने में सफल होती है।

हिन्दी आलोचना में कुछ आलोचक लोकप्रियता के मारे हैं, तो कुछ लेखकप्रियता के। लोकप्रियता के मारे आलोचक जहाँ एक ओर पुस्तक विमोचन समारोहों में चातक की तरह अपनी ओर टकटकी लगाये लेखकों पर कुछ चुने/घिसे हुए विशेषणों की वर्षा करके मंच लूट लेने का दावा करते हैं, वहीं दूसरी ओर लेखकप्रियता के मारे आलोचक आधारहीन और निरर्थक आशीर्वचनों से साहित्यिक परिदृश्य में लेखक की स्थापना का दयनीय दावा करते हुए पाये जाते हैं। टेरी इगल्टन ने लिखा है कि आजकल आलोचना या तो साहित्य-उद्योग के जनसम्पर्क विभाग का हिस्सा है या शिक्षा संस्थाओं का आन्तरिक मामला। उसका कोई सामाजिक लक्ष्य या कार्य नहीं है। यह हिन्दी आलोचना के बारे में भी सच है। 19वीं सदी से आज तक की हिन्दी आलोचना के इतिहास पर ध्यान दीजिए तो मालूम होगा कि आलोचनात्मक चेतना की क्रियाशीलता का दायरा क्रमशः संकुचित हुआ है। (आलोचना की सामाजिकता, पृ.15) मदन सोनी के आलोचनात्मक चेतना की क्रियाशीलता का दायरा सिकुड़कर किस कदर अपने आका और उनके चरण-वन्दकों तक सिमटकर रह गया है, इसका एक नमूना है 'आलोचना' (अंक-54, पृ.114) में प्रकाशित उनका नयनसुखी लेख 'हिन्दी उपन्यास की अल्पता पर कुछ ऊहापोह'। यह बात समझ से परे है कि किसी व्यक्ति की अज्ञानता और अध्ययन की सीमा किसी अन्य लेखक की सीमा कैसे हो सकती है? किसी लेखक को समग्र रूप से पढ़े बग़ैर उसके तमाम लेखों को चार ऊहापोही विशेषणों से ख़ारिज करने की चेष्टा कलावादी आलोचना की अलोकतान्त्रिक राजनीति और आत्म-केन्द्रित संस्कृति का तरसनीय नमूना है। कहना न होगा कि कलावादी घराने के आलोचक आरम्भ से ही तथ्य/तर्कपरकता के स्थानापन्न भाषिक वाग्जाल को समझते रहे हैं और रूपवाद को साहित्य का सर्वश्रेष्ठ वाद समझते रहे हैं।

मदन सोनी की तटस्थता और तथ्यनिरपेक्षता इस तथ्य से भी स्पष्ट होती है कि किसी चीज़ को सत्यापित करने के लिए उनके उदाहरणों का सिलसिला निर्मल वर्मा के 'चिन्तन' शिला से शुरू होता है और अशोक वाजपेयी के

काव्य-शिला से आकर केलि करने लगता है। जिन निर्मल वर्मा को मदन सोनी किसी भी आलोचना से परे पतित-पावन आख्यान-पुरुष मानते हैं, उन निर्मल वर्मा की कला-दृष्टि का मूल्यांकन करते हुए प्रो. पाण्डेय लिखते हैं, "निर्मल वर्मा की कला की धारणा रूपवादी, मनुष्य की धारणा अस्तित्ववादी और कला की प्रासंगिकता का दृष्टिकोण रहस्यवादी, जनविरोधी तथा अनैतिहासिक है। प्रत्येक मनुष्य वास्तव में किसी कलाकृति से क्या पाता है, यह इस बात पर निर्भर है कि वह किस दृष्टिकोण और उद्देश्य से कलाकृति के पास जाता है। वर्ग विभाजित समाज और उसकी कला को ध्यान में रखकर पहले की बात के साथ यह भी जोड़ लेना चाहिए कि कोई व्यक्ति किस वर्ग के दृष्टिकोण से कला की प्रासंगिकता की तलाश करता है। निर्मल वर्मा परोपजीवी बुर्जुआ वर्ग के दृष्टिकोण से कला और उसकी प्रासंगिकता को देखते हैं।" (उपन्यास और लोकतन्त्र, पृ. 163) इसके बाद भी इतिहास-बोध से रहित आलोचक पाखण्डपूर्ण विनम्रता के खोल में हिन्दी उपन्यास की अल्पता को लेकर 'ऊहापोह' व्यक्त करने पर उतारू ही हो जायें, तो उनका क्या किया जा सकता है? ऊहापोही शिल्प का वरण करने के बावजूद बहुत निश्चयात्मक ढंग से मदन सोनी उवाचते हैं, मैनेजर पाण्डेय की पुस्तक 'उपन्यास और लोकतन्त्र' ऐसी ही समस्याहीन, निस्संशय, आत्मतुष्ट और आत्मस्फीत 'आलोचना' का एक ताज़ा उदाहरण है।" केलिवादी आलोचक के ऐसे फ़तवों से मैनेजर पाण्डेय की आलोचना पर तो कोई फ़र्क़ नहीं पड़ता, लेकिन उपन्यास की आलोचना को लेकर पाठकों के मन में क्षणिक सन्देह अवश्य होता है।

यह देखना रोचक है कि हिन्दी उपन्यास की अल्पता के सन्दर्भ में उनके 'ऊहापोहों' का उत्स निर्मल वर्मा से शुरू होता है, "भारत में अनेक उपन्यास लिखे गये हैं और हर साल लिखे जा रहे हैं—मनोवैज्ञानिक उपन्यास, यथार्थवादी उपन्यास, आंचलिक उपन्यास लेकिन स्वयं उपन्यास की 'समस्या' पर विचार, उसके जातीय फॉर्म का अन्वेषण हमने नहीं के बराबर किया है। इस स्तर पर उपन्यास की समस्या हमारी समूची संस्कृति के विश्लेषण से जुड़ी है।" परम्परा में सन्निहित रूढ़िप्रियता के प्रति विशेष आग्रही निर्मल वर्मा उपन्यास के जातीय फॉर्म की 'समस्या' को समूची संस्कृति के विश्लेषण से जोड़ देते हैं। बहुत महीन कातने का दावा करने वाले मदन सोनी, निर्मल वर्मा से भी आगे बढ़कर कहते हैं, "स्वयं साहित्य पर, सत्तामीमांसात्मक क़िस्म के किसी भी स्तर के विमर्श का सर्वथा अभाव है।" जिस उदारता से ये दोनों विद्वान नकारात्मकता का प्रचार और उपन्यास विषयक सम्पूर्ण चिन्तन-धारा का तिरस्कार करते हैं, काश! उसी ऊहापोही विनम्रता से वे आलोचना

पढ़ने का धैर्य भी दिखाते और ठोस तथ्यों को तर्कों के साथ रखते हैं। इस सन्दर्भ में मैनेजर पाण्डेय कहते हैं कि "निर्मल वर्मा की विचार-पद्धति की एक विशेषता यह है कि वे बार-बार कृत्रिम प्रश्न गढ़ते हैं और उनका छलमय उत्तर देते हैं।" लेकिन निर्मल वर्मा और उनके अनुयायी यह दावा करते हैं कि उनकी तरह का चिन्तन पूरी औपन्यासिक परम्परा में किसी और ने कभी किया ही नहीं। चचा ग़ालिब ने यूँही नहीं कहा था, "या रब वे न समझे हैं न समझेंगे मेरी बात/दे और दिल उनको न दे ज़ुबाँ मुझको और।"

उपन्यास पर लिखे अपने एक लेख 'उपन्यास और लोकतन्त्र' में मैनेजर पाण्डेय लिखते हैं, "उपन्यास केवल यथार्थ की खोज और उसकी गति की पहचान का आख्यान ही नहीं है, वह सम्भावनाओं की तलाश का आख्यान भी है। उसमें वर्तमान की सीमाओं के बोध के पार जाने की आकांक्षा के कारण सम्भावित संसार की रचना की कोशिश भी होती है। उपन्यास के माध्यम से ऐसी निर्मित की जाती है जो पाठकों को वास्तव में सम्भव लगे। ऐसी दुनिया रचने वाला उपन्यासकार ही सम्भावनाओं का व्याख्याकार भी कहा जा सकता है। आजकल ऐसे उपन्यास लिखे जा रहे हैं जो पूँजीवाद की बर्बरता से मुक्ति की आकांक्षा के कारण एक बेहतर दुनिया की कल्पना पाठकों के सामने रखते हैं।" (आलोचना की सामाजिकता, पृ. 243) यह लेख सर्वप्रथम 'पहल' में प्रकाशित हुआ था, जिसकी लोकप्रियता का अन्दाज़ा इस तथ्य से भी लगाया जा सकता है कि प्रकाशित होने के तत्काल बाद इस आलेख का 'कादंबरि आणि लोकशाही' शीर्षक से मराठी में रंगनाथ पठारे (मराठी में साहित्य अकादेमी पुरस्कार से पुरस्कृत) ने अनुवाद किया, जो नासिक से प्रकाशित होने वाली पत्रिका 'शब्दालय' में प्रकाशित हुआ। अभी हाल ही में मुम्बई के एक मराठी प्रकाशक ने इस लेख को पुस्तिका के रूप में प्रकाशित किया है, जो मराठी पाठकों के बीच बेहद लोकप्रिय हुआ है। हमारी सीमा यह है कि उपन्यास पर प्रो. पाण्डेय के विपुल लेखन से केवल चन्द उदाहरणों को यहाँ हम पेश कर पायेंगे। जिससे सुधीजनों को यह अन्दाज़ा लगाने में आसानी होगी कि वे अपने लेखन में उपन्यास की आलोचना से किस तरह सम्बद्ध, आबद्ध और प्रतिबद्ध रहे हैं। उपन्यास का शायद ही कोई ऐसा पक्ष हो, जिस पर मैनेजर पाण्डेय ने विचार न किया हो; इसके बाद भी किसी नयनसुखी आलोचक को कुछ दिखाई न दे, तो इसमें उनका क्या दोष है!

उपन्यास के समाजशास्त्र पर विचार करते हुए प्रो. मैनेजर पाण्डेय ने लिखा है, "आधुनिक युग की सांस्कृतिक चेतना का प्रतिनिधि कला रूप बनने के लिए

उपन्यास को कठिन संघर्ष करना पड़ा है। आधुनिक युग के प्रतिबन्धित और तरह-तरह के सेंसरशिप के शिकार साहित्य का अगर कोई ब्यौरा तैयार किया जाये तो उसमें सबसे अधिक संख्या उपन्यासों की ही होगी। उपन्यास के विरोध के अनेक कारण रहे हैं। आरम्भ से ही उपन्यास की कला में निहित लोकतान्त्रिक चेतना का विरोध सामन्ती चेतना की ओर से होता रहा है। सोलहवीं सदी में स्पेन के सम्राट ने क़ानून बनाकर दक्षिण अमेरिका में उपन्यास लिखने पर प्रतिबन्ध लगा दिया था, क्योंकि उसके अनुसार उपन्यास जनता के लिए ख़तरनाक था।" (उपन्यास और लोकतन्त्र, पृ. 41) सत्ता का ऐसा रवैया सिर्फ़ पश्चिम में रहा हो, ऐसा नहीं है; भारत भी इन उदाहरणों से मुक्त नहीं रहा है। प्रेमचन्द की कृति 'सोजे-वतन', सलमान रुश्दी के उपन्यास 'द मूर्सलास्ट साइ', बांग्लादेश की निर्वासित लेखिका तसलीमा नसरीन की कृति 'द्विखंडितो' को बाकायदा प्रतिबन्धित किया गया और अपनी कथित उदारता का डंका पीटने वाली भारत सरकार तसलीमा नसरीन को 'ए रूम वंस ओन' तक दे पाने में 'दायें-बायें' करती रही है। बांग्लादेश के बाद तसलीमा भारत को अपना दूसरा घर समझती हैं, लेकिन पहले घर की तरह दूसरे घर में भी उनकी आकांक्षाओं को जगह नसीब नहीं हो रही है।

उपन्यास में अभिव्यक्त नैतिक-अनैतिक चित्रण को लेकर भारत में भी ख़ूब बहस-मुबाहिसे हुए हैं। नागार्जुन ने अपने मैथिली उपन्यास 'पारो' में और अज्ञेय ने 'शेख : एक जीवनी' में भाई-बहन के नाज़ुक सम्बन्ध को लेकर लिखा था, उन दिनों बहुत खलबली मची थी। लेकिन परम्परावादियों की बेचैनी मानवीय संवेदना के क्षरित होते चले जाने और सामाजिक बन्धनों के कारण अनेक ज़िन्दगियों के बेमतलब होते चले जाने में कम और नैतिकता के बन्धनों के ढीले पड़ जाने के कारण अधिक है। "उपन्यास की नैतिकता पर बहस हिन्दी में ही नहीं हुई। सत्रहवीं और अठारहवीं सदी के अंग्रेज़ी उपन्यासों पर भी ऐसी बहसें मिलती हैं। उन बहसों को देखने से मालूम होता है कि जो उपन्यास जितना अधिक यथार्थवादी होता था, उसको उतना ही अधिक अनैतिक कहकर उसकी निन्दा की जाती थी।" (वही, पृ. 41) नागार्जुन के उपन्यास के बहाने इन नैतिक और सामाजिक प्रश्नों पर विचार करते हुए प्रो. पाण्डेय लिखते हैं, "नागार्जुन अपने उपन्यास के पात्रों की पीड़ा और परेशानियों को सामाजिक संरचना की देन मानते हैं, इसलिए समाज को बदले बिना व्यक्ति की मुक्ति सम्भव नहीं देखते। समाजशास्त्रीय कल्पना के सहारे ही नागार्जुन अपने पात्रों की नितान्त व्यक्तिगत समस्याओं की जड़ें कभी इतिहास की प्रक्रिया में खोजते हैं तो कभी सामाजिक संस्थाओं, रूढ़ियों और परम्पराओं में।

उनकी समाजशास्त्रीय कल्पना उनके उपन्यासों को सांस्कृतिक विमर्श भी बनाती है, इसीलिए उनके उपन्यास मिथिलांचल की संस्कृति के बारे में सांस्कृतिक अन्तर्दृष्टि देने में सक्षम हैं, क्योंकि उपन्यासों में कथाकार की संवेदनशीलता और समाजशास्त्री की समझदारी की सर्जनात्मक एकता है।" (वही, पृ. 199)

मैनेजर पाण्डेय आलोचना की लोकतान्त्रिक संस्कृति में विश्वास करते हैं और इसके लिए किसी भी मूल्य को चुकाने के लिए तैयार रहते हैं। इसलिए वे किसी भी संस्था या व्यक्ति के अलोकतान्त्रिक और अमानवीय कृत्य की खरी-खरी आलोचना करने का नैतिक साहस कर पाते हैं। सरकार की कथित संस्कृति सम्बन्धी चिन्ता पर व्यंग्य करते हुए वे लिखते हैं, "कुछ दिनों से केन्द्र और राज्य की सरकारें संस्कृति के बारे में बहुत चिन्तित दिखाई देती है। संस्कृति के बारे में सरकारी चिन्ता की शुरुआत मध्य प्रदेश से हुई थी। उससे प्रेरणा पाकर केन्द्रीय सरकार भी संस्कृति के बारे में चिन्तित हो उठी।" (अनभै साँचा, पृ. 191) सरकारों की इस चिन्ता के पीछे क्या कारण हैं, इसको देखने के बाद सरकारी चिन्ता के ढोंग को आसानी से समझा जा सकता है, "जब से किसानों, मज़दूरों, आदिवासियों, हरिजनों और स्त्रियों ने शोषण और दमन के ख़िलाफ़ आवाज़ उठाना आरम्भ किया है, उनके आन्दोलन तेज़ हुए हैं, तब से उनकी कला और संस्कृति में सरकार की दिलचस्पी बढ़ी है। जनता की कला की असहमति और विरोध की आवाज़ को दबाकर उसे सजावट और मनोरंजन की वस्तु बनाने की कोशिश जारी है।" (वही, पृ. 195)

हिन्दी आलोचना में अनेक चतुर-सुजान आलोचक अमूर्त प्रतिपक्ष को चुनते हैं और क्रान्तिकारी मुद्रा में हवा में लाठियाँ भाँजते रहते हैं। जबकि मैनेजर पाण्डेय केन्द्र और राज्य सरकारों के संस्कृति प्रेम के पाखण्ड को उजागर करते हुए 'संस्कृति-पुरुष' की कारकर्दगी को भी अनावृत्त करने से नहीं चूकते। हिन्दी संसार के चुनिन्दा सत्ताधीशों में से एक अशोक वाजपेयी से असहमति ज़ाहिर करते हुए वे लिखते हैं, "संस्कृति के सरकारीकरण के नये अभियान के एक नेता अशोक वाजपेयी का दावा है कि भारतीय राजनीति ने 'साहित्य और समालोचना की स्वतन्त्रता पर अंकुश लगाने या उसे सीमित करने की कोई विशेष या गम्भीर चेष्टा नहीं की है।' यही नहीं, उनको इस बात का दुख है कि 'भारतीय राजनीति ने साहित्य और समालोचना को एक तरह से छुट्टा छोड़ रखा है।' उनके पहले वाक्य का दावा जितना झूठा है, उतना ही ख़तरनाक है दूसरे वाक्य में छिपा हुआ इरादा। आलोचना में सुरुचि और शालीनता की माँग करने वाले अशोक वाजपेयी की भाषा उनकी आलोचना की संस्कृति की कलई खोल रही है।" (वही, पृ. 138) इसी लेख में अपनी बातों

को और स्पष्ट करते हुए प्रो. पाण्डेय कहते हैं, "आजकल इस देश में संस्कृति के सरकारीकरण का जो अभियान चल रहा है, उसके दो पक्ष हैं; प्रतिरोध की संस्कृति का दमन और सहमति की संस्कृति का प्रसार। अशोक वाजपेयी प्रतिरोध की संस्कृति के दमन को झुठलाते हैं और आलोचना के जनतन्त्र के नाम पर सहमति की संस्कृति का प्रचार करते हैं।" मैनेजर पाण्डेय आलोचना के जनतन्त्र के नाम पर सहमति की संस्कृति का प्रचार नहीं करते, न वैचारिक साम्य या वैषम्य को आलोचना का प्रतिमान बनाकर किसी की आलोचना या सराहना करते हैं। कहना न होगा कि सैद्धान्तिक सोच से समृद्ध आलोचक वैचारिक ईमानदारी के मामले में किसी दुविधा में नहीं जीता और शायद इसीलिए मैनेजर पाण्डेय अशोक वाजपेयी के लिए एक और मार्क्सवादी कवि-आलोचक मुक्तिबोध के लिए दूसरे आलोचना के प्रतिमान की ज़रूरत महसूस नहीं करते।

मैनेजर पाण्डेय जिस आलोचनात्मक अनुशासन की प्रस्तावना करते हैं; उसमें धुर विरोधियों की आलोचना भी बिना पढ़े-लिखे करने का अनैतिक चलन नहीं है। आलोचकीय प्रतिमान पर रचना की विवेचना और मूल्यांकन से गुज़रने के बाद ही वे किसी रचना, विचार या आन्दोलन के बारे में अपनी राय व्यक्त करते हैं। जिस निर्भीकता से वे अशोक वाजपेयी की आलोचना करते हैं, उसी निर्भीकता से मुक्तिबोध के बारे में भी अपनी राय व्यक्त करने से नहीं झिझकते, "सगुण काव्य-धारा की सीमा बताने के लिए मुक्तिबोध ने यह सवाल किया है : क्या यह एक महत्त्वपूर्ण तथ्य नहीं है कि रामभक्ति शाखा के अन्तर्गत एक भी प्रभावशाली और महत्त्वपूर्ण कवि निम्नजातीय शूद्र वर्गों से नहीं आया? यह तथ्य है। लेकिन इससे क्या साबित होता है? तथ्य तो यह भी है कि आधुनिक काल में प्रगतिशील आन्दोलन के अन्तर्गत भी कोई महत्त्वपूर्ण और प्रभावशाली कवि निम्नजातीय शूद्र वर्गों से नहीं आया। तब क्या इससे यह साबित होता है कि प्रगतिवाद के बड़े कवि उच्चजातीय वर्गों के प्रभुत्व के प्रमाण हैं?" (वही, पृ. 26) भक्तिकाल के सन्दर्भ में वे आलोचना के तमाम बड़े पूर्व-पुरुषों से अपनी असहमति ज़ाहिर करने से नहीं झिझकते, "हिन्दी आलोचना में सबसे पहले आचार्य रामचन्द्र शुक्ल ने निर्गुण सन्तों के विरुद्ध सगुण भक्तों को खड़ा किया। उन्होंने निर्गुण सन्तों को लोक-विरोधी और सगुण भक्तों को लोक-संग्रही घोषित किया। बाद में आचार्य हजारीप्रसाद द्विवेदी को निर्गुण सन्तों के सामाजिक विचार सगुणों से अधिक प्रगतिशील लगे। मार्क्सवादी आलोचना के एक छोर पर रामविलास शर्मा हैं, जिनकी दृष्टि में निर्गुण-सगुण के बीच कहीं कोई द्वन्द्व नहीं है। वे भक्ति आन्दोलन और उसके काव्य में किसी विसंवादी स्वर का अस्तित्व

स्वीकार नहीं करते। दूसरे छोर पर मुक्तिबोध हैं, जिनके अनुसार निर्गुणमत के विरुद्ध सगुणमत का संघर्ष निम्न वर्गों के विरुद्ध उच्चवंशीय संस्कारशील अभिरुचि वालों का संघर्ष था।" (वही, पृ. 25)

अपने लेखन के आरम्भ से ही उनकी रुचि भक्तिकाल में लगातार बनी रही है। मध्यकाल, जिसे अंग्रेज़ इतिहासकार 'मुस्लिम इंडिया' कहते हैं; उसे हिन्दी साहित्य में भक्तिकाल कहा जाता है। इस काल की प्रवृत्तियों और विशिष्टताओं पर उन्होंने 'भक्ति आन्दोलन और सूरदास का काव्य' नामक पुस्तक में विस्तार से विचार किया है, "जिसे हम भारतीय संस्कृति कहते हैं उसके निर्माण में भक्ति आन्दोलन की अत्यन्त महत्त्वपूर्ण भूमिका है। इसके विभिन्न रूपों पर उस आन्दोलन की अमिट छाप है। भाषा और साहित्य ही नहीं, संगीत, नृत्य, चित्र, मूर्ति, स्थापत्य आदि कलाओं के साथ धर्म, दर्शन की जो सजीव और सार्थक परम्पराएँ भारतीय जीवन में घुली-मिली हैं उनमें से अधिकांश भक्ति आन्दोलन की देन हैं। भक्ति आन्दोलन के व्यापक और स्थायी प्रभाव का एक कारण यह है कि उसमें भारतीय संस्कृति के अतीत की स्मृति है, अपने समय के समाज तथा संस्कृति की सजग चेतना है, भविष्य की गहरी चिन्ता भी है।" (भक्ति आन्दोलन और सूरदास का काव्य, भूमिका से) भक्तिकाल के अनेक कवियों पर उन्होंने सहृदयतापूर्वक नये तथ्यों की रोशनी में विचार-विमर्श किया है, जिसका एक बेहतरीन नमूना है इसी पुस्तक के अन्तिम अध्याय में सूरदास पर बहुत मौलिक ढंग से लिखा गया उनका लेख। जिसमें वे कहते हैं, "सूर-साहित्य की व्याख्या के लिए जो सत्संगी आलोचना आगे आयी, उसकी दिलचस्पी महात्मा सूरदास में अधिक थी और महाकवि सूरदास में बहुत कम। इस आलोचना में बुद्धि की जगह श्रद्धा ने ली थी। फिर 'चौरासी वैष्णवन की वार्ता' और 'दो सौ बावन वैष्णवन की वार्ता' के आधार पर सूर के जीवन और काव्य में वल्लभ सम्प्रदाय की छाप की खोज होने लगी। लक्ष्य था सूर को 'पुष्टिमार्ग का जहाज' सिद्ध करना, ताकि आलोचना लोक-परलोक दोनों को सुधारने का साधन बन सके। सूर-साहित्य की व्याख्या में सत्संगी आलोचना की वही भूमिका है जो तुलसी-साहित्य के प्रसंग में कथावाचकों की परम्परा है।" प्रसंग चाहे उपन्यास पर विचार करने का हो या भक्तिकाल पर, प्रो. पाण्डेय हिन्दी आलोचना की प्रचलित पिष्ट-पेषण की परम्परा से बचते हुए अपनी तर्कशक्ति और आलोचकीय क्षमता के सहारे मौलिक ढंग से विचार करने का प्रयास करते हैं।

डॉ. रामविलास शर्मा ने भक्तिकालीन कवि सूरदास पर जो कुछ लिखा, उसमें स्वतोव्याघात और अवसर के अनुकूल अलग-अलग तरह की राय व्यक्त

की गयी है, जिसे देखकर उचित ही प्रो. पाण्डेय ने उनके मत का विरोध किया है, "सन् 1984 में डॉ. रामविलास शर्मा ने लिखा था, 'कबीर शहरी कारीगरों के, सूर पशु-पालकों के, तुलसी किसानों के जीवन से जुड़े हुए हैं।" लेकिन साल भर बाद उन्होंने लिखा, "किसान-जीवन के चित्र कबीर और सूर के काव्य में नहीं हैं—मेरी यह बात केवल सापेक्ष रूप में सही है।" रामविलास जी के अन्य वैचारिक विचलनों को उनके विरोधियों और अनुयायियों ने लक्षित किया है, लेकिन महज़ साल भर के भीतर रामविलास जी की राय एकदम से उलट होगी, इसका परीक्षण और विरोध करने से वे नहीं चूकते और तथ्यों की नयी व्याख्या करते हुए यह स्थापना देते हैं, "सूर के काव्य में खेती से जुड़ी हर छोटी-बड़ी बात का जितना आत्मीय ज्ञान है, वह किसान-जीवन से तादात्म्य के बिना सम्भव नहीं। उसमें खेती की भूमि के गुण-धर्म की पूरी पहचान है।" (पृ. 293) सूरदास के काव्य-गुणों की पहचान करते हुए उन्होंने महात्मा सूरदास को वात्सल्य के साथ-साथ जीवन-राग का कवि सिद्ध किया और राजनीति से लेकर खेती-बारी की तमाम बारीकियों से परिचित किसान चेतना से परिपूरित कवि सिद्ध किया।

मैनेजर पाण्डेय अपनी आलोचना में 'संस्कृति' और 'राजनीति' का प्रयोग और उसकी व्याख्या अक्सर करते हुए चलते हैं, ताकि व्यावहारिक आलोचना के समय इन चीज़ों की सैद्धान्तिक व्याख्या दृश्य-पटल से ओझल न हो जाये। सैद्धान्तिक सोच की स्पष्टता ईमानदार और निर्भीक आलोचना के मार्ग को प्रशस्त करती है और उसे अवसरवादिता के ब्लैकहोल में जाने से रोकती है। सैद्धान्तिक स्पष्टता आलोचकीय नैतिकता और साहस को तो बल प्रदान करती ही है, व्यावहारिक आलोचना के समय आने वाले वैचारिक और सामाजिक 'ऊहापोहों' को भी अलग रख पाने में सहायक होती है। दृष्टि और अवधारणा दोनों की स्पष्टता के लिए यह आवश्यक है कि आलोचक की वैचारिक और सैद्धान्तिक सोच स्पष्ट हो। लेकिन जब दौर लेखकप्रियता और लोकप्रियता के दबाव में आलोचना लिखने का चल रहा हो तो कलावादी सब कुछ को घंघोल कर दृश्य की संस्कृति को आलोचना की दृष्टि बताने का प्रयास करते हैं। "आजकल दृश्यों की संस्कृति के अभूतपूर्व और सर्वग्रासी विस्तार के समय में शब्द की संस्कृति या कि साहित्य की स्थिति सन्देह और चिन्ता के घेरे में है। ऐसे में आलोचना और वह भी साहित्य की शुद्ध साहित्यिकता की खोज करने वाली आलोचना की सामाजिकता अगर ख़तरे में हो तो क्या आश्चर्य! आलोचना की घटती सामाजिकता का कारण केवल बाहरी नहीं है, केवल आज का सांस्कृतिक परिवेश नहीं है, आन्तरिक भी है, जिसका सम्बन्ध

आलोचना दृष्टि से है।" (आलोचना की सामाजिकता, भूमिका से) आलोचना की घटती सामाजिकता की पड़ताल करते हुए जहाँ एक ओर वे समकालीन आलोचना भाषा को प्रश्नचिह्न के घेरे में लाते हैं, वहीं दूसरी ओर वे छद्म बौद्धिकता को भी बेनकाब करने की कोशिश करते हैं। आलोचना के सामाजिक बनने की प्रक्रियाओं को स्पष्ट करते हुए वे कहते हैं, "आलोचना सामाजिक बनती है अपने समाज के मानस की रचनात्मक क्रियाशीलता की समग्रता के बोध और उसकी व्याख्या के माध्यम से। समाज में अनेक प्रकार के टकराव भी होते हैं, जो समाज के मानस तथा उसकी क्रियाशीलता को प्रभावित करते हैं और उनकी अभिव्यक्ति रचनाओं में होती है। आलोचना उन टकरावों और उनकी अभिव्यक्तियों को पहचानती है और उनमें से कुछ के पक्ष में खड़ी होती है, इसलिए उसकी एक हस्तक्षेपकारी भूमिका भी होती है। अब आलोचना संगति, सामंजस्य और सहमति की सेवा करके सार्थक नहीं हो सकती।" (वही, पृ. 18)

उनकी आलोचना-भाषा की एक विशेषता को लक्षित किया जाना चाहिए कि किसी समस्या, मुद्दे, प्रवृत्ति और आन्दोलन की तात्कालिकता पर विचार करते समय भी वे इन चीज़ों के सैद्धान्तिक और ऐतिहासिक पक्षों को भी अपने ज़ेहन में रखते हैं। इसलिए निकली हुई बात वाकई बहुत दूर तलक जाती है और दूर तलक गयी हुई बात जब व्यापक रूप से सामने आती है, तो अपने तर्कों से निरुत्तर कर देती है। 'कला का उत्सव और उत्सव की संस्कृति' के बहाने वे संस्कृति के सरकारीकरण और व्यवसायीकरण पर विचार करते हैं। "शासक वर्ग लोक संस्कृति और लोक कलाओं की रक्षा की बात करता है, लेकिन उस कला की रचना करने वाली जनता की उपेक्षा करता है, उसका शोषण और दमन करता है। आजकल कुछ लोग लोक कला को बिकाऊ माल समझकर उसकी ओर लपक रहे हैं तो कुछ दूसरे उसे सजावट और पूजा की वस्तु बना रहे हैं। लोक कला के व्यापारी और पुजारी दोनों ही उसे इतिहास की सक्रिय शक्ति बनने से रोकते हैं। लोक जीवन से लोक कलाएँ अभिन्न रूप से जुड़ी होती हैं। इसलिए लोक कलाओं का विकास लोक जीवन के विकास पर निर्भर है। शासक वर्ग जनता को हमेशा लोक बनाये रखना चाहता है।" (अनभै साँचा, पृ. 202) पिछले कुछ वर्षों से देश में सांस्कृतिक राष्ट्रवाद के संस्थापनार्थ जिस तरह इतिहास और संस्कृति को युद्ध का मैदान बनाया जा रहा है, उसमें कितनी संस्कृति बचेगी और कितना लोक सुरक्षित रह पायेगा; कहना कठिन है।

मैनेजर पाण्डेय ने हिन्दी साहित्य की लगभग सभी विधाओं और सभी काल की प्रवृत्तियों पर नयी दृष्टि से विचार-विमर्श किया है। इसके बावजूद, वो बात

जिसका ज़िक्र सारे फ़साने में न था/वो बात उनको बहुत नागवार गुज़री है की मानिंद आलोचकगण जहाँ यह प्रवाद फैलाते हैं कि वे तो हमेशा सैद्धान्तिक आलोचना में ही खोए रहते हैं, वहीं रचनाकारों की ओर से यह कहा जाता है कि वे कविता-कहानी जैसी विधा में रस नहीं लेते और सैद्धान्तिक तथा अकादमिक विवेचनों के जंजाल में उलझे रहते हैं। इन चीज़ों पर कोई बात नहीं करते। तब यह सहज ही जिज्ञासा होती है कि क्या वाकई यही सच है? या सत्य की शक्ल में यह अफ़वाह है जिसकी आड़ में तथ्य/सत्य का दमन और उनकी आलोचकीय छवि के दुष्टतापूर्ण मर्दन का खल-सुख छिपा है? हिन्दी में सैद्धान्तिक सोच का प्रायः अभाव और व्यवहारवादी आलोचना का प्रभाव दिखाई देता है, इसलिए अनेक बार उनकी सहृदयता और रसवादिता को लेकर प्रश्न उठाये जाते हैं। इस बात का अहसास उनको भी है और इसलिए इस सन्दर्भ में अपनी राय व्यक्त करते हुए उन्होंने लिखा है, "आजकल हिन्दी में अधिकांश आलोचना या तो अफ़वाहों के सहारे चल रही है या फिर आप्त-वचनों के सहारे। मेरे बारे में हिन्दी आलोचना में यह अफ़वाह फैली हुई है या फैलाई भी गयी है कि मैं सैद्धान्तिक सोच का आलोचक, व्यावहारिक आलोचना लिखने वाला आलोचक नहीं हूँ। क्या हिन्दी का हर आलोचक यह नहीं जानता कि मैंने सूरदास की कविता की आलोचना की पूरी पुस्तक लिखी है जो मेरी सर्वाधिक प्रिय पुस्तक है। उसके बाद मैंने मध्यकाल के कवि कबीर, दादू, मीराँ और रहीम तथा आधुनिक काल के कवि महेश नारायण, नाथूराम शर्मा शंकर, मैथिलीशरण गुप्त, रामधारी सिंह दिनकर, नागार्जुन, त्रिलोचन, अज्ञेय, रघुवीर सहाय, धूमिल, कुमार विकल, शैलेन्द्र, अदम गोंडवी और पी.सी. जोशी की कविताओं का विवेचन तथा मूल्यांकन किया है।" (भूमिका से, 'हिन्दी कविता का अतीत और वर्तमान')

मैनेजर पाण्डेय विचारों से मार्क्सवादी हैं और उनकी आलोचना दृष्टि की निर्मिति वामपन्थी विचारों से हुई है, इसके बावजूद कविता के मूल्यांकन में मार्क्सवादी वैचारिक आग्रहों को वे अपनी दृष्टि की सीमा नहीं बनने देते हैं और कहना चाहिए कि इससे भी आगे बढ़कर मार्क्सवादी कवियों की कमज़ोर रचनाओं की आलोचना करने से बिल्कुल गुरेज नहीं करते। हालाँकि रूपवाद और कलावाद के आग्रही आलोचकगण कविता के मूल्यांकन में भी काव्य-गुण से अधिक वैचारिक आग्रहों की प्रशंसा करते हुए पाये जाते हैं, लेकिन प्रो. पाण्डेय वैचारिक घेरे को कभी आलोचनात्मक घेरे तब्दील नहीं होने देते हैं। रामधारी सिंह दिनकर कहीं से भी वामपन्थी नहीं थे और शायद इन वजहों से भी सायास या अनायास उनकी उपेक्षा का आरोप हिन्दी आलोचना पर लगता रहा है। लेकिन उनकी कविता का

मूल्यांकन करते हुए मैनेजर पाण्डेय कहते हैं, "दिनकर मार्क्सवादी नहीं थे लेकिन उनकी कविता में पराधीनता, विषमता, शोषण और सामाजिक अन्याय के प्रति जैसा गहरा आक्रोश है वैसा बहुत कम प्रगतिशील कवियों के यहाँ दिखाई देता है।" इस बात को आगे बढ़ाते हुए वे कहते हैं, "दिल्ली में बहुत कवि रहते हैं, लेकिन दिल्ली क्या है, इस पर ध्यान देने वाले कवि बहुत कम हैं। हिन्दी में अकेले दिनकर ने दिल्ली पर तीन-चार कविताएँ लिखी हैं। उन कविताओं को अलग-अलग पढ़िए तो उनमें दिनकर की चेतना की चार अवस्थाएँ दिखाई देंगी—अंग्रेज़ी सत्ता की केन्द्र दिल्ली, स्वाधीनता आन्दोलन के दौर की दिल्ली, आज़ादी के बाद की दिल्ली और बाद में और भी पतनशील दिल्ली—उन्होंने दिल्ली के विभिन्न रूपों पर कविताएँ लिखी हैं।" (हिन्दी कविता का अतीत और वर्तमान, पृ. 87) मार्क्सवादी न होने के बावजूद दिनकर की काव्य-संवेदना की तारीफ़ और प्रगतिशील कवियों की कमज़ोर रचनाओं की स्पष्ट आलोचना करते हुए वे कहते हैं, "असल में भावना को संयमित करके कला में ढालने की कोशिश में बहुत-सारे प्रगतिशील कवि मारे गये। अकारण नहीं है कि खुलकर कविता लिखने के कारण हिन्दी आलोचना ने तीस साल तक नागार्जुन को कवि नहीं माना। नागार्जुन को मजबूरी में अपने पैसे से पुस्तकें छपवानी पड़ीं। यह हिन्दी आलोचना की दुर्गति का सबूत है। यदि एक कवि के मन में पराधीनता, शोषण, उत्पीड़न, सामाजिक अन्याय के प्रति गहरा आक्रोश है, जिसे वह कविता में व्यक्त कर रहा है तो प्रगतिशीलों द्वारा उसका स्वागत किया जाना चाहिए था। यह नहीं हुआ।" (वही)

मैनेजर पाण्डेय ने जिस संवेदना और अधिकार से कबीर की कविताओं पर लिखा है, उसी संवेदना और जुड़ाव से लोकप्रिय कवि अदम गोंडवी पर भी लिखा है। कविता के पाठक नहीं हैं, कविता से हिन्दी समाज दूर जा रहा है—जैसे जुमले अनेक बार सुनने को मिल जाते हैं, लेकिन कविता इस दशा में आख़िर क्योंकर पहुँची; इसकी सही पड़ताल बहुत कम लोग करते हैं। एक तरफ़ हिन्दी कविता की मंचीय दुनिया है जिसमें तुक्कड़ों का साम्राज्य है, तो दूसरी तरफ़ ऐसे कविगण हैं जिनकी कविता में संवादधर्मिता की जगह रूपगर्विता के हाव-भाव देखे जा सकते हैं। रोचक यह है कि हिन्दी कविता के अलग-अलग दुनियाओं के बीच किसी तरह का कोई संवाद नहीं है। जिन मैनेजर पाण्डेय के बारे में 'अफ़वाह' है कि वे कविता-कहानी जैसी विधा को अपनी आलोचना का विषय बनाने से बचते हैं, उन मैनेजर पाण्डेय ने 'आज का समय और कविता का संकट' नामक निबन्ध में विस्तार से इन प्रश्नों पर विचार किया है, "हिन्दी में कुछ कवि ऐसे हैं, जिनके लिए

कविता लिखना शतरंज खेलने जैसा है। उससे उन्हें एक ओर बौद्धिक व्यायाम का लाभ मिलता है, तो दूसरी ओर उच्च कोटि के शौकीन कहलाने का सुख मिलता है। एक और जमात ऐसे कवियों की है, जो कविता का मदारी की बंदरिया की तरह उपयोग करते हैं और उससे पैसा बटोरते हैं। इन दोनों प्रकार के कवियों को अगर आज के समाज में कविता की दुर्गति की कोई चिन्ता न हो तो कोई आश्चर्य की बात नहीं है। लेकिन हिन्दी में ऐसे भी कवि हैं, जिनके लिए कविता आत्मा की पुकार है, अपने समय की गवाह है और अपने समाज की ख़बर भी। ऐसी कविता समाज से अलग रहकर सार्थक नहीं होती, क्योंकि पुकार में दूसरे तक पहुँचने की बेचैनी होती है और उत्तर पाने की आकांक्षा भी।" (वही, पृ. 206) जिन कवियों ने कविता के माध्यम से आत्मा की पुकार को अभिव्यक्त किया है या कर रहे हैं, उन कवियों की बेचैनी, आत्मालोचन और अपराध-बोध को सुनने और सुनकर और उत्तर देने की ज़रूरत कितने आलोचकों को महसूस होती है, इस पर भी अफ़वाह फैलाने वालों को अवश्य विचार करना चाहिए। यह देखना चाहिए कि उन्होंने जिस संवेदना और अधिकार से कबीर की कविताओं पर लिखा है, उसी संवेदना और जुड़ाव से नागार्जुन पर लिखा है, रघुवीर सहाय और कुमार विकल पर लिखा है; अदम गोंडवी पर भी लिखा है। यही नहीं, उन्होंने हिन्दी के अनेक कवियों पर तो लिखा ही है, तेलुगु के कवि वरवर राव और तमिल के कवि सुब्रमण्यम भारती की कविताओं पर भी विस्तारपूर्वक बहुत गम्भीरता से लिखा है।

आजकल जिस तरह हिन्दी फ़िल्मों और धारावाहिकों से गाँव और गाँवों के लोग अदृश्य होते जा रहे हैं, उसी तरह हिन्दी कविता की दुनिया से भी ग्रामीण जीवनानुभवों की कविताएँ ग़ायब होती जा रही हैं और पश्चिम की कविताओं के रूप, शिल्प और कथ्य के असर में कविताएँ लिखी जा रही हैं। जब से देश में उदारीकरण की व्यवस्था लागू हुई है तब से वैचारिक स्तर पर भी उदारता का इस क़दर माहौल बना है कि कविगण किसी भी तरह की राजनीति और विचारधारा से छुटकारा पाने के लिए बेचैन हैं। 'कोउ नृप होहू हमहिं का हानी' की तर्ज़ पर चाहे मनुष्य विरोधी राजनीति का बढ़ता हुआ दमन हो या इतिहास और संस्कृति को विकृत रूप में पेश करने का सत्ताधीशों का भोंडा प्रयास, वे इन तमाम स्थितियों से अलग बेखुदी के आलम में जीते हैं। प्रो. पाण्डेय इस प्रवृत्ति को लक्षित करते हुए लिखते हैं, "आजकल हिन्दी में जिस कविता का बोलबाला है, वह नागर कविता है, शहराती और चालाक। उसके रूप और स्वभाव में ही नहीं, अभिप्राय में भी नागरता छायी हुई है। वह शहरी मध्यवर्ग के बौद्धिक समुदाय की आत्मकेन्द्रित दृष्टि की उपज है,

इसलिए उसमें उसी वर्ग के जीवन की वास्तविकताओं, संवेदनाओं, आकांक्षाओं और उम्मीदों की अभिव्यक्ति हो रही है। यही कारण है कि जिस समाज में जनता का एक बहुत बड़ा हिस्सा बेघर है या फिर जानवरों के रहने की जगह को अपना घर मानने के लिए मजबूर है, उस समाज का एक कवि कहता है : मुझे एक घर दो कविता लिखने के लिए।" (वही, पृ. 215)

शब्द की विश्वसनीयता का सीधा सम्बन्ध चूँकि मनुष्य के आचरण से होता है, इसलिए प्रो. पाण्डेय शब्द और कर्म दोनों की समीक्षा करने को ज़रूरी मानते हुए कहते हैं, "शब्द अगर एक ओर जनता के कर्म से जुड़ता है तो दूसरी ओर लेखक के रचना-कर्म से। मनुष्य की चेतना उसके सामाजिक अस्तित्व के अनुरूप बनती है। व्यक्ति की दृष्टि उसकी जीवन-दशा से प्रभावित होती है। रचनाकार के शब्द, उसकी रचना के शब्द, उसके जीवन-कर्म को प्रतिबिम्बित करते हैं। रचनाकार का रचना-कर्म सम्पूर्ण सामाजिक जीवन से उसके सम्बन्ध का द्योतक होता है। ईमानदार लेखक के जीवन-कर्म और रचना-कर्म में एकता होती है।" (शब्द और कर्म, पृ. 262) कविता की आलोचना के बीच शब्द और कर्म के सम्बन्ध में उनके विचारों को यहाँ इसलिए भी उद्धृत करना आवश्यक था, ताकि अलग-अलग समय और अलग-अलग पुस्तकों में व्यक्त उनके एक विचार सूरदास के सन्दर्भ में व्यक्त रामविलास जी के विचारों की तरह विविधता के शिकार तो नहीं हो गये? बाईबिल में एक प्रसंग है—फ़ैसला मत दो, क्योंकि फ़ैसला एक दिन तुम पर दिया जायेगा।

मैनेजर पाण्डेय के शब्दों की विश्वसनीयता का सम्बन्ध भी चूँकि उनके आचरण की एकता से सम्बद्ध है इसलिए उनकी इस विशिष्टता को अवश्य रेखांकित किया जाना चाहिए कि किसी भी परिस्थिति में वे अपने लेखन से इस चीज़ को ओझल नहीं होने देते और 'शब्द और कर्म' नामक निबन्ध लिखने के वर्षों बाद भी 'राजनीति की भाषा' पर विचार करते हुए लिखते हैं, "समाज के कर्ममय जीवन में शब्दों की सार्थकता ही उनका जीवन है और निरर्थकता मौत। शब्दों की सार्थकता सामाजिक प्रक्रिया में घटती-बढ़ती है। कई बार कुछ शब्द निरर्थकता के दौर से गुज़रकर फिर सार्थकता पा लेते हैं। बशर्ते कि उनके अर्थ को मूर्ति और सजीव बनाने वाले कर्म का विकास हो। सामाजिक परिवर्तन की प्रेरणा देने वाले आन्दोलनों के काल में यह स्थिति आती है। लेकिन कई बार कुछ शब्द प्रयोग करने वालों में साहस की कमी से निरर्थक हो जाते हैं। प्राय: वाग्विलासी शब्द-वीरों के हाथों में पड़कर तेजस्वी शब्दों की यही गति होती है। संघर्ष, क्रान्ति, समाजवाद आदि शब्दों की दुर्गति आजकल दिखाई दे रही है।" (हिन्दी कविता का अतीत और वर्तमान, पृ. 198)

लेखकप्रियता और लोकप्रियता के दो पाटों के बीच अपनी आलोचना की सामाजिकता और विश्वसनीयता दोनों के लिए मैनेजर पाण्डेय को बेहद संघर्ष करना पड़ा है। हिन्दी में वे शायद अकेले ऐसे आलोचक हैं जिन्होंने पुस्तक-समीक्षा लिखने से परहेज किया और सुविधा के लिए साहित्यिक शास्ताओं के आगे कभी दुविधा का प्रदर्शन नहीं किया। जब आलोचना में समकालीनता का दबाव लगातार बढ़ता जा रहा हो और तात्कालिक सफलता की आकुलता के आगे नतमस्तक आलोचक अपनी व्यावहारिकता और अवसरवादिता से इहलोक और परलोक दोनों सुधारने के लिए पूर्ण समर्पण कर चुका हो, तब यह किसी अचरज से कम नहीं है कि मैनेजर पाण्डेय ने राजनीतिक और साहित्यिक दोनों सत्ताओं के सत्ताधीशों की खरी-खरी आलोचना की है। तेलुगु के क्रान्तिकारी कवि वरवर राव की कविताओं का मूल्यांकन करते हुए वे लिखते हैं, "आंध्र में तेलुगुदेशम सरकार ने हर तरह की असहमति और विरोध को दबा देने का जो अभियान चला रखा है, उसका एक उदाहरण है तेलुगु के कवि वरवर राव के काव्य-संग्रह 'भविष्यातु चित्रपटम्' पर 1987 के आरम्भ से लगता प्रतिबन्ध। वरवर राव पिछले तीन वर्षों से आंध्र के विभिन्न जेलों में जी रहे हैं। अगर वे जेल से बाहर होते तो सम्भव है, कई दूसरे कलाकारों की तरह पुलिस से झूठी मुठभेड़ में अब तक मार दिये गये होते। जिस राज्य में एक कवि को जीने के लिए जेल में रहना पड़े, उसे स्वतन्त्रता खोकर जीना पड़े, उस राज्य को लोकतान्त्रिक कहना लोकतन्त्र का अपमान है।" (अनभै साँचा, पृ.140)

अपने समय के हर बड़े कवि के यहाँ पूर्व परम्परा का स्वीकार और पूर्व पुरुषों की प्रतिभा का सम्मान दृष्टिगोचर होता है। बाबा तुलसीदास ने अपने पूर्व-पुरुषों को बहुत-सम्मान के साथ याद किया है, 'जे प्राकृत कबि परम सयाने। भाषा जिन्ह हरि चरित बखाने।' और मिर्ज़ा ग़ालिब का वह शेर याद कीजिए, 'रेख़्ते के तुम ही उस्ताद नहीं हो ग़ालिब/कहते हैं अगले ज़माने में कोई मीर भी था।' भारतीय कविता की इस परम्परा से मैनेजर पाण्डेय भली-भाँति परिचित हैं। अपने पूर्व के आलोचकों के अवदान का विनम्र स्वीकार और साहित्य के प्रति उनके समर्पण का सम्मान उनकी आलोचना में देखा जा सकता है। वे जब 'साहित्य और इतिहास-दृष्टि' को अपने लेखन का विषय बनाते हैं, तो बहुत ज़िम्मेदारी और उदारता से हिन्दी आलोचना को दिशा देने वाले आलोचकों के अवदान को रेखांकित करने का प्रयास करते हैं। साहित्य के इतिहास पर विचार करते हुए उन्होंने चिन्ता प्रकट की है, "रूपवादी आलोचना के बढ़ते हुए प्रभाव के दौर में साहित्येतिहास की असमर्थता या असमर्थ साहित्येतिहास के दोषों की इतनी चर्चा हुई है कि उसे अनावश्यक और

असम्भव घोषित करना सरल हो गया है। इतिहास से नाराज़ अनेक आलोचकों ने आलोचना में ऐतिहासिक संचेतना को अनावश्यक मानकर उसे समालोचना से बहिष्कृत करने का प्रयत्न किया और साहित्य सिद्धान्त तथा व्यावहारिक आलोचना तक ही आलोचना को सीमित कर दिया।" (साहित्य और इतिहास-दृष्टि, पृ. 3)

आचार्य रामचन्द्र शुक्ल पर लिखते हुए वे कहते हैं, "आचार्य रामचन्द्र शुक्ल ने इतिहास, दर्शन, भाषाशास्त्र, विज्ञान और साहित्य-सम्बन्धी नये-पुराने चिन्तन की वैचारिक यात्रा करने के बाद एक सुनिश्चित समाजोन्मुखी, विकासशील वस्तुवादी साहित्य दृष्टि अर्जित की है और अपनी इस अर्जित नयी दृष्टि से ही परम्परा के मूल्यांकन, वर्तमान की आवश्यकताओं की पहचान और भावी विकास की दिशा खोजने का प्रयास किया है। विज्ञान, दर्शन, इतिहास, भाषाविज्ञान, साहित्य और समाज के विभिन्न पक्षों से सम्बन्धित लेखों तथा पुस्तकों के अनुवाद, सम्पादन और मौलिक लेखन के बीच से जो उनका व्यापक ज्ञानसम्पन्न व्यक्तित्व उभरता है, वह यूरोप के पुनर्जागरणकालीन महान विचारकों की याद दिलाता है।" (साहित्य और इतिहास-दृष्टि, पृ. 92) आचार्य शुक्ल के व्यापक अध्ययन क्षेत्र और चिन्तन-मनन की विशालता को देखकर उचित ही पाण्डेय जी उन्हें कलावाद का खण्डन और लोकमंगल की स्थापना करने वाले आचार्य के रूप में परिभाषित करने की चेष्टा करते हैं। हिन्दी में बहुत दिनों तक (कमोबेश आज भी) आचार्य रामचन्द्र शुक्ल और आचार्य हजारीप्रसाद द्विवेदी के अनुयायी देव बड़े या बिहारी की तरह दोनों आलोचकों का मुक़ाबला कराने का कार्य करते रहे, लेकिन मैनेजर पाण्डेय ने इन प्रवृत्तियों से अलग उनके अवदान का निरपेक्ष और वाजिब मूल्यांकन करने का प्रयास किया है, "द्विवेदी जी परम्परा को सनातन मानने के विरोधी हैं, हर बात और वस्तु के मूल को वेद में खोजने के भी विरोधी हैं। परम्परा के प्रति अन्ध श्रद्धा का एक रूप परम्परा को विशुद्ध और एक विशेष प्रकार की विचारधारा का ही पोषण मानने में प्रकट होता है और दूसरा, हर प्रकार के बाहरी प्रभाव को अछूत समझने में।" इसलिए पाण्डेय जी द्विवेदी जी की आलोचना में मौजूद इन तत्त्वों की गहराई से पड़ताल करते हैं और उनकी विशिष्टता को रेखांकित करते हुए कहते हैं, "द्विवेदी जी हर प्रकार के बाहरी या विदेशी प्रभाव से परहेज करने की सलाह नहीं देते, लेकिन वे अन्धानुकरण का समर्थन भी नहीं करते। वे परम्परा और रूढ़ि में अन्तर करते हैं और रूढ़ि के वृथा मोह से मुक्त होने की सलाह देते हैं।" (वही, पृ. 138)

शिवदान सिंह चौहान को हिन्दी की मार्क्सवादी आलोचना का भगीरथ कहते हुए उन्होंने लिखा है, "शिवदान सिंह चौहान ने साहित्य की परम्परा के सामाजिक आधार को पहचाना है और साहित्यिक परम्पराओं के निर्माण तथा परिवर्तन में

समाज की भूमिका पर ध्यान दिया है। केवल शिवदान सिंह चौहान ने ही साहित्य की परम्परा के सामाजिक आधार और अर्थ की व्यवस्थित व्याख्या की है।" (आलोचना में सहमति-असहमति, पृ. 130) आचार्य रामचन्द्र शुक्ल, आचार्य हजारीप्रसाद द्विवेदी, नन्ददुलारे वाजपेयी, शिवदान सिंह चौहान के बाद के आलोचकों में डॉ. रामविलास शर्मा और नामवर सिंह ऐसे आलोचक हैं जिनके आलोचना-कर्म का विवेचन और मूल्यांकन करना आसान नहीं है। रामविलास जी की अधूरी और कुछ अप्रकाशित/सम्पादित पुस्तकें अभी प्रकाशित होकर आ रही हैं और नामवर सिंह तो कमोबेश आज भी लिख/बोल रहे हैं। इसलिए इनके बारे में किसी बात को लेकर मत बनाते समय कई चीज़ों को ध्यान में रखना पड़ता है। इन ख़तरों के बावजूद मैनेजर पाण्डेय ने रामविलास शर्मा को लेकर लिखा, "रामविलास शर्मा ने रामचन्द्र शुक्ल और हजारीप्रसाद द्विवेदी की तरह हिन्दी साहित्य का इतिहास नहीं लिखा है, लेकिन उन्होंने भारतेन्दु हरिश्चन्द्र, महावीरप्रसाद द्विवेदी, रामचन्द्र शुक्ल, प्रेमचन्द और निराला के साहित्य और युग के विकासशील रूप का जो परस्पर सम्बद्ध विश्लेषण तथा मूल्यांकन किया है, उससे भारतेन्दु युग से छायावाद तक के हिन्दी साहित्य का इतिहास सामने आता है। इस इतिहास में हिन्दी नवजागरण तथा स्वाधीनता आन्दोलन से हिन्दी साहित्य के विकास का सम्बन्ध प्रकट होता है और इस काल के समाज तथा साहित्य में सक्रिय विचारधारात्मक संघर्षों का स्वरूप भी स्पष्ट होता है।" (साहित्य और इतिहास-दृष्टि, पृ. 166)

नामवर सिंह ऐसे आलोचक रहे हैं जिनके बोलने पर विवाद होता रहा है, लिखने पर विवाद होता रहा है और जब वे कुछ न बोलें, कुछ न लिखें तो उनकी चुप्पी को लेकर भी विवाद होता रहा है। उनके लेखन, आचरण और चिन्तन-मनन को लेकर विवाद पैदा करने की कोशिशें तो बहुत हुईं, लेकिन उनकी लिखी आलोचना को उसका विवेचन और मूल्यांकन करने के प्रयास बहुत कम हुए हैं। प्रो. पाण्डेय ने नामवर सिंह के हिन्दी आलोचना में अवदान और उनकी आलोचना-दृष्टि का मूल्यांकन करते हुए लिखा है, "डॉ. नामवर सिंह के आलोचनात्मक विवेक की सार्थकता इस बात में है कि उन्होंने संश्लिष्ट समसामयिक बोध को परिभाषित और संगठित करने का प्रयत्न किया है। नये काव्य-सृजन में निहित सार्थक मूल्यों की पहचान का प्रयत्न 'इतिहास और आलोचना' में है और 'कविता के नये प्रतिमान' में भी। काव्य-सृजन में निहित या व्यक्त मूल्यों की सार्थकता की परख तो जीवन-मूल्यों की कसौटी पर काव्य-मूल्यों की सार्थकता की परख की कोशिश 'इतिहास और आलोचना' में सार्थक और सुसंगत ढंग से हुई है, लेकिन 'कविता के नये प्रतिमान' में कदाचित कुछ कम या सांकेतिक रूप में।" (आलोचना की सामाजिकता, पृ. 57)

साहित्य, समाज और सत्ता का सम्बन्ध बहुत जटिल और द्वन्द्वात्मक होता है, जिसे समझने की व्यवस्थित और सन्तुलित कोशिश का नाम है 'साहित्य के समाजशास्त्र की भूमिका'। हिन्दी आलोचना में कई बेहतरीन पुस्तकों की रचना के पीछे बहुत रोचक घटनाएँ हैं। जैसे आचार्य रामचन्द्र शुक्ल की बहुप्रतिष्ठित कृति 'हिन्दी साहित्य का इतिहास' छात्रों को पढ़ाने के लिए बनाये गये नोट्स हैं, तो प्रो. मैनेजर पाण्डेय की पुस्तक 'साहित्य के समाजशास्त्र की भूमिका' जवाहरलाल नेहरू विश्वविद्यालय के भारतीय भाषा केन्द्र के एक कोर्स की पाठ्यपुस्तक के रूप में लिखी गयी किताब है। समाजशास्त्र के एक अध्येता अमित शर्मा ने उनकी इस पुस्तक के बारे में अपनी राय व्यक्त करते हुए लिखा, "सम्भवतः मैनेजर पाण्डेय, नामवर सिंह के द्वारा विकसित साहित्य के समाजशास्त्र की स्पष्ट सीमाओं को रेखांकित करने से बचना चाहते थे। फलस्वरूप हिन्दी भाषी समाज एक महत्त्वपूर्ण पाठ्य-पुस्तक पाकर सन्तुष्ट हो गया, वरना यह अवसर एक युगान्तकारी घटना की ऐतिहासिक भूमिका को उत्प्रेरित करने वाला था।" (संवेद-11, पृ. 119)

समकालीनता के दबाव में आकर पुरानी रचनाओं या प्रवृत्तियों के मूल्यांकन से अपनी आलोचना-यात्रा शुरू करने वाले कुछ आलोचक दोबारा उधर मुड़ने की फुर्सत नहीं निकाल पाये, लेकिन मैनेजर पाण्डेय ने यदि कुमार विकल जैसे कवियों की महत्ता से हिन्दी साहित्य को परिचित कराया, तो उसी समय अश्वघोष की वज्रसूची से भी परिचित कराया। साहित्य की दुनिया में चूँकि नया-पुराना कुछ नहीं होता, सार्थक और निरर्थक होता है इसलिए जिस भी काल की रचना में उन्हें यह तत्त्व लगा, उन्होंने उसका सम्पादन किया, उस पर लिखा और व्यापक समाज को लोकतान्त्रिक तरीके से विचार-विमर्श के लिए आमन्त्रित किया। कई बार लेखक चेतन रूप से न भी चाहे, तो भी उसके अवचेतन में कुछ चीज़ें मौजूद रहती हैं, जो समय पाकर प्रकट होती हैं। आचार्य रामचन्द्र शुक्ल की तरह प्रो. पाण्डेय ने अनेक भूली-बिसरी रचनाओं का सम्पादन किया और उसकी महत्ता और अर्थवत्ता से हिन्दी समाज को परिचित कराया। जिन रचनाओं को वास्तव में लोग भूल गये हैं उन रचनाओं की नये सन्दर्भ और नयी परिस्थिति में व्याख्या और मूल्यांकन करने का प्रयास किया और यह देखकर सुखद आश्चर्य होता है कि गुमनामी और हाशिये पर पड़ी अनेक ऐसी रचनाओं के पीछे उन्होंने अपना समय और श्रम लगाया है, जिसकी संक्षेप में यहाँ चर्चा करना आवश्यक है।

मराठी मूल के लेखक सखाराम गणेश देउस्कर ने सन् 1904 में 'देशेर कथा' शीर्षक से बांग्ला भाषा में एक पुस्तक लिखी थी, जिसमें ब्रिटिश साम्राज्य में परतन्त्र

जनता के आर्थिक और सामाजिक शोषण की कहानी को तथ्यों के आधार पर व्यक्त किया गया है। इस पुस्तक का बांग्ला से हिन्दी में अनुवाद सन् 1908 में मराठी मूल के ही सुप्रसिद्ध पत्रकार बाबूराव विष्णु पराड़कर ने किया था और यह पुस्तक इतनी लोकप्रिय और जनता की आँखें खोलने वाली सिद्ध हुई कि इससे घबराकर दो वर्षों के भीतर ही अंग्रेज़ी हुकूमत ने सन् 1910 में पाबन्दी लगा दी। मैनेजर पाण्डेय ने इस क्रान्तिकारी पुस्तक को खोजा और अपनी लम्बी भूमिका में इसके महत्त्व पर प्रकाश डालते हुए लिखा है, "सखाराम गणेश देउस्कर ने देश में स्वाधीनता की चेतना के जागरण और विकास के लिए 'देशेर कथा' की रचना की थी। यद्यपि उन्होंने कांग्रेस द्वारा संचालित स्वाधीनता आन्दोलन का समर्थन किया, लेकिन उन्होंने उस आन्दोलन की रीति-नीति की आलोचना भी की है।" (देश की बात, पृ. 09) इस पुस्तक की लोकप्रियता का आलम यह था कि सन् 1923 में देवनारायण द्विवेदी ने भी इसी शीर्षक से एक पुस्तक लिखी और संयोग से स्मृतिहीन हिन्दी समाज के लिए इस पुस्तक की खोज और पुन:प्रकाशन का श्रेय भी प्रो. पाण्डेय को है। इसी वर्ष उन्होंने एक और महत्त्वपूर्ण पुस्तक 'लोकगीतों और गीतों में 1857' शीर्षक से सम्पादित किया है, जिसमें संगृहीत लोकगीतों और गीतों में अभिव्यक्त सन् 1857 के संग्राम की स्मृतियों के माध्यम से भारतीय जनता के साम्राज्यवाद विरोधी संघर्ष की उदात्तता को याद करते हुए उसे आज के साम्राज्यवाद विरोधी संघर्ष के प्रेरणास्रोत के रूप में ग्रहण किया जा सकता है। पुस्तक की भूमिका के अनुसार, "1857 से सम्बन्धित लोकगीतों और लोकभाषाओं में लिखे गीतों में अनेक प्रकार की स्मृतियाँ व्यक्त हुई हैं। अंग्रेज़ी राज से लोक संघर्ष और अंग्रेज़ी उपनिवेशवाद की लूट, दमन, और तबाही के अनुभवों की स्मृतियाँ लोकगीतों में ही है।" (पृ.1) इन पुस्तकों के अतिरिक्त प्रो. पाण्डेय ने मुंशी नवजादिकलाल श्रीवास्तव की पुस्तक 'पराधीनों की विजय-यात्रा' की खोज तथा सम्पादन किया है। सूरदास, माधवराव सप्रे, नागार्जुन, सीवान की कविता आदि पुस्तकों का चयन और सम्पादन किया है। एक चीज़ यहाँ और कहना आवश्यक है कि पश्चिम के जिन चिन्तकों-विचारकों के जीवन और कर्म के बारे में अधिकांश लोगों को कुछ मालूम न था, प्रो. पाण्डेय ने उनकी एक मास्टरपीस रचना का अनुवाद किया और उनके अन्य कामों के बारे में विस्तार से भूमिका में ज़िक्र करते हुए एक पुस्तक का सम्पादन किया, 'संकट के बावजूद।' इस पुस्तक के बहाने मैनेजर पाण्डेय यह प्रस्तावना करते हैं कि किसी वाद, विचार या देश की असफलता कुछ संकटों के साथ आती है, लेकिन संकट के इन्हीं क्षणों में धैर्य और विवेक से नये मार्ग को प्रशस्त किया जा सकता है।

प्रतिरोधों की शिनाख़्त करते मैनेजर पाण्डेय

डॉ. विजय कुमार

मैनेजर पाण्डेय ऐसे आलोचक थे जो तात्कालिक समस्याओं की आहट को महसूस ही नहीं कर रहे थे बल्कि भविष्य में होने वाले उसके परिणामों को भी देख रहे थे। ऐसी ही उनकी एक पुस्तक 'साहित्य और दलित दृष्टि' है। मैनेजर पाण्डेय की इस पुस्तक को सर्वेश कुमार मौर्य ने सम्पादित किया है। यह पुस्तक मैनेजर पाण्डेय के व्याख्यान, आलेख, पुस्तक भूमिका तथा साक्षात्कार इत्यादि का संग्रह है। मैनेजर पाण्डेय ने अपने इन विभिन्न लेखों में दलितों की सामाजिक, सांस्कृतिक, राजनीतिक, आर्थिक स्थिति तथा भाषा की समस्या इत्यादि पर विचार किया है। इसके साथ ही, दलित साहित्य के योगदान और भविष्य में आने वाली समस्याओं पर भी विचार किया है।

दलित समाज केवल जाति के कारण ही हाशिये पर नहीं रहा है बल्कि समाज में भी हाशिये पर रहा है। दलित समाज जब अपनी आवाज़ लेकर साहित्य में आता है तो साहित्य में भी उसको हाशिये पर रखने की कोशिश की गयी। मैनेजर पाण्डेय दलित साहित्य के सन्दर्भ में लिखते हैं कि "मुझे ऐसा लगता है कि जैसे हमारे हिन्दी भाषी समाज में भौतिक स्तर पर दलितों के लिए जहाँ जगह है, लगभग साहित्य में भी दलितों की वही जगह दिखाई देती है। मुझे अपना गाँव याद पड़ रहा है। हर गाँव में गाँव के किनारे दूर एक बस्ती होती है छोटी-सी। एक टोला कुछ घरों का, जहाँ दलित रहते हैं। यह संयोग की बात कि सरकार भी गाँव के बाहर ही दलितों के लिए मकान बनवा रही है। मतलब यह है कि हमारे समाज के हाशिये पर दलित हैं। इसलिए हिन्दी साहित्य में दलित की बहुत विकसित चेतना भी दिखाई नहीं देती। और इसीलिए साहित्य की मुख्यधारा दलितों, आदिवासियों और स्त्रियों को आत्म समर्पण के लिए आमन्त्रित करती है, आत्म विसर्जन की माँग करती है उनसे, ताकि वो आयें और उस मुख्यधारा में डूबकर चाहें तो गंगा लाभ प्राप्त करें,

इसलिए केन्द्रीय धारा में सामाजिक स्तर पर, सांस्कृतिक स्तर पर और साहित्यिक स्तर पर भी दलितों की स्थिति हाशिये पर ही है। इसीलिए आप यह भी देखेंगे कि इस बीच में हिन्दी में जातीय स्मृति, जातीय चेतना आदि की बहुत चर्चा हुई पर इस सारी चर्चा में कहीं भी दलितों की यातना की स्मृति को भी जातीय स्मृति में शामिल कर लें तो भारतीय संस्कृति का इतिहास वाल्टर बेंजामिन के हिसाब से 'बर्बरता का इतिहास' भी होगा।"[1]

दलित साहित्य मनोरंजन या रस प्राप्ति का साहित्य नहीं है और ना ही उनका सौन्दर्यशास्त्र पारम्परिक है। वह समानता और प्रेम का साहित्य है। जो समाज से भेदभाव और शोषण को ख़त्म करना चाहता है। मैनेजर पाण्डेय दलित साहित्य के सन्दर्भ में कहते हैं कि—"ये इनकार से भरी हुई चीख़ की रचनाएँ हैं ये दलित रचनाएँ। इनकार। बहुत-सारी चीज़ों का इनकार। ये जो रूढ़िवादी हिन्दू समाज है उसकी मान्यताएँ, उसके मूल्य, उसके आदर्श इन सबका इनकार–अस्वीकार और अस्वीकार स्वभावतः चीख़ के साथ। समझदार चुप्पी के नाम पर नहीं। मौन की साधना का साहित्य कभी दलित चेतना का साहित्य नहीं बन सकता है।"

मैनेजर पाण्डेय दलित साहित्य के संघर्ष के इतिहास को वज्र-सूची में ढूँढ़ निकालते हैं। वह देखते हैं कि किस तरह दलित को हाशिये पर रखकर उनका शोषण कर रहे थे। वज्र-सूची पुस्तक के सन्दर्भ में लिखते हैं कि 'वज्र-सूची' वर्णभेद और जातिभेद के विरुद्ध वैचारिक संघर्ष का घोषणा-पत्र है। अश्वघोष के अनुसार दुःख-सुख, जीवन-प्रज्ञा, व्यवसाय व्यापार, जन्म-मरण, भय-काम आदि में सब श्रेणी के लोग बराबर हैं। इसलिए समाज में किसी भी आधार पर जाति-भेद का होना ग़लत है। वे भारतीय समाज के जाति-भेद का ही विरोध नहीं करते, संसार भर में, मानव मात्र की समानता का आग्रह करते हैं। अश्वघोष स्पष्ट घोषणा करते हैं कि "शील प्रधानं न कुलं प्रधानं कुलेन कि शीलविवर्जितेन।" अर्थात इस संसार में मनुष्य का महत्त्व जन्म या वंश से नहीं, उसके कर्म और आचरण से जुड़ा हुआ है।[2]

आमतौर पर यह कहा जाता है कि किसी भी प्रकार से शोषित अथवा दमित व्यक्ति, दलित है। इस लिहाज़ से हम मज़दूरों को भी दलित की श्रेणी में ही रखेंगे। किन्तु यह जानकर आश्चर्य होता है दलित शब्द का अर्थ-संकोच जाति विशेष के रूप में कर दिया गया है। आर्थिक रूप से कमज़ोर मज़दूर वर्ग में भी जातिवाद के तत्त्व समाहित हैं। कार्ल मार्क्स ने क्रान्ति के लिए दुनिया के सभी मज़दूरों को एकजुट होने का आह्वान किया था। किन्तु मज़दूर वर्ग में भी अन्तर्भेद का आधार बना जातिवाद। इससे इस बात की पुष्टि हो जाती है कि भारत में वर्ण-व्यवस्था का

आधार कर्म नहीं, अपितु जन्म है। मैनेजर पाण्डेय कहते हैं कि "भारतीय समाज को समझने के लिए वर्ण और वर्ग को साथ-साथ ध्यान में रखना ज़रूरी है। हमारे यहाँ जो लोग केवल वर्ग की धारणा के आधार पर भारतीय समाज की संरचना को समझने की कोशिश करते हैं, वे वर्ण और जाति की वास्तविकता की उपेक्षा करते हैं और इस प्रक्रिया में भारतीय समाज की अधूरी समझ सामने लाते हैं। लेकिन दूसरी ओर वे लोग हैं, जो केवल वर्ण के आधार पर भारतीय समाज की संरचना की व्याख्या करते हैं। इस व्याख्या में भी भारतीय समाज की अनेक जटिलताएँ छूट जाती हैं। वास्तव में वर्ग एक धारणा है और वर्ण या जाति एक वास्तविकता है।"[3]

भारतीय समाज में मनुष्य की जाति ही उसका जीवन है। अम्बेडकर ने कहा भी था कि जाति का अस्तित्व माँ की गोद से लेकर मृत्यु तक रहता है। मैनेजर पाण्डेय भी भारतीय समाज में जाति की गहराई को जानते थे। कहते हैं कि "जाति व्यवस्था केवल एक सामाजिक व्यवस्था नहीं है, वह लम्बे काल से चली आती हुई परम्परा भी है, जो भारतीय मनुष्य की चेतना, उसके संस्कार, उसके बोध और उसकी पूरी मानसिक बनावट को प्रभावित करती है। इसलिए उसके प्रभाव से मुक्त होना सहज और सरल नहीं है।"[4] वह यह भी जानते थे कि हिन्दू समाज जाति पर आधारित समाज है। जाति ही मनुष्य की सीमा का निर्धारण करती है। आगे लिखते हैं कि "हिन्दू समाज की जाति-व्यवस्था कोई साधारण रीति-रिवाज या प्रथा नहीं है। वह ग़ुलामी की सम्पूर्ण व्यवस्था है।"[5]

मैनेजर पाण्डेय ने भारतीय समाज का गहराई से अध्ययन किया था। अध्ययन करते हुए उन्होंने देखा कि भारतीय समाज की अधिकतर मान्यताएँ दलित समाज के विरोध में खड़ी हैं जो दलितों में अपमान बोध पैदा करती हैं। मैनेजर पाण्डेय का मानना है कि "हिन्दी क्षेत्र में ऐसी अनेक कहावतें प्रचलित हैं, जो दलितों के बारे में घृणा से भरी हुई हैं। एक कहावत प्रचलित है—करिया बाभन, गोर चमार, इनका संगे न उतरो पार, तात्पर्य यह कि काले ब्राह्मण और गोरे चमार के साथ नदी पार नहीं करना चाहिए। इस कहावत के अभिप्राय पर विचार करें तो साफ़ मालूम होगा कि एक स्तर पर वर्णभेद असल में रंगभेद है। इसलिए काले ब्राह्मण और गोरे चमार को सन्देह की नज़र से देखा जाता है और उन्हें अविश्वसनीय माना जाता है। यह प्रवृत्ति अन्य कहावतों में भी मिलती है।"[6]

मैनेजर पाण्डेय ने इस पुस्तक में अपने साक्षात्कार में राजनीतिक, आर्थिक और स्त्री के मुद्दों पर भी अपने विचार व्यक्त किये हैं। वह वर्ग के साथ-साथ वर्ण को भी देखते हैं। पाण्डेय जानते हैं कि केवल वर्ग की बात करना भारतीय समाज

की अधूरी जानकारी ही प्रस्तुत करेगा। पाण्डेय लिखते हैं कि “मैंने मार्क्सवादी दृष्टि के साथ-साथ अम्बेडकर के मूलगामी चिन्तन से परिचित होते हुए दलित साहित्य का स्वागत किया। मेरी राय में दलित साहित्य का आन्दोलन केवल एक साहित्यिक आन्दोलन नहीं है। जैसे कि छायावाद, प्रयोगवाद और नयी कविता। दलित साहित्य का आन्दोलन बुनियादी रूप में व्यापक सामाजिक और सांस्कृतिक आन्दोलन की अभिव्यक्ति है इसलिए इसका लक्ष्य हिन्दी साहित्य की दुनिया में अपने लिए जगह बनाना ही नहीं है, बल्कि भारतीय समाज को दलितों की दृष्टि से देखने, समझने, उसकी व्याख्या करने और दलितों की पीड़ा, बेचैनी, पराधीनता के यथार्थ तथा स्वाधीनता की आकांक्षा को व्यक्त करते हुए भारतीय समाज को बदलना है। इस उद्देश्य को पूरा करने के लिए मार्क्सवादी दृष्टि से फुले और अम्बेडकर की दृष्टियों की एकता आवश्यक है।[7]

दलितों की वास्तविक स्थिति का अध्ययन करना है तो हमें दलित समाज का विश्लेषण बहुत ही सूक्ष्म रूप से करना होगा। मैनेजर पाण्डेय की यह पुस्तक दलित समाज और उनके साहित्य को देखने की अलग दृष्टि प्रस्तुत करती है।

सन्दर्भ

1. स. सर्वेश कुमार मौर्य, साहित्य और दलित दृष्टि, स्वराज प्रकाशन, नयी दिल्ली, 2015, पृ. 20
2. वही, पृ. 32
3. वही, पृ. 47
4. वही, पृ. 62
5. वही, पृ. 78
6. वही, पृ. 71
7. वही, पृ. 124

एक आन्दोलनकारी किताब की कहानी 'देश की बात'

डॉ. अब्दुस समी

मैनेजर पाण्डेय के नाम और काम से मेरा परिचय आदरणीय प्रोफ़ेसर सरवरुल हुदा साहब के कारण हुआ। दो दशक पहले उन्होंने मैनेजर पाण्डेय की एक महत्त्वपूर्ण पुस्तक का अनुवाद उर्दू में किया था, जो साहित्य के समाजशास्त्रीय अध्ययन के लिए महत्त्वपूर्ण पुस्तक मानी जाती है। साहित्यिक और सामाजिक अध्ययन के साथ-साथ यह पुस्तक पाठक को अध्ययन और साहित्य के विभिन्न पहलुओं से परिचित कराती है। उर्दू में इस प्रकार की कुछ ही पुस्तकें लिखी गयी हैं। प्रगतिशील आलोचकों, विशेषकर मुहम्मद हसन के अलावा किसी ने भी इस पहलू पर ध्यान नहीं दिया। मैनेजर पाण्डेय ने साहित्य के उन सभी लोकप्रिय, अलोकप्रिय और उपेक्षित पहलुओं को अपने अध्ययन का हिस्सा बनाया, जिन्हें विश्वसनीय साहित्यिक आलोचक कुटिल या हीन मानते थे और उन्हें असाहित्यिक समझकर नज़रअन्दाज़ कर देते थे। यही कारण है कि जब इस पुस्तक का अनुवाद उर्दू में किया गया तो इसे न केवल लोकप्रियता मिली बल्कि इसे विश्वविद्यालयों में शोधस्तर के पाठ्यक्रमों में शामिल किया गया। इस तरह उर्दू का पाठक मैनेजर पाण्डेय के नाम और काम से परिचित हो गया। मैनेजर पाण्डेय के लेखन से पहला सामना इसी पुस्तक के माध्यम से हुआ। मैनेजर पाण्डेय की विद्वता और अध्ययन की व्यापकता कम-ओ-बेश उनके भाषण और बातचीत में भी उतनी ही झलकती है, जितनी उनके लेखन में दिखती है। उनसे तीन-चार बार मिलने और चर्चा करने का मौक़ा मिला। ये मुलाक़ातें मुनिरका में स्थित उनके घर पर हुई थीं, क्योंकि जब मैं एम.ए. के लिए जेएनयू गया तब तक वे सेवानिवृत्त हो चुके थे। सेंटर और लाइब्रेरी में उनका आना-जाना रहता था, लेकिन कभी उनसे मुलाक़ात या बात नहीं हुई। विभिन्न उर्दू-हिन्दी सेमिनारों में उन्हें सुना। वह अपने विशिष्ट लब–ओ-लहजे के कारण दर्शकों को बहुत जल्दी आकर्षित कर लेते थे। स्वर की विशिष्टता, शब्दों पर

ज़ोर और वाक्यों की काट उनकी बातचीत को रोचक और सार्थक बना देती थी। वह ठेठ लहजे में बात करते हुए रोज़मर्रा का बहुत इस्तेमाल करते थे। साहित्य और समाज के प्रति उनकी गम्भीरता उनके व्यंग्यात्मक लहजे में देखी जा सकती है। वह अप्रिय बातों पर अपनी नाराज़गी का इज़हार भी बेबाकी से करते थे। राष्ट्र की पीड़ा, साहित्य और समाज के प्रति उनकी जो प्रतिबद्धता है उसका उदाहरण उनके युग में कम ही देखने को मिलता है।

मैनेजर पाण्डेय के अध्ययन का दायरा काफ़ी व्यापक है। साहित्य, इतिहास, सभ्यता, समाज और संस्कृति के विविध पक्षों पर उनकी दृष्टि तो थी ही, कथा-साहित्य के इतिहास और भारतीय संस्कृति पर भी उनकी दृष्टि गहरी थी। वे कथा साहित्य को इतिहास से और इतिहास को कथा साहित्य से बिल्कुल अलग नहीं करते, उनके अन्त:सम्बन्धों को नज़रअन्दाज़ नहीं करते, बल्कि वे दोनों के सामान्य तत्त्वों की पहचान करते हैं और फिर समाज और साहित्य के बीच के सम्बन्ध को स्पष्ट करने का प्रयास करते हैं। उन्हें हर वह लेखन प्रेरणा देता है और प्रेरित करता है जो देश, राष्ट्र, समाज और संस्कृति को प्रभावित करता है या प्रभावित करने की क्षमता रखता है। 'देश की बात' एक ऐसी पुस्तक है जिसने पिछली शताब्दी के आरम्भ में राष्ट्रीय जागरूकता और देश भक्ति पैदा करने में महत्त्वपूर्ण भूमिका निभायी थी। सखाराम गणेश देउस्कर की पुस्तक 'देशेर कथा' मुख्य रूप से बांग्ला भाषा में है। बाबूराव विष्णु पराड़कर ने 'देश की बात' के रूप में इसका हिन्दी अनुवाद किया है। नेशनल बुक ट्रस्ट द्वारा प्रकाशित इस पुस्तक की प्रस्तावना मैनेजर पाण्डेय ने 'एक आन्दोलनकारी किताब की कहानी' शीर्षक से लिखी है। शीर्षक से भी पुस्तक की प्रकृति का अन्दाज़ा लगाया जा सकता है। जो लोग मैनेजर पाण्डेय के व्यक्तित्व और किताबों से परिचित हैं वे जानते हैं कि मैनेजर पाण्डेय का झुकाव किस तरह के विचारों की ओर रहा है। इस पुस्तक पर उनका लेखन उनके मिश्रित स्वभाव को भी व्यक्त करता है। उन्होंने एक पुस्तक के अनुवाद का परिचय देते हुए पुस्तक की रचना का इतिहास, उसके साहित्यिक और सामाजिक महत्त्व और समाज और युग पर उसके प्रभाव की समीक्षा करते हुए, क्रान्ति के इतिहास और भारत में स्वतन्त्रता आन्दोलन की अवधारणाओं और विचारों पर चर्चा की है। वह इस पुस्तक को केवल इसके पाठ के सन्दर्भ में ही ऐतिहासिक और सामाजिक महत्त्व का नहीं मानते, बल्कि ऐसे कई बिन्दुओं की ओर भी ध्यान दिलाते हैं जिससे हमारा ध्यान भारत के औपनिवेशिक और उत्तर-औपनिवेशिक अध्ययन की ओर जाता है। पुस्तक के परिचय, उसके प्रकाशन के चरणों और लेखक की अन्य विद्वतापूर्ण

साहित्यिक और पत्रकारीय सेवाओं पर प्रकाश डालने के बाद मैनेजर पाण्डेय लिखते हैं—

"देउस्कर भारतीय जनजागरण के एक विचारक हैं जिनके चिन्तन और लेखन में स्थानीयता और अखिल भारतीयता का अद्‌भुत संगम है। वह महाराष्ट्र और बंगाल के नवजागरण के बीच सेतु के समान हैं। उनका प्रेरणा-स्रोत महाराष्ट्र है, पर वे लिखते बंगला में हैं। अपने मूल से अटूट लगाव और वर्तमान से गहरे जुड़ाव का संकेत उनके देउस्कर नाम में भी दिखाई देता है, जो देउस और करौं के योग से बना है।" (पृ. 11)

बंगाल में जन जागरूकता और देश भक्ति पैदा करने में इस पुस्तक की उपलब्धियों से प्रेरित होकर कई लोगों ने बांग्ला और अन्य भारतीय भाषाओं में इसी तरह की किताबें लिखीं। देउस्कर की पुस्तक 'देशेर कथा' की रचना और प्रकाशन के साथ उसके हिन्दी अनुवाद भी हुए। मैनेजर पाण्डेय का मानना है कि 'देशेर कथा' ने बांग्ला जनता के बीच अपनी भूमिका निभायी और अनुवाद के बाद जब यह हिन्दी भाषी लोगों तक पहुँची तो इसका प्रभाव विस्तृत हुआ। अनुवाद की व्यापकता और सार्वभौमिकता पर प्रकाश डालते हुए मैनेजर पाण्डेय लिखते हैं—

"सखाराम गणेश देउस्कर की पुस्तक 'देशेर कथा' के हिन्दी अनुवाद का विशेष महत्त्व है। इसमें भारत की पराधीनता के यथार्थ की जटिल समग्रता और स्वाधीनता की अदम्य आकांक्षा की अभिव्यक्ति है। इस पुस्तक के अनुवाद और हिन्दी पाठकों के बीच इसके प्रसार ने स्वदेशी की भावना जगाने और राष्ट्रीय चेतना को व्यापक बनाने में अनुपम भूमिका निभायी है। (पृ. 12-13)

ग़ुलामी की हक़ीक़त और उसकी समस्याओं को समझने के लिए मैनेजर पाण्डेय ने इस पुस्तक को महत्त्वपूर्ण बताया है। उनका मानना है कि इसमें ग़ुलामी की समस्याओं और आज़ादी की आकांक्षाओं को बेहतर ढंग से व्यक्त किया गया है। उनके मुताबिक़ उस समय तक भारत की किसी भी स्थानीय भाषा में ऐसी कोई किताब नहीं आयी थी। उन्होंने दादा भाई नौरोजी, रमेशचन्द्र दत्त और डिग्वी की किताबों का ज़िक्र किया है, लेकिन साथ ही यह भी बताया है कि ये सभी किताबें सीमित पाठकवर्ग और एक अलग उद्‌देश्य के साथ अंग्रेज़ी में थीं। देउस्कर ने भी इन पुस्तकों का प्रयोग किया है। मैनेजर पाण्डेय ने इन किताबों के ज़िक्र के साथ देउस्कर का बयान भी उद्धृत किया है जिससे यह स्पष्ट हो जाता है कि इन किताबों के रहते देउस्कर की किताब का क्या महत्त्व है। मैनेजर पाण्डेय लिखते हैं—

"भारत में ब्रिटिश उपनिवेशवाद के व्यवहार को समझने और उसके विरुद्ध भारतीय जनता के संघर्षों को शक्ति, गति और दिशा देने के लिए ही देउस्कर ने 'देश की बात' की रचना की थी।... दो बातें देउस्कर की पुस्तक को दादाभाई नौरोजी, रमेशचन्द्र दत्त और डिग्वी की पुस्तकों से भिन्न तथा विशिष्ट बनाती हैं एक तो इन तीनों लेखकों की किताबें अंग्रेज़ी में थीं। दूसरी बात यह कि देउस्कर की पुस्तक का लक्ष्य आम जनता में स्वदेशी की भावना जगाना और स्वाधीनता की चेतना पैदा करना था। यह लक्ष्य नौरोजी, रमेशचन्द्र दत्त और डिग्वी के सामने न थे। देउस्कर ने नौरोजी, दत्त और डिग्वी के अलावा अन्य अनेक पुस्तकों और सरकारी रिपोर्ट्स से सामग्री का संकलन किया है। इसके साथ ही उन्होंने बांग्ला और अंग्रेज़ी की देशी-विदेशी पत्रिकाओं में छपी सामग्री का भी उपयोग अपनी पुस्तक में किया है। यह देखकर आश्चर्य होता है कि सन् 1909 तक की पत्रिकाओं में प्रकाशित लेखों का उपयोग 'देश की बात' में है। इससे देउस्कर जी की तैयारी और तत्परता का अन्दाज़ लगाया जा सकता है।" (पृ. 16-17)

इस उद्धरण से पुस्तक के उद्देश्य और इसकी तैयारी में प्रयुक्त सामग्री का अनुमान लगाया जा सकता है। मैनेजर पाण्डेय का विचार सही है कि इस पुस्तक से लेखक का उद्देश्य लोगों में जागरूकता पैदा करना और साम्राज्यवाद को उसके वास्तविक रूप में देखना था, जबकि नौरोजी, दत्त और डिग्वी की दृष्टि में साधारण लोग कम और अभिजात वर्ग अधिक था। इस पुस्तक की तैयारी के लिए देउस्कर ने उस समय तक की प्रकाशित विभिन्न पुस्तकों का अध्ययन तो किया ही था, साथ ही समाचार-पत्रों, पत्रिकाओं और पुस्तिकाओं की सहायता से अपनी पुस्तक को दस्तावेज़ का रूप प्रदान करने का भी प्रयास किया।

यह बात किसी से छिपी नहीं है कि आधुनिक भारत के निर्माण में मुस्लिम शासकों की अहम भूमिका रही है, लेकिन अंग्रेज़ों के आगमन और सत्ता पर प्रभुत्व के बाद यहाँ के निवासियों के बीच मुसलमानों, ख़ासकर मुस्लिम शासकों के बारे में कई तरह की ग़लतफ़हमियों को हवा दी गयी। यह इसलिए किया गया ताकि लोग न केवल इन शासकों से प्रभावित हों, बल्कि वे अंग्रेज़ों को रक्षक मानने में संकोच न करें। यह दुर्भावनापूर्ण विचार इस तरह फैलाया गया कि अच्छे-ख़ासे लोग धोखा खा गये। मैनेजर पाण्डेय ने इतिहास के इस महत्त्वपूर्ण बिन्दु की ओर ध्यान दिलाते हुए देउस्कर की पुस्तक को इस सन्दर्भ में भी महत्त्वपूर्ण बताया है। बलेन्द्रनाथ और देउस्कर के विचारों का उल्लेख करते हुए उन्होंने लिखा है—

"भारत की सभ्यता, संस्कृति और साहित्य के विकास में भी मुस्लिम शासन के योगदान का उल्लेख देउस्कर ने किया है। उन्होंने श्री बलेन्द्रनाथ ठाकुर के बंगला में प्रकाशित एक लेख का एक अंश उद्धृत किया है जो इस प्रकार है, "मुसलमानों के शासन से भी हमारे बहुत उपकार हुए हैं। यह उन्हीं के राजत्व का फल है कि भारतवर्ष को साधारणत: सब प्रदेशों में प्रचलित हिन्दी जैसी भाषा मिली है, स्थापत्य विद्या ख़ूब उन्नति हुई है। हम यह नहीं मानते कि मुसलमान शासन प्रणाली कष्टकर थी। इसके बाद अपनी राय देते हुए देउस्कर ने लिखा है कि जो लोग भेद-नीति के बल से भारत पर राज करना चाहते हैं, वे ही कोमल हृदय बालकों की आँखों के सामने मुसलमानों को अत्याचार-परायण और असभ्यों के रूप में चित्रित किया करते हैं। इसी से हम लोगों ने लड़कपन से ही सीखा है कि मुसलमानगण एक हाथ में कुरान और दूसरे में तलवार लेकर कृतान्त (यमराज) के भेष में चारों ओर फिरा करते थे। देउस्कर का यह कथन एक ओर अंग्रेज़ों की कुटिल नीति की ओर संकेत करता है तो दूसरी ओर आजकल इसी ढंग से सोचने और बात करने वालों की दिमाग़ी ग़ुलामी को भी स्पष्ट करता है।" (पृ. 19-20)

मैनेजर पाण्डेय की नज़र में इतिहास के वो पन्ने भी हैं जिनमें सामाजिक समरसता को बिखेरने की कोशिश की गयी और वे इसे महज़ संयोग या धर्मों और सम्प्रदायों का आपसी टकराव नहीं कहते, बल्कि इसके पीछे सचेत प्रयास और गहरी साज़िश के होने की बात करते हैं। उनका मानना है कि भारतीय समाज में कई भ्रान्तियाँ फैलाई गयीं और उनके ज़रिये सत्ता पर काबिज़ होने की लगातार कोशिश की गयी। जिसके परिणामस्वरूप भारतीय समाज कई भागों में विभाजित हो गया और उन्होंने इस विभाजन की खाई को धीरे-धीरे बढ़ाने का कर्तव्य भी निभाया। मैनेजर पाण्डेय इस महत्त्वपूर्ण बिन्दु की ओर इशारा करते हुए देउस्कर की समाज की अवधारणा और ऐतिहासिक चेतना की भी चर्चा करते हैं और इस पुस्तक की समकालीन प्रासंगिकता पर भी प्रकाश डालते हैं। वह लिखते हैं—

"आज के साम्प्रदायिक उभार के समय में 'देश की बात' साम्प्रदायिकता के स्रोतों और रूपों की जानकारी देकर पाठकों को साम्प्रदायिक सोच से बचने में मदद करेगी।" (पृ. 20)

मैनेजर पाण्डेय को इस बात का अहसास है कि आज के सामाजिक परिवेश में जब दिलो-दिमाग़ में साम्प्रदायिकता का ज़हर घोलने की कोशिशें तेज़ हो गयी हैं और वे अपने मक़सद में काफ़ी हद तक सफल भी हो रहे हैं, ऐसे समय में देउस्कर की किताब अधिक ज्ञानवर्धक और सार्थक हो जाती है। मैनेजर पाण्डेय का

मानना है कि यह पुस्तक इस विषाक्त वातावरण का प्रतिकार है। मैनेजर पाण्डेय की समाज और उसकी बदलती छवि पर पैनी नज़र है। वे समाज को विभिन्न इकाइयों का समुच्चय मानते हैं और उनके मतभेदों एवं सहमतियों को भी पहचानते हैं, परन्तु वे इन मतभेदों को आपसी कलह, संघर्ष एवं टकराव का कारण नहीं मानते हैं। वे बहुलवादी समाज को भारत की मूल और प्राथमिक पहचान मानते हैं।

भारत में एक वर्ग ऐसा भी है जो अंग्रेज़ों के आगमन को सौभाग्य और वरदान मानता है। उनका मानना है कि भारत के सामाजिक-आर्थिक परिवर्तन और औद्योगिक विकास में अंग्रेज़ों ने प्रमुख भूमिका निभायी। देउस्कर और मैनेजर पाण्डेय ने इस भ्रम को दूर करने की कोशिश की है। वह लिखते हैं—

"जो लोग अंग्रेज़ी राज को भारत में उद्योगीकरण का पोषक समझते हैं वे 'देश की बात' पढ़कर अपना भ्रम दूर कर सकते हैं। हाल के वर्षों में अनेक इतिहासकारों ने भारत में अंग्रेज़ी राज की भूमिका का विवेचन करते हुए यह स्पष्ट किया है के ब्रिटिश उपनिवेशवाद ने बड़े पैमाने पर भारतीय उद्योगों का नाश किया और भारतीय समाज को रुढ़िग्रस्त बनाने का प्रयत्न किया, जिसके परिणामस्वरूप भारत ब्रिटिश अर्थव्यवस्था के अधीन खेती पर निर्भर उपनिवेश बन गया और भारत का नागरिक समाज ब्रिटिश तानाशाही के अधीन अपना अस्तित्व बचाए रखने की कोशिश में लगा रहा।" (पृ. 22)

मैनेजर पाण्डेय के लेखन का एक बड़ा गुण यह है कि वे साम्राज्यवाद के तहत किसी भी साम्राज्य को छूट नहीं देते। उनका स्पष्ट मत है कि साम्राज्यवाद, चाहे उसका रूप, आकार और क्षेत्र कुछ भी हो, प्रजा और जनता के लिए अभिशाप और दण्ड है। वह विचार और भावना की सारी शक्तियाँ छीन लेता है और उसकी गति और ऊर्जा का उपयोग अपने साम्राज्य के विस्तार के लिए करता है। लेख के अन्त में मैनेजर पाण्डेय ब्रिटिश साम्राज्यवाद (जो देउस्कर की पुस्तक का मुख्य विषय है) की तुलना अमेरिकी साम्राज्यवाद से करते हैं। वह अमेरिका की उन सभी नीतियों की आलोचना करते हैं जिन्होंने कई देशों को बर्बाद कर दिया। वह लिखते हैं—

"साम्राज्यवाद जब किसी देश पर क़ब्ज़ा करता है तब वह उसके भूगोल और इतिहास को ही नहीं, वहाँ के लोगों के दिलो-दिमाग़ को भी अपना उपनिवेश बनाता है। यह काम 18 वीं-19वीं सदियों के साम्राज्यवाद ने किया था और वही सब कुछ आजकल अमेरिका कर रहा है।" (पृ. 22)

"पुराने साम्राज्यवाद की तरह अमेरिका भी असभ्यों को सभ्य बनाने और दूसरे देशों में स्वतन्त्रता, लोकतन्त्र तथा मानवाधिकारों की रक्षा की बातें करता है।

यह शब्दाडम्बर साम्राज्यवाद की विचारधारा की जानी-पहचानी पुरानी शैली है जो दूसरों को धोखा देने का काम करती है।" (पृ. 29)

मैनेजर पाण्डेय ने इस लेख के अन्त में 'देश की बात' की समसामयिक प्रासंगिकता पर प्रकाश डालते हुए लिखा है कि कैसे नयी पीढ़ी इस पुस्तक के माध्यम से अपने अतीत के बारे में जान सकती है, वर्तमान को सुधार सकती है और उज्ज्वल भविष्य का निर्माण कर सकती है। वह लिखते हैं—

"आज़ादी के बाद पैदा होने वाली पीढ़ी को भारत में अंग्रेज़ी राज के शोषण और दमन का अनुभव नहीं है और वह पराधीनता के यथार्थ के साक्षात ज्ञान से भी अपरिचित है। शायद इसीलिए वह भूमण्डलीकरण के माया लोक की ओर सबसे अधिक दौड़ती दिखाई देती है। ऐसे में पराधीनता के अनुभव और ज्ञान का साक्षात्कार कराने वाली पुस्तक 'देश की बात' का नयी पीढ़ी के लिए विशेष महत्त्व है ताकि वह भारत के अतीत को जान-बूझकर अपने वर्तमान और भविष्य की दिशा तय कर सके। उनके लिए यह पुस्तक वर्तमान को आलोकित करने वाली और भविष्य का मार्गदर्शन करने वाली स्मृति की कौंध सिद्ध होगी।"(पृ. 31)

मैनेजर पाण्डेय का यह लेखन न केवल एक क्रान्तिकारी पुस्तक का परिचय है, बल्कि इस पुस्तक के सन्दर्भ में उन्होंने साम्राज्यवाद के बदलते रंग रूप से पाठक को अवगत कराने की कोशिश की है और इस सन्दर्भ में उन्होंने यह भी बताया है कि वर्तमान परिवेश में भारत किस तरह इतिहास से सीख सकता है। उनका मानना है कि यदि स्थिति शीघ्र नहीं बदली तो ब्रिटेन, अमेरिका या कोई अन्य शक्ति हम पर कब्ज़ा कर लेगी और हमारी सोचने-समझने की शक्ति छीन कर हमें विचार और भावना विहीन राष्ट्र में बदल देगी। मौजूदा हालात को देखते हुए कहा जा सकता है कि मैनेजर पाण्डेय की आशंका ग़लत नहीं थी।

मैनेजर पाण्डेय जेएनयू की अन्तर्निहित आर्द्रता से भरे एक सदाबहार शिक्षक

डॉ. गणपत तेली

उस दिन दिल्ली में उमस कुछ ज़्यादा थी। सुबह आधे-एक घण्टे की बूँदाबाँदी ने उमस की सघनता को और बढ़ा दिया था। अरावली की वादियों में बसे जेएनयू की पगडंडियाँ भीगी हुई थीं। जुलाई के महीने में उन पगडंडियों पर छात्र कुछ अलग ढंग के क़दम ताल करते थे, आज भी करते हैं। एक तरफ़ एम.फिल.-पीएच.डी. जमा करने वालों के क़दम जो अपने आप सुपरवाइजर के कमरे तक पहुँच जाते हैं और दूसरी तरफ़ भावी और सम्भावी विद्यार्थियों के नये क़दम, जिनकी पदचाप में अनन्त सम्भावनाओं के स्वर उभरते हैं। उस दिन जो क़दम इन पगडंडियों से रूबरू हो रहे थे, उसमें मैं भी था। मुझे नहीं पता था कि हम पसीने से भीग गये हैं या बारिश से, या यह जेएनयू की अन्तर्निहित आर्द्रता भिगो रही थी।

अकादमिक परिसर में सुबह-सुबह हर कोई जल्दी में था। जेएनयू की दिनचर्या में प्राय: सुबह नौ-दस बजे ही आपको तेज़ी दिखाई देगी, अकादमिक परिसर की ओर भागते हुए लोग दिखते हैं। शिक्षक पढ़ाने के लिए भागते हैं तो विद्यार्थी क्लास या लाइब्रेरी में पढ़ने के लिए। इसके अलावा जेएनयू समुदाय का आम सदस्य प्राय: भागता नहीं है, खाना खा ही लेंगे, बस छूट गयी तो अगली आ जायेगी। तो उस सुबह भी हर कोई जल्दी में था, एस.एल. नाम से विख्यात भाषा संस्थान में चहल-पहल थी। जहाँ हमारे जैसे विद्यार्थी प्रवेश परीक्षा और साक्षात्कार के तनाव में थे, वहीं सुपरवाइजर को चैप्टर दिखाने वालों के तनाव कुछ और ही थे, फोटोकॉपी की दुकानों पर भीड़ लगी थी। कुछ विद्यार्थी ऐसे भी थे, जो तनावग्रस्त लोगों का हौसला बढ़ा रहे थे।

वाईवा के लिए मेरा पाँचवाँ नम्बर था और वाईवा देकर आये एक-दो विद्यार्थियों को बाकी लोग घेरकर खड़े थे—'क्या पूछ रहे हैं', वे अपने अनुभव

बता रहे थे। प्रो. मैनेजर पाण्डेय के कमरे में वाईवा हो रहा था और मैं गलियारे में उनके कमरे के बाहर खड़ा अपनी बारी का इन्तज़ार कर रहा था। धड़कनें बढ़ी हुई थीं, मैं अपने आपको संयत और सहज करने की कोशिश कर रहा था। मेरा नम्बर आने पर मैंने कमरे के अन्दर जाने के लिए दरवाज़ा खोला, तो देखा कि कमरे में चारों ओर शिक्षकगण बैठे हैं और कैंडीडेट के लिए बीच में एक कुर्सी रखी हुई है, उस कुर्सी के ठीक सामने केन्द्र में बैठे हुए थे–प्रोफ़ेसर मैनेजर पाण्डेय। सम्भवत: वे इस साक्षात्कार के चेयर थे लेकिन इस बैठक व्यवस्था से भारतीय भाषा केन्द्र में उनकी स्थिति भी पता चल रही थी। शायद उस समय केन्द्र के अन्य सभी शिक्षक कभी-न-कभी उनके विद्यार्थी अवश्य रहे थे।

इस प्रत्यक्ष साक्षात्कार से पहले प्रोफ़ेसर पाण्डेय मेरे लिए एक मिथकीय चरित्र की तरह थे, जिनके बारे में सुना बहुत था, जेएनयू के पुराने विद्यार्थियों और मेरे शिक्षकों हिमांशु पण्ड्या एवं निरंजन सहाय से उनके बारे में बहुत-से क़िस्से सुने थे, उनकी कुछ किताबें और पत्रिकाओं में प्रकाशित कुछ लेख पढ़े थे लेकिन कभी प्रत्यक्ष परिचय नहीं हुआ था। उनकी छवि सजग और सामाजिक सरोकार वाले आलोचक की थी। मुझसे पहले वाले प्रवेशार्थी ने एम.ए. जेएनयू से ही किया था पर उनका साक्षात्कार शायद ठीक नहीं हुआ था। जिस समय मैं अन्दर प्रविष्ट हुआ, धुएँ के बीच उनकी आवाज़ तैर रही थी—'इनको दो साल पढ़ाया फिर भी ये हाल है।' टेबल के उस ओर पाण्डेय जी सिगरेट पी रहे थे। यह पहली और आख़िरी बार मैंने उन्हें सिगरेट पीते हुए देखा था, अन्यथा वे धूम्रपान के लिए पाइप का ही उपयोग करते दिखते थे। वे अप्रसन्न थे, उन्होंने अपनी खींचती हुई आवाज़ में मेरा नाम, क्रमांक और शोध-प्रस्ताव का विषय पूछा। पाण्डेय जी के बोलने का लहजा कुछ ऐसा था कि अगर वे ज़ोर से बोलते थे तो डाँटते हुए प्रतीत होते। शायद इसी वजह से यह प्रचलित हुआ होगा कि 'सर से डर लगता है' अन्यथा विद्यार्थियों के प्रति उनकी आत्मीयता जग ज़ाहिर है। कोई भी विद्यार्थी अपनी किसी भी समस्या के साथ उनसे मिल सकता था, वे उसे अवश्य सुनते थे और समाधान का प्रयास करते थे। उनकी सख़्त आवाज़ से मेरा विश्वास डगमगाने ही वाला था कि उन्होंने मेरे शोध विषय से जुड़ी कुछ किताबों के बारे में पहला सवाल किया। मेरे पहले ही जवाब से वे प्रसन्न हुए, उनकी आवाज़ की सख़्ती जाती रही और मेरी असहजता कम होने लगी। आठ-दस मिनिट्स के उस साक्षात्कार के अन्त तक लगने लगा कि यह इतना जल्दी क्यों ख़त्म हो गया।

जेएनयू में प्रवेश के बाद एम.फिल. के पहले सेमेस्टर में प्रो. मैनेजर पाण्डेय हमें 'साहित्य का समाजशास्त्र' पढ़ाने वाले थे। यह विश्वविद्यालय में उनका अन्तिम

वर्ष था। इसलिए सभी विद्यार्थियों में उनसे पढ़ने का उत्साह था। मेरे जैसे बाहर से आने वाले विद्यार्थियों के लिए यह विषयक्षेत्र एकदम नया था। हम हिन्दी साहित्य और भाषा से सम्बन्धित प्रश्न पत्र पढ़कर आये थे जबकि जेएनयू में एम.ए. के दौरान 'साहित्य और विचारधारा' जैसे प्रश्नपत्र यहाँ के एम.फिल. विद्यार्थियों के लिए के लिए आधार तैयार कर देते हैं, इसलिए उनके लिए यह क्षेत्र नया नहीं था। प्रोफ़ेसर पाण्डेय हमारी इस कठिनाई का ध्यान रखते हुए हमें हिन्दी साहित्य और भारतीय साहित्य के उदाहरणों के साथ साहित्य के समाजशास्त्र की अवधारणाएँ समझाते थे। विधेयवाद पढ़ते हुए हिन्दी अकादमिक जगत से दिये गये उनके उदाहरण आज भी याद हैं। कक्षा में प्राय: प्रो. पाण्डेय का हिन्दी के वरिष्ठ आलोचक और प्रकाण्ड विद्वान वाला रूप हावी रहता था। उनकी कथाओं, दृष्टान्तों और विनोदप्रियता से युक्त कक्षाओं का सभी को इन्तज़ार रहता था। समकालीन कवियों और आलोचकों पर की गयी उनकी टिप्पणियाँ उन लेखकों को समझने का संकेत देती थीं। उनकी कक्षा व्याख्यानों में अन्य अनुशासनों के अद्यतन सन्दर्भ रहते थे। उनके व्याख्यानों में एकदम नवीनतम लेखों एवं पत्रिकाओं के सन्दर्भ होते थे। प्रतिदिन वे अपने घर से सेंटर आने के क्रम में पहले सेंट्रल लायब्रेरी के वाचनालय में जाते थे और विभिन्न पत्र-पत्रिकाओं को पढ़ते थे और बाद में क्लास के लिए आते थे। साहित्य के साथ-साथ समाजविज्ञान उनके पठन-पाठन का प्रिय क्षेत्र हुआ करता था। निस्सन्देह उनकी कक्षाएँ अन्तरानुशासनात्मक अध्ययन की नींव हुआ करती थीं। उनका लेखन भी समाज विज्ञानियों में समान रूप से लोकप्रिय है।

अगले सेमेस्टर में उन्होंने हमें वैकल्पिक प्रश्नपत्र तुलनात्मक भारतीय साहित्य (उपन्यास) पढ़ाया था, जिसमें उन्होंने भारतीय भाषाओं में उपन्यास के उदय, आधुनिकता, तत्कालीन समाज आदि प्रसंगों को विस्तार से समझाया था। मीनाक्षी मुखर्जी की पुस्तक 'अर्ली नॉवेल्स इन इंडिया' और टी.डब्ल्यू. क्लार्क की पुस्तक 'दी नॉवेल इन इंडिया' की जानकारी हमें उनकी कक्षा के व्याख्यानों में ही मिली थी। यह सेमेस्टर उनका आख़िरी सेमेस्टर था लेकिन पाण्डेय जी से पढ़कर नहीं लगता था कि वे आख़िरी सेमेस्टर पढ़ा रहे हैं। उस दौरान मैंने एक महत्त्वपूर्ण बात सीखी। सर ने सामान्यीकरण से बचने के लिए 'प्राय:' या 'अक्सर' के समुचित प्रयोग पर ज़ोर दिया था।

ऐसा विरले ही होता है कि आप जिस विद्वान का लेखन पढ़कर प्रभावित हों, उनसे पढ़ने का मौक़ा भी मिल जाये। इस मामले में भाग्यशाली रहा कि उनके पढ़ाये अन्तिम बैच का विद्यार्थी रहा। सेवानिवृत्ति के बाद भी प्रोफ़ेसर पाण्डेय विद्यार्थियों

और शोधार्थियों के लिए चलते-फिरते संस्थान या केन्द्र थे। वे प्राय: सप्ताह में दो बार जेएनयू लाइब्रेरी आते थे। वे जब भी आते थे कभी अकेले नहीं रह पाते थे। कुछ विद्यार्थी उन्हें घेर ही लेते थे। उन्हें मैंने जब भी देखा किसी-न-किसी विद्यार्थी को उनसे बात करते देखा। किसी भी विषय और किसी भी विश्वविद्यालय के विद्यार्थी उनसे बेहिचक मिल सकते थे। एम.ए. और शोध के विद्यार्थियों की हर एक जिज्ञासा के लिए उनके पास समय होता था। उनका निधन न केवल लेखक, आलोचक और विद्वान की कमी पैदा कर गया बल्कि एक सदाबहार शिक्षक का स्थान ख़ाली कर गया, जिसकी कमी हिन्दी जगत और जेएनयू महसूस करता रहेगा।

'मुग़ल बादशाहों की हिन्दी कविता' शोध का एक नया आयाम

डॉ. ज़ेयाउल्लाह अनवर

आजकल आम जनता के मन में मुग़ल बादशाहों के प्रति जो नफ़रत फैलाई जा रही है वह बिल्कुल स्पष्ट है। मुग़लों को भारतीय शासकों के बजाय एक विशेष धर्म से जोड़कर देखने की राजनीति धार्मिक घृणा का एक मुख्य कारण है। ऐसे में मैनेजर पाण्डेय की पुस्तक 'मुग़ल बादशाहों की हिन्दी कविता' एक सराहनीय प्रयास है। यह किताब उन लोगों को स्पष्ट जवाब देती है जो भाषा के आधार पर नफ़रत फैला रहे हैं। उर्दू और हिन्दी को दो धर्मों की भाषा माना जाने लगा है। जबकि वास्तव में भाषाओं का सम्बन्ध धर्मों से नहीं सामान्य लोगों से होता है। और सामान्य लोगों में सभी धर्मों के लोग शामिल हैं, उनके साथ भाषा के आधार पर भेदभाव नहीं किया जा सकता है। मुग़ल बादशाहों को हमेशा फ़ारसी और उर्दू भाषाओं से जोड़ा जाता रहा है, लेकिन हिन्दी और ब्रज भाषाओं के साथ उनके सम्बन्धों की चर्चा कम हुई है। इस पुस्तक के माध्यम से मैनेजर पाण्डेय ने मुग़ल बादशाहों द्वारा हिन्दी तथा ब्रज भाषा से उनके लगाव का उदाहरण तो प्रस्तुत किया ही है, साथ ही हिन्दी में लिखी उनकी कविताओं का संग्रह कर यह भी दर्शाया है कि मुग़ल बादशाहों को यहाँ की भूमि के साथ-साथ यहाँ की भाषा से भी विशेष प्रेम था। और भाषा का प्रेम दिलों को मोह लेता है।

मैनेजर पाण्डेय की यह किताब पहली बार 2016 में प्रकाशित हुई। 135 पृष्ठों की यह पतली–दुबली पुस्तक बाबर से बहादुर शाह ज़फ़र तक लगभग तीन सौ वर्षों में हिन्दी और ब्रजभाषा के विकास में मुग़लों की महत्त्वपूर्ण भूमिका पर प्रकाश डालती है। मुग़लों का हिन्दी भाषा से प्रेम न सिर्फ़ इस बात से ज़ाहिर होता है कि उन्होंने हिन्दी कवियों को संरक्षण दिया, बल्कि हिन्दी कविता और राग रंग को अपने जीवन का हिस्सा भी बनाया। उन्होंने न केवल हिन्दी में छन्द लिखे हैं

बल्कि रागों का भी अच्छा प्रयोग किया है। इसका स्पष्ट प्रमाण कृष्णानन्द व्यास की पुस्तक 'रागकल्पद्रुम' है। पाण्डेय जी की इस पुस्तक का आधार कृष्णानन्द व्यास देव द्वारा लिखित रागकल्पद्रुम है। पाण्डेय जी ने अपनी पुस्तक की भूमिका में स्वयं यह बात कही है—"इस कविता संग्रह को पढ़ते हुए पाठकों को यह ध्यान में रखना चाहिए कि जिस ग्रन्थ से ये पद, गीत और गान लिए गये हैं, वह संगीत का ग्रन्थ है। संग्रहकर्ता कृष्णानन्द व्यास देव राग सागर ने 32 वर्षों तक सारे भारत में घूम–घूम कर गीतों का संग्रह किया था।"[1] लेकिन यह भी सच है कि पाण्डेय जी केवल इस पुस्तक पर निर्भर नहीं रहे, बल्कि मुग़लों से सम्बन्धित अन्य पुस्तकों को भी अपना सन्दर्भ बनाया है। जिसके हवाले उन्होंने पुस्तक की भूमिका के अन्त में दाख़िल किये हैं। इन हवालों को देखकर यह अनुमान लगाया जा सकता है कि पाण्डेय जी की शोध चेतना कितनी उन्नत है। उन्होंने न केवल हिन्दी बल्कि अंग्रेज़ी पुस्तकों को भी सन्दर्भ के रूप में सूचीबद्ध किया है।

'कैप्टिव प्रिंसेस' (Captive princess by Annie Krieger Krynicki) और 'पोएट्री ऑफ़ किंग्स' (Poetry of kings by Allison Busch) पुस्तकों पर विशेष रूप से उनकी दृष्टि रही है। 'पोएट्री ऑफ़ किंग्स' का विषय पाण्डेय जी की किताब से बहुत मिलता–जुलता है। यह किताब 2011 में ऑक्सफोर्ड यूनिवर्सिटी प्रेस द्वारा प्रकाशित की गयी थी। इससे पता चलता है कि पाण्डेय जी की शोध और आलोचनात्मक दृष्टि कितनी पैनी और अप टू डेट थी। अपने जीवन के अन्तिम दिनों में भी उन्होंने साहित्य और साहित्यिक शोध पर गहरी नज़र रखी है। उन्होंने अकादमिक रूप से ख़ुद को हमेशा अपडेट रखा है। ये अपने आप में बहुत बड़ी बात है। एलिसन बॉश की यह पुस्तक (पोएट्री ऑफ़ किंग्स) उनकी महत्त्वपूर्ण उपलब्धियों में से एक है। एलिसन कोलम्बिया विश्वविद्यालय में हिन्दी की प्रोफ़ेसर थीं। उन्हें विश्व हिन्दी सम्मान से भी सम्मानित किया जा चुका है। 2019 में पचास वर्ष की आयु में उनका निधन हो गया। लेकिन उनकी उपर्युक्त पुस्तक अपने आप में महत्त्वपूर्ण है। वह पहली पश्चिमी विचारकों में से एक थीं जिन्होंने हिन्दी कविता के माध्यम से इतिहास के एक अलग पहलू को समझने का मार्ग प्रशस्त किया है। एलिसन को उनके प्रयासों के लिए हमेशा याद किया जायेगा। हरबंस मुखिया ने भी अपनी पुस्तक 'द मुग़ल्स ऑफ़ इंडिया' के एक अध्याय में इस बात की तरफ़ इशारा किया है। जिसका उल्लेख पाण्डेय जी ने अपनी इस पुस्तक की भूमिका में किया है।

पाण्डेय जी ने अपनी पुस्तक की भूमिका को तीन अलग-अलग हिस्सों में बाँटा है। भारतीय मुग़ल राजवंश और कविता, द्वितीय भारतीय मुग़ल दरबार में हिन्दी

कविता और तृतीय भारतीय मुग़ल बादशाहों की हिन्दी (ब्रजभाषा) कविता। इन तीनों महत्त्वपूर्ण बिन्दुओं के माध्यम से हम अनुमान लगा सकते हैं कि पाण्डेय जी ने इस विषय पर कितनी गम्भीरता से विचार किया है और इन महत्त्वपूर्ण बिन्दुओं पर चर्चा की है। उन्होंने पुस्तक की भूमिका में न सिर्फ़ उन मुग़ल राजाओं का ज़िक्र किया है जिन्होंने हिन्दी में कविता लिखी, बल्कि उन लोगों पर भी प्रकाश डाला है जो हिन्दी कविता के शौक़ीन थे, और उनके हिन्दी कवियों के प्रति संरक्षण का भी खुलेआम इज़हार किया है। वह अपनी बात मुग़ल साम्राज्य के संस्थापक बाबर से शुरू करते हैं। वह बाबर और हिन्दी के रिश्ते के बारे में लिखते हैं—"बाबर जब भारत का बादशाह बना, तभी से मुग़ल दरबार में हिन्दी कविता की मौजूदगी के प्रमाण मिलते हैं।"

पाण्डेय जी ने बाबर के उस शेर का भी उल्लेख किया है जिसमें हिन्दी शब्दों का सुन्दर प्रयोग है। लेकिन साथ ही वह इस तथ्य को भी स्वीकार करते हैं कि बाबर और हुमायूँ ने हिन्दी में कविता नहीं लिखी। लेकिन इसमें कोई शक नहीं कि कविता में उनकी गहरी दिलचस्पी थी। उन्हें भारत की स्वदेशी भाषाओं, विशेषकर हिन्दी या ब्रज से भी प्रेम हो गया था। इसका प्रमाण वे उनसे जुड़ी किताबों में ढूँढ़ कर पाठकों तक पहुँचाते हैं। हिन्दी या ब्रज में कविता लिखने की शुरुआत अकबर से होती है। उन्होंने भूमिका में दर्ज किया है कि अकबर फ़ारसी के साथ-साथ हिन्दी में भी कविता लिखता था। अकबर के बारे में अपने इस दावे के सबूत में उन्होंने शीरीं मूसवी के शब्दों को दोहराया है, जिसे शीरीं ने अपनी किताब 'अकबर के जीवन की कुछ घटनाएँ' में दर्ज किया है—"वे हिन्दी तथा फ़ारसी में कविताएँ भी लिखते हैं...हिन्दी में भी उन्होंने कविताएँ बहुरंगी अनोखे ढंग की लिखी हैं जो काव्य कला की बेजोड़ उदाहरण हैं।"[3] रागकल्पद्रुम में अकबर की वे रचनाएँ शामिल हैं जो वर्षों तक लोगों की नज़रों से ओझल रही हैं। पाण्डेय जी ने अकबर की 37 रचनाएँ दर्ज की हैं। इन रचनाओं में अकबर का संगीत प्रेम, प्रेम की अनुभूति और हिन्दू परम्परा का ज्ञान झलकता है। पाण्डेय जी ने अकबरी युग के एक बहुत ही महत्त्वपूर्ण पहलू की ओर भी ध्यान दिलाया है कि—"अकबर के समय से मुग़ल शहज़ादों और शहज़ादियों को चार भाषाओं की शिक्षा दी जाती थी। वे भाषाएँ थीं—तुर्की (मुग़लों की मातृभाषा), अरबी (धर्म की भाषा), फ़ारसी (राजकाज की भाषा) और ब्रज (स्थानीय बोलचाल की भाषा)।"[4] यह एक सिद्ध तथ्य है कि भाषा अपने साथ सांस्कृतिक पूँजी रखती है जो भाषा के साथ-साथ हमारे जीवन का एक महत्त्वपूर्ण हिस्सा बन जाती है। अकबर ने न केवल भारत की धरती से अपना रिश्ता मज़बूत किया,

बल्कि अपनी आने वाली पीढ़ी को भी यहाँ की मिट्टी से जुड़ना सिखाया। यही कारण है कि अकबर की औलाद में उसका पुत्र दानियाल हिन्दी में कविताएँ लिखता था। जहाँगीर तो हिन्दी में अच्छी कविताएँ लिखता था, उसकी कविताएँ रागकल्पद्रुम में भी दर्ज हैं। इस पुस्तक में जहाँगीर की कुल चार हिन्दी कविताएँ दर्ज की गयी हैं। इन कविताओं में भाषा का स्तर काफ़ी सरल और सुगम है। उसने अपनी आत्मकथा 'तुज़के जहाँगीरी' में हिन्दी कविता की खूब प्रशंसा की है।

शाहजहाँ कला का बड़ा प्रशंसक और कविता प्रेमी था। उसके दरबार में पर्याप्त कवि थे। एनी.के. क्रेयंकी ने अपनी पुस्तक 'कैप्टिव प्रिंसेस' में लिखा है कि कविता शाहजहाँ के दरबार की भाषा बन गयी थी। बादशाह दरबार में कविता में बात करता था। ये कविताएँ ब्रज/हिन्दी में भी होती थीं। इन कविताओं की ख़ासियत यह है कि इनमें बिरहा का सोज़ पाया जाता है। प्रियतम के वियोग में तड़पन मिलता है और उसके इन्तज़ार में पथराई आँखों का ज़िक्र है, उस पर अतिरिक्त बारिश के बूँदों की कटाक्ष है। इन्हीं गुणों के कारणवश उनकी कविताओं में कहीं–कहीं हमें बारहमासा की झलक दिखाई देती है। यह कविता देखें—

भाँदो कैसे दिनन माई श्याम काहेकों आवेंगे।
कोकलाकी कुहुक सुन छाती माती राती भई विरही
आगे ऊधो फूँक फूँक जरावेंगे।
शाहजहाँ पिया तुम बहुनायक विरहिन के अँसुअन
की तपत बुझावेंगे।

शाहजहाँ के पुत्रों में दारा शिकोह फ़ारसी का प्रसिद्ध कवि था। उसकी हिन्दी कविताओं के होने का गुमान किया जाता है। लेकिन दारा शिकोह के मुक़ाबले औरंगज़ेब की हिन्दी कविताओं के होने का प्रमाण मिलता है। पाण्डेय जी ने औरंगज़ेब की हिन्दी कविताओं को प्रस्तुत करते हुए इस धारणा को ख़ारिज कर दिया कि—"औरंगज़ेब के बारे में आम राय है कि वह हिन्दू विरोधी था, इसलिए यह भी मान लिया जाता है कि वह हिन्दी विरोधी भी था।"[5] जबकि वास्तव में ऐसा बिल्कुल नहीं है, पाण्डेय जी ने बर्नियर के हवाले से लिखा है कि—"शासक बनने के बाद औरंगज़ेब ने अपने धार्मिक गुरु से कहा था कि शासक के लिए धर्म की भाषा से अधिक उपयोगी है, स्थानीय भाषा।"[6] इस तरह की बात चन्द्रबली पाण्डेय ने भी अपनी पुस्तक 'मुग़ल बादशाहों की हिन्दी' में दर्ज की है। औरंगज़ेब की कविताएँ विषय की दृष्टि से भले ही विविधतापूर्ण नहीं हैं लेकिन उनकी भाषा समृद्ध है। वह इश्क़ मजाज़ी के बजाय इश्क़ हक़ीक़ी के अनुयायी थे।

औरंगज़ेब ने अपने पुत्रों की शिक्षा के लिए ब्रजभाषा के सर्वोत्तम शिक्षकों की व्यवस्था की, और स्थानीय भाषा पर विशेष ध्यान दिया। आगे चल कर औरंगज़ेब के दोनों बेटों, आजम शाह और मोअज़्ज़म शाह ने हिन्दी में कविताएँ लिखीं। हालाँकि इनकी हिन्दी कविताओं की संख्या कम है, लेकिन इन कविताओं का रचाव और भाषा का प्रवाह प्रशंसनीय है। जहाँदार शाह ने मोज तख़ल्लुस के तहत कविता लिखी। इसकी हिन्दी कविताएँ भी कम ही मिल सकी हैं। रीतिकाल का अक्स इसकी कविताओं में झलकता है। इसकी कविता में प्रेम प्रसंग का उल्लेख मिलता है। यह विरह के दर्द से भी वाक़िफ़ है। इसकी कविताओं में कहीं-कहीं लोकगीतों की झलक दिखाई दे जाती है। पाण्डेय जी ने पुस्तक की भूमिका में इसका संकेत भी दिया है। इसकी यह कविता देखी जा सकती है—

कौन जानेरी सखी मन की बात विरानी।
भली बुरी बिततहै जापै वोही बहे पहिचानी।
मार विरहकी सोई जानै जाके लोग तन मानै।
मौज इस राहमें बहोत गये हैं मल मल हाथ सयाने।

औरंगज़ेब के बाद मुग़ल साम्राज्य के गृहयुद्ध ने उसकी बुनियादें हिला दीं। मुग़ल साम्राज्य की जो नींव अकबर और उसके उत्तराधिकारियों द्वारा बारी–बारी मज़बूत की गयी थी, औरंगज़ेब के बाद मुग़ल राजकुमारों द्वारा वह कमज़ोर कर दी गयी। हर कुछ महीनों में एक नया राजा सिंहासन पर बैठता था। ऐसे में हमारी दृष्टि मोहम्मद शाह रंगीले और शाह आलम सानी शाही पर ठहरती है। जिनके कारणवश मुग़ल गृहयुद्ध कुछ मुद्दत के लिए थम जाता है। औरंगज़ेब के बाद इन दोनों राजाओं का काल थोड़ा लम्बा रहा। राजनीतिक उतार-चढ़ाव के बावजूद इन दोनों ने कविता की रचना पर भी ध्यान दिया। उर्दू और हिन्दी दोनों भाषाओं में बड़ी संख्या में छन्द लिखे। मोहम्मद शाह ने अपनी हिन्दी कविताओं में मोहम्मद शाह उपनाम का प्रयोग किया है। पाण्डेय जी ने मोहम्मद शाह के उपनाम के रूप में रंगीला और सदारंग का भी उल्लेख किया है। और उदाहरण में ये रचनाएँ प्रस्तुत हैं जो रागकल्पद्रुम से ली गयी हैं। लेकिन उर्दू शोधकर्ताओं में इम्तियाज़ अली खान अर्शी ने अपने शोध के आलोक में 'नादेराते शाही' की भूमिका में सदारंग को मोहम्मद शाह का दरबारी कवि घोषित किया है। किताबों में उनका नाम नेमत खान और उपनाम 'सदा रंग' मिलता है। सदा रंग एक कुशल संगीतकार थे। वे न केवल विभिन्न भाषाओं के ज्ञाता थे बल्कि ख़्याल की बन्दिशें भी लिखने वाले थे। यह सारी जानकारी 'नादेराते शाही' की भूमिका को पढ़ कर होती है।

इम्तियाज़ अली खान अर्शी ने लिखा है—"मोहम्मद शाह रंगीले का अहद रागो रंग का अहद था। बड़े–बड़े कलावन्त दरबार में मौजूद थे। उन्हीं में शाह सदारंग भी थे।"[7] उर्दू में 'सदारंग' नामक पुस्तक की खोज से इस विचार को और बल मिलता है, जिसका सम्पादन उस्ताद बदरुज़ ज़मान ने किया था। यह पुस्तक 584 पृष्ठों वाली एक शोध पुस्तक है जिसे 1998 में इंस्टीट्यूट ऑफ़ म्यूज़िक प्रमोशन, लाहौर द्वारा प्रकाशित किया गया था। यह नेमत खान सदारंग पर पहली किताब शुमार की जाती है। इसमें लेखक ने बड़ी मेहनत से सदारंग को इतिहास के धुन्ध से बाहर निकाला है। और सदारंग की वंशावली, युग, जीवन तथा उनकी कला एवं कौशल की पुष्टि ऐतिहासिक सन्दर्भों से की है, जिनमें सदारंग को एक संगीतकार के रूप में प्रस्तुत किया गया है। मोहम्मद शाह रंगीले और सदारंग के बीच सम्बन्धों पर प्रकाश डाला गया है। साथ ही यह भी स्पष्ट किया है कि मोहम्मद शाह को रंगीला उसी के कारणवश कहा जाता है। सदारंग ने अपनी रचनाओं में राजा के नाम और उपनाम का खुल कर प्रयोग किया है। बादशाह के राग-रंग से सम्बन्ध के कारण उसने अपनी रचनाओं में बादशाह को 'रंगीला' कहा है। बाद के गायकों ने सदारंग की इन रचनाओं का श्रेय मोहम्मद शाह को दे दिया। उस्ताद बदरुज़ ज़मान की पुस्तक के ये कुछ उद्धरण विचारणीय हैं—

- "तमाम ख़्यालों की बन्दिशों में नेमत खाँ ने अपना तख़ल्लुस सदारंग और मोहम्मद शाह रंगीले का नाम बा-कसरत इस्तेमाल किया।"[8]
- "ऐसे भी कहा जाता है कि पहले पहल तो सदारंग की बन्दिशों में इश्क़िया शायरी थी लेकिन बाद में सदारंग को ख़्याल आया कि इन बन्दिशों में अगर बादशाह की तारीफ़ की जाये तो उसकी क़ुरबत हासिल हो सकती है।"[9]
- "सदारंग का तख़ल्लुस मोहम्मद शाह के नाम के साथ ऐसा चिपक गया कि वह सदारंग की बन्दिशों की वजह से जिनमें शाह का नाम अक्सर आया है। मोहम्मद शाह से मोहम्मद शाह रंगीला बन गया।"[10]
- "मोहम्मद शाह रंगीले ने सदारंग की सूरत में मूसीक़ी को ऐसा तारीख़ साज़ शख़्स दिया जिसने दौरे अकबरी के तानसेन की शोहरत को अपनी फ़न्नी चमक से मांद कर दिया। लेकिन सदारंग के लफ़्ज़ 'रंगीले' ने मोहम्मद शाह बादशाह को 'रंगीला' के नाम से अमर कर दिया।"[11]

उस्ताद बदरुज़ ज़मान की यह किताब शोध का एक नया दर खोलती है। पाण्डेय जी की इस पुस्तक और इसके स्रोत रागकल्पद्रुम की शोध स्थिति पर पुनर्विचार करने को प्रेरित करते हैं। हमें यह स्वीकार करने में संकोच नहीं करना

चाहिए कि कोई भी शोध निर्णायक नहीं होता। एक शोध कई शोधों को जन्म देता है। इन सबके बावजूद इस तथ्य से इनकार नहीं किया जा सकता कि मोहम्मद शाह ने हिन्दी में छन्द लिखे हैं। उनकी कविताओं से हमें क़िला मोअल्ला के राग-रंग और त्यौहारों के बारे में पता चलता है। यह सिलसिला मोहम्मद शाह के बाद भी जारी है।

मोहम्मद शाह के बाद हम शाह आलम सानी शाही को देखते हैं। शाह आलम सानी की कविताओं का संग्रह 'नादेराते शाही' के नाम से उनके जीवन में ही प्रकाशित हो चुका है। इसलिए उनकी रचनाओं में कोई सन्देह नहीं है। पाण्डेय जी ने शाह आलम सानी शाही की रचनाओं को उसी पुस्तक से नक़ल किया है। उनकी हिन्दी कविताओं में राग के अलावा लोकगीत की शैली भी है। उन्होंने सीठने, होरा, दोहरा और कवित्त आदि में रचनाएँ लिखी हैं। शाह आलम ने सीठने शीर्षक के तहत 26 कविताएँ दर्ज कीये हैं। सीठने विवाह के अवसर पर हँसी–ठठोली की शैली में समधन और समधी दोनों को गालियाँ गाकर सुनाई जाती हैं। यह लोक रीत का उदाहरण है। लोक संस्कृति में ऐसे अनेक गीत हैं। शाह आलम के इन गीतों की रचना से यह अनुमान लगाया जा सकता है कि बादशाह ज़मीनी स्तर पर यहाँ की सभ्यता से कितना परिचित थे और इसका आनन्द लेते थे। पाण्डेय जी की यह बात बिल्कुल सही प्रतीत होती है—"ऐसी कविताएँ लिखने के लिए देश के लोक जीवन और लोक संस्कृति का आत्मीय ज्ञान ज़रूरी है। शाह आलम के सीठने यह साबित करते हैं कि उनको भारतीय लोक संस्कृति की पूरी और गहरी जानकारी थी।"[12]

मैनेजर पाण्डेय की यह किताब परोक्ष रूप से लोक साहित्य से जुड़ी है। ऐसा प्रतीत होता है कि लोक साहित्य पर उनकी विशेष दृष्टि रही है। रागकल्पद्रुम की ओर उनका आकर्षित होना और इस संग्रह से इन छन्दों को ढूँढ़ निकालना या इस विषय का विचार ज़ेहन में आना बहुत कठिन है। यह विचार पाण्डेय जी की लोक साहित्य के प्रति प्रतिबद्धता का प्रमाण है। उनके लेखन में हाशियाई विषयों का विशेष स्थान है। उनकी आलोचनाओं में भी हाशियाई पात्रों को विशेष स्थान मिलता है। सम्भव है कि यह जुड़ाव उनकी मार्क्सवादी विचारों के प्रति प्रतिबद्धता के कारण हो, लेकिन अधिक सम्भावना यह है कि पाण्डेय जी का जीवन और उनके निजी अनुभव उन्हें इस ओर खींचते होंगे। यह भी ध्यान देने योग्य बात है कि उनकी उपर्युक्त पुस्तक के प्रकाशन के तुरन्त बाद उनकी अगली पुस्तक 'लोक गीत और गीत में 1857' प्रकाशित हुई। इन दोनों पुस्तकों के बीच गहरा सम्बन्ध प्रतीत होता है। सम्भवत: मुग़ल बादशाहों की हिन्दी कविता का संकलन करते समय उन्होंने अपनी बाद की पुस्तक के लिए विचार बना लिया हो। या यह भी सम्भव है कि कृष्णानन्द व्यास

की पुस्तक 'रागकल्पद्रुम' के पाठ के दौरान उन्होंने अपनी बाद की पुस्तक की रूपरेखा तैयार की हो। दोनों ही परिस्थितियों में हमें अन्दाज़ा होता है कि पाण्डेय जी की लोक साहित्य में भी गहरी रुचि थी। और उन्होंने लोक साहित्य के महत्त्व और उसके अनछुए पहलुओं को सामने लाने का प्रयास किया है। रागकल्पद्रुम मूलतः संगीत का ग्रन्थ है। परन्तु परोक्ष रूप से इसमें गीत, लोकगीतों को संकलित किया गया है। गीत और संगीत का गहरा सम्बन्ध है। यदि संगीत शब्द का सन्धि-विच्छेद किया जाये तो पता चलता है कि गीत के साथ जो लय और मधुरता आती है वही संगीत को जन्म देती है। तदनुसार, रागकल्पद्रुम में विभिन्न रागों में गीत रचे गये हैं। कृष्णानन्द व्यास की यह पुस्तक उनके बारह वर्षों का फल है। इस संग्रह में तेरह हज़ार आठ सौ निन्यानवे रचनाएँ हैं। तीन खण्डों की इस पुस्तक में भारत की विभिन्न भाषाओं जैसे हिन्दी, उर्दू, बांग्ला, राजस्थानी, ओड़िया, कन्नड़, तमिल, तेलुगु, संस्कृत, फ़ारसी और अंग्रेज़ी के गीत और लोकगीत हैं। इस हैसियत से यह कई भाषाओं की लोक पूँजी भी है।

अन्तिम मुग़ल बादशाह बहादुर शाह ज़फ़र भी हिन्दी के साथ-साथ उर्दू में भी कविताएँ लिखते थे। उनकी रचनाओं में जीवन के उतार-चढ़ाव और उस युग के विघटन का उल्लेख मिलता है। प्रेम की अभिव्यक्ति और लोकगीत का प्रभाव भी प्रमुख रूप से देखा जा सकता है। पाण्डेय जी ने उनकी रचनाओं को यहाँ संकलित किया है। इस प्रकार यह एक बहुत ही महत्त्वपूर्ण संकलन है, जिसके माध्यम से हम आशा करते हैं कि पाठक के विचार को एक नया आयाम मिलेगा और मुग़ल सम्राटों के प्रति शोध की एक नयी खिड़की खुलेगी।

सन्दर्भ

1. भूमिका, मुग़ल बादशाहों की हिन्दी कविता, पृ. 21
2. वही, पृ. 15
3. वही, पृ. 11-12
4. वही, पृ. 12
5. वही, पृ. 18
6. वही, पृ. 19
7. मुक़दमा नादेराते शाही, पृ. 3
8. सदारंग, पृ. 18
9. सदारंग, पृ. 18
10. सदारंग, पृ. 29
11. सदारंग, पृ. 39
12. मुग़ल बादशाहों की हिन्दी कविता, पृ. 29

उपन्यास का लोकतन्त्र मैनेजर पाण्डेय की दृष्टि में

अब्दुल माजिद

वर्तमान में हिन्दी के कई महत्त्वपूर्ण लेखक और आलोचक हुए हैं जिन्होंने साहित्य और समाज के सम्बन्धों के बीच सन्तुलन बनाने की कोशिश की है। इनमें मैनेजर पाण्डेय का नाम भी अहम है। मैनेजर पाण्डेय हिन्दी साहित्य के एक प्रसिद्ध आलोचक थे। उनका आलोचनात्मक लेखन एक पारदर्शी दर्पण की तरह है। उनमें किसी प्रकार की कोई जटिलता और उलझन नहीं है। उनके लेखन में वस्तुनिष्ठता प्रमुख तत्त्व है। उन्होंने अपना पूरा जीवन वस्तुनिष्ठ साहित्य की व्याख्या करने में बिताया। परन्तु उनके लेखन पर यह दोष नहीं लगाया जा सकता कि उन्होंने साहित्य को अपने उद्देश्य के अधीन करने का प्रयास किया है, बल्कि उन्होंने साहित्य के दर्शन को सदैव ध्यान में रखा है।

ऐसे युग में जब प्रगतिशील लेखक आधुनिकतावादियों और उत्तर आधुनिकतावादियों की निन्दा के अधीन थे, मैनेजर पाण्डेय ने साहित्य का यथार्थवाद दृष्टि से व्याख्या करने और उनके द्वारा उठाये गये प्रश्नों का उपयुक्त उत्तर प्रदान करने का कार्य किया। इस निबन्ध में मैनेजर पाण्डेय की प्रसिद्ध पुस्तक 'आलोचना की सामाजिकता' के एक अध्याय 'उपन्यास और लोकतन्त्र' का विश्लेषण किया गया है।

'आलोचना की सामाजिकता' मैनेजर पाण्डेय की एक प्रसिद्ध पुस्तक है जिसमें गहरी आलोचनात्मक अन्तर्दृष्टि है। इसमें लेखक ने साहित्य, भाषा और सामान्यतः समाज के साथ इसके सम्बन्धों की प्रकृति पर विस्तार से चर्चा की है। इस पुस्तक में चार अध्याय हैं। इसका अन्तिम अध्याय 'उपन्यास का लोकतन्त्र' है। इस अध्याय में मैनेजर पाण्डेय ने उपन्यास पर विशेष रूप से भारतीय उपन्यास के विकास, उसकी पृष्ठभूमि, इसके विषय, समाज के साथ इसके सम्बन्ध और उपन्यास के लोकतन्त्र पर प्रकाश डाला है।

इस अध्याय का आरम्भ इस उद्धरण से होता है—"साहित्य के रूपों का विकास समाज के विकास से जुड़ा हुआ होता है, इसीलिए साहित्य रूपों की संरचना का उस सामाजिक संरचना से गहरा सम्बन्ध होता है, जिसमे साहित्य के रूप पैदा होते हैं। प्रत्येक साहित्य रूप का एक विचारधारात्मक आधार भी है जो समाज विकास की विशेष अवस्था में व्याप्त विचारधारा से प्रेरित और प्रभावित होता है।" (आलोचना की सामाजिकता, पृ. 237) मैनेजर पाण्डेय के इस उद्धरण से पाठक का मस्तिष्क तुरन्त मार्क्स के ऐतिहासिक भौतिकवाद के सिद्धान्त की ओर जायेगा जो हर चीज़ के पीछे इतिहास की उपस्थिति का समर्थक है और साहित्य भी इससे अछूता नहीं है। इतिहास की अनुपस्थिति साहित्य को मिथक के क़रीब ले जाती है, जहाँ सामाजिक वास्तविकताएँ धुँधली हो जाती हैं। इतिहास इस धुन्ध को मिटाता और उसका सम्बन्ध सामाजिक वास्तविकता से स्थापित करता और साहित्य को प्रयोजन युक्त बनाता है।

लेखक का मस्तिष्क भी उसी वस्तुनिष्ठता के चित्रण का प्रयत्न करता नज़र आता है। इस यात्रा में लेखक के साथ वे मन और चेतना चलते नज़र आते हैं जिन्हें समाज की वास्तविकताओं का बोध होता है। इन लेखकों का सरोकार उन रचनाओं से होता है जो किसानों, मज़दूरों, स्त्रियों, वंचितों और हाशिये पर पड़े लोगों की समस्याओं को अपना विषय बनाते हैं।

जब समाज का यह बहुलतावादी वर्ग सृजन का हिस्सा बनता है तो एक कलाकार के सामने यह प्रश्न होता है कि वह साहित्य की किस विधा का उपयोग करे, जिसमें उनके संघर्ष, उनकी समस्याएँ, उनकी संस्कृति, इतिहास और भाषा सब का एक साथ वर्णन हो जाये। रचनाकार की नज़र उपन्यास की ओर गयी जिसके व्यापक कैनवास ने जीवन के इन विवरणों का समावेश सुनिश्चित किया। अत: यहीं से उपन्यास और लोकतन्त्र के प्रश्न का जन्म हुआ। क्या उपन्यास एक ऐसी विधा है जो लोकतान्त्रिक मूल्यों से सम्बन्धित है या अन्य विधाएँ भी इसे वहन कर सकती हैं?

इसका उत्तर यह है कि उपन्यास का कैनवास व्यापक होने के कारण वह समाज के हर पहलू को प्रस्तुत करने में सक्षम है। इसके विपरीत कविता, काव्य और लघुकथा आदि का दायरा इतना व्यापक नहीं है कि वह एक साथ समाज का प्रतिनिधित्व कर सके और सभी सामग्रियों को अपनी रचना का हिस्सा बनाने में सक्षम हो। कविता की आवश्यकताएँ अलग होती हैं, ख़ासकर कविता की भाषा बहुत चयनात्मक होती है। इसी तरह लघुकथा एक समय में समाज के एक पहलू पर प्रकाश डाल सकती है। उपन्यास ही एक ऐसी साहित्यिक विधा है जो अपने लोकतान्त्रिक दृष्टिकोण के कारण समाज का पूरा नक़्शा खींचने की क्षमता रखती है।

18वीं शताब्दी के अन्त में यूरोप में आधुनिकता के उद्‌भव के साथ उपन्यास और लोकतन्त्र का प्रश्न उठा। यही वह काल है जब लोकतान्त्रिक शासन राजनीतिक स्तर पर लोकप्रिय हुआ और लोकतान्त्रिक मूल्यों पर बहस शुरू हुई। धर्मनिरपेक्षता एक प्रमुख प्रेरक विचारधारा के रूप में उभरी जिसने राजनीति की निरंकुश व्यवस्था को अस्वीकार कर लोकतन्त्र को स्थापित किया और वर्गीय आधार पर विभाजित समाज को तोड़कर समतावादी आधार पर बनाने का बीड़ा उठाया। समाज के इस बदलाव के साथ कई समस्याएँ भी पैदा हुईं। सबसे बड़ी समस्या व्यक्तिगत, सभ्य और धार्मिक पहचान की थी। काव्य का नायक मिथक की दुनिया का राजा होने की वजह से उसका सम्बन्ध समाज की इन वास्तविक समस्याओं से नहीं था।

उपन्यास को प्रतिस्थापित करना आवश्यक था ताकि यह उस समय की सामाजिक, राजनीतिक, सभ्यतागत और सांस्कृतिक समस्याओं को व्यक्त करने का माध्यम बन सके। यहीं से यूरोप में उपन्यास के लोकतन्त्र पर बहस का आरम्भ हुआ। भारत में इस कार्य को मैनेजर पाण्डेय ने आगे बढ़ाया।

यहाँ यह प्रश्न हो सकता है कि उपन्यास और लोकतन्त्र का सम्बन्ध क्या है? क्या लोकतन्त्र का सम्बन्ध केवल एक प्रकार की राजनीति और सरकार से है या इसका मतलब कुछ और भी है? मैनेजर पाण्डेय कहते हैं कि—"लोकतन्त्र केवल एक राजनीतिक व्यवस्था और शासन-पद्धति ही नहीं है, वह एक ऐसी मानसिकता भी है जो सहिष्णुता की संस्कृति, दूसरों का सम्मान, दूसरों के अन्तरों का स्वीकार, विचारों की अनेकता का आदर, अभिव्यक्ति की स्वतन्त्रता और संवाद की तत्परता विकसित करती है।" (आलोचना की सामाजिकता, पृ. 252)

मैनेजर पाण्डेय ने उपन्यास के लोकतन्त्र के सम्बन्ध में कई महत्त्वपूर्ण बिन्दु बताये हैं। उनकी नज़र में भारतीय समाज के वे वर्ग जो लोकतान्त्रिक व्यवस्था के आगमन के बाद भी पिछड़े और संसाधनों से वंचित हैं। न तो शासकों ने इस वर्ग के कल्याण पर विचार–विमर्श किया और न ही रचनाकारों ने अपनी साहित्यिक रचनाओं और आलोचना का केन्द्र बिन्दु उनको बनाया, जिसके कारण यह वर्ग हाशिये पर जीने को मजबूर हो गया, ख़ासकर यहाँ के किसान, मज़दूर, गरीब और महिलाएँ, जो भारत की वास्तविक नींव हैं। कलाकारों ने इन नींवों को सृष्टि का हिस्सा बनाने में बहुत समय लिया, भारत में जाति व्यवस्था की जड़ें और दृढ़ स्थापित हुईं। मैनेजर पाण्डेय ने इस वर्ग व्यवस्था को यहाँ के लोकतान्त्रिक विकास में सबसे बड़ी बाधा के रूप में देखा है। इस व्यवस्था ने समूह बुद्धि को तो बढ़ावा दिया लेकिन इसने सामाजिक चेतना के विकास में हमेशा बाधा डाली।

सामाजिक चेतना को समूह बुद्धि के परस्पर उपन्यास के उद्‌भव ने ला खड़ा किया और इस चेतना को इस हद तक पोषित किया कि एक समय आया जब महिलाओं ने स्वयं अपनी समस्याओं का अपनी रचनाओं में चित्रण और विश्लेषण करना आरम्भ किया। विशेष रूप से, उपन्यास के लोकतन्त्र ने उन्हें बहुत अनुग्रह दिया, उनकी समस्याओं को प्रतिबिम्बित करने और पितृसत्तात्मक समाज के उत्पीड़न के ख़िलाफ़ उनकी स्वर बनने में उपन्यास के विस्तृत कैनवास ने बहुत महत्त्वपूर्ण योगदान प्रदान किया। स्त्री रचनाकारों के उपन्यास में समावेश को मैनेजर पाण्डेय ने सबसे बड़ा लोकतन्त्र माना है। यहाँ पर उनका ये उद्धरण उल्लेखनीय है। वह लिखते हैं कि—"हिन्दी उपन्यास की दुनिया में सचमुच लोकतन्त्र तब आया जब स्त्री लेखिकाओं ने अपने उपन्यासों में एक ओर पुरुष-सत्ता का विश्लेषण और चित्रण आरम्भ किया और दूसरी ओर स्त्री के संघर्ष की कथा को उपन्यास के केन्द्र में लाने का प्रयत्न किया।" (आलोचना की सामाजिकता, पृ. 254)

उपन्यास के लोकतन्त्र में दृष्टिकोण बहुत महत्त्वपूर्ण है। यह उपन्यास के अन्दर की दुनिया को बसाता है और उसके पात्रों के कार्यों को प्रभावित करता है। इसका सीधा सम्बन्ध उपन्यासकार से न होकर उसके पात्रों से होता है। उसके पात्र समाज को एक अलग दृष्टि से देखते और अपने दायरे में रहकर समाज की समस्याओं के प्रति अपनी सहानुभूति या क्रोध व्यक्त करते हैं। उनका एक स्वतन्त्र अस्तित्व होता है और वे किसी भी बाहरी दबाव के प्रभाव में अपने विचार को नहीं बदलते। यहाँ तक कि जिस रचनाकार ने इस चरित्र की रचना की है, वह स्वयं इसे नियन्त्रित नहीं कर सकता है। इसके विपरीत अन्य विधाओं में रचनाकार नियन्त्रण पद पर उपस्थित होता है, जहाँ वह अपनी दृष्टि से पात्रों को नियन्त्रित करता है। उपन्यास एक ऐसा लोकतान्त्रिक वातावरण सृजन करता है जिसमें पात्र अपने विकास के लक्ष्य निर्धारित करने के लिए स्वतन्त्र होता है और अन्त में वह अपनी ख़ुद की एक दुनिया स्थापित करता है, जहाँ बाहरी कारक इसे प्रभावित नहीं कर सकते हैं।

उदाहरण के तौर पर उमराव जान अदा को पेश कर सकते हैं। इसमें उमराव जान अपनी सहमति से कोठे का हिस्सा नहीं बनती बल्कि उसे ख़रीदकर वहाँ रखा और अपने इशारों पर नचाया जाता है। लेकिन अन्त में उमराव जान एक स्वतन्त्र वेश्या बन जाती है और वह अपनी एक स्वतन्त्र दुनिया बना लेती है। अब कोई भी नायिका उस पर हावी नहीं हो सकती थी, क्योंकि वह अपने जीवन की दिशा स्वयं निर्धारित करने में सक्षम थी। पात्र का ऐसा विकास अन्य विधाओं में देखने को नहीं मिलता। लेकिन इसका मतलब यह नहीं है कि पात्र की स्वतन्त्रता को पूर्ण स्वायत्तता

के रूप में समझा जाये और उसका पाठक के साथ संवाद के दरवाज़े बन्द कर दिये जायें। पात्र-पाठक संवाद पात्र की स्वतन्त्रता को छीनता नहीं है, बल्कि यह पाठक को अपनी स्वतन्त्रता में भागीदार बनाता है। वह पाठक को विचार–विमर्श के लिए प्रोत्साहित करता है।

उपन्यास में पात्र की भाषा और अभिव्यक्ति की प्रस्तुति में लोकतन्त्र की भूमिका बहुत महत्त्वपूर्ण है। उपन्यास में भाषा और शब्द कई परतों में प्रवेश करते हैं। चूँकि उपन्यास किसी भी समाज का एक समृद्ध प्रतिबिम्ब होता है जहाँ आम बोलचाल की भाषा, व्यापार की भाषा, अनुष्ठान की भाषा और मुहावरों की भाषा सभी अलग-अलग भूमिकाओं के साथ अपने-अपने रूप में प्रवेश करती हैं। इसके लिए रचनाकार ऐसे पात्रों को तराशता है जो वह अर्थ व्यक्त कर सकें जो भाषा या शब्द उसको देना चाहते हैं। कलाकार जानता है कि शैली में बदलाव के साथ अर्थ में भी बदलाव आता है।

इसके आधार पर वह पात्र के मुताबिक़ भाषा का चयन करता है और भाषा के हिसाब से पात्र को तराशता है। चूँकि पात्र अपने समाज का प्रतिनिधित्व कर रहा है, इसलिए वह भाषा के प्रयोग में अपनी बोली को भी शामिल करता है यानी कभी-कभी वह थोड़े अन्तर के साथ संस्कृत, फ़ारसी या अंग्रेज़ी के शब्द को बोलता है। मैनेजर पाण्डेय के अनुसार, यही उपन्यास का लोकतन्त्र है। इस पर लोगों को अपना क्रोध व्यक्त नहीं करना चाहिए। इस सम्बन्ध में उनका यह उद्धरण उल्लेखनीय है। वे कहते हैं, "मैला आँचल फणीश्वरनाथ रेणु का उपन्यास है इसमें साधारण आदमी की दृष्टि से देखा गया जीवन और रचा गया आख्यान है। उसमें साधारण आदमी अपनी भाषा, बोली-बानी और बात करने के ढंग के साथ मौजूद है। जो लोग मैला आँचल में अंग्रेज़ी, फ़ारसी और संस्कृत के शब्दों तथा खड़ी बोली के वाक्यों के बिगड़े हुए रूप को देखकर दु:खी या नाराज़ होते हैं वे यह नहीं समझते कि आम जनता परायी भाषा के शब्दों और वाक्यों को अपना बनाने की प्रक्रिया में इसी तरह सरलीकरण करती है। इससे भाषा और संवेदना के बीच अन्तरंग सम्बन्ध स्थापित होता है और उपन्यास में भाषा का लोकतन्त्र विकसित होता है जो व्याकरण की तानाशाही की उपेक्षा करता है।" (आलोचना की सामाजिकता, पृ. 257)

इस दृष्टि से उपन्यास की भाषा कविता की भाषा से सर्वथा भिन्न है। कविता में ऐसी भाषा प्रयोग नहीं कीया जा सकती जिस शब्द का रूप बिगड़ गया हो। वह आम बोलचाल की भाषा से भी परहेज करती है जबकि उपन्यास इस आम बोलचाल की भाषा को भी पात्र के माध्यम से अर्थ दे देता है। भाषा की संरचना और बनावट

पाठक को यह समझने में मदद करती है कि पात्र किस वर्ग या समाज का ज़िक्र कर रहा है। उसी के अनुसार पाठक उपन्यास से अर्थ निकालता रहता है।

मैनेजर पाण्डेय ने उपन्यास के लोकतन्त्र के एक अनूठे पहलू की ओर हमारा ध्यान आकर्षित किया है। आमतौर पर यह माना जाता है कि उपन्यास केवल अतीत और वर्तमान की घटनाओं से सम्बन्धित है। या तो उपन्यास में अतीत के मूल्यों और परम्पराओं की प्राप्ति की आकांक्षा होती है या वर्तमान द्वारा उत्पन्न समस्याओं का विश्लेषण होता है। मैनेजर पाण्डेय कहते हैं कि उपन्यास में भविष्य की सम्भावनाओं की पूरी गुंजाइश होती है। इन सम्भावनाओं की प्रस्तुति वर्तमान घटनाओं, दुर्घटनाओं और जटिलताओं के आधार पर ही की जाती है।

इसके उदाहरण जॉर्ज ऑरवेल का उपन्यास '1984' और एल्डस हक्सले का 'ब्रेव न्यू वर्ल्ड' हैं। वे 20वीं सदी के इंटरनेट, प्रौद्योगिकी और आधुनिक समाज द्वारा बनाई गयी जटिलताओं और अधिनायकवाद के नये रूपों के 21वीं सदी पर सम्भावित प्रभावों का वर्णन करते हैं। यह उपन्यास का लोकतन्त्र है जो सम्भावनाओं की दुनिया को अपने कैनवास में समाहित करता है।

उपन्यास का एक लोकतन्त्र यह भी है कि वह किसी भी प्रकार की हेजेमनी (वर्चस्व) और हठधर्मिता को स्वीकार नहीं करता। भले ही यह वर्चस्व और हठधर्मिता भाषा, जाति, तानाशाही, धर्म और राजतन्त्र की ही क्यों ना हो। वह समाज के हर वर्ग को बराबर का स्थान देता है। यह एक समूह के दूसरे समूह पर वर्चस्व को भी बाहर रखता है। इस सम्बन्ध में मैनेजर पाण्डेय का यह उद्धरण देखें—"प्रत्येक प्रकार का कट्टरतावाद उपन्यास और लोकतन्त्र दोनों का दुश्मन है, उपन्यास और लोकतन्त्र के लिए बहुभाषिकता और बहुलता का विशेष महत्त्व है, लेकिन कट्टरतावाद को न बहुलता स्वीकार है और न बहुभाषिकता।" (आलोचना की सामाजिकता , पृ. 258)

इस प्रकार हम देखते हैं कि अफ्रीका में औपनिवेशिक सत्ता में अंग्रेज़ी भाषा का वर्चस्व क़ायम था। जब यह देश औपनिवेशिक चंगुल से आज़ाद हुआ तो अफ्रीकी उपन्यासकारों ने वहाँ के उपन्यासों को अंग्रेज़ी भाषा के प्रभुत्व से मुक्त कराने का अत्यन्त प्रयत्न किया। इस सन्दर्भ में एक महत्त्वपूर्ण नाम केन्याई उपन्यासकार न्गुगी का है, जो पहले अंग्रेज़ी में उपन्यास लिखते थे लेकिन बाद में वहीं की एक भाषा गिकुयू में लिखना शुरू किया। इसी प्रकार सऊदी में धार्मिक कट्टरता के कारण स्वतन्त्रता की समस्या उत्पन्न हुई, तो उपन्यास में इस कट्टरता की भी आलोचना की गयी है। इस सन्दर्भ में अब्दुल रहमान मुनीफ़ का उपन्यास 'सिटीज ऑफ़ सॉल्ट'

उल्लेखनीय है। भारत के उपन्यासों में लैंगिक मुद्दों को समझने में पितृसत्तात्मक सिद्धान्त प्रमुख रहा है। इस ढाँचे को तोड़ते हुए यहाँ की रचनात्मक महिलाओं ने अपनी कहानी अपने शब्दों में कहनी शुरू की। जिसने स्त्री प्रवृत्ति को बढ़ावा दिया और उपन्यास के अध्याय में एक और लिंग की बढ़ोतरी हुई, जिसमें क़ुर्रतुल ऐन हैदर, इस्मत चुग़ताई, कृष्णा सोबती और मृदुला गर्ग का नाम महत्त्वपूर्ण है।

उपन्यास की एक लोकतन्त्रीयता यह है कि यह दोटूक भाषा के प्रयोग को प्रतिबन्धित नहीं करता है, बल्कि अपने कैनवास में प्रतीकात्मक और रूपक भाषा के लिए भी जगह प्रदान करता है। इसका सबसे अच्छा उदाहरण मैनेजर पाण्डेय ने फकीर मोहन सेनापति का उपन्यास 'छमाड़ आठ गुंठ' का दिया है। ये उपन्यास ब्रिटिश सरकार द्वारा भारतीय लोगों के शोषण को दर्शाता है। जिसका एक उद्धरण है—"एक कोड़ी या कुछ अधिक सफ़ेद बगुले इस जोहड़ के किनारे दलदल में बैठकर छोटे-मोटे शिकार के लिए सुबह से शाम तक विफल कोशिश करते रहते हैं। पर देखो तो, पता नहीं कहाँ से उड़कर कुछ जलकाक वहाँ आ जाते हैं। जोहड़ के तल में गोता लगाते हैं और बड़ी मछलियाँ खाकर सन्तुष्ट होकर जल्दी ही वापस चले जाते हैं (छमाड़ आठ गुंठ)।" इसमें प्रतीकात्मक और रूपक भाषा का प्रयोग कर ब्रिटिश सरकार द्वारा भारतीय लोगों के शोषण को दर्शाया गया है।

मैनेजर पाण्डेय कहते हैं कि उपन्यास में लोकतन्त्र को ध्यान में रखने का तर्क यह है कि मानव दृष्टिकोण और मानव समाज में परिवर्तन होता है। समाज के परिवर्तन के साथ-साथ उसके मूल्यों, परम्पराओं, विचारों और शैलियों में भी परिवर्तन होता है। यह परिवर्तन नयी कलात्मक चेतना, नयी तकनीकी एवं शैलियों तथा नयी आवश्यकताओं को जन्म देता है। इन आवश्यकताओं के साथ चलना रचनाकार की मजबूरी है। उस समय की सामाजिक वास्तविकताओं और सच्चाइयों को अपनी रचना का हिस्सा बनाने के लिए उन्हें नयी तकनीक और तरीक़ों को अपनाना पड़ता है।

उदाहरण के तौर पर, अकेलेपन के विषय से निपटने में, विभिन्न आन्दोलनों ने अलग-अलग तरीक़ों से काम लिया। रोमांटिक आन्दोलन ने अकेलेपन को समझने के लिए फ्रांसीसी लेखक रूसो (1712-1778) के विचारों को आधार बनाया, जिन्होंने कहा था कि—"मनुष्य स्वतन्त्र पैदा हुआ है लेकिन जहाँ देखो वह ज़ंजीरों में जकड़ा हुआ है।" इस प्रकार रोमांटिक उपन्यासकारों ने एकान्त की व्याख्या स्वतन्त्रता के रूप में की और इस अवधारणा को व्यक्त करने के लिए विद्रोही शैली का प्रयोग किया। प्रगतिशील लेखकों ने मनुष्य के एकान्त की निन्दा की, उन्होंने इस

अवधारणा को व्यक्त करने के लिए कठोर शैली का उपयोग किया और अकेलेपन की स्थिति को गरीबी के समकक्ष बताया।

आधुनिकतावाद ने अकेलेपन को डर, वहशत और उज्जड़पन के रूप में देखा और इसे व्यक्त करने के लिए उन लेखकों ने प्रतीकात्मक और रहस्यमय शैलियों का सहारा लिया। इन परिवर्तनों की पहचान और उनकी अभिव्यक्ति ही उपन्यास का उद्देश्य है। इस विश्लेषण से मैनेजर पाण्डेय की गहरी आलोचनात्मक दृष्टि का हमें बोध होता है। जिस प्रकार से उन्होंने उपन्यास की लोकतन्त्रता और समाज के साथ उसके सम्बन्धों को देखा है, वह एक उदाहरण है। उपन्यास और लोकतन्त्र के बीच सम्बन्धों की जाँच हमें बताती है कि उपन्यास में लोकतान्त्रिक मूल्य विभिन्न रूपों में प्रवेश करते हैं। उपन्यास का कैनवास इतना विशाल है कि कई समाजों को इसमें एक साथ अभिव्यक्ति मिल सकती है। इसमें समाज के हर वर्ग, जाति और लिंग के लिए जगह है। इस प्रकार, उपन्यास को इसकी समायोजनात्मक विशेषता के कारण, लोकतान्त्रिक मूल्यों को प्रस्तुत करने और बनाये रखने में साहित्य की सबसे लोकतान्त्रिक विधा घोषित किया जा सकता है।

उत्तर-आधुनिकतावाद और प्रोफ़ेसर मैनेजर पाण्डेय का दृष्टिकोण

डॉ. मज़हर रज़ा

प्रोफ़ेसर मैनेजर पाण्डेय मार्क्सवादी धारा के प्रमुख और मुखर आलोचक के रूप में हमारी साहित्यिक और सामाजिक चेतना को निर्माण करने वाले लेखक हैं। उनके लेखों को आधार बनाकर कहा जा सकता है कि उनकी विचारधारा की बुनियाद साहित्य और समाज के गहन अध्ययन के कारण ठोस आयाम रखती है। किसी गहन अध्ययन के फलस्वरूप निर्मित होने वाली विचाधारा को फैशन आधारित विचारधारा अपनी सुविधानुसार बदलने में आसानी से सफल नहीं हो पाती बल्कि तार्किक बोध के अभाव में अक्सर ख़ुद भी आधारहीन हो जाती है। पाण्डेय जी के दृष्टिकोण से सहमति रखने वाला भी उनके विस्तृत पठन और चिन्तन को अस्वीकर नहीं कर सकता। 2004 में उन्होंने काठमाण्डू में 'समकालीन सौन्दर्यबोधीय सन्दर्भ में उत्तर-आधुनिकतावाद और मार्क्सवाद' के शीर्षक से एक व्याख्यान दिया था जो उनकी पुस्तक 'शब्द और साधना' में सम्मिलित है। आधुनिकतावाद और उत्तर-आधुनिकतावाद एवं मार्क्सवाद के सन्दर्भ में बुद्धिजीवी वर्ग ने विस्तार से लिखा है। लेकिन पाण्डेय जी का लेख सौन्दर्यबोधीय माध्यम से उत्तर-आधुनिकतावाद एवं मार्क्सवाद के ऐसे बिन्दुओं की ओर हमारे ध्यान को मोड़ने की कोशिश है जो साम्राज्यवादी द्वारा फैलाई गयी धुन्ध में दिखाई नहीं देते। इस धुन्ध के पार देखने और दिखाने की क्षमता उसी के पास हो सकती है जिसके पास साहित्य, समाज एवं दर्शन को देखने की स्वयं की चेतना हो। उधार की चेतना जितना ख़ुद भ्रमित होती है उससे अधिक भ्रमित और आधारहीन समाज को जन्म देती है। उत्तर-आधुनिकता ने कई गम्भीर प्रश्नों का जवाब भी दिया है परन्तु देखने योग्य यह है कि पूँजीवाद की राजनीति कहाँ-कहाँ भ्रम फैलाने के उद्देश्य से उसका प्रचार-प्रसार करती है। मैनेजर पाण्डेय ने समाज और राजनीति के काम करने के भेद को सामने रखते हुए यह स्पष्ट करने

का प्रयास किया है कि समाज की ज़रूरत सत्य को जानने से और राजनीति का काम अक्सर सत्य को छुपाकर पूरा होता है। इसलिए राजनीति ने सत्य के अस्तित्व पर ही प्रश्नचिह्न लगा दिया है। उत्तर-आधुनिकतावाद का यह कहना कि सत्य का अलग-थलग कोई अस्तित्व नहीं है मैमेजर पाण्डेय की दृष्टि से एक छलावा मात्र है कि जो राजनीतिक करणों से साम्राज्यवाद को रास आता है और इसी कारण वह उसका न केवल पालन पोषण करता है बल्कि प्रसार भी करता है। सत्य तक पहुँचने की चेष्टा भी बुद्धिजीवी वर्ग ही करता है। साधारण जनता के पास समानान्तर सत्य के जाल से बाहर निकलने के उपाय व ज़्यादातर नहीं होते यह दायित्व बुद्धिजीवी वर्ग निभाता है कि वह समानान्तर आख्यान का रास्ता देता है जिससे पारदर्शिता उत्पन्न होती है। यह पारदर्शिता जिनके हितों से टकराती है वह इससे बचने के उपाय भी करते हैं किन्तु अगर बुद्धिजीवी वर्ग को इसी बहस में उलझा दिया जाये कि सत्य का कोई अस्तित्व ही नहीं तो वह सत्य तक पहुँचने के साधन क्या जुटाएँगे। पाण्डेय जी का यह योगदान भी कम नहीं है कि वह उत्तर-आधुनिकता के इस परिवेश में देखने की आवश्यकता महसूस करते हैं। मैनेजर पाण्डेय के इस लेख को सरसरी तौर पर पढ़ने से यह भ्रम हो सकता है कि वह रहस्यवाद के विरोधी हैं परन्तु वह केवल दार्शनिकों को उनका यह दायित्व याद दिलाते हैं कि हर तरह के विमर्श में मौजूद रहस्यमयता की असलियत को सामने लायें। देखा जाये तो वह ऐसे वातावरण की कामना करते हैं जिसमें सचेत पाठक की भूमिका प्रमुख हो। पाण्डेय जी की यह चिन्ता कि 'उत्तर-आधुनिकतावाद में रहस्यमयता बहुत है विचारों की और भाषा की भी।' यह दिखाती है कि सतह पर जितनी शान्ति है अन्दर उतनी ही उथल-पुथल है! क्योंकि विचार और भाषा ही ऐसी चीज़ है जिनमें स्पष्टता सर्वप्रिय है। यहाँ पाण्डेय जी का यह सन्देह आधारहीन नहीं है कि उत्तर-आधुनिकतावाद पैदा तो फ्रांस में हुआ लेकिन इसको आत्मसात करने, प्रचार–प्रसार करने और सारी दुनिया में फैलाने का काम अमेरिका ने किया। अमेरिका वर्तमान में पूँजीवाद के उद्देश्य को लेकर चलने वाला देश है। ऐसे में उसका हित अगर मार्क्सवाद से टकराये तो आश्चर्यचकित होने जैसा कुछ नहीं है। मार्क्सवाद के बारे में यह कहना कि अब वह सत्ता के केन्द्र में नहीं है तो एक सामाजिक व्यवस्था के रूप में असफल प्रयोग की श्रेणी में आता है, न्यायपूर्ण नहीं होगा। मैनेजर पाण्डेय एक सामाजिक आन्दोलन के रूप में आज भी जीवित व सक्रिय मानते हैं। वह लिखते हैं— "कुछ समाजवादी सरकारों और व्यवस्थाओं के भूतपूर्व होने से केवल यह साबित होता है कि उन देशों में मार्क्सवाद और समाज के प्रयोग असफल हुए हैं न कि

मार्क्सवाद का विचार और लक्ष्य ! यही नहीं, आज भी दुनिया में तरह–तरह के मार्क्सवादी विचारों से प्रेरित और संचालित जन-संघर्ष चल रहे हैं जो राष्ट्र-मुक्ति के साथ जन–मुक्ति का उद्‌देश्य लेकर आगे बढ़ रहे है। मार्क्सवाद एक ऐसा लक्ष्य है जिसकी पूरी तरह जिसकी समाप्ति नहीं हो सकती! इसकी वैधता को कम करने के उपाय और प्रयोग होते रहते हैं! उत्तर मार्क्सवाद के अक्सर, प्रयोगों को, मैनेजर पाण्डेय इसी नज़रिये से देखते हैं। अमेरिका, जो मार्क्सवाद को चुनौती के रूप में देखता रहा है यह एक संयोग मात्र नहीं हो सकता कि लातिनी अमेरिका मार्क्सवाद और समाजवाद की कर्मभूमि बना हुआ है। यह देखने योग्य है कि उत्तर की ज़्यादातर बातें पूँजीवाद और सामन्तवाद के हितों के अनुकूल हैं। इस तरह उत्तर–आधुनिकता के तीन शब्द, उत्तर, अन्त और मौत के बहुत सारे आयाम खुलने लगते हैं। इसको लेखक की अतिशयोक्ति कह कर टाला नहीं जा सकता। उत्तर-आधुनिकता ने एक ओर सत्य, विवेक, अस्मिता, वस्तुनिष्ठता, यथार्थवाद, वर्ग, राष्ट्र और मार्क्सवाद को उत्तर घोषित करने के बाद विचारधारा, इतिहास आदि के अन्त का ऐलान करने के साथ लेखक कला और समालोचना आदि की मौत की घोषणा कर दी। इन बिखरे संयोगों में मैनेजर पाण्डेय का यह लेख एक वैचारिक सूत्र को उल्लेखित करता है। उत्तर-आधुनिकता को वह पश्चिम की आधुनिकता की अति मात्र मानते हैं। फलस्वरूप उत्तर-आधुनिकतावाद उनकी दृष्टि में भ्रम के अतिरिक्त कुछ नहीं है। एक व्यापक दृष्टिकोण की एकमात्र व्याख्या सम्भव नहीं है। उसकी व्यापकता ही उसको अलग-अलग ढंग से परिभाषित करती है। मार्क्सवाद और उत्तर-आधुनिकता में यह भेद है कि सभी तरह के मार्क्सवादी अपना लक्ष्य समाजवाद मानते हैं। किन्तु उत्तर आधुनिकतावाद ख़ुद को परिभाषित करने से गुरेज़ करता है। ऐसी स्थिति में सौन्दर्य बोध का दरवाज़ा खटखटाना इसलिए अर्थहीन हो जाता है कि सौन्दर्यबोध के सभी संसाधन कहीं दूर छूट जाते हैं। उत्तर-आधुनिकता के सम्बन्ध में उनके सभी निर्णय स्वीकार्य न भी हों लेकिन यह हमें एक व्यापक दृष्टिकोण ज़रूर प्रदान करता है जो सबसे अलग भी है और विचारशील भी।

मैनेजर पाण्डेय की भाषाई चेतना : एक नयी पढ़त

आसिम बद्र

आलोचना एवं आलोचक साहित्य एवं साहित्यकार जगत् की रीढ़ की हड्डी होते हैं जिसके बल पर पूरा साहित्यिक समाज खड़ा होता है और जो ना सिर्फ़ बेहतरीन साहित्य बल्कि एक सेहतमन्द समाज के निर्माण में भी सहायक होता है। हमारा दुर्भाग्य है कि पिछले कुछ वर्षों में समयचक्र ने हमारे बीच से कई साहित्यकारों को छीन लिया। उनमें एक नाम है— मैनेजर पाण्डेय।

बीते वर्षों में साहित्य के नाम पर अनगिनत पुस्तकें लिखी जा चुकी हैं और लगातार लिखी जा रही हैं, मगर उसके विपरीत आलोचना या आलोचनात्मक रचनाएँ उँगलियों पर गिनी जा सकती हैं। इसके कारणों पर चर्चा करना साहित्यिक राजनीति के दरवाज़े को खटखटाने जैसा है, इसलिए इसे विराम देते हुए हिन्दी साहित्य के राजनीतिज्ञ व समाजशास्त्री, वरिष्ठ लेखक एवं आलोचक मैनेजर पाण्डेय की बात करते हैं। मैनेजर पाण्डेय हिन्दी साहित्य जगत् के बेहद वरिष्ठ आलोचक हैं। 'आलोचना की सामाजिकता' मैनेजर पाण्डेय की एक अत्यन्त महत्त्वपूर्ण आलोचनात्मक पुस्तक है।

इस पुस्तक के भीतरी पृष्ठों पर एक ही श्रृंखला में लिखे गये ढेरों लेख मौजूद हैं। 'राजनीति की भाषा, भाषा की राजनीति तथा भाषा की रात' इसी लेखनीय यात्रा के तीन अलग-अलग पड़ाव हैं जो कि एक ही सिलसिले से जुड़े हुए नज़र आते हैं।

भाषा का आविष्कार मनुष्य जाति का सबसे महत्त्वपूर्ण आविष्कार माना जाता है जिसने सही मायनों में मनुष्यों को चलना और आगे बढ़ाना सिखाया, गिरोह, समूह या समाज में रहने की सहूलियत मनुष्य को भाषा रूपी वस्त्र धारण करने के उपरान्त ही मिली। ये भाषा ही है जिसका उपयोग दुनिया के सबसे विध्वंस हथियार के रूप में किया जा सकता है। हथियार जो कि मनुष्य को भाई का बन्दी बनाती है इसलिए भाषा के बारे में फैला यह भ्रम टूटना चाहिए कि भाषा मनुष्य की मुक्ति

का साधन है, नहीं बिल्कुल नहीं भाषा मनुष्य को बेहद रोचकीय तौर पर अपना बन्दी बनाती है। भाषा की राजनीति की समझ रखने वाले उससे प्राय: दो अर्थ लेते हैं पहला भाषा की साहित्यिक-राजनीति, दूसरा भाषा की सामाजिक-राजनीति। यहाँ इस शृंखला में मैनेजर पाण्डेय भाषा की सामाजिक-राजनीति में हिस्सेदारी पर बात रखते हुए नज़र आते हैं।

मैनेजर पाण्डेय अपने लेख 'राजनीति की भाषा' में यह लिखते हैं कि शब्द की विश्वसनीयता का गहरा सम्बन्ध मनुष्य के आचरण से होता है। शायद यहाँ वे भाषा की उसी राजनीति का शिकार हो रहे हैं, जहाँ लेखक या वक्ता भाषा की इस विशेषता "भाषा से अपने हिस्से के अर्थ कुरेदे जा सकते हैं" का शिकार हो उठते हैं। सोचने की बात है कि अगर कपड़े से पहचानने वाले और पहचान कर गोली मारने का दावा करने वाले सियासत के नये सूत्रधार अगर अपने कथन और कर्म में सच्चे हों तो क्या शब्द या भाषा की विश्वसनीयता बची रह जायेगी। मेरा मानना है कि भाषा और आचरण दो अलग-अलग संसार की बातें हैं। भाषा के सम्बन्ध में किया गया शोध हमें यह बताता है कि शब्द और अर्थ में कोई सीधा सम्बन्ध नहीं होता। उर्दू के वरिष्ठ आलोचक एवं लेखक गोपीचन्द नारंग, गौतम ऋषि के हवाले से लिखते हैं कि, "अगर हम शब्द को अग्नि कहकर जलाने वाली चीज़ मुराद लेते हैं तो ऐसा इसलिए नहीं कि शब्द अग्नि में जलाने वाले गुण मौजूद हैं, बल्कि ऐसा सिर्फ़ इसलिए है कि रिवायत और चलन से यह अर्थ तय पा गये हैं।" (सख्तीयात एक तारूफ, नासिर अब्बास नैयर, पृ. संख्या 15)

इसलिए शब्द को आचरण का प्रतीक मानना या यह मानना कि मनुष्य का आचरण शब्द को सार्थक या निरर्थक करता है शायद भ्रान्ति फैलाने के सिवा कुछ और नहीं, हाँ मगर लेखक ने जिस तरह देश-विदेश में घटित घटना को भाषा और भाषा की राजनीति से जोड़ा है वह बेहद प्रशंसनीय है।

यह लेख मैनेजर पाण्डेय जी ने सन् 1983 ई. में लिखा था, यानी आज से तकरीबन 40 वर्ष पूर्व। इस लेख में उठाये गये बहुत-सारे प्रश्न समय की धूप पड़ने से कुम्हला गये हैं, प्रश्न की रूपरेखा बदलने से उसके उत्तर भी बदल गये, लेकिन बहुत-सारे प्रश्न, बहुत-सारी बातें आज भी जस की तस हैं, उस पर समय की चाल ने कोई असर नहीं डाला। एक ही ज़मीन पर समय की चाल कितनी अलग होती है।

लेखक इस लेख में कुछ जगहों पर एक देश एक भाषा की बात करते हुए नज़र आते हैं, मगर जिस देश में 'अनेकता में एकता' जैसी बातें उपलब्धि या प्रशंसा का प्रतीक मानी जाती हों, जहाँ खान-पान, वेश-भूषा, बोली, भाषा, धर्म, रंग, नस्ल,

जाति की सतह पर हज़ारों रंग मौजूद हों, वहाँ एक भाषा, एक देश या इस जैसी बातें हास्यास्पद मूर्खता के सिवा क्या हो सकती हैं।

भाषा की राजनीति, भाषा का एक हथियार, एक शक्ति के तौर पर प्रयोग करने को दिखाता है, एक छोटे से उदाहरण के तौर पर इस शक्ति प्रदर्शन को देखा जा सकता है कि किस तरह अतीत और वर्तमान में चुनिन्दा सड़कों, इमारतों और विभिन्न शहरों के नाम बदले गये या बदले जा रहे हैं, नाम बदलने की ये प्रक्रिया जहाँ एक विशेष प्रकार की पक्षपातीय मानसिकता को दिखाती है, वहीं वह उस अपार शक्ति प्रदर्शन को भी दिखाती है जिससे ये आभास हो उठता है कि कोई भी एक किसी भी मनुष्य, जाति, समुदाय का सदियों पुराना इतिहास क्षण भर में बदलने या समाप्त करने की शक्ति रखता है। राजनीति की भाषा या भाषा की राजनीति या भाषा की रात, इस एक उदाहरण में सम्मिलित हो उठता है और इसी एक उदाहरण में इन तमाम लेख खण्डों का दर्द भरा हुआ महसूस होता है।

भाषा की राजनीति के हवाले से लिखते हुए मैनेजर पाण्डेय लिखते हैं कि "स्वाधीनता आन्दोलन के दौरान हिन्दी ने आन्दोलन की सम्पर्क भाषा का काम किया था। स्वाधीनता के बाद हिन्दी को राष्ट्र की सम्पर्क भाषा मानना स्वाधीनता आन्दोलन के दौर की उसकी भूमिका की स्वाभाविक स्वीकृति थी।" यह देखते हुए अगर कहा जाये कि मैनेजर पाण्डेय यहाँ भाषा की उसी पक्षपातीय राजनीति के चक्रव्यूह में ख़ुद को फाँसते हुए नज़र आते हैं तो शायद कुछ ग़लत नहीं होगा। ये सोचना तो नामुमकिन-सी बात होगी कि मैनेजर पाण्डेय स्वाधीनता आन्दोलन के दौरान उर्दू भाषा की भूमिका से अवगत नहीं होंगे या राष्ट्रीय भाषा के तौर पर हिन्दी, उर्दू की चयन प्रक्रिया से अवगत नहीं होंगे, उसके बावजूद राष्ट्रीय भाषा के तौर पर हिन्दी भाषा की स्वीकृति को स्वाधीनता आन्दोलन के दौरान उसकी भूमिका का फल बताना भाषा की इसी राजनीति का एक रूप नज़र आता है।

मैनेजर पाण्डेय जी ने अपने इस लेख में जिस तरह राजनीति और राजनेताओं की ग़लत नीतियों पर प्रश्नचिह्न लगाये हैं, उन पर साहित्यिक कटाक्ष एवं व्यंग्य का प्रयोग किया है और उसे कविता के तीखे सौन्दर्य से सजाया है, वह लेखक की राजनीतिक सूझबूझ को प्रमाणित करता है। यह लेख जिस क़दर साहस और धैर्य से भरा हुआ है उसके लिए किसी भी प्रकार की भाषाई प्रशंसा कम पड़ जायेगी, लेकिन मैं समझता हूँ कि किसी लेख की गम्भीरता एवं गुणवत्ता कविता के प्रयोग या ज़्यादा प्रयोग से कम या समाप्त हो जाती है। पाठक या श्रोता कविता के जादुई प्रभाव से बाहर नहीं निकल पाते और लेख या निबन्ध की मूल आत्मा मर जाती है।

आलोचना में इतिहास और संस्कृति

प्रो. सरवरुल हुदा

मैनेजर पाण्डेय की किताब 'साहित्य के समाजशास्त्र की भूमिका' हिन्दी में ऐसी पहली किताब है जिसमें साहित्य के समाजशास्त्र के विभिन्न आयामों को विस्तार से सामने लाने की कोशिश की गयी है। उन्होंने जो शीर्षक लगाये हैं, उनसे अन्दाज़ा होता है कि साहित्य के समाजशास्त्र के रिश्ते साहित्य, इतिहास और संस्कृति में कितनी दूर तक फैले हुए हैं। मैनेजर पाण्डेय ने साहित्य के समाजशास्त्र पर विचार करते हुए कई दशक गुज़ार दिये। किसी विषय में दिलचस्पी का होना और उस पर कुछ टिप्पणी कर देना एक बात है और उस विषय को ओढ़ना-बिछौना बना लेना दूसरी बात है। मैंने यह महसूस किया है कि पाण्डेय जी को एक विद्यार्थी से भी यह उम्मीद रहती है कि शायद उसके ज़ेहन में कोई नयी बात आ जाये और बात आगे बढ़ाई जा सके। इस उमर में आठ-दस घण्टा रोज़ाना अध्ययन करना, पाबन्दी से लाइब्रेरी जाना, नये रिसालों और किताबों पर नज़र रखना कोई आसान काम नहीं है। लोग एक समय के बाद पढ़ना-लिखना छोड़ देते हैं और अध्ययन और अध्यापन से सिर्फ़ इतना सम्बन्ध रह जाता है कि रोज़ी-रोटी चलती रहे। कुछ लोगों की तदरीसी और इल्मी ज़िन्दगी में तरक़्क़ी और इरतेक़ा की कोई सूरत नज़र नहीं आती। ऐसा लगता है जैसे ज्ञान और हुनर के दरवाज़े उनके लिए बन्द हो गये हैं। तमाम उम्र एक विचार और भावना के साथ इल्मी और साहित्यिक काम को जारी रखना बहुत कठिन है, लेकिन कुछ लोग इस शे'र पर अमल करते हैं–

ऐ दिल हज़ार नफ़ा है सौदा-ए-इश्क़ में
इक जान का ज़ियाँ है सो ऐसा ज़ियाँ नहीं

मैनेजर पाण्डेय अपने इल्मी और साहित्यिक कार्य में बड़े हक़ीक़त पसन्द और बेबाक हैं। उन्हें यह कहने में देर नहीं लगती कि आप पढ़ने-लिखने के सिवा सारे काम कर सकते हैं। मैनेजर पाण्डेय के स्वर में जो विश्वास है, वह एक उम्र की

इल्मी तपस्या का पता देता है। निडर होकर भरी महफ़िल में बोलना लगभग समाप्त होता जा रहा है। हर इन्सान अपने लाभ को सामने रखकर चुप है। अब तो मित्र और शत्रु में कोई फ़र्क़ नहीं और न ही इसकी कोई एक परिभाषा है। सभी दोस्त हैं और सभी दुश्मन हर इन्सान फरेब में है कि कौन कब किसके साथ कहाँ खड़ा हो जाये, मालूम नहीं। इफ्तेखार आरिफ ने कहा है–

मैं जिसको अपनी गवाही में लेके आया हूँ
पता नहीं कि वही आदमी अदू का भी हो।

साहित्य में नैतिकता के ज़िक्र से कुछ लोग बेवजह नाराज़ होते हैं। उन्हें लगता है कि नैतिकता का सारा मसअला धर्म से जुड़ा हुआ है और साहित्य हमें सदाचार और मैत्री की शिक्षा नहीं दे सकता। यही वजह है कि हमारा जीवन श्रेष्ठ मूल्यों और सच्चाई से ख़ाली होता जा रहा है। मैनेजर पाण्डेय के यहाँ ज़िन्दगी, माँ और साहित्य को देखने का जो ढंग है, वह हमें जीवन के श्रेष्ठ मूल्यों और सच्चाइयों की तरफ़ ले जाता है। मैनेजर पाण्डेय की किताब 'साहित्य के समाजशास्त्र की भूमिका' का ये उर्दू अनुवाद उस्ताद मोहतरम (पूजनीय शिक्षक) प्रोफ़ेसर सदीकुर रहमान क़िदवई की तहरीक और तरग़ीव (सुझाव और प्रेरणा) का नतीजा है।

मैनेजर पाण्डेय की इस किताब का अनुवाद दरअसल एक अच्छी किताब से ख़ुद को जोड़ने की कोशिश है। किताब की भाषा बहुत कठिन है। ऐसा नहीं है कि वह मूलत: कठिन भाषा ही लिखते हैं। वास्तव में 'साहित्य के समाजशास्त्र की परिभाषा' पहली बार अंग्रेज़ी से हिन्दी में आ रही थी। हिन्दी में अनुवाद करते हुए बहुत-सी परिभाषाएँ (इस्तेलाह) स्वयं बनानी पड़ीं। पश्चिमी विचारकों के विचार को हिन्दी में पेश करना भी एक कठिन कार्य था। ऐसे में भाषा का कठिन और वाक्यों का लम्बा हो जाना अस्वाभाविक नहीं है। प्रत्येक प्रसंग का अनुवाद एक समान नहीं होता। कुछ लोग लेख के उलझाव और पेचीदा होने की शिकायत इस तरह करते हैं जैसे लिखने वाले ने जान-बूझकर उसे पेचीदा बनाया हो। इस पुस्तक की भाषा वहाँ कठिन हो गयी है, जहाँ उन्होंने किसी पश्चिमी विचारक के विचार को हिन्दी में पेश किया है, परन्तु आमतौर पर उन्होंने अनुवाद करते हुए उद्देश्य के प्रेषण को प्रधानता दी है। इस किताब की बहुत-सी परिभाषाएँ उर्दू वालों के लिए भी नयी हैं। मुझे भी इसे उर्दू में हस्तान्तरित करते हुए आज़माइशों से गुज़रना पड़ा है। मेरी पूरी कोशिश, फ़िक्र और विचार के संचार तक सीमित रही है। हिन्दी और उर्दू में बहुत-से शब्द समान हैं। अनुवाद की समस्याओं पर बात करने का और ख़याल का संचार है

तो स्वयं ही सारी समस्याएँ हल हो जाती हैं। वास्तव में मूल ग्रन्थ से गहरे लगाव के बिना अनुवाद हो ही नहीं सकता। जहाँ शाब्दिक अनुवाद से बात स्पष्ट हो सकती है, वहाँ सृजनात्मक शान पैदा करने की कोशिश करने में मूल ग्रन्थ से दूर जाना ठीक नहीं। लेखक के अपने शब्द, उसकी नज़र और एहसास को ज़ाहिर करते हैं। इस नज़र और एहसास को पूरी ज़िम्मेदारी के साथ दूसरी भाषा में लाना बड़े जोखिम का काम है। इसके लिए इलामियत, जहानत के साथ-साथ ज़ेहनी मुनासबत की भी ज़रूरत है। मैंने अनुवाद का कितना हक़ अदा किया है, इस सिलसिले में कुछ कहना नहीं है। मैं ख़ुश और मुतमइन हूँ, कमियों का रह जाना अस्वाभाविक नहीं। मैनेजर पाण्डेय हिन्दी के ऐसे तन्हा आलोचक हैं जिनके लेखों का सबसे अधिक अनुवाद अंग्रेज़ी, मराठी, बांग्ला, उड़िया और उर्दू में हुआ है। यही वजह है कि पाण्डेय जी की शोहरत हिन्दी के अलावा दूसरी हिन्दुस्तानी ज़बानों के पाठकों के बीच भी है। हिन्दी साहित्य के इतिहास में रामचन्द्र शुक्ल और रामविलास शर्मा का एक अहम और ऐतिहासिक मकाम है। उन दोनों ने साहित्य, इतिहास, संस्कृति और राजनीति को एक साथ अपना विषय बनाया था। यह कहना ज़्यादा ठीक होगा कि शुक्ल जी और रामविलास शर्मा ने हिन्दी आलोचना को एक बड़े राजनैतिक, सामाजिक और ऐतिहासिक सन्दर्भ में देखने की कोशिश की।

रामचन्द्र शुक्ल और रामविलास शर्मा की इस आलोचना की परम्परा को मौजूदा समय में मैनेजर पाण्डेय ने न सिर्फ़ आगे बढ़ाया बल्कि इस हवाले से अपनी पहचान भी बनायी। उनकी एक अहम किताब 'साहित्य और इतिहास–दृष्टि' है। साहित्य में इतिहास के अमल और उसके किरदार को बौद्धिक सतह पर समझने और निशानजद करने की कोशिश की गयी है। साहित्य के ऐतिहासिक और सांस्कृतिक सन्दर्भ से मैनेजर पाण्डेय की दिलचस्पी सिर्फ़ ज़बानी नहीं, बल्कि सुबूत में उनकी पाँच किताबें और बेशुमार लेख पेश किये जा सकते हैं। वह साहित्य ही नहीं बल्कि इतिहास, संस्कृति और समाजशास्त्र के भी पाठक और आलोचक हैं। गुज़रे चन्द सालों में इतिहासदानों की दिलचस्पी साहित्य में और साहित्यकारों की दिलचस्पी इतिहास में बढ़ी है। साहित्य और इतिहास के इस रिश्ते के अर्थ और विवरण का काम कम-से-कम उर्दू में जिस तरह होना चाहिए था नहीं हो सका। इस सिलसिले में जो कोशिशें हुईं भी तो उनमें तवाज़ुन नहीं है। मैनेजर पाण्डेय ने ऐतिहासिक सच्चाई का ज़िक्र बार-बार किया है। इसलिए यह कहना ज़्यादा ठीक है कि मैनेजर पाण्डेय की किताब 'साहित्य के समाजशास्त्र की भूमिका' उनकी इतिहास और संस्कृति से गहरी दिलचस्पी का एक नमूना है। मैं अपने इसी लेख में लिख चुका हूँ कि मैनेजर

पाण्डेय सिर्फ़ साहित्य के आलोचक नहीं हैं। वह इतिहास, संस्कृति और राजनीति को भी अपने ख़ास नज़रिये की रोशनी में देखते हैं। उनके निम्नलिखित उद्धरण से अन्दाज़ा किया जा सकता है कि साहित्य पर कोई गुफ़्तगू उस समय के सामाजिक और राजनैतिक वातावरण के बिना निरर्थक और अमानवीय है। मैनेजर पाण्डेय बार-बार इस तरफ़ ध्यान करते हैं कि सरमायादारी पर चन्द मुट्ठीभर लोगों का कब्ज़ा है और इन्सानों की एक बड़ी आबादी को मूलभूत सुविधाएँ भी हासिल नहीं हैं। ये कितने शर्म की बात है कि हम दुनिया की बड़ी ताक़तों और उनकी आलमी दहशतगर्दी का ज़िक्र स्वयं को जाग्रत इन्सान साबित करने के लिए करते हैं, लेकिन जैसे ही साहित्य के सन्दर्भ में आलमी सतह पर होने वाली इस ज़्यादती का ज़िक्र आता है तो हम साहित्य के स्वयं आधारित और ख़ुद से क़ायम होने पर ज़ोर देने लगते हैं। यह पूरी इन्सानियत के लिए हमारी बेहिसी और खुदपरस्ती का इज़हार है। अफ़ग़ानिस्तान, इराक़, फिलिस्तीन और दूसरी जगहों पर होने वाले जनहानि के हादसे किसी भी भावुक और बाजमीर इन्सान को जगाने के लिए काफ़ी है। जब इतिहास, संस्कृति और फन के नमूने और निशानों को ख़त्म किया जा रहा हो, सरमायादारी के नशे में इन्सानी ख़ून को पानी की तरह बहाया जा रहा हो, हमारा कविता और कहानी लिखना और उसके साहित्य होने पर इसरार करना क्या मतलब रखता है? मैनेजर पाण्डेय साहित्य पर गुफ़्तगू करना ज़रूरी तो समझते हैं, लेकिन वह इस सच्चाई को एक पल के लिए भी भूलते नहीं कि इन्सान की आज़ादी और उसकी ख़ुशहाली की इच्छा के बिना न तो कोई इन्सान इन्सान कहलाने का हक़ रखता है और न कोई रचनाकार अपने वास्तविक पद पर रह सकता है। वे देरिदा के इस विचार को भी ग़ैर–हमदर्दाना और ग़ैर–इन्सानी बताते हैं, जिसकी वजह से मूल ग्रन्थ में कोई निश्चित अर्थ नहीं होता।

क़िस्सागोई का मतलब यह नहीं है कि इसे मनमाने ढंग से समझा और समझाया जाये। मैनेजर पाण्डेय इतिहास को एक हक़ीक़त की शक्ल में देखते हैं। वह साहित्य को ऐतिहासिक दस्तावेज़ बनाने के ख़िलाफ़ हैं, लेकिन साहित्य में इतिहास के अमल को नज़रअन्दाज़ नहीं करते। वह जब इन्सानी तबाही के वाक़ेयात का हवाला देकर देरिदा के नज़रिये की पकड़ करते हैं तो उससे उनकी मंशा बहुत साफ़ है। वह यह कि हर जगह और हमेशा हादसों से अनिश्चित अर्थ निकालना एक जुर्म है। इस सख़्त रवैये के पीछे वास्तव में इन्सानी ज़िन्दगी और इन्सानी आबादी का गहरा सरोकार और गहरी दर्दमन्दी है। जो लोग देरिदा के नज़रिये से आगाह भी हैं और हामी भी, उन्हें मैनेजर पाण्डेय की उन बातों से इत्तेफ़ाक होगा या नहीं यह एक

अलग बहस है, लेकिन मैनेजर पाण्डेय ने देरिदा के हवाले से अपने देश की जिन कड़वी सच्चाइयों का ज़िक्र किया है, उनसे इनकार करना मुमकिन नहीं। कहा जाता है कि इतिहास का सफ़र सीधा और सरल नहीं होता। इसमें उतार-चढ़ाव होते हैं। इसलिए इस तरह की व्याख्या और अर्थ का अमल भी इतना सीधा और सपाट नहीं जितना कि दिखाई देता है। इतिहास से एक रचनाकार क्या समझता है और उसे किस तरह अपनी रचना का हिस्सा बनाता है, आलोचक उसकी व्याख्या करता है कि ऐतिहासिक विवेक किसी साहित्यिक रचना से पैदा नहीं हो सकता। इसीलिए मैनेजर पाण्डेय ऐतिहासिक और सांस्कृतिक विवेक की वक़ालत के बावजूद साहित्य के बुनियादी तक़ाज़ों को नज़रअन्दाज़ नहीं करते। वह उन आलोचकों की गिरफ़्त करते हैं, जो एक ही समय के भिन्न कवियों को किसी एक कसौटी पर परखना चाहते हैं। साहित्यिक रचना को इन्सानी ज़िन्दगी के सन्दर्भ में देखना इस बात का ऐलान है कि इतिहास न तो शुद्ध साहित्य हो सकता है और न ही साहित्य को ऐतिहासिक बनाया जा सकता है।

मैनेजर पाण्डेय हिन्दी के उन चन्द आलोचकों में हैं, जिनके यहाँ इतिहास और संस्कृति की कल्पना पक्षपात और हर तरह की तंग नज़री से पाक है। वह हिन्दी भाषा और साहित्य की किसी भी परम्परा को हिन्दुस्तान की दूसरी भाषाओं और संस्कृतियों से ग़ैर–ज़रूरी तौर पर अलग करके नहीं देखते। अब जबकि उर्दू और हिन्दी दो अलग-अलग भाषाएँ हैं, मैनेजर पाण्डेय की इस आलोचना की अहमियत और बढ़ जाती है जिसमें हिन्दी भाषा और साहित्य पर इस्लाम और मुसलमानों के प्रभाव की तलाश को बड़ी अहमियत हासिल है। उन्होंने नामवर सिंह की किताब 'दूसरी परम्परा की खोज' की पकड़ भी इसी ऐतिहासिक सन्दर्भ में की है। वह लिखते हैं–

"नामवर सिंह ने 'दूसरी परम्परा की खोज' में बौद्ध धर्म दर्शन और हिन्दी समाज तथा साहित्य पर उसके प्रभावों की उतनी चिन्ता नहीं की है जितनी हजारी प्रसाद द्विवेदी की 'हिन्दी साहित्य की भूमिका' में है।

नामवर सिंह की 'दूसरी परम्परा की खोज' में जायसी और मीरा भी बहस से बाहर हैं। इन दोनों का परम्परा पर बहस से बाहर होना केवल भक्तिकाल के दो महत्त्वपूर्ण कवियों की उपेक्षा नहीं, बल्कि भक्ति आन्दोलन के भीतर भारतीय नारी की पराधीनता के बोध और स्वाधीनता की आकांक्षा को व्यक्त करने वाली रचनाशीलता की उपेक्षा है और साथ ही प्रेम के अमर कवि जायसी के काव्य को भी परम्परा पर विचार की प्रक्रिया से बाहर रखना है। हिन्दी समाज में दूसरी परम्परा

पर विचार की एक विडम्बना यह भी है कि इसमें उर्दू भाषा और उसके साहित्य की कोई चिन्ता नहीं है और न उर्दू साहित्य में व्यक्त समाज की वास्तविकताओं और आकांक्षाओं की पहचान की कोशिश होगी, जब तक उसमें उर्दू भाषा और उसके साहित्य की चिन्ता शामिल नहीं होगी। अगर हम उर्दू भाषा और उसके साहित्य को छोड़कर केवल हिन्दी पर बहस करेंगे तो वह मुख्यतः हिन्दू समाज पर बहस हो जायेगी।" (आलोचना की सामाजिकता पृ. 69, 70)

"यह एक तारीख़ी सच्चाई है कि भक्ति आन्दोलन के ज़माने में इस मुल्क में इस्लाम मौजूद था और भारतीय समाज में मुसलमान केवल मौजूद नहीं थे, बल्कि हाकिम भी थे। ग़ौरतलब बात ये है कि इस ऐतिहासिक सच्चाई का कौन-सा ऐसा पहलू आन्दोलन के किस कवि की कविता में किस रूप में सामने आया है। मीरा के इस वास्तविकता के निशानात बहुत कम हैं, तुलसीदास के यहाँ इस्लाम और मुसलमानों की मौजूदगी दर्ज है और अरबी–फ़ारसी शब्दों का इस्तेमाल भी है। सूरदास की में खेती, ग्राम, इन्तज़ाम, तिजारती व्यवस्था, हुकूमत और दरबार से वाबस्ता तस्वीरों में इस वास्तविकता के विभिन्न ढंग हैं और इनके साथ अरबी-फ़ारसी शब्द भी।"

इस हक़ीक़त को भी सामने रखने की ज़रूरत है कि साहित्यिक रचना की विभिन्न विधाओं में इतिहास का अमल एक जैसा नहीं होता। उपन्यास में इतिहास का जो अमल है, वह कविता में नहीं हो सकता और कविता में जो इतिहास की सूरत होती है, वह ग़ज़ल में नहीं होती। देरिदा के नज़रिये का विरोध किया जाता है, लेकिन रचना के अनिश्चित अर्थ का सम्बन्ध वास्तव में रचना के गुण से है। आप हज़ार कोशिश कर लें, कुछ रचनाएँ निश्चित अर्थ से आगे नहीं बढ़ पातीं और एक पाठक तमाम बुद्धिमानता के बावजूद उस मूल ग्रन्थ से कोई अर्थ नहीं निकाल सकता। इसलिए जब मूल ग्रन्थ ही कमज़ोर हो तो कोई अर्थ या अनिश्चित अर्थ का प्रश्न ही कहाँ पैदा होता है। मैनेजर पाण्डेय इस सच्चाई से आगाह हैं। इसके बावजूद उन्होंने देरिदा के हवाले से जिन ऐतिहासिक घटनाओं को सामने रखकर निश्चित और अनिश्चित अर्थ का प्रश्न उठाया है, इस पर गम्भीरता से ग़ौर करने की ज़रूरत है। उनके इस उद्धरण को भी देखिए–

"आज भारत जिन तारीख़ी, समाजी और तहजीबी समस्याओं का सामना कर रहा है, इसके सन्दर्भ में उत्तर–आधुनिकता की कथा आदमीयत है। वह किसके काम की होगी और किसके लिए बेकार। वह किसकी ताक़त बनेगी और किसे कमज़ोर करेगी, ये सवालात बहुत महत्त्वपूर्ण हैं। जब देश के आवाम का एक बड़ा समुदाय

अभी पारम्परिक और पुराने तर्ज़ पर जी रहा हो, दूसरा बड़ा हिस्सा मध्य वर्ग का हो और तीसरा बड़ा हिस्सा मध्य काल से निकलकर बढ़ने की कोशिश कर रहा है। इस देश में उत्तर–आधुनिकता और लोगों के लिए ज्ञान का एक फ़ैशन हो, मगर पूरे समाज के लिए अर्थहीन ही होगा।

उत्तरा–आधुनिकता के अनुसार सच न समान होता है और न सार्वभौमिक। समुदाय और वर्ग की अपनी एक सच्चाई होती है। साथ ही सच के पीछे कोई नहीं होता।"

मैनेजर पाण्डेय की यह बातें बिल्कुल सामने की हैं और इस देश की सामाजिक और सांस्कृतिक ज़िन्दगी से सीधे तौर पर जुड़ी हैं। उन्होंने इस देश की इन्सानी आबादी के रहन-सहन के तरीक़े को तीन भागों में बाँटा है इससे इनकार नहीं किया जा सकता। इन हक़ीक़तों की रोशनी में उनका यह सवाल कि उत्तरा–आधुनकिता इस देश के मजमुई सन्दर्भ में क्या अहमियत रखती है, निरर्थक नहीं है? जिस देश की बड़ी आबादी को दो वक़्त की रोटी-साफ़ पानी और सिर छुपाने को छत भी न मिले, वह क्यों और किस तरह उत्तराधुनिक हो सकती है। उन्हें यह देखकर हैरत होती है कि हर नज़रिया किस तरह सही हो सकता है। ऐसी सूरत में सही और ग़लत के बीच कोई फ़र्क़ नहीं रहेगा। इन्सान की बौद्धिक और वैचारिक आज़ादी के नाम पर सब कुछ सही क़रार देना, हर नज़रिये और रवैये के लिए गुंजाइश पैदा करना अफ़रातफ़री के लिए रास्ता बनाना है। मैनेजर पाण्डेय ने किसी देश और देशवासी की सांस्कृतिक परम्परा का सवाल भी उठाया है। साँसारिक और स्थानीय की बहस पिछले कुछ सालों में काफ़ी गरम रही है, अगरचे कविता और साहित्य के सिलसिले में यह समस्याएँ नयी नहीं हैं। इन समस्याओं पर सोच-विचार का सिलसिला तो नौआबादयाती ज़माने से ही शुरू हो गया था, लेकिन इस हवाले से कुछ लोगों ने बेज़रूरत इस समस्या को पेचीदा बनाने की कोशिश की है।

एक आम आदमी भी यह समझता है कि पूरब और पश्चिम और स्थानीय और साँसारिक के अपने-अपने कुछ तकाजे हैं, लेकिन एक-दूसरे से एकदम बेताल्लुक नहीं है। यह कभी अपनी मौलिकता पर ज़ोर देते हैं तो कभी मिल जाते हैं। सांस्कृतिक लेन-देन का मतलब हरगिज़ यह नहीं होता है कि हमारी अपनी स्थानीयता को ख़तरा है। संस्कृति अपना सफ़र जारी रखती है और वह अपनी शर्तों पर किसी से कुछ कुबूल करती है। उत्तर–आधुनिक विचार के मुताबिक़ हर इलाक़े और तबके की अपनी एक तहज़ीब होती है और उसे नज़रअन्दाज़ करके साँसारिकता पर इसरार करना गोया किसी जगह और तबके की संस्कृति को मिटाना है। ख़ुद हमारे

देश में बहुत-सी इलाक़ाई बोलियाँ और इससे जुड़ी छोटी-छोटी बिरादरियाँ भी हैं, आज की आलमकारी से ख़तरा है। बहुत-सी इलाक़ाई सच्चाई ख़त्म होती जा रही है। इस सन्दर्भ में मैनेजर पाण्डेय के इस विचार से इख़तलाफ़ की भी सूरत निकलती है कि "सच न अमूमी होता है न ही आफ़ाकी।" सच्चाई अमूमी भी हो सकती है आफ़ाक़ी भी। अगर कोई ख़याल या नज़रिया अर्थ पर ज़ोर दे रहा है तो इससे यह कहाँ साबित होता है कि उसे उमूमियत और आफ़ाक़ियत से इनकार है। वास्तव में उत्तर आधुनिकता की इस बहस की तरफ़ लपकना एक स्वाभाविक अमल है। मूल ग्रन्थ के निश्चित अर्थ से इनकार और संस्कृति और सभ्यता की स्थानीयता पर इसरार करना दोनों दो बातें हैं। मूल ग्रन्थ के अनिश्चित अर्थ की बहस को स्थानीयता और साँसारिकता की बहस से जोड़ देना ठीक नहीं है। देरिदा ने मूलग्रन्थ, पाठक, लेखक और फिर अर्थ, इन सबके सिलसिले में जो कुछ लिखा है, उसकी सारी बातों से इत्तेफ़ाक़ ज़रूरी नहीं है, लेकिन जब वह एक अच्छे मूलग्रन्थ के अनिश्चित अर्थ पर इसरार करता है तो उससे इनकार करना भी ठीक नहीं। इसी लेख में लिखा जा चुका है कि एक अच्छे मूल ग्रन्थ में ही एक अर्थ दूसरे अर्थ को रद्द करता हुआ आगे बढ़ता है। स्थानीयता और साँसारिकता को देरिदा के हवाले से कुछ लोग इस तरह पेश करते हैं, जैसे वह इसे विज्ञान की तरह अलग-अलग कर देने का हामी था। मैनेजर पाण्डेय का बुनियादी मसअला इतिहास और उसकी सच्चाई है। जब ऐतिहासिक सच्चाइयाँ कविता और साहित्य में तजरीदी और माराबाई शक्ल इख़्तियार लगते हैं तो इनकी ऐतिहासिक और सामाजिक वाबस्तगी इन्हें बेकरार करती है। साहित्य में सच्चाई जब ज़मीन से लग कर अपना सफ़र जारी रखती है तो एक सभ्यता और ऐतिहासिक आलोचक ख़ुश होता है। मैनेजर पाण्डेय साहित्य की व्याख्या में ऐतिहासिक सन्दर्भ और ऐतिहासिक विवेक को लाज़मी क़रार देते हैं। वह किसी फनपारे के लफ़्जेयाती निज़ाम की व्याख्या को आलोचना नहीं मानते। उनकी मशहूर किताब 'साहित्य और इतिहास–दृष्टि' से यह उद्धरण देखिए–

"अदब और इन्सानी सन्दर्भ के बिना किसी कृति की सही व्याख्या और इसके आधुनिक होने का फ़ैसला नहीं किया जा सकता। ऐसे ही अवसरों पर आलोचना में तारीख़ी शऊर की ज़रूरत पड़ती है, क्योंकि परम्परा का शऊर तो तारीख़ी शऊर से ही हासिल होता है। जो लोग आलोचना को केवल भाषा की व्याख्या तक सीमित रखना चाहते हैं, उन्हें ये भी याद रखना चाहिए कि इतिहास का बोध कृति की व्याख्या में मदद करता है।"

मैनेजर पाण्डेय ने अपने इस लेख में बहुत तफ़सील के साथ साहित्य और इतिहास के रिश्ते पर गुफ़्तगू की है। इसीलिए उनकी बातों से इख़्तेलाफ़ के पहलू

भी निकलते हैं, लेकिन उपर्युक्त लिखित उद्धरण की रोशनी में साहित्य और इतिहास के रिश्ते को एक ख़ास पहलू से रद्द नहीं किया जा सकता। इसमें शक नहीं कि आलोचना में अक्सर ऐसे मक़ाम आते हैं, जब ऐतिहासिक विवेक की ज़रूरत पड़ती है और इसके न होने के सबब फ़नपारा की मानवी गिरहों को खोलना मुमकिन नहीं होता। लफ़्ज़ेयाती निज़ाम की व्याख्या में भी इस ऐतिहासिक विवेक की ज़रूरत पड़ती है। जैसे किसी कवि ने कोई ऐसा शब्द या कोई ऐसी तल्मीह इस्तेमाल की है, जो बाद वालों के लिए अजनबी है तो सबसे पहले इस शब्द या तल्मीह का समाजी और सांस्कृतिक सन्दर्भ बताना होगा अगर बाद के किसी कवि ने इस रिवायती शब्द या उपमा को किसी ख़ास सन्दर्भ में इस्तेमाल किया है तो भी इसका सांस्कृतिक सन्दर्भ लाना ज़रूरी है। इस सूरत में मैनेजर पाण्डेय की यह बात बड़ी मानीख़ेज़ हो जाती है कि "ऐतिहासिक विवेक रचना की व्याख्या में मददगार होता है, क्योंकि इतिहास ही रचना को सन्दर्भ अता करता है। उर्दू में शम्सउर रहमान फ़ारूक़ी की किताब मैनेजर पाण्डेय आलोचक के ऐतिहासिक विवेक को उसकी ताक़त करार देते हैं। और वह यह समझते हैं कि जो लोग इतिहास ओर संस्कृति को पढ़ने और समझने से घबराते हैं, वह बुनियादी तौर पर कमज़ोर लोग हैं और ऐसे ही लोग आलोचना को सीमित और सरल पसन्द हैं। वह रचनाकार की ऐतिहासिक और सांस्कृतिक शऊर के साथ-साथ आलोचकों की सांस्कृतिक और ऐतिहासिक शऊर को भी इतना ही महत्त्व देते हैं। मैनेजर पाण्डेय का यह वाक्य यूँ तो आलोचकों के लिए है, लेकिन कुछ लोग इसे रचनाकारों से जोड़ देते हैं, "आलोचक अपने ऐतिहासिक विवेक से रचना के सामाजिक, सांस्कृतिक सन्दर्भ की नये सिरे से तामीर करके कृति की व्याख्या करता है।" मैनेजर पाण्डेय इस हक़ीक़त को भी पेश नज़र रखते हैं कि बहुत-सी कृतियाँ बड़ी होती हैं। उनमें अपने ज़माने की तारीख़ियत ही नहीं, बल्कि वह उससे बुलन्द भी होती है। वह लिखते हैं, "तख़लिकात में तारीख़ियत और भावराइयत भी होती है। ऐसी अहम रचनाओं पर गुफ़्तगू करते समय इतिहासकार का आलोचक विवेक आलोचक के ऐतिहासिक विवेक की मदद करता है।" मैनेजर पाण्डेय अपनी किताब 'भक्ति आन्दोलन और सूरदास का काव्य' में लिखते हैं–

"आलोचना का एक काम यह भी है कि वह अतीत की महत्त्वपूर्ण कृतियों के वर्तमान महत्त्व की तलाश करे, लेकिन तलाश का अमल ऐसा हो कि कृति में जो अर्थ दिखाई नहीं देता, वो सामने आये।"

मैनेजर पाण्डेय पुराने साहित्य की असरी मानवियत की तलाश और जुस्तजू को आलोचना का एक अहम फ़रीज़ा ख़्याल करते हैं। इससे बहुत वाज़ेह है कि ऐतिहासिक और सांस्कृतिक विवेक का मतलब किसी कृति के महत्त्व को उस दौर तक सीमित करना नहीं है। मैनेजर पाण्डेय नयी ज़िन्दगी की समस्याओं के साथ क़दीम ज़माने के फ़नपारे को हम आहंग करना चाहते हैं। माज़ी के साहित्य को जितना नज़रअन्दाज़ किया गया है, वह एक अफ़सोसनाक घटना है। कुछ एक ख़ास राजनैतिक और सामाजिक सन्दर्भ में अपने ऐतिहासिक और सांस्कृतिक प्रगतिशील विरासत को रद्द कर देना वास्तव में एक जज़्बाती और हंगामी रवैया है। इससे ऐतिहासिक और सांस्कृतिक विवेक की निचली सतह का भी पता चलता है। मैनेजर पाण्डेय इन्तेहा पसन्दी के शिकार कभी नहीं हुए। वह एक अच्छी साहित्यिक रचना की व्याख्या की समस्याओं से पूरी तरह आगाह हैं। सृजनात्मक क्रिया के दौरान एक तख़लीक़कार जिन समस्याओं और आमाइशों से दो–चार होता है, उनके बारे में कोई आख़िरी बात नहीं की जा सकती। सृजन में रंग, नूर, हरारत और कैफ़ियत कहाँ से आती है? असल में इसका ताल्लुक हर रचनाकार की अपनी शख़्सियत और उसके शऊर से है। उन्होंने संगीत और चित्रकारी के फ़नकारों के मुक़ाबले में अदब के फ़नकारों और क़लमकारों की दिक़्क़तों को भी सामने लाने की कोशिश की है। ज़बान को इन्फ़ेरादी बनाकर समाजी बनाना आसान नहीं है। ज़बान कब अपनी इन्फ़ेरादियत से बुलन्द होकर समाजी और इज्तेमाई हदूद में दाख़िल हो जाती है, इसे निशानजद करना आलोचना के लिए लगभग नामुमकिन है। एक इन्सान जिस भाषा को मौलिक क़रार देता है, उसी को इज्तेमाई भी साबित किया जा सकता है। असल में मैनेजर पाण्डेय की मंशा यह है कि अदीब और शायर की ख़्वाहिश सिर्फ़ इतनी नहीं होती कि कोई फ़नपारा वजूद में आ जाये, बल्कि वह उसे दूसरों के लिए भी पुरकशिश बनाना चाहता है। अगर इस ख़्याल की रोशनी में इनके उस ख़्याल को देखा जाये कि अदीब इन्फ़ेरादी ज़बान को इज्तेमाई बनाता है तो उसकी मानवीयत सामने आ सकती है। अक्सर प्रगतिशील लोग फ़नकार के निजी अनुभव और उसकी मौलिकता को ज़्यादा अहमियत नहीं देते। वह इन्फ़ेरादी तज़रबे को भी इज्तेमाई तज़रबे से जोड़कर देखते हैं। इस ढंग ने तरक़्क़ीपसन्द तन्क़ीद को मजमूई एतबार से नुक़सान पहुँचाया। मैनेजर पाण्डेय साफ़ तौर से लिखते हैं— “गोया आर्ट उसी समय फन्नी मेआर पर पूरा उतरेगा जब उसमें आत्मीयता पैदा होगी। आज के साहित्यकारों की समस्या व्यक्तिगत अनुभव को समाजी बनाना है। और इसका सम्बन्ध कलाकार के व्यक्तिगत अनुभव और समझ से है।”

वह अदीब और फ़नकार मौलिकता को आख़िरकार समाजी सरोकार कहते हैं कि यह तो फ़नकार की बड़ाई है कि वह भीड़ में अपने समाजी सरोकार के बावजूद वह अदीब और फ़नकार मौलिकता को आख़िरकार समाजी सरोकार कहते अकेला दिखाई देता है, लेकिन इसका यह मतलब नहीं है उसके समाजी रिश्ते कमज़ोर हो गये हैं।

भाषा और विषय की बहस भी अब पुरानी हो चुकी है, लेकिन मैनेजर पाण्डेय के नज़दीक इस समस्या पर बात न करना भी एक तरह का फ़रार है। एक अहम बात यह है कि वह पिछले तीन-चार दशकों में तरक़्क़ीपसन्दी की मानवियत पर इजहार ख़याल करते रहे हैं। इस तरह वह उन लोगों में नहीं हैं जो सामयिक लाभ और फ़ायदे के लिए अपने उसूलों को बदल देते हैं। मैनेजर पाण्डेय मार्क्सवाद से गहरे लगाव के बावजूद तरक़्क़ीपसन्दों की कमियों की गिरफ़्त करते हैं। मैनेजर पाण्डेय से इख़्तेलाफ़ की पूरी गुंज़ाइश है, लेकिन किसी नज़रिये से ऐसी वफ़ादारी मुश्किल से ही मिलेगी। अपने ज़माने के तमाम नये पुराने नज़रयात से वाक़िफ़ीयत के बावजूद किसी विचार पर इसरार करना बड़ी बात है। वक़्त के साथ चलने वाले लोग सिर्फ़ बाख़बर और बशऊर नहीं होते, वह चालाक और होशियार भी होते हैं। मैनेजर पाण्डेय ने अपने पूरे अदबी सफ़र में इन चालाकियों से कोई इलाक़ा नहीं रखा। कुछ लोग ज़िन्दगी भर बयानात देकर ही इल्मी हलकों में अपने होने का सूबूत फराहम कर देते हैं, लेकिन वही बयानात बाकी रहते हैं जिनमें इल्म के साथ-साथ सच्चाई भी होती है। उर्दू और हिन्दी के तरक़्क़ीपसन्दों में ऐसे लोगों की संख्या ज़्यादा है, जिनमें जज़्बे की कमी तो नहीं, लेकिन इल्म और खुलूस की कमी का एहसास ज़रूर होता है।

मैनेजर पाण्डेय की किताब 'साहित्य के समाजशास्त्र की भूमिका' के शीर्षकों पर अगर ग़ौर किया जाये तो यह हक़ीक़त वाजेह हो जायेगी कि यह किताब उनके उस समाजी और सांस्कृतिक सरोकार का एक अहम हवाला है, जिसका ज़िक्र उनकी दूसरी किताबों के सिलसिले में आ चुका है। अदबी समाजियात का ज़िक्र यूँ तो होता रहता है, लेकिन मैनेजर पाण्डेय की इस किताब को पढ़ने के बाद अदबी समाजियात का एक विस्तृत फिकरी निज़ाम सामने आ जाता है। एक बुनियादी सवाल यह है कि अहदे हाज़िर में अदबी समाजियात की क्या अहमियत है? इसका आसान सा जवाब यह है कि अदब को चाहे जिस क़दर अनिश्चित और ग़ैर–हक़ीक़ी क़रार दिया जाये समाज के बिना अर्थपूर्ण नहीं हो सकता। नयी आलोचना में सारा ज़ोर ज़बान के करिश्मे और करामात पर है। हमारे यहाँ पश्चिम से जो उसूल

आये हैं और हम जिन्हें क़दर की निगाह से देखते हैं। उनकी बिसात पश्चिम में पहले ही सिमट चुकी होती है। ख़ैर इसमें कोई ग़लत बात नहीं कि ज्ञान का सफ़र इसी तरह जारी रहता है, लेकिन सच्ची बात तो यह है कि जदीद लेसानी बहस से ही हमारे अदब का सारा मसअला हल नहीं हो सकता। लफ़्ज़ में अर्थ का अनिश्चित होना या इसके अर्थ को निश्चित क़रार देना चाहे जितना अच्छा और नया मालूम हो, अदब के केन्द्र में इन्सान और इन्सानी ज़िन्दगी ही तो है। प्रोफ़ेसर शमीम हन्नफी ने अपनी किताब 'तारीख़, तहज़ीब और तख़लीकी तजरबा' के पेश लफ़्ज़ में लिखा है—

"अदब और आर्ट को तारीख़ और तहज़ीब के जब से छुटकारे की एक कोशिश के तौर पर देखा जाता है। बेशक अदब और आर्ट किसी भी हदबन्दी को क़ुबूल नहीं करते, लेकिन यह हक़ीक़त उसके बाद भी अपनी जगह बरकरार रहती है कि इन्सानी तज़रबे के इसहार का दायरा चाहे जितना फैल जाये, तारीख़ और तहज़ीब के अमल दख़ल से पूरी तरह उसका आज़ाद और अलग हो जाना शायद मुमकिन नहीं। इसीलिए इन्सानी रूह को दरपेश सवालों पर सोच-विचार करते हुए यह ख़याल मुझे बार-बार आता है कि अदबी और तख़लिकी तज़रबे को अपनी इस बहरूपी दुनिया के बखेड़ों से यकसर अलग करके देखने की रविश भी कुछ ज़्यादा मुस्तहसन नहीं है। हमारे नज़रियासाज़ अदीब अदबी नज़रियासाज़ी को बाज़ औक़ात कुछ 'घड़ी साज़ी' जैसा बारीक काम बना देते हैं।"

मैनेजर पाण्डेय के यहाँ इतिहास और साहित्य के हवाले से, जो शिद्दत नज़र आती है, उसका अपना एक जवाज़ है। इस हक़ीक़त से इनकार नहीं किया जा सकता कि साहित्य पढ़ना और पढ़ाना समाज के मख़सूस लोगों का महबूब मशगला है। यह छोटा-सा तबका ख़ुद ही किताबें छापता है और दोस्तों में बाँट कर ख़ुश हो लेता है, लेकिन एक बड़ी आबादी अदबी सरोकार से बेनियाज़ होकर इन किताबों को ख़रीद कर पढ़ती है, जो रेलवे स्टेशन और बाज़ार में फ़ुटपाथ पर बिकती हैं। बड़ी संख्या में बिक्री होने वाली मक़बूल आम किताबों से अदब का संजीदा अदबी हल्क़ा पूरी तरह वाक़िफ़ है। इस हक़ीक़त को मान लेना चाहिए कि मकबूल आम अदब में ऐसी ताक़त ज़रूर होती है जो बड़ी आसानी और तेज़ी के साथ अपने पढ़ने वालों का हल्क़ा बना लेती है। मक़बूल आम अदब लिखने वालों में ऐसे क़लमकार भी हैं, जो संजीदा और आला अदब लिखने की सलाहियत रखते हैं, लेकिन बाज़ार के तकाज़ों ने उन्हें मौक़ा नहीं दिया। जब अदब भी बाज़ार का हिस्सा बन गया हो और उसके ज़रियाए मआश के तौर पर इख़्तेयार किया जा रहा हो तो ऐसी सूरत में फिकर व ख़याल की एक मखसूस सतह का ज़िक्र करना कुछ अजीब सा मालूम

होता है। मक़बूल आम अदब के क़लमकार को तो पाठकों का एक बड़ा हल्क़ा मयस्सरा है, उन्हें यह कहने का हक़ हासिल है कि हमें मालूम है कि हमारे पाठक कहाँ और कितनी संख्या में मौजूद हैं। आप चाहे इस अदब को भीड़ का साहित्य कहें या सतही साहित्य, लेकिन यह एक बड़ी सच्चाई है, आपका पाठक कहाँ है? मैनेजर पाण्डेय की इस किताब का आख़िरी बाब मक़बूल आम साहित्य की समस्या से जुड़ा है, जिसकी तरफ़ हम ज़रा बाद में आयेंगे। प्रिंट और इलेक्ट्रॉनिक मीडिया के अच्छे–बुरे असर से कौन इनकार कर सकता है। अहम कवियों को जब हम टी.वी. और रेडियो के ज़रिये सुन सकते हैं, देख सकते हैं तो फिर उनकी किताबें ख़रीदकर क्यों पढ़ी जायें।

मैनेजर पाण्डेय अपनी किताब 'साहित्य के समाजशास्त्र की भूमिका' में लिखते हैं, "वैसे तो साहित्य की रचना और उसके विवेक का अमल कभी भी सामाजिक सन्दर्भ से नहीं रहा है, लेकिन दौरे ज़दीद में अदब पर समाजी सन्दर्भ और राजनैतिक माहौल का जितना असर पड़ा है, उतना पहले कभी नहीं था। आज के ज़माने में अदब की दुनिया सिर्फ़ हुस्नो इश्क़ के सहारे नहीं चलती है, वह समाज के ढाँचे, राजनैतिक माहौल, सामाजिक इदारे और सांस्कृतिक इदारों से बहुत दूर तक मुतास्सिर होती है। जब से अदब की दुनिया में क़लमकार और पाठक के बीच किताब बाज़ार आ गया है और संस्कृति का इलाक़ा अलामती चीज़ों का बाज़ार बन गया है, तब से समाज में अदब की सूरतेहाल तब्दील हो गयी है।" इस किताब के पहले लेख 'क्या अदबी–समाजियात एक आज़ाद अदबी इल्म है' में पश्चिमी विचारकों के हवाले से समाजियात के हदूद और इमकानात से बहस की गयी है। पाण्डेय जी लिखते हैं—

"पश्चिम में साहित्य के समाजशास्त्र ने अदबी फ़िक्र की मुख़्तालिफ़ परम्पराओं और शकलों से मुकालमा और मुक़ाबला करते हुए तरक़्क़ी की है, लेकिन अभी वहाँ भी इसका रूप तरह-तरह के मतभेदों से घिरा हुआ है। मतभेद का एक कारण ये है कि साहित्य का समाजशास्त्र एक आज़ाद साहित्यिक ज्ञान है या समाजशास्त्र की एक शाखा। समाजशास्त्र प्रिय विज्ञान इसे समाजशास्त्र की एक शाखा समझते हैं न कि समाजशास्त्र का हिस्सा समझते हैं, लेकिन साहित्य के आलोचक साहित्य के समाजशास्त्र और समाजशास्त्र में अन्तर करते हैं। वह साहित्य के समाजशास्त्र को समाजशास्त्र का एक रूप मानते हैं।"

'मैनेजर पाण्डेय ने 'अदबी समाजियात की मुखालफ़त' के शीर्षक से उन तमाम रवैयों की निशानदेही की है जो अदबी समाजियात के विरोध में सरगरम रहे हैं।

अदबी समाजियात के विरोध की मूलतः वजह यह है वह साहित्य को महज़ ख़ुदमुख़्तार लफ़्ज़याती्ज़ा और मानवी निज़ाम की शक्ल में क़बूल नहीं करती।

बाज़ार में बेची जाने वाली चीज़ें बाज़ार के तकाज़ों के तहत ही तैयार की जाती हैं। बाज़ार जिस तरह चीज़ों को कंट्रोल करता है, वह किसी से छिपा नहीं है। अदबी समाजियात जब अदब को भी बाज़ार की चीज़ की सूरत में देखती है तो यक़ीनन इससे साहित्य की साहित्यिकता और ख़ुद मुख़तारियत को चोट लगती है। अगर साहित्यिक सामाजिक के इस रवैये को सामने रखकर पूरे साहित्य का जायज़ा लिया जाये तो साहित्य की पैदावार तकसीम वग़ैरह की बातों का ज़्यादा रिश्ता मक़बूल आम साहित्य से ही मालूम नहीं होता। एक बुनियादी सवाल यह है कि इस उसूल की रोशनी में पूरा साहित्यिक होता है। मख़सूस साहित्य पर ग़ालिबन बाज़ार भाव का इतना और इस क़दर इतेला सरमाए का जायज़ा लेकर किसी बेहतर नतीजे तक पहुँचा जा सकता है और इस जायज़े को अदबी जायज़ा या साहित्यिक अध्ययन क़रार दिया जा सकता है? हमारे यहाँ ऐसे रचनाकारों की मिसालें मौजूद हैं जिनके यहाँ सामाजिक सूरते हाल की पहचान कर पाना बहुत कठिन काम है। उनके यहाँ एक धुन्ध की फ़िजा छायी रहती है। श्रेष्ठ रचनाओं में सामाजिक समस्याएँ और सच्चाइयों की दुनिया एक ऐसी सूरत इख़्तेयार कर लेती है, जिसे मावाराइयत और आफाकियत का नाम दिया जा सकता है। समाजी समस्याओं और सच्चाइयों से कोई रचनाकार गुरेज़ नहीं कर सकता, लेकिन इसका रिश्ता तख़लीककार के मख़सूर तरवालिकी रवैये से है। समाजी मसाइल को किस तरह कोई तरवालिककार अंगेज करके अपनी तरवालिकी हस्यत में शामिल करता है। इसके बारे में कतई तौर पर कुछ नहीं कहा जा सकता। लिहाजा फ़िक्र और ख़याल की दुनिया अपने समाज और मआशरे से जुड़ी होने के बावजूद गुरेज़ा हो सकती है। इसलिए साहित्यिक सामाजिकता का मसला बड़ी समस्याएँ पैदा करता है। तमाम तख़लिकात को बाज़ार भाव के इस उसूल और निज़ाम की रोशनी में नहीं देखा जा सकता। मैंने शुरू में ही इस ज़ानिब इशारा किया था कि अदब के समाजी और समाजियात अध्ययन करने में फ़र्क़ करने की ज़रूरत है। मैनेजर पाण्डेय जब यह लिखते हैं कि क़लमकार की समाजी सूरतेहाल का असर उसकी तहरीर पर पड़ता है तो इसका मतलब बहुत-साफ़ है कि अदबी समाजियात इस हक़ीकत का सुराग लगाती है कि किसी क़लमकार की तहरीरों ने समाजी सूरतेहाल से क्या असर क़बूल किया है। यही वह बुनियादी बहस का विषय है, जो अदबी सामाजिकता और शुद्ध साहित्यिक नज़रिये के बीच बरसों से चला आ रहा है। अदबी समाजियात अदीब की समाजी इकतसादी

सूरतेहाल के सन्दर्भ में अदब को देखना चाहती है। मैनेजर पाण्डेय के इस उद्धरण को देखिए—

"साहित्य के समाजशास्त्र का मक़सद कृति की व्याख्या नहीं है। यह काम आलोचना और स्कूल के द्वारा भी किया जा सकता है। साहित्यिक कृति की समाजी पहचान कृति के समाजी सन्दर्भ और समाजी वजूद से बनती है। इसीलिए समाजशास्त्र इस पूरी प्रक्रिया को समझने की कोशिश करता है, जिसमें कोई कृति साहित्यिक कृति बनती है। इस प्रक्रिया में समाजी ढाँचों और सांस्कृतिक संस्थाओं का महत्त्वपूर्ण किरदार होता है।"

साहित्य को समाजी और तहजीबी सन्दर्भ में देखना उसकी रंगारंगी की तरफ़ इशारा करना भी है। किसी ज़माने का समाजी ढाँचा जिन बुनियादों पर क़ायम होता है, उसके रिश्ते राजनैतिक, सांस्कृतिक और सामाजिक जीवन में दूर तक फैले होते है। साहित्यिक सामाजिकता का मसअला जितना आसान मालूम होता है, वह उतना आसान नहीं है। इसलिए समाज, इतिहास और संस्कृति के विभिन्न पहलुओं पर गहरी नज़र की ज़रूरत है। समाजियात का विषय एक बहुत पेचीदा और मुश्किल विषय है। लिहाज़ा सामाजिकता को साहित्य के साथ जोड़ना कुछ नयी समस्याओं से नबरद आजमाई होना है। समाज को पढ़ने और समझने के जितने ज़रिये और उसूल हो सकते हैं, मैनेजर पाण्डेय ने इन सबका अध्ययन बड़ी दिलचस्पी और गम्भीरता के साथ किया है। यही वजह है कि उनके यहाँ विभिन्न अलूम व फनून के बीच इश्तेराक और भुमासलत का एहसास होता है।

मैनेजर पाण्डेय ने शायरी और नस्र के बीच बुनियादी फ़रक़ को भी निशानज़द करने की कामयाब कोशिश की है। मजमूई एतेबार से नीस्री असनाफ़ में वह पेचीदगी नहीं होती, जो शेरी असनाफ़ का हिस्सा है। उपन्यास और कहानी में इतिहास और समाज का अमल शायरी के मुक़ाबले में भिन्न होता है। अच्छी शायरी के जितने तजजिये सामने आ सकते हैं, वह अदबी नुक्ताए नज़र से अहमियत के हामिल ज़रूर हैं, लेकिन जब उसका सामाजियाती अध्ययन किया जाता है तो अक्सर समय शायरी हमारी गिरफ़्त से बाहर हो जाती है। शेरी असनाफ़ में ग़ज़ल, मर्सिया, कसीदा, मसनवी के फनी तकाजे भी अलग–अलग हैं।

कोई फ़नपारा कब और किन हालत में वजूद में आया है, इसकी छान फटक का काम बहुत-सब आजमा है। कुछ लोग इसीलिए वतन के आज़ाद वजूद की तस्लीम करते हुए इसके लफ़्ज़याती निजाम से बहस करते हैं ताकि तारीख़ की तरफ़ मुड़कर देखना न पड़े। जब तक समय नियोजन न हो जाये, भला किस तरह यह

कहा जा सकता है कि वह समय और समाज कैसा था और रचनाकार ने अपने समय से क्या असर क़ुबूल किया। शेरी मतन अपने ज़माने को इसीलिए पीछे छोड़ने में कामयाब हो जाता है कि इसके लफ़्ज़याती और मानवी निज़ाम में बड़ी लचक और गुंजाइश होती है। मैनेजर पाण्डेय इन तमाम हकाक से बहस करते हुए लिखते हैं—

"शायरी की समाजशास्त्रीय व्याख्या की विडम्बना यह रही है कि शायरी में समाज की तलाश इस तरह की जाती है जिस तरह नाविल में इस अमल में शायरी के समाजशास्त्र के विशेष रूप के साथ ज़्यादती ही नहीं होती, बल्कि इसकी पहचान भी मुश्किल हो जाती है।"

शायरी और नस्त की तन्कीद का बुनियादी फ़रक़ जब नज़रअन्दाज़ कर दिया जाता है तो इससे हम ग़लत नतीजे तक पहुँचते हैं। मैनेजर पाण्डेय हक़ीक़त पसन्दी की तलाश को बुनियादी तौर पर फ़िक्शन से जोड़ते हैं। वह तो इस हद तक लिखते हैं कि हक़ीक़त पसन्दी के विवेक का इरतेका उपन्यास ही के इरतेका से जुड़ा हुआ है। हमारे यहाँ ऐसे आलोचकों की कमी नहीं है, जो शायरी और ख़ासतौर पर ग़ज़ल में ऐतिहासिक घटनाओं और दुर्घटनाओं को इसी तरह देखना चाहते हैं, जिस तरह वह फ़िक्शन में नज़र आती हैं।

शेर और अदब में सामाजिकता की तलाश एक सामाजिक और इन्सानी अमल है। कुछ लोग साहित्यिकता के नाम पर इसे न सिर्फ़ शक की नज़र से देखते हैं, बल्कि वह सामाजिकता को साहित्य के लिए एक ख़तरा भी ख़याल करते हैं। असल में शुद्ध साहित्य के हामियों का मसला बड़ी हद तक अपने साहित्य और मरतवे की हिफ़ाज़त का है। मैनेजर पाण्डेय ने अदब की सामाजिकता के अध्ययन को हर क़िस्म की हठधर्मी और शिद्दत पसन्दी से बचाकर एक ऐसे मक़ाम पर पहुँचा दिया है, जहाँ समाजशास्त्रीय सीमाएँ रौशन हो जाती हैं।

कस्तूरी कुण्डलि बसै, मृग ढूँढे बन माँहि...

डॉ. रेखा पाण्डेय

शरीरी तौर पर पिताजी को गये हुए लगभग एक साल होने को है। इस बीच बहुत-सारे लोगों ने मुझसे कहा कि मैं उनके बारे में कुछ लिखूँ। यह बात सबसे पहले 'तद्भव' पत्रिका के सम्पादक अखिलेश जी ने कही थी। उसके बाद 'आर्यकल्प' पत्रिका के सम्पादक लोलार्क द्विवेदी जी ने फिर उज्ज्वल आलोक ने, और अब दो-एक दिन पहले ही जामिया के प्रो. सरवरुल हुदा ने फ़ोन करके कहा कि आप भी सर के बारे में कुछ लिखिए। मन में एक दुविधा है कि कहाँ से शुरू करूँ। एक दिन लोलार्क द्विवेदी जी से इस विषय पर लम्बी बात हुई थी। मैंने उन्हें बताया कि चाहती तो मैं भी हूँ कि कुछ लिखूँ पर लिख नहीं पाती हूँ। मेरी स्थिति तो 'लोचन जल कागद मसि मिलिके, होय गयी स्याम, स्याम की पाती' की हो जाती है। तब द्विवेदी जी ने कहा कि "पिता पर लिख पाना बहुत मुश्किल काम है। मैंने स्वयं न जाने कितनी बार कोशिश की कि अपने पिता पर कुछ लिखूँ, उनको गुज़रे तो न जाने कितने साल बीत गये हैं पर आज भी नहीं लिख पाता हूँ। सब कुछ गडमड हो जाता है।"

सच तो यह है कि कई बार मन बनाया और यहाँ तक कि मन-ही-मन उनके बारे में बहुत कुछ लिखती और मिटाती रहती हूँ पर उसे काग़ज़ पर उतार पाना बहुत कठिन काम है। किसी एक सिरे को पकड़ने की चाह में दूसरा सिरा छूट जाता है और दूसरे सिरे को पकड़ने की कोशिश करती हूँ तो पहला छूट जाता है। कहाँ से शुरू करूँ और कहाँ ख़त्म करना चाहिए, अभी तक यही निश्चय नहीं कर पायी। जीवन के उतार-चढ़ाव, अलगाव-विलगाव, गाँव-शहर और अनेक संघर्षों के साथ बने एक ख़ास अध्यापक और कठोर (निर्मम) आलोचक मैनेजर पाण्डेय के बीच से पुत्र, पति या पिता मैनेजर पाण्डेय को चुरा पाना किसी समुद्र से मोती निकाल लेने से कम दुष्कर कार्य नहीं था। फिर भी, जीवन में ऐसी हज़ारों बातें होती हैं, जो एक व्यक्ति को अपने परिवार से जोड़े रखती हैं। अत: हम भी एक-दूसरे से जुड़े हुए थे। आज बात सिर्फ़ गाँव और गन्ध की!

मैनेजर पाण्डेय यानी एक किंवदन्ति पुरुष जिन्हें उनके गाँव में कभी किसी व्यक्ति ने उनके मूल नाम से नहीं पुकारा होगा। बाबू, कवि जी, मालिक, साहेब, परफेसर साहेब और कलकत्ता से चटकल में नौकरी करके लौटे हुए लोगों के लिए हीरो यानी गुरुदत्त आदि अनेक नामों से जाने जानेवाले मैनेजर पाण्डेय के हर नाम के पीछे एक कहानी है। अपने घर से लेकर स्कूल तक और सामाजिक कार्यकर्ता एवं शिक्षाविद् बबन राय के घर से लेकर बाबा रामचंदर की तरह कश्मीर से आये हुए क्रान्तिकारी एवं किसान नेता महंथ बाबू रामगिरि के मठिया तक आज भी न जाने कितने क़िस्से और कितनी कहानियाँ हवाओं में तैर रही हैं। किसी से भी बात करो वह एक क़िस्सा या कहानी सुना देगा।

गाँवों में अब वह जीवन्तता नहीं रह गयी है जो पहले हुआ करती थी। मेरे गाँव में पीपल के बहुत पेड़ थे, मेरे घर से आधे किलोमीटर की दूरी के बीच लगभग बीस पेड़ रहे होंगे। कुछ अब भी हैं लेकिन अब वे सिर्फ़ धार्मिक प्रतीक के रूप में खड़े हैं। पहले की बात कुछ और थी। हमारे घर से कोई बीस मीटर की दूरी पर एक साथ खड़े पीपल और पकड़ी के पेड़ों के पास तो पिताजी के बारे में इतनी कहानियाँ हैं कि वे कहने लगें तो क़लमबद्ध करना मुश्किल हो जायेगा। वह भी क्या समय था, उनके नीचे चौकियाँ (लकड़ी के तख्त) बिछी रहती थीं जिन पर बैठकर लोग बातचीत, हँसी-मज़ाक़ किया करते थे। वहीं पर पिताजी ने कभी रामलीलाएँ और रासलीलाएँ भी करवायी थीं। पिताजी अक्सर शाम को वहाँ बैठते थे और बड़ी-बड़ी महफ़िल होती थी। गाँव के बड़े-बुजुर्ग और बच्चे सब इकट्ठे हो जाते थे। उन्हें किसी घटना को कहानी की तरह सुना देने अथवा उसे एक दिलचस्प कहानी बना देने की कला आती थी, उस कह देने की कला के सब कायल थे। उन दिनों वे बनारस में पढ़ते थे। माँ बताती थी कि पिताजी ने जब पहली बार शिवगोविन्द बाबा के आग्रह पर रामलीला करवायी तो सभी कलाकारों के खाने और रहने की व्यवस्था हमारे घर थी। पैसे देने की कोई बात नहीं हुई थी पर पिताजी को इसकी चिन्ता ज़रूर थी। गाँव के लोगों ने रामलीला के कलाकारों को इतना सम्मान, सामान और पैसा दिया कि न तो पिताजी उसकी कल्पना कर पाये थे और न रामलीला के कलाकार। रामलीला के समापन के दिन किसान नेता महंथ बाबू रामगिरि ने मठ से महावत और हाथियों को भेजवाया जिन पर बैठकर कलाकारों ने तीन-चार गाँवों की सैर की।

बाद के दिनों में वहाँ चाय-पान भी होने लगा। एक बार की छुट्टी में पिताजी फिलिप्स कम्पनी का रेडियो लेकर आये। छह बैट्री वाला। अब पिताजी जब भी गाँव आते थे शाम को रेडियो सुनने वालों की भीड़ लग जाती थी। इसलिए चार बजे के

आस-पास वे रेडियो लेकर पकड़ी तर यानी पकड़ी के पेड़ के पास चले जाते थे जहाँ रेडियो सुनने के साथ-साथ दुनिया-जहान की राजनीतिक, सामाजिक और खेल की चर्चाएँ होती थीं। मेरे घर के ठीक सामने शिवगोविन्द बाबा का घोठा (बंधान) था, जहाँ चबूतरे वाला एक पीपल का पेड़ था। शिवगोविन्द बाबा अक्षरों को मिला-मिलाकर शब्द पढ़ पाते थे लेकिन मानस का पाठ ऐसे करते थे जैसे कोई महापण्डित भी न कर सके। पूरा मानस कण्ठस्थ था। रात को सात-आठ बजे के आस-पास वे पीपल के पेड़ के नीचे बने चबूतरे पर बैठ जाते थे और मानस का पाठ शुरू कर देते थे। नीचे एक बड़ा तिरपाल बिछा रहता था आने-जाने वाले लोग उसी पर बैठते थे। लोग ऐसे भाव-विभोर हो जाते थे कि दिनभर की उनकी सारी थकान मिट जाती थी। प्रति शाम दो घण्टे का यह पाठ शिवगोविन्द बाबा की दिनचर्या में शामिल था। पिताजी घंण्टों उनके पास बैठते और बात करते थे। उन्होंने अपने साक्षात्कारों में इसका ज़िक्र भी किया है।

जब मैं बहुत छोटी थी तब पिताजी साल में दो या तीन बार गाँव आया करते थे। गर्मी और सर्दी की छुट्टी में आना तो तय बात थी, किसी अन्य काम से बीच में आ जायें तो वह बोनस की तरह होता था। उन दिनों हमारे यहाँ एक बैठक (बंगला) था जिसके साथ एक कमरा लगा था और दो खपरैल के कमरे थे। एक रहने के लिए और दूसरा रसोई घर था। बाकी घर मिट्टी और फूस से बना था जिसे लीपकर माँ ऐसे रखती थी कि एक सुन्दर घर कहा जा सकता था। घर में एक बड़ी खाट (जिसे पलंगरी भी कहा जाता था) थी जो कि नानी के घर से मिली थी, एक छोटी खाट और एक खटोली हुआ करती थी। पिताजी जब सर्दी के दिनों में गाँव आते थे तब उसी बड़ी खाट पर कमरे में सोते थे और जब गर्मी के दिनों में आते थे तब आँगन में। बच्चों में सबसे छोटी होने के कारण माँ मुझे वहीं बगल में छोटी खटोली पर सुलाती थी। माँ रात भर कभी उन्हें और कभी मुझे बेनिया (बाँस से बना पंखा) झलती रहती थी। पिताजी जब भी घर आते थे, तब पूरा घर एक विशेष सुगन्ध से भर जाता था और उनके दिल्ली लौट जाने के कई दिनों बाद तक वह गन्ध ज्यों की त्यों बनी रहती थी। मैं सम्भवतः तीन या चार साल की रही होऊँगी, जब इस रहस्य को सुलझा लेना चाहती थी। पिताजी ज्यों ही कमरे से बाहर निकलते मैं चोर की तरह कमरे में घुसकर उस गन्ध को खोजने लगती थी। उनकी एक-एक चीज़ को सूँघ कर देखती थी कि आख़िर वह ख़ास गन्ध किस चीज़ से आती है। कई बार माँ से पूछती थी। मेरी बेवकूफ़ी देखकर माँ कहती थी, "पागल है बिल्कुल अपने बाप पर गयी है।" मैं कुछ नहीं समझ पाती थी।

जीवन के चालीस साल दिल्ली में बिताने के बावजूद दिल्ली की कोई डिश उन्हें पसन्द थी यह कहना मुश्किल है लेकिन गाँव की सारी चीज़ें यानी डिश उन्हें बेहद पसन्द थी, यहाँ तक कि सब्ज़ी में बिना सीजन भी परवल, घेंवड़ा (नेनूआ) और लाल चौलाई ही पहली पसन्द थी। उनके प्रिय खाद्य पदार्थों में एक भूजा भी था। यह उनका रोज़ शाम का नाश्ता होता था। माँ बड़े जतन से पहले उसे सिल पर दलती थी, चने से एक–एक छिलका साफ़ करके प्लेट तैयार करती थी और फिर मुझे भेजती थी कि जाओ पापा को बुला लाओ। मैं दौड़कर पीपर तर (पीपल के नीचे जहाँ बैठक लगती थी) पहुँचती थी और पिताजी का हाथ पकड़कर कहती थी, "भूजा तैयार है माँ बुला रही है।" मेरा इस तरह उन्हें छू लेना भी इस बात की ही एक कोशिश थी कि शायद उस गन्ध के रहस्य का पता चल जाये। कितना सरल था वह बचपन और बचपन के पिताजी।

माँ बेहद ख़ूबसूरत थी। पूरे गाँव और पटीदारी में माँ और पिताजी के प्रेम की चर्चा होती थी। औरतें रश्क करती थीं। दरअसल उनकी शादी ऐसी उम्र में हुई, जो किसी व्यक्ति के खेलने-कूदने का समय होता है। ऐसी स्थिति में लोग पति-पत्नी से ज़्यादा मित्र की तरह हो जाते हैं। गौने के समय माँ की उम्र कोई तेरह-चौदह साल रही होगी। उसने आते ही सारा घर सँभाल लिया। मेरी ईआ (दादी) पहले ही गुज़र चुकी थी अत: वह पत्नी से ज़्यादा अनाथ पति की माँ की भूमिका में आ गयी। उनके हक़ और उनकी पढ़ाई के लिए सबसे लड़ती रही। घर में अनेक परेशानियाँ थीं लेकिन पिताजी जब भी गाँव आते माँ उन्हें उन परेशानियों से दूर रखने की कोशिश करती थी। किसी चीज़ की कमी होने पर भी उन्हें अहसास नहीं होने देती थी। गाँव-नगर, खेत-बारी, रिश्ते-नाते और बाल-बच्चों की सामान्यत: जो भी परेशानियाँ होती हैं उन सारी परेशानियों का बोझ माँ ने अकेले ही उठाया। पिताजी हमेशा उससे मुक्त रहे या यूँ कहूँ कि उनकी ओर से निश्चिन्त रहे। कहते हैं कि पूत के पाँव पालने में नज़र आते हैं। पिताजी सबसे अलग थे, इसमें कोई सन्देह नहीं लेकिन जो बच्चा पाँचवीं कक्षा में अनाथ हो जाये, जिसके पिता निहायत सीधे और भले इन्सान हों और परिवार का हर व्यक्ति उसकी शिक्षा में बाधा बना बैठा हो, उस ज़माने में पीएच.डी. तक पढ़ पाना उसके लिए कितना मुश्किल रहा होगा इसका अन्दाज़ा सहजता से नहीं लगाया जा सकता था। इस मुश्किल को आसान बनाया था—मेरी माँ शारदा देवी ने। पिताजी गाँव के पहले व्यक्ति थे जो शहर पढ़ने गये। 'सिद्धि हेतु स्वामी गये यह गौरव की बात' यही उसके जीवन का ध्येय था। सिर्फ़ पढ़ाई ही नहीं उन्होंने गाँव में और कई क्रान्तियाँ भी कीं, (एक लम्बी फेहरिश्त है)

जो गाँव की परम्पराओं के विरुद्ध था लेकिन उनके सामने कह देने की हिम्मत भी किसी में नहीं थी। वे गाँव के पहले व्यक्ति थे जो अपनी पत्नी को साथ लेकर किसी की शादी में चले गये। उन दिनों बहुएँ घूँघट करती थीं और रात में ही घर से बाहर निकलती थीं लेकिन बिकाउ बाबा (जो पिताजी को बेहद प्रेम करते थे) की बेटी सुरसती फुआ की शादी में जाने के लिए कुर्ता-पाजामा, चमड़े की बेल्ट वाली बड़े डायल की घड़ी और अँगूठे वाली चमड़े की चप्पल पहने पिताजी जब नीली बनारसी साड़ी, हरी एवं लाल चूड़ियाँ, सिन्दूर की टिकुली और पैरों में आलता लगायी माँ को लेकर घर से बाहर निकले तब पूरे गाँव में हाहाकार मच गया। चारों ओर एक ही चर्चा "आरे कवि जी त अब बनारस पढ़ तानी आ एतना बुधिमान हईं बाकी ई ठीक नइखीं करत। अपनी दुलहिन के ले लेके दिनहीं में बिकाउ काका का घरे चल दिहनी ह।" वह छवि आज भी लोगों की आँखों में बसी हुई है, लोग आज भी याद करते हैं।

गाँव होते हुए भी घर में पिताजी के मित्रों का हुजूम लगा रहता था। हँसी-मज़ाक़ और चाय-पकौड़ी का दौर चलता ही रहता था। जब वे बनारस पढ़ते थे तब उनके विदेशी मित्र भी आया करते थे। बाबा को यह बात कुछ नागवार गुज़रती थी पर डर के मारे पिताजी से कहते नहीं थे।

माँ के पूरे साथ और पिताजी के थोड़े-से साथ के साथ हम सब भाई-बहन बहुत ख़ुश थे क्योंकि पिता की सारी ज़िम्मेदारी मेरे बाबा उठाते थे। उनके बारे में फिर कभी। धीरे-धीरे कुछ चीज़ें बदलती चली गयीं।

माँ को रेडियो सुनना अति प्रिय था। हमेशा रेडियो सुनते हुए घर का काम करती रहती थी। सन् 85 से 90 के बीच की बात होगी रेडियो पर मोहम्मद रफी का गाया एक गाना बहुत बजता था 'चढ़ते फागुन जियरा जरी गइले हो, मोरा सजना सनेहिया बिसरी गइले हो' बहुत ही मार्मिक गाना है। मैंने नोटिस किया कि यदि वह गाना चल गया और पिताजी इर्द-गिर्द हों तो माँ रेडियो का वॉल्यूम थोड़ा तेज़ कर देती थी और कभी-कभी आँचल के कोरों से आँखों को पोंछ लेती थी पर बोलती कुछ नहीं थी। मैं माँ की स्थिति को देखकर थोड़ा सहम जाती थी पर कुछ भी समझ नहीं पाती थी।

सन् 1994 में मैं जब दिल्ली आयी तब ऐसा लगा जैसे सारी ऊर्जा सूख गयी। घर में सब कुछ था पर कुछ भी अपना-सा नहीं था। जो अधिकार, जो खुलापन, जो बेपरवाहियत माँ के घर में थी वह पापा के घर में नहीं थी। यहाँ सब कुछ विपरीत था, पापा भी। यहाँ सबके बीच एक अपरिचय की दीवार थी। कई बार तो लगता था कि दिल्ली क्यों आ गयी। घर जाने पर मन का सारा ग़ुस्सा माँ पर निकालती थी।

लेकिन तब भी माँ, पापा के विरुद्ध कुछ नहीं सुन पाती थी, हमें ही समझाती थी। कुछ कह कर बात को टाल देती थी। मेरे लिए तो एक ही जुमला काफ़ी था— "देखो तुम तो शक्ल-अक्ल, रूप-रंग सबसे अपने बाप की असली बेटी हो। ज़िद्द भी उतनी ही, किसी की नहीं सुनती हो और उर्मिला शक्ल-अक्ल, रूप-रंग सबसे मेरी असली बेटी है।" दीदी माँ की हर बात पर हाँ में हाँ मिलाती सुन्दर सुशील और मैं साँवली और अक्खड़। माँ की कोशिश होती थी पिताजी से हमें जोड़े रखना। पर मैं तो यह सुनकर ही ख़ुश हो जाती थी कि मैं पिताजी की तरह हूँ।

उसके पूरे जीवन की एक ही तपस्या थी। हम सबको पापा से जोड़े रखना। मैंने जब एम.ए. में पहली बार 'आषाढ़ का एक दिन' नाटक पढ़ा तो ऐसा लगा जैसे उसकी नायिका मल्लिका नहीं मेरी माँ है, जिसने अपनी सारी भावनाओं को दबाकर कालिदास के उज्ज्वल भविष्य के लिए उन्हें उज्जैन भेज दिया।

"मैं वास्तव में अपनी भावना से प्रेम करती हूँ जो पवित्र है, कोमल है, अनश्वर है...।" माँ के जीवन का एक ही मन्त्र था। जीवन में सिर्फ़ प्रेम से ही किसी को जीता जा सकता है। प्रेम की आयु सबसे लम्बी होती है। और उसने इसको साबित भी किया। उसने इस बात का कभी लेखा-जोखा नहीं रखा कि पिताजी उससे कितना प्रेम करते है, करते भी हैं या नहीं। पिछले अड़तीस वर्षों की तो मैं गवाह हूँ कि उसने पिताजी से कभी अपने लिए कुछ नहीं माँगा। उन्होंने क्या किसको दे दिया या अपनी तिजोरी में क्या रखा है, उन बातों से उसे कोई मतलब नहीं था। सम्भवत: यही कारण था कि अपने जीवन के अन्तिम वर्षों में पिताजी ने अपने माता-पिता (बाबा-ईआ) के अतिरिक्त यदि सबसे अधिक किसी को याद किया तो वह माँ थी। इस बारे में फिर कभी लिखूँगी। उनके 80वें जन्मदिन पर शाम के समय एक छोटी-सी पार्टी थी। हम सब लोग थे। पहली बार केक भी कटा जो भइया (प्रो. देवेन्द्र चौबे) लेकर आये थे। उन्होंने 'पिता' पर लिखी एक कविता सुनाई थी। जेएनयू के अन्य छात्रों ने भी अपनी कविताएँ सुनाईं और कुछ ने गीत भी गाया। अन्त में मेरी बारी आयी तो मैंने अनजाने में वही गीत 'चढ़ते फागुन जियरा जरी गइले हो, मोरा सजना सनेहिया बिसरी गइले हो' गाया। पिताजी अचानक कुर्सी से उठे और मेरे पास आ गये, मेरे दोनों हाथों को पकड़कर बोले—अच्छा गाती हो, तुम्हें संगीत सीखना चाहिए। उस छुअन में कोई अनकही-सी बात थी। उनकी आँखों में कुछ चमक रहा था पर अपने को ज़ब्त करना उन्हें ख़ूब आता था।

मैं जिस दिन उन्हें आख़िरी बार अस्पताल लेकर जा रही थी। उस दिन वे बिल्कुल शान्त थे, बल्कि ऐंबुलेंस की आवाज़ से ज़रूर परेशान हो रहे थे। ऐम्बुलेंस में हम दोनों ही थे। मेरे चेहरे की ओर अपलक यानी एकटक देख रहे थे।

मेरे लिए ख़ुद को रोक पाना मुश्किल हो रहा था पर मैं उनके सामने रोना नहीं चाहती थी। किसी बहाने से मैंने चेहरा दूसरी ओर घुमा लिया। उन्होंने हाथ बढ़ाकर मेरे गालों को छूते हुए पूछा, "तुम रो रही हो?" मैं कुछ बोल तो नहीं पायी पर हँसने का अभिनय करते हुए ना में सिर हिलाया। उन्होंने तुरन्त कहा, "मुझसे झूठ बोल रही हो, मुझे पता है कि तुम रो रही हो।" एक-दो मिनट चुप रहे, फिर ऐसे आवाज़ दी जैसे मैं कहीं दूर बैठी हूँ। "रेखा, मुझे ज़ोर से पकड़कर रखो। मुझे ऐसा लग रहा है कि मैं गिर जाऊँगा, और हाँ सुनो, तुमसे एक बात कहनी है...।" फिर वही निर्निमेष आँखें कहीं दूर जाकर कुछ याद करती हुईं—"तुम्हारी माँ ने तो मुझसे माफ़ी माँग ली पर मैं नहीं माँग पाया...।" माँ ठीक कहती थी। वो हारकर भी जीत गयी थी।

दिनांक 6.11.2022 को सुबह आठ बजकर चौदह मिनट पर पिताजी ने इस दुनिया को छोड़ दिया। उनका पार्थिव शरीर एक दिन और उस घर में रहा और आश्चर्य की बात यह है कि उनके होने का गन्ध उस समय भी घर में मौजूद था। अब भी उस घर में सब कुछ अपनी जगह पर ज्यों का त्यों पड़ा है बस वह गन्ध नहीं है जिसकी तलाश मैं बचपन से करती रही।

स्मृति शेष

बिहार से उन्हें अथाह लगाव था

आलोकधन्वा

मैनेजर पाण्डेय बड़ी छवि के सशक्त आलोचक थे। उन्होंने हिन्दी के तक़रीबन सभी जाने-माने नये और पुराने कवियों पर सारगर्भित आलोचनात्मक लेखन किया। बिहार आन्दोलन के दौर में जन्मे कवियों की रचनाओं पर भी उनकी पैनी नज़र थी। उन्होंने हिन्दी के बड़े आलोचक मसलन डॉ. नामवर सिंह, डॉ. रामविलास शर्मा और हजारीप्रसाद द्विवेदी की विरासत को पूरी ताक़त के साथ आगे बढ़ाया। यही नहीं, बड़ी ख्याति भी दिलवायी। उन्होंने आलोचना की विधा को बड़ी गरिमा दी।

वह कहा करते थे कि भाषा केवल लिखने-पढ़ने से आगे नहीं बढ़ती। भाषा आन्दोलन से आगे बढ़ती है। दरअसल, भाषा आम लोगों के लिए किये गये संघर्ष और शोषण के ख़िलाफ़ आवाज़ बुलन्द करने से मज़बूत होती है। इस तरह वह लेखक के कृतित्व को महत्त्व देते थे। उन्होंने अपनी इस बात को 'शब्द और कर्म' जैसी कालजयी रचना में बड़े सशक्त ढंग से लिखा था। वह बड़े देशभक्त थे। उन्होंने पूरे जीवन भारत के पक्ष में लिखा। उनका एक-एक शब्द भारतीयता को मज़बूत करता है। यह उनकी सबसे प्रमुख विशेषता थी। मैनेजर पाण्डेय को बिहार से अथाह लगाव रहा और यह स्वाभाविक भी था। बिहार उनकी माटी थी और वे इससे कभी कटे नहीं। हमेशा अपने गाँव और पटना आते रहे, वह जब भी पटना आते, तो माध्यमिक शिक्षक भवन में ही रहते थे। वह तामझाम से बिल्कुल मुक्त रहे। उनका जीवन पूरी तरह आडम्बरहीन था। वह साधारण आदमी के लेखक थे। यही नहीं, वह बहुत बड़े स्तर के शानदार अध्यापक भी थे। उन्होंने बरेली से पढ़ाने का काम शुरू किया। बाद में राजस्थान में पढ़ाया। उनके पढ़ाने का अन्तिम पड़ाव जवाहरलाल नेहरू विश्वविद्यालय रहा। उन्होंने पढ़ाने के दौरान कई छत्रों को पीएच.डी. करायी।

मैं हाल ही, जुलाई में उनसे मिलने दिल्ली गया था। तब उनकी पुत्री से मेरी मुलाक़ात हुई थी। उनके देहान्त से समूचा साहित्य जगत शोक संतप्त है। यह साहित्य जगत का बड़ा नुक़सान है। उनकी मौत से मैं मर्माहत हूँ। मैं उनसे कई बार मिला। उनकी यादें मेरे लिए विरासत हैं। वह बिहार के गौरव थे। उन्हें मेरी ओर से सादर श्रद्धांजलि है। हाँ, यह सच है कि हिन्दी ने एक बहुत बड़े लेखक को खो दिया है।

कुछ अलग क़िस्म के थे मैनेजर पाण्डेय...

प्रेमकुमार मणि

हिन्दी के मूर्धन्य साहित्यालोचक डॉ. मैनेजर पाण्डेय अब हमारे बीच नहीं हैं। बिहार के गोपालगंज ज़िले के एक गाँव लोहटी में 23 सितम्बर, 1941 को जन्मे मैनेजर पाण्डेय ने 6 नवम्बर, 2022 की सुबह दिल्ली में आख़िरी साँस ली। इस तरह उन्होंने कोई 81 वर्षों का जीवन जिया। वह कहते थे, उनके परिवार में कोई पढ़ा-लिखा व्यक्ति नहीं था। यह तो उनके नाम से भी अभिव्यक्त होता है। पिता या जिस किसी ने उनका नाम रखा होगा, उनकी ख़्वाहिश होगी कि बालक मैनेजर जैसा पद-प्रतिष्ठा हासिल करे। बिहार में कलक्टर, ज़मींदार, सिपाही, दारोगा जैसे नाम ख़ूब रखे जाते थे। दारोगा राय मुख्यमंत्री बने और कलक्टर सिंह केसरी और सिपाही सिंह श्रीमन्त नाम के कवि भी हुए। कहते हैं, जन्म के समय परिवार को हज़ार रुपये की आमदनी होने के कारण द्विवेदी जी का नाम हजारीप्रसाद हो गया था। मैनेजर पाण्डेय नाम भी कुछ सोच-समझकर ही रखा गया होगा।

लेकिन, मैनेजर पाण्डेय को पढ़ना था। वह स्कूली शिक्षा पूरी कर बनारस आये और बीएचयू से उच्चतर शिक्षा पायी। लम्बे समय तक वह दिल्ली के जवाहरलाल नेहरू विश्वविद्यालय के भारतीय भाषा विभाग में प्रोफ़ेसर रहे। इस बीच उन्होंने व्यवस्थित ढंग से काम किया और नामवर सिंह ने जिस दिशा में काम किया था, उसे आगे बढ़ाया। हिन्दी साहित्य का पूरा ठाट कमोबेश भदेस-अभिजनवादी रहा है। हिन्दी भाषा की जड़ें बोलियों में हैं और खड़ी बोली के रूप में इसका नगरीय रूप विकसित हुए बस सौ-सवा सौ साल हुए हैं। आधुनिक हिन्दी साहित्य का भी यही समय है। ऐसे में मैनेजर पाण्डेय को हिन्दी भाषा और उसके साहित्य का मिज़ाज समझने में कोई कठिनाई नहीं हुई होगी। वह 19वीं सदी के रूसी साहित्यालोचक चेरनाशेव्स्की की तरह साहित्य को समाज के निकष पर परखने के आग्रही रहे और इसी क्रम में उनके साहित्य सम्बन्धी विचारों का एक व्यवस्थित दस्तावेज़ पुस्तक

रूप में 1982 में प्रकाशित हुआ 'साहित्य के समाजशास्त्र की भूमिका'। 2005 में प्रकाशित उनकी पुस्तक 'आलोचना की सामाजिकता' उसी की अगली कड़ी है। उनकी मौलिक किताबें एक दर्जन से अधिक होंगी। व्यावहारिक आलोचना पर भी उन्होंने उल्लेखनीय कार्य किया है, लेकिन इन सबसे अधिक एक विद्वान् शिक्षक के रूप में उन्होंने विशिष्ट छात्रों की ऐसी मण्डली विकसित की, जो आज हिन्दी साहित्य के चिन्तन और आलोचना को चतुर्दिक समृद्ध कर रहे हैं।

मैं साहित्य का विधिवत् विद्यार्थी कभी नहीं रहा, लेकिन प्रो. पाण्डेय से निकटता 1980 के दशक से ही रही। राजनीतिक स्तर पर वह मार्क्सवादी चेतना के थे, लेकिन मेरे जानते नामवर जी की तरह वह किसी कम्युनिस्ट पार्टी के मेंबर कभी नहीं थे। सांस्कृतिक-बौद्धिक स्तर पर वह विवेकवादी थे। मुझसे मिलते, तो कभी-कभार बौद्ध धर्म दर्शन की चर्चा छेड़ देते और फिर देर तक बातें होतीं। एक दफा उन्होंने अपने इलाक़े के एक गाँव हाथीखाल की चर्चा की और बताया कि वह गाँव ही हत्तीगाम है, जहाँ बुद्ध ने अन्तिम उपदेश दिया था। बुद्ध के निर्वाणस्थल कुशीनगर से कोई 40 किमी. दूर स्थित इस गाँव में उन्होंने रुचि लेनी शुरू की। उनके एक शिष्य (अब दिवंगत) केदार चौधरी थे, जिनका वह गाँव था। वहाँ स्थानीय खुदाई में ग्रामीणों को बुद्ध की मूर्तियाँ मिली थीं। उस हाथीखाल गाँव में ग्रामीणों ने बुद्ध का एक स्मारक बनवाया, एक भव्य जलसा हुआ, जिसमें देश-विदेश के अनेक बौद्ध भिक्षुओं के साथ मैं और बिहार सरकार के तत्कालीन मन्त्री शिवानन्द तिवारी शामिल हुए। पूरे कार्यक्रम के पीछे पाण्डेय जी दत्तचित्त होकर लगे थे। अपने इलाक़े को बुद्ध से जोड़कर वह उत्साहित थे।

यह सम्भवत: 2001 की बात होगी। इसके पूर्व वह ऐसे ही उत्साहित थे, जब उन्होंने अश्वघोष की किताब 'वज्रसूची' पढ़ी थी। इस पर उन्होंने एक लेख भी लिखा था, जो 'हंस' में प्रकाशित हुआ था। 'मनुस्मृति' के साथ 'वज्रसूची' की तुलना करते हुए वर्णाश्रम व्यवस्था पर उन्होंने जिस तरह से सवाल उठाये थे, वह आज भी उल्लेखनीय है। अश्वघोष की कृति 'सौन्दरानन्द' और 'गीता' पर उनसे बात की, तब ख़ूब उत्साहित हुए। हम दोनों नेहरू को पसन्द करते थे। बातचीत से ही पता हुआ था कि हम दोनों ने नेहरू को पटना के कांग्रेस अधिवेशन के समय 1962 में देखा था। मैं तब नौ साल का था और वह 21 के। साहित्य में बुद्धि-विवेकवाद के हम दोनों हिमायती थे। तंग व कट्टर नज़रिया चाहे मार्क्सवाद का ही क्यों नहीं हो, हम दोनों ख़ारिज करते थे। इसलिए उनसे मिलने का उत्साह बना रहता था। पिछले वर्ष उनके 80वें जन्मदिन पर हुई एक अन्तरराष्ट्रीय ऑनलाइन संगोष्ठी में

उन्हें स्क्रीन पर ही देखा। इस बार जब वह बीमार पड़े और अस्पताल में भर्ती हुए, तब उम्मीद की थी कि वह ठीक हो जायेंगे और फिर उसी उत्साह के साथ मिलेंगे, लेकिन यह नहीं होना था। उन्होंने निराश किया, दुनिया को अलविदा कह दिया। उनके विद्वतापूर्ण कार्य, उनकी किताबें हिन्दी साहित्य को दीर्घकाल तक निदेशित करती रहेंगी। हाँ, हिन्दी के सांस्कृतिक जीवन में जो ख़ालीपन आया है, उसे भरा नहीं जा सकेगा।

उनकी रचनाएँ आगे की पीढ़ियों की पथ प्रदर्शक

अरुण कमल

हमने हिन्दी आलोचना का एक बड़ा स्तम्भ खो दिया है। मैनेजर पाण्डेय के निधन से भारतीय सांस्कृतिक आन्दोलन को भी अपूरणीय क्षति पहुँची है। उनके निधन के साथ ही कहीं-न-कहीं जवाहरलाल नेहरू विश्वविद्यालय की साहित्यिक हस्तियों के एक युग का भी अन्त हुआ है। इसकी पूर्ति बेहद कठिन होगी। उन्होंने भक्ति आन्दोलन से लेकर विदेशी सिद्धान्तकारों और आलोचकों पर कई किताबें लिखीं। उनकी निबन्ध शैली बेहद रोचक है या यूँ कहें कि मार्क्सवाद के अब तक के सिद्धान्तकारों को जानने वाले मौजूदा लोगों में ये सबसे महत्त्वपूर्ण व्यक्ति थे।

दिवंगत पाण्डेय जी की रचनाएँ आने वाली पीढ़ियों का भी पथप्रदर्शक बनी रहेंगी। उन्होंने लेखकों को संगठित और प्रेरित करने में बड़ी भूमिका निभायी। साहित्य के प्रति उनका ख़ुद का अनुराग लाजवाब था। एक बार कोलकाता में मार्क्सवादी लेखक जिजेक की रचना को खोजने के लिए भरी बरसात में घूमते रहे। यह बड़ी बात है, जिससे प्रेरणा लेने की ज़रूरत है। उनके साहित्य की सबसे बड़ी विशेषता साहित्य की सामाजिकता और सौन्दर्य से जुड़ी अभिरुचि थी, जो उन्हें दूसरे आलोचकों से अलग रखती थी। उन्होंने साहित्य के समाजशास्त्र का निर्माण किया। साहित्य जगत में यह उनका अनूठा योगदान था। वह परिवर्तनकारी शक्तियों के समर्थक थे। इसलिए उन्होंने परिवर्तनकारी मूल्य रखने वाले लेखकों को संगठित करते थे।

वह गम्भीर अध्येता थे। इसके बाद भी वह ज्ञान की गम्भीर बातों को बेहद हास्यबोध के साथ कह देते थे। उन्हें सुनना बेहद अच्छा लगता था। मेरी उनसे कई व्यक्तिगत मुलाक़ातें हुई थीं। आयोजनों में अक्सर उनसे सटकर बैठने का प्रयास करता था। दरअसल, वह पाइप पीते थे। मुझे तम्बाकू की ख़ुशबू अच्छी लगती थी। उनके निधन से मैं मर्माहत हूँ। वह हमारी यादों में हमेशा रहेंगे। उन्हें मैं विनम्र श्रद्धांजलि अर्पित करता हूँ।

देश ने निडर साहित्यमनीषी को खो दिया

उषाकिरण खान

मैनेजर पाण्डेय के निधन से मैं मर्माहत हूँ। अवाक् भी हूँ। हालाँकि, समय की धारा को कोई रोक नहीं सकता। मेरी नज़र में वह शुद्ध रूप से भारतीय मनीषी थे। एक ईमानदार और निडर लेखक थे। हिन्दी साहित्य के इतिहास में उनका मूल्यांकन असाधारण लेखक के रूप में किया जायेगा। उनकी आलोचना पक्षपाती नहीं थी। दरअसल, वह किसी विचारधारा के प्रति आग्रही नहीं थे। जो ग़लत लगता, उसे ग़लत लिखते। उनकी बड़ी ख़ूबी यह थी कि जिसकी वह आलोचना करते थे, उसके मज़बूत पक्ष की प्रशंसा करने में कोताही नहीं करते थे। उन्होंने जो लिखा, निडरता से लिखा। कौन ख़ुश होगा और कौन दुखी, इसकी उन्होंने कभी परवाह नहीं की।

दिवंगत पाण्डेय सही मायने में सर्वहारा जगत के लेखक थे। आम आदमी के स्वर को बुलन्द करने वाले उनके जैसे बहुत कम लेखक हैं। वामपन्थी विचारधारा के समर्थक होने के बाद भी वह भारतीयता से कटे नहीं, परिजनों की ख़ुशी व उनकी मान्यताओं के लिए वह गाँव की पूजा में धोती-कुर्ता पहनकर आलती-पालती मारकर बैठते थे। वह अपनी विचारधारा किसी पर थोपते नहीं थे।

वह लम्बे समय से बीमार थे। उन्होंने जीवन के उत्तरार्ध में काफ़ी परेशानियों का सामना किया। पुत्र को भी खोया। बेटे की मृत्यु के बाद उन्होंने पुत्रवधू को बहुत साहस दिया। उसे बेटी की तरह मानते थे। वह अपने परिवार के लिए बेहद सुसंस्कृत बुज़ुर्ग रहे। वह परिवार के सुख-दुख के प्रति बेहद संवेदनशील रहे। हालाँकि, इससे उन्होंने लेखन को अप्रभावित रखा। मैं व मेरा परिवार हमेशा उनसे जुड़ा रहा। उनका निधन हमारे लिए सबसे दुख की घटना है।

एक सन्त अध्यापक को याद करना बहुत ज़रूरी है

डॉ. अतहर फ़ारूक़ी

प्रोफ़ेसर मैनेजर पाण्डेय को मैंने, एक बार के अलावा, दूर से यानी सेंटर फ़ॉर इंडियन लैंग्वेजेज, जवाहरलाल नेहरू यूनिवर्सिटी के एक अध्यापक के रूप में ही देखा। अध्यापक के रूप में ही देखा तो अच्छा ही हुआ वरना यूनिवर्सिटी की दुनिया में लकीरें गड्डमड्ड होकर कोई और ही छवि बना देती हैं। मैंने इन पंक्तियों की शुरुआत में उन्हें प्रोफ़ेसर जान-बूझकर इसलिए लिखा है क्योंकि कुछ लोगों के लिए प्रोफ़ेसर होना ही जीवन का सिद्ध हो जाना है जब कि है इसका उल्टा। उल्टा तो जीवन में बहुत कुछ है जो हमें विशेषकर यूनिवर्सिटियों के विभागों में दिखायी नहीं देता। वहाँ दुनिया रुकी हुई होती है।

एक बार मुझे एक ऐसा काम पड़ गया जो चुपचाप होना था। पाण्डेय जी उस समय सेंटर के चेयरपर्सन थे। उन्हें बात बतायी गयी। अपनी मासूमियत में उन्होंने उसे बहुत ख़ामोशी से करने की कोशिश भी की मगर एक मास्टर की मासूमियत क्लर्कों के सामने कहाँ चलती। सेंटर के क्लर्क ने गड़बड़ करके काम तो नहीं होने दिया मगर जीवन भर कभी पाण्डेय जी ने उस बात का ज़िक्र किसी से नहीं किया।

पाण्डेय जी का ड्राई ह्यूमर ग़ज़ब का था जिसे उनका लहजा आसमान बना देता था। मेरी एक दोस्त जो उर्दू को नामवर सिंह के चश्मे से ऐसे देखती थीं और उनसे इतनी प्रभावित थीं कि अगर नामवर जी पैग़म्बर होते तो वह उनपर ईमान ले आतीं। अपने Biases के साथ जीने वाले को ज़िन्दगी में और कुछ नहीं करना पड़ता। वह दोस्त पाण्डेय जी के साथ पीएच.डी. कर रही थीं। अपने सिनॉप्सिस में उन्होंने पूरे उत्तर भारत को नामवर सिंह की तरह हिन्दी प्रदेश ठहराकर अपने हाइपोथीसिस की बुनियाद रखी। 1775 से पहले उर्दू नाम की कोई भाषा नहीं थी मगर प्रचलित हिन्दी उर्दू लिपि में लिखी जाती थी। इस नज़रिये की राजनैतिक हिन्दी का क्षेत्र उत्तर भारत कभी नहीं था। उस दोस्त के सिनॉप्सिस के बाद मैंने बस

यूँ ही पूछ लिया : हिन्दी प्रदेश से आपका मन्तव्य क्या है? वह लगी क्षेत्रफल बताने। पाण्डेय जी मुस्कुराते रहे और जब देखा इतिहास भूगोल का साथ नहीं दे पा रहा है तो अपने ख़ास अन्दाज़ में बोले–" ...अरे अतहर ने भूगोल का नहीं राजनीति का सवाल किया है।" उस पर जो ठहाका पड़ा उसका अन्दाज़ा वही लोग लगा सकते हैं जिन्हें पाण्डेय जी के बोलने के अन्दाज़ का और उसमें निहित व्यंग्य का पता होगा।

मेरे लिए पाण्डेय जी इसलिए श्रद्धेय हैं कि इसके बावजूद उनका अप्वाइंटमेंट नामवर सिंह ने किया था। वह कभी नामवर जी की उस नफ़रती सियासत में हिस्सेदार नहीं बने जो ठाकुर जातिवाद और ब्रह्मणवादी हिन्दी+हिन्दुत्व का कॉकटेल बनकर नामवर जी की हर प्रकार की सफलताओं के लिए रास्ता हमवार करती गयी।

मैं इस किताब के प्रकाशन के लिए उन तमाम लोगों को मुबारकबाद देता हूँ जो एक सन्त अध्यापक को याद कर रहे हैं।

प्रो. मैनेजर पाण्डेय के न होने का अर्थ

प्रो. देवेन्द्र चौबे

कभी-कभी ज़िन्दगी के कुछ क्षण निराशा से भरे होते हैं। आपके संस्थान, विद्वान् मित्र, ज्ञान के केन्द्र आदि कभी-कभी अच्छे संकेत नहीं देते हैं। ऐसे निराश क्षणों में कोई ऐसी किरण दिखती रहती है, जिससे लगता है कि दुनिया अभी ख़त्म नहीं हुई है। प्रो. मैनेजर पाण्डेय पिछले कई वर्षों से ऐसी ही उम्मीद की किरण की तरह दिख रहे थे। जुलाई में कोरोना होने के बाद उनकी तबीयत लगातार ख़राब होती गयी और अभी कुछ दिन पहले ही उन्हें घर लाया गया था। आज सुबह वह दुखद ख़बर आयी कि अब वे हमारे बीच नहीं रहे। सुबह जब उनकी पुत्री रेखा का रोते हुए फ़ोन आया, तब समझ नहीं पाया कि क्या करूँ। पिछले कई वर्षों से रेखा उनके साथ रह रही थीं। वर्ष 2018 के बाद डॉक्टरों ने उन्हें परहेज़ से रहने के लिए कहा था, पर लेखक कब बन्धनों में रहता है! यद्यपि वे डॉक्टरों की सलाह मानते थे, पर कभी-कभी मन की बात भी मान लेते थे। उनका लिखना, पढ़ना, साथियों से मिलना कभी छूटा नहीं। उनकी लेखकीय यात्रा भी जारी रही, पर शरीर तो शरीर है। मन, जिसे दर्शनशास्त्र के अध्येता मतिष्क यानी ज्ञान का भण्डार कहते हैं, उसे कितना ढो पाता! आज टूट गया शरीर और उड़ गया मन का पक्षी उस अनन्त यात्रा पर, जहाँ से वापसी सम्भव नहीं होती।

एक समय था, जब वे मंच पर आते थे, तो बड़े-बड़े विद्वान् बगलें झाँकने लगते थे। अभी भी पिछली बार जब हम घर पर मिले थे, आवाज़ की खनक में कोई कमी नहीं थी। अपनी ज़िन्दगी में वे कभी रुके नहीं। आजकल अपनी आख़िरी किताब दारा शिकोह पर कार्य कर रहे थे। उनकी आख़िरी और सबसे महत्त्वपूर्ण किताब सम्भवत: यह होती— 'संवादधर्मी सोच के दार्शनिक दारा शिकोह'। वर्ष 2006 में जब उन्होंने इस विषय पर जेएनयू में कुँवर सिंह स्मृति व्याख्यान दिया था, तब हमें नहीं पता था कि उनकी इतनी गहरी दिलचस्पी दारा शिकोह में है।

उनका यह व्याख्यान बाद में साहित्य अकादेमी की पत्रिका 'समकालीन भारतीय साहित्य' में छपा। बाद में लगातार इस विषय पर वे बात करते रहे। जब 'मुग़ल बादशाहों की हिन्दी कविता' पर काम कर रहे थे, तब जेएनयू में फ़ारसी के प्रोफ़ेसर अख़लाक़ अहमद आहन ने उनके दारा शिकोह वाले अनुवाद और पाठों की शुद्धि में काफ़ी मदद की थी। कभी अख़लाक़ साहब फ़ोन नहीं उठाते, तब वे मुझे कहते— "अरे देवेन्द्र, ज़रा अख़लाक़ से कहना कि फ़ोन कर लें। एक शब्द समझ में नहीं आ रहा है। सारा काम रुका पड़ा है।" काम के प्रति इतनी गहरी दिलचस्पी अब कम अध्येताओं में दिखती है। जुलाई तक वे लिखने-पढ़ने में लगे रहे। कोविड से इलाज के बाद जब घर लौटे, तो फिर उठ नहीं पाये।

पिछली बार जब वे अस्पताल में थे और हम सब वहाँ देर शाम तक बैठे बातें कर रहे थे, तब ऐसा नहीं लगा था कि वे इतनी जल्दी चले जायेंगे। एक शाम मैं, रश्मि और अख़लाक़ जी उनसे मिलने गये, तब मिलने का समय ख़त्म हो चुका था। हम मिल तो नहीं पाये लेकिन फ़ोर्टीस हॉस्पिटल, वसन्त कुंज के लॉन में रखी कुर्सियों पर बैठकर उनके बारे में घंटों बातचीत करते रहे। मैं अख़लाक़ जी से कह रहा था कि "इस इमारत की तीसरी मंज़िल पर आइसीयू के एक बिस्तर पर प्रो. पाण्डेय सर का इलाज चल रहा है।" वह दिन भी कठिन था और आज का समय भी कठिन है। हम सबने इसकी कभी कल्पना नहीं की थी कि एक समय हिन्दी अकादमिक और साहित्य की दुनिया में अपनी साहसपूर्ण शैली से वैचारिक दुनिया को ललकारने वाला एक आलोचक कोविड के प्रभाव के कारण आज उदास आँखों से अस्पताल की बेड पर पड़ा दुनिया को निहार रहा होगा। एक बार जब मैं उनसे मिलने अस्पताल गया था तब मेरे पास खड़ी नर्स ने मुझसे पूछा, "आप कौन हैं?" जब उसे पता चला कि वे मेरे शिक्षक हैं, तब उसने उनके क़रीब जाकर पूछा, "पहचानिए, ये कौन है?" उन्होंने इशारे से हल्का-सा सर हिलाया। आँखों में एक चमक आयी और उस दिन मेरे लिए इतना काफ़ी था कि उनकी चेतना अभी ख़त्म नहीं हुई है। एक दिन फिर वे उठेंगे और दारा शिकोह पर अधूरी पड़ी किताब को पूरा करेंगे— "संवादधर्मी सोच के दार्शनिक दारा शिकोह" पर अब यह पूरा नहीं हो पायेगा। दारा शिकोह पर किताब पूरी करने की चेतना और चिन्ता लिये वे हमारे बीच से ऐसे गये, जैसे अभी-अभी वे कहीं से आयेंगे एवं फिर उनकी बैठक में हँसी तथा व्यंग्य के ठहाके फिर सुनाई देंगे, जिसे हिन्दी समाज अपनी चेतना में सँजोये हुए है। इसीलिए कहा जाता है कि लेखक की दुनिया बड़ी होती है, उतनी ही बड़ी, जितना कि यह संसार। यह संसार ही तो है, जो हमारे होने का अर्थ देता है।

मैनेजर पाण्डेय को रचनात्मकता की समझ थी

ओम निश्चल

चालू समीक्षा संस्कृति की चमक-दमक ने न केवल रचना का बल्कि आलोचना का भी बेहद नुक़सान किया है। आज की आलोचना का काम प्रायः इतना ही रह गया है कि वह पुस्तक के बांड प्रचारक की भूमिका निभाये, और ऐसा चौतरफ़ा हो भी रहा है। अख़बारों, पत्रिकाओं में छपने वाली समीक्षाओं में आलोचना का स्वर तो तिरोहित रहता ही है, समीक्षा में, सम्यक् अवलोकन का निहित दायित्व भी लुप्तप्राय होता जा रहा है। ऐसे में यदि आज भी ऐसे कुछ आलोचक हैं, जिन पर भरोसे से उँगली उठायी जा सकती है, तो यह कम सौभाग्य की बात नहीं है।

दुनिया भर के साहित्यिक विमर्शों पर मैनेजर पाण्डेय की निगाह रहती थी तथा सामाजिक उपयोगिता की कसौटी पर ही उन्होंने कवियों–लेखकों को कसकर देखा। अब जब वह नहीं हैं, तब आलोचना और सामाजिकता, शब्द और कर्म, साहित्य की समाजशास्त्रीय भूमिका, हिन्दी कविता के प्रगतिशील कवियों, प्रतिरोध की परम्परा और साहित्य की भूमिका को लेकर मैनेजर पाण्डेय की पुस्तकें और सैद्धान्तिकी हमें इस बात का भरोसा दिलाती हैं कि उन्होंने आलोचना के तयशुदा फ़ार्मेट और समीक्षा के चाल–मानदण्डों का अनुसरण नहीं किया है बल्कि रचना और अपने समय के विमर्श की पड़ताल सामाजिक परिप्रेक्ष्य से गहरे जुड़कर किया है।

मैनेजर पाण्डेय हिन्दी के उन इने-गिने समालोचकों में हैं जिन्होंने अपने सिद्धान्तों से कभी समझौता नहीं किया। गोपालगंज, बिहार में 23 सितम्बर, 1941 में जन्मे पाण्डेय जी ने काशी हिन्दू विश्वविद्यालय से पढ़ाई की तथा कुछ समय जोधपुर विश्वविद्यालय में पढ़ाने के बाद जवाहरलाल नेहरू विश्वविद्यालय में आ गये, जहाँ से सेवानिवृत्त होकर इन दिनों स्वतन्त्र लेखन कर रहे थे। पाण्डेय जी ने अपनी आलोचना के केन्द्र में साहित्य की सामाजिक भूमिका की स्थापना को महत्त्व के साथ आँका है। श्यामाचरण दुबे, पी.सी. जोशी एवं डी.पी. मुखर्जी

एवं ए.आर. देसाई जैसे समाजविज्ञानियों की प्रेरणा से मैनेजर पाण्डेय ने साहित्य के समाजशास्त्र का व्यवस्थित अध्ययन-अनुशीलन किया तथा उनकी पहली ही किताब 'साहित्य के समाजशास्त्र की भूमिका' का हिन्दी आलोचना में एक नवाचार की तरह स्वागत हुआ। तब से 'शब्द और कर्म', 'साहित्य के समाज शास्त्र की भूमिका', 'भक्ति आन्दोलन और सूरदास का काव्य', 'हिन्दी कविता का अतीत और वर्तमान', 'आलोचना में सहमति, असहमति', 'भारतीय समाज में प्रतिरोध की भूमिका', 'अनभै साँचा', 'आलोचना की सामाजिकता', 'उपन्यास और लोकतन्त्र', 'साहित्य और दलित दृष्टि', 'शब्द और साधना', 'संगीत रागकल्पद्रुम', 'संकट के बावजूद' और 'साहित्य और समाजशास्त्रीय दृष्टि' सहित उनकी अनेक पुस्तकें प्रकाशित हुईं, होती रहीं। वे हिन्दी अकादेमी के 'शलाका सम्मान', 'राष्ट्रीय दिनकर सम्मान', 'गोकुलचन्द्र शुक्ल पुरस्कार', एवं 'सुब्रहमण्य भारती सम्मान' सहित कई पुरस्कारों से सम्मानित रहे।

कहा जाता है कि एक ख़राब रचना केवल कुछ पाठकों को पथभ्रष्ट करती है जब कि एक ख़राब आलोचना समूचे समाज को। इसलिए आलोचना का उत्तरदायित्व आज के समय में सर्वाधिक है। ऐसे समय में जब बाज़ारवाद की अनुगामी संस्कृति का असर लेखन पर भी पड़ा है और ख़राब रचनाओं के पेशेवर प्रचारक समीक्षकों की तथाकथित सात्त्विक भंगिमाओं में इर्दगिर्द फैले हुए हैं। तब अकारण नहीं है कि मैनेजर पाण्डेय 'आलोचना की सामाजिकता की भूमिका' में इस बात को रेखांकित करते हैं कि इधर के दशकों में साहित्य की नयी सामाजिकता सामने आयी है। उनका कहना है कि साहित्य विनोद का साधन नहीं है, वह स्वतन्त्रता के लिए बेचैन आत्मा की पुकार है। इस साहित्य की व्याख्या में वही आलोचना सक्षम होगी जो स्त्रियों, दलितों और आदिवासियों की स्वतन्त्रता की आकांक्षा की पहचान करेगी और उनके रचने की सामाजिकता का मूल्यांकन करेगी। हिन्दी आलोचना को असामाजिक बनाने का उत्तरदायी वे उन आलोचकों को मानते हैं जो अतिरंजना, सरलीकरण, धमकी, फ़तवा, आशीर्वाद और दुविधा की भाषा में आलोचना लिखते हैं। आलोचना के क्षेत्र में किसी एक विषय पर धैर्य और एकजुटता के साथ विचार करने की प्रवृत्ति रामविलास शर्मा के बाद उत्तरोत्तर विरल होती गयी है। इस प्रवृत्ति की कुछ–कुछ झलक मैनेजर पाण्डेय में दीख पड़ती है। वे यहाँ आलोचना का समाज, संस्कृति की राजनीति, कविता का समय और उपन्यास का लोकतन्त्र जैसे बुनियादी विमर्शों को उठाते और कुछ नये विमर्शों को अपनी आलोचना में जगह देते हैं।

सबसे बुनियादी थीसिस उनकी यही है कि आलोचना की अपनी सामाजिकता होनी चाहिए। उसका एक समाज होना चाहिए। साहित्य के समाजशास्त्रीय अध्ययन की ज़रूरत पर बल देते हुए उन्होंने साहित्यिक हलक़े में विद्यमान आलोचना की राजनीति, भाषा की राजनीति, राजनीति की भाषा जैसे मुद्दों पर तो विचार किया ही है, उपन्यास और लोकतन्त्र, उपन्यास और यथार्थ चेतना, उपन्यासों की भारतीयता तथा प्रेमचन्द की प्रासंगिकता पर भी विचार किया है। जिन शख़्सियतों पर मैनेजर पाण्डेय ने अलग से विचार किया है, वे हैं रामचन्द्र शुक्ल, नामवर सिंह, नागार्जुन, नाथूराम शर्मा शंकर। कहना न होगा कि वे आधुनिक आलोचना की रौ में बहते हुए रामचन्द्र शुक्ल की काव्य–भाषा को लेकर अपने पूर्वग्रह का परिचय नहीं देते और न नामवर सिंह की आलोचनात्मक दृष्टि की विवेचना करते हुए वे भवदीयता की मुद्रा अपनाते हैं। अपनी मुखरता में वे नामवर सिंह की ही तरह वाग्विदग्ध तथा आलोचना में भी स्पष्टता से वह सब कुछ कह देने के हिमायती हैं, जिसे लेकर अक्सर आलोचक भाषायी खेल में खो जाते हैं।

मैनेजर पाण्डेय दरअसल रचना की चरितार्थता समाज से जुड़कर रचे जाने में ही महसूस करते हैं। इसके लिए वे नागार्जुन जैसे कवि को केन्द्र में रखते हैं। यहीं वे नागार्जुन जैसे जनचेता और अज्ञेय जैसे आत्मचेता कवि के बीच फ़र्क़ को रेखांकित करते हैं। अज्ञेय के आख़िरी संग्रह 'ऐसा कोई घर आपने देखा है' पर लुब्ध-मुग्ध होने वालों की रुचियों पर आघात करते हुए कहते हैं कि उनके प्रतीक और बिम्ब अतीतवासी हैं और अभिव्यक्ति की भंगिमा कृत्रिम तथा भाषा समकालीन जीवन के यथार्थ और व्यवहार से कटी हुई है। यहीं वे नागार्जुन की कविता में जन-जीवन के संघर्षों के पर्याप्त साक्ष्य देते हैं। इस तरह इन दो कवियों की तुलनात्मक मुठभेड़ कराते हुए वे कविता के प्रति अपनी दो-टूक दृष्टि का परिचय भी देते हैं। वे अमूर्त कल्पनाशीलता में सुध-बुध वाली तथा मनोरंजनवादी कविताओं को जीवन-वास्तविकताओं से दूर मानते हैं। नागार्जुन के हवाले से वे इस निष्कर्ष तक पहुँचते हैं कि कविता में ज्ञान की गठरी भले छोटी हो, किन्तु करुणा का सागर अथाह होना चाहिए। वह विचार से अधिक भावों को तरजीह दे। उनके लेखे कालजयी रचना के लिए कालजीवी होना लाज़िमी है। उनकी दृष्टि में केवल शाश्वत विषयों पर कविता लिखना शाश्वत कवि होने का प्रमाण नहीं है।

मैनेजर पाण्डेय देसी समझ के आलोचक हैं। अपने ज्ञानकोश का इस्तेमाल वे भारतीय परिस्थितियों और पारिस्थितिकी में उपजी रचनात्मकता को समझने में

करते हैं। नागार्जुन में यदि उन्हें सरलता का सौन्दर्यशास्त्र खींचता है तो इसलिए कि उनकी कविता न केवल किसी तरह के सरलीकरण को प्रश्रय नहीं देती बल्कि उसे उन व्याधियों से भी बचाती है जो अमूर्तन और कलावादी लटके-झटकों से कविता को जटिल बनाती हैं। भक्त कवियों में सूरदास, कबीर जैसे बड़े कवियों के बाद नागार्जुन, त्रिलोचन के साथ नये कवियों में यदि उनकी पसन्द बद्री नारायण, निलय उपाध्याय, देवीप्रसाद मिश्र, कात्यायनी, सविता सिंह और अनामिका जैसे कवि हैं, तो यह निश्चय ही अपनी जीवन-गन्धी, लोकगन्धी काव्यात्मकता के कारण ही। कविता में बहुत कला का निदर्शन करने वाले कवि उनकी आलोचना और अध्ययन चिन्तन के केन्द्र में कभी नहीं रहे।

उपन्यास के लोकतन्त्र को लेकर भी मैनेजर पाण्डेय ने अपनी आलोचना में गहरायी से विचार किया है। यों तो कविता के लोकतन्त्र की बात तो अशोक वाजपेयी भी यदा-कदा करते रहे हैं किन्तु उनके यहाँ लोकतन्त्र का भूगोल उसकी सीमित स्वायत्तता में है। जब कि उपन्यास के लोकतन्त्र की अवधारणा का अर्थ पाण्डेय के मत से समय, समाज और लोक के साथ उपन्यास का हमक़दम होना है। वे निराला के इस कथन को याद करते हैं कि गद्य जीवन-संग्राम की भाषा है। वे इस बात पर आश्चर्य करते हैं कि विभाजन की त्रासदी पर प्रगतिशील कवियों के यहाँ कोई महत्त्वपूर्ण कविता नहीं मिलती, जब कि अज्ञेय के यहाँ ऐसी बहुतेरी कविताएँ हैं। उनके यहाँ बन्दी जीवन की कविताएँ भी हैं। उपन्यासों में, ख़ास कर 'झूठा सच', 'आधा गाँव' और 'तमस' के साथ–साथ अज्ञेय, मोहन राकेश, भीष्म साहनी तथा कृष्णा सोबती के यहाँ इस त्रासदी पर अनेक कहानियाँ हैं। वे प्रेमचन्द, नागार्जुन, रेणु, फकीर मोहन सेनापति, विभूतिभूषण बन्द्योपाध्याय, ताराशंकर बन्द्योपाध्याय, महाश्वेता देवी, पन्नालाल पटेल, शिवराम कारंत, यू.आर. अनन्तमूर्ति तथा तकषी शिवशंकर पिल्लै आदि के उपन्यासों में भारतीयता पर विचार करते हुए यह नहीं भूलते कि ओड़िया के फकीर मोहन सेनापति ने अपने उपन्यास 'छमाड़ आठ गुंठ' से ही भारतीय उपन्यास को किसान जीवन की महागाथा बनाने की परम्परा की नींव डाली थी।

उपन्यास के लोकतन्त्र का भाष्य वे यथार्थ, यथार्थवाद, स्वराज्य, उपनिवेशवाद, जातीय व्यवस्था की जकड़न, धार्मिक संकीर्णता, साम्प्रदायिकता, किसान और मज़दूर जीवन की विडम्बनाओं, पितृसत्ता से उपजी पराधीनताओं की ज़मीन पर खड़े होकर करते हैं। किन्तु उपन्यास में आख्यान की सत्ता को जीवन्त बनाने वाली

भाषा संवेदना को भूल नहीं जाते, बल्कि 'मुझे चाँद चाहिए' के गद्य को आकांक्षा का गद्य और 'चाक' के गद्य को अनुभव की भाषा में सम्भावना का गद्य कहकर बोलचाल की भाषा व स्मृतिजीवी भाषा का फ़र्क़ समझाते हैं। हाँ, उपन्यासों में बार-बार अतीत की ओर लौटने की प्रवृत्ति के वे गहरे आलोचक हैं जिनमें उन्हें मौजूदा भारतीय समाज की समस्याओं और जनता की जागृत आकांक्षाओं की उपेक्षा नज़र आती है। कविता का लोकतन्त्र अगर उन्हें नागार्जुन में नज़र आता है तो उपन्यासों में निश्चित रूप से प्रेमचन्द, रेणु और उनकी परम्परा को आगे बढ़ाने वाले लेखकों में, जिनके यहाँ ठेठ भाषा का पूरा ठाठ मिलता है तथा बोलियों की अनगिनत भंगिमाएँ और मुहावरे। अपने विमर्श में वे जिन उपन्यासों का ज़िक्र करते हैं, उनमें धर्म और राजनीति के गठजोड़ की कलई खोलते उपन्यास 'हमारा शहर उस बरस' और 'आख़िरी कलाम' तथा समाज के परिवर्तनों के सूचकांक के रूप में 'अल्मा कबूतरी' व 'सूत्रधार' प्रमुख हैं।

मैनेजर पाण्डेय की बुनियादी चिन्ता का विषय आलोचना को उत्तरदायी और सामाजिक बनाना रहा है। वे इस बात पर चिन्तारत दिखायी देते हैं कि पूँजीवाद का मौजूदा दौर सामाजिक की मृत्यु का दौर है। ऐसी स्थिति में सामाजिकता की चिन्ता आलोचना और आलोचकों के केन्द्र में होनी चाहिए। आज जब कि सामाजिकता, सामूहिकता तथा सांस्कृतिक और भाषायी विविधता पर बाज़ारवाद और पूँजीवादी शक्तियों के ख़तरे ज़्यादा घनीभूत दिखायी देते हैं, उनकी दृष्टि में आलोचना की यह ज़िम्मेदारी बनती है कि वह साहित्य में बेहतर लोकतन्त्र की स्थापना के लिए रचना में सामाजिक संघर्षों और मानवीय स्वतन्त्रता के लिए की जा रही जद्दोजहद की आगे बढ़कर पड़ताल करे और सहमतिवाद की गतानुगतिक लीक से अलग हटकर प्रतिरोध का मंच बने। नामवर सिंह और मैनेजर पाण्डेय दोनों वाम चिन्तन के आलोचक थे किन्तु आलोचना की जो सैद्धान्तिकी मैनेजर पाण्डेय ने अपने लिए अपनायी, उस पर नामवर सिंह बहुत बल देते नहीं जान पड़ते। कविता को समझने की कसौटियाँ भी दोनों आलोचकों की अलग-अलग हैं। कविता में नामवर सिंह यदि केदारनाथ सिंह या विनोद कुमार शुक्ल की भाषा कलात्मकता की प्रशंसा कर सकते थे या उसकी शिल्पविधि पर प्रसन्न हो सकते थे तो मैनेजर पाण्डेय ऐसे कवियों से अलग उन कवियों पर भरोसा टिकाते हैं जिनकी रचना अपनी बौद्धिकता में ही घिरकर नहीं रह जाती बल्कि जनता के सुख-दुख से अपना नाता जोड़ती है। उनके लिए कविता का अर्थ है कि उसमें समाज का प्रतिबिम्ब दिखे, समाज का क्रिटिक

दिखे और वह जनरुचि का सम्मान भी करे। इस तरह कहा जा सकता है कि वे ऐसी रचना या आलोचना के हिमायती रहे हैं जो सम्प्रेष्य हो, जनसंवेद्य हो तथा उसका अपना सामाजिक नज़रिया हो। इस अर्थ में वे समाज की विडम्बनाओं पर दृष्टिपात करने वाले आलोचकों में सर्वाधिक प्रखर थे।

सादर नमन !

मैनेजर पाण्डेय मेरे स्वप्न-पुरुष

डॉ. जोतिमय बाग

साल 2000 प्रेसिडेंसी कालेज कोलकाता से बी.ए. पास करके मैं जेएनयू पहुँचा। मन में अपार उत्साह और उम्मीदें थीं, जो कसर बी.ए. में रह गया था, उसको अब जेएनयू जैसे विराट संस्थान से पूरा करना चाहता था। अपने बी.ए. के अंकों से मैं ख़ुश नहीं था, पर जेएनयू प्रवेश परीक्षा उत्तीर्ण करने की ख़ुशी ने उसमें एक मरहम का काम अवश्य किया। 31 जुलाई, पूर्वा एक्सप्रेस पकड़कर दिल्ली पहुँचा। जेएनयू पहुँचकर एक अलग ही दुनिया में था। सभी लोग व्यस्त दिख रहे थे। किसी को एडमिशन करवाना था तो किसी को क्लास जाने की जल्दी। एक अलग-सा शहर बसा लग रहा था जेएनयू। एक दिन पूरा लग गया एडमिशन करवाने में, पहले दिन ही प्रोफ़ेसर वीर भारत तलवार सर की डांट पड़ गयी। "इस फ़ार्म में स्कूल का नाम ग़लत लिखा है, नीचे जाओ और असली नाम देखकर फ़ार्म भरो।" उनकी वह भारी आवाज़ आज भी याद है। बहरहाल अगले दिन पहली क्लास के लिए तैयार हो गया, प्रोफ़ेसर वीर भारत तलवार सर की जोशिली क्लास हुई, फिर दूसरी क्लास प्रोफ़ेसर पुरूषोत्तम अग्रवाल जी की हुई। उनकी क्लास मध्यकालीन कविता और कबीर पर थी। पर मेरी आँखें जेएनयू पहुँचते ही किसी और को ढूँढ़ रही थीं। वह शख़्स जिनके लिए मैंने जेएनयू तक का सफर तय किया था। वह शख़्स जिनकी पुस्तक पढ़कर उनसे मिलने, देखने की ख़्वाहिश लिये मैंने जेएनयू की प्रवेश परीक्षा उत्तीर्ण की। बी.ए. में वह पुस्तक मेरे लिए कई मायने में यादगार रही और आज भी है, उस पुस्तक का नाम है, 'भक्ति आन्दोलन और सूरदास का काव्य' लेखक मैनेजर पाण्डेय। यह नाम बी.ए. से ही मेरे दिल में छप गया था। प्रेसिडेंसी में रहे अपने सीनियर्स से उनके बारे में काफ़ी कुछ सुन चुका था। उनकी आलोचनात्मक लेखनी को भी मैं कई पत्रिकाओं में पढ़ चुका था। पर कक्षा में अभी भी उनसे मिलना नहीं हुआ था।

कई दिन बीत गये, गंगा ढाबा में एक दिन पता चला कि उनके बेटे की असामयिक मृत्यु हो गयी है और अब वह शायद ही क्लास में आयें, यह सुनकर मन मर–सा गया था। जेएनयू का सफ़र मैनेजर पाण्डेय के बिना अधूरा था। मैं तो ईश्वर से प्रार्थना करने लगा और बी.ए में पढ़ी उस पुस्तक के पीछे का पन्ना याद करने लगा जिसमें लिखा था प्रोफ़ेसर मैनेजर पाण्डेय, विभागाध्यक्ष भारतीय भाषा केन्द्र, जेएनयू। दो साल से मैं इसी नाम और पता का पीछा कर रहा था। आज इस पते के पास होकर भी नाम से कितना दूर था।

जेएनयू में क्लास करते हुए दो-तीन महीने बीत गये, एक दिन क्लास ख़त्म कर होस्टल लौट रहा था, प्रशासन भवन तक पहुँचा ही था कि सभी साथी बात करते हुए चुप हो गये और रास्ते से धीरे-धीरे हटने लगे, अब मेरे हटने की बारी आयी, और मैं भी हट गया। सामने से एक शख़्स गुज़रे, मैने सोचा उम्र अधिक होने के कारण शायद सभी साथी रास्ता छोड़ रहे हैं, पर उनकी चुप्पी पर कुछ सोच पाऊँ, उससे पहले ही पीछे से आवाज़ आयी 'मैनेजर पाण्डेय', मैं तुरन्त उनकी ओर पलटा पर वह गुज़र चुके थे। पिछे से ही सही पहली बार अपने स्वप्न–पुरुष का दीदार किया, अपना सर झुकाया और मन को कोसता रहा कि जब गुज़र रहे थे तब एक बार सामने से देख लिया होता। पता नहीं अब कभी फिर मुलाक़ात होगी भी कि नहीं। शोक में पाण्डेय जी तब भी थे, और क्लास से विमुख भी।

फिर वह दिन आ ही गया जिसका इन्तज़ार था, सेमेस्टर ख़त्म होने को अब दो हफ़्ते रह गये थे, सभी कोर्स ख़त्म हो गये थे सिवाय सूरदास के। एक दिन ख़बर मिली कि पाण्डेय सर सूरदास वाली क्लास लेंगे। यह ख़बर सुनने के बाद मैं कुछ देर अवाक्–सा रह गया था। उन दिनों जेएनयू में काफ़ी कष्टप्रद जीवन व्यतीत कर रहा था। हॉस्टेल एक साल तक न मिल पाया था, अपने सहपाठियों के साथ रूम शेयर कर रहा था। सीमित आर्थिक परिस्थिति आदि। पर पाण्डेय जी के क्लास में आने की ख़बर ने सब कुछ भुला दिया था।

सूरदास पर आज पाण्डेय जी का क्लास होनी थी, मैं सबसे पहले पहुँचा और आगे की बेंच पर बैठा। आज उन्हें देखना भी था और सुनना भी था। सर आये तो उन्हें देखने की गफ़लत में खड़ा होना भी भूल गया। अपने मन की स्थिति को व्यक्त कर सर क्लास लेने के महत्त्व पर बोले। यह भी बोले कि "तुम लोग ही हो जो मेरे दुख को कम कर सकते हो", कक्षा में बैठे सभी लोग भावुक हो उठे। और इस तरह से उस दिन की क्लास शुरू हुई। उस दिन उन्होंने सूरदास के केवल दो ही पद पढ़ाये जो आज भी मुझे हू-ब-हू याद हैं। भक्तिकाल पर सर की व्याख्या

भी यूनिक थी। वह स्पष्ट कहते हैं कि "भक्तिकाल की व्याख्या करने के लिए भक्त बनने की आवश्यकता नहीं है, उसके लिए मन्दिरों की कमी नहीं है। यहाँ सामाजिक स्थिति और आज की प्रासंगिकता की खोज की दृष्टि में इसको देखो और सामन्ती व्यवस्था से जो विद्रोह हुआ, उसे आज की पूँजीवादी व्यवस्था के बरअक्स समझो"। भक्तिकाल पर इतना संक्षेप और सारगर्भित टिप्पणी इससे पहले मैंने कभी नहीं सुना था। सर का यह भी कथन था कि कृति सार्थक या निरर्थक होती है। कृति की पवित्र प्रतिमा में समकालीन अर्थ खुलें, तभी कृति सार्थक है अन्यथा निरर्थक है। प्रथम दिन का कक्षा ख़त्म होते-होते एक घण्टा हो चला था पर कोई भी अपनी जगह से एक इंच भी नहीं हिला था। दोस्तों में गुफ़्तगू तो दूर, नज़रों का मिलाप भी नहीं हुआ था। ऐसी थी मैनेजर पाण्डेय जी की पहली क्लास। क्या जूनियर क्या सीनियर सभी उनके क्लास में बस शान्त बैठे रहते थे। पहली क्लास में ही जान गया कि जेएनयू क्यों जेएनयू है। यहाँ आना अब सार्थक लग रहा था। प्रथम सेमेस्टर में पाण्डेय सर की कुल चार ही क्लास हुईं–तीन सूरदास और एक स्वयंभू पर। उनकी वाणी और अपार ज्ञान जैसे आज भी मेरे अन्दर तरोताज़ा है।

पूरा एम.ए. समाप्त हो गया, पाण्डेय जी से फिर कक्षा में रू-ब-रू न हो सका। कुछ अन्य सेमिनारों में उनको अवश्य सुना पर क्लास के उस सादगी–भरे व्याख्यान से दूर रहा। उनका प्रत्येक व्याख्यान पिछले से भिन्न अन्दाज़ में होता था। कभी वर्तमान साहित्य तो कभी मार्क्सवाद पर, उनको जितना सुनता कम ही लगता था। मध्यकाल पर उनका शोध था तो आधुनिक आलोचना उनका प्रिय विषय था। मतलब जितना ज्ञान वह सूर, तुलसी, कबीर और जायसी पर रखते थे, उतना ही ज्ञान रामचन्द्र शुक्ल, हजारी प्रसाद द्विवेदी, रामविलास शर्मा पर भी रखते थे। मज़े की बात तो यह है कि टेरी इगल्टन, लुसिए गोल्डमान, लुई आल्थासुर, जैक देरिदा की आलोचनात्मक दृष्टि पर भी वह बहुत ज्ञान रखते थे।

कभी प्रेमचन्द तो कभी रेणु के उपन्यासों पर भी क्लास लेते थे। अज्ञेय पढ़ाते हुए पाण्डेय सर टैगोर और सुभाष मुखोपाध्याय की कविताओं से उदाहरण देते थे। उनको जितना सुन पाऊँ कम ही लगता था। वह एक अलग ही शैली से बोलते थे, व्यंग्य ऐसा करते थे कि जिस पर करें वह भी मुस्कुराकर नि:शब्द रह जाये। कभी-कभी उनके व्यंग्य को सुनने वाले दो-तीन दिन बाद बातों के गूढ़ अर्थ को समझ पाते थे। अपने व्याख्यानों में सर मुहावरों और लोकोक्तियों का ख़ूब प्रयोग किया करते थे। आलोचना उनका मुख्य विषय था और समाजशास्त्रीय दृष्टि से परखना मुख्य कला।

एम.ए. पास कर अब मैं एम.फ़िल. में आ गया था। कोर्स में अब मुझे तीन विषय पढ़ना था। 'तुलनात्मक साहित्य' इसे डॉ. वीर भारत तलवार जी पढ़ाने वाले थे, 'साहित्य और दर्शन' इसे प्रोफ़ेसर पुरुषोत्तम अग्रवाल जी पढ़ाने वाले थे और 'साहित्य का समाजशास्त्र' इसे प्रोफ़ेसर मैनेजर पाण्डेय जी पढ़ाने वाले थे। मैनेजर पाण्डेय सर से फिर पढ़ने का मौक़ा मिल रहा था, उत्सुकता बहुत थी मन में, एक लम्बे संघर्ष के बाद एम.फ़िल. तक पहुँचा था। एम.ए. से ही पाण्डेय जी के विषय को पढ़ने की रोचकता थी। वैसे विषय तीनों ही रोचक थे, और पढ़ाने वाले सभी प्रोफ़ेसर अव्वल। लेकिन मेरे स्वप्न–पुरुष की बात कुछ और थी। अब मैं उन्हें सामने से देख–सुन सकता हूँ, यह सोच कर काफ़ी आनन्द आ रहा था। एम.ए. में मात्र चार कक्षाएँ ही हुई थीं। समाजशास्त्रीय विषय पर सर की पुस्तक (साहित्य के समाजशास्त्र की भूमिका) मैं पहले ही पढ़ चुका था। अब कक्षा की ओर मेरा ध्यान था। बहरहाल कक्षा शुरू हुई और साहित्य का समाजशास्त्र जैसे कठिन विषय को भारतीय एवं पाश्चात्य दोनों सन्दर्भों में समझने का मौक़ा मिला। एम.फ़िल. के व्याख्यान और अधिक गम्भीर लगे। पाश्चात्य चिन्तक जॉक देरिदा, लुई आल्थासुर, लुसिए गोल्डमान, तालस्ताय जैसे गम्भीर विचारकों को अब हिन्दी में पढ़ने का मौक़ा मिल रहा था। विषय को कैसे रोचक ढंग से पढ़ाया जाये यह सर को भली-भांति ज्ञान था, और यही उनकी ख़ूबी भी थी। वे बड़े-से-बड़े गूढ़ बात को हल्के में कह देते थे। मसलन गोल्डमान को पढ़ाते हुए सर उदाहरण प्रेमचन्द के पात्रों से देते थे, और टैगोर को पढ़ाते हुए वह उदाहरण निराला की कविताओं से देते थे। ऐसा लग रहा था कि पाश्चात्य चिन्तन का भारतीयकरण हो रहा हो। सीनियर भी अब कक्षाओं में नियमित आने लगे। माहौल कुछ ऐसा बन गया था कि सीटें अब पूरी भरने लग गयीं और जल्दी आने की होड़ मचने लगी। किसी हिट फ़िल्मों के टिकट की तरह अब सीटों के लिए संघर्ष भी कभी-कभी हो जाता था। कभी-कभी बैग रखकर सीटों की बुकिंग भी होती थी। साहित्य का समाजशास्त्र पढ़ाते हुए पाण्डेय जी ने लगभग पूरे भारतीय साहित्य का एक संक्षिप्त अध्ययन-सा करा दिया हो। रोचक, मनोहारी, मनमोहक, और अन्ततः ज्ञानवर्धक। सबसे पहली पंक्ति में मुझे बैठने का फ़ायदा भी मिला। सर अब मुझे पहचाने लगे थे, एक बंगाली बंगाल से जेएनयू में हिन्दी का अध्ययन करने आया है, इससे सर बहुत प्रभावित हुए। मैंने कभी भी सर से यह नहीं बताया था कि जेएनयू तक की मेरी यात्रा आपके कारण ही है। एम.फ़िल. के दौरान सर के निकट आने का मौक़ा मिला। उनसे जुड़े रहने का संकल्प मेरे अन्दर तब भी मौजूद था। 'गाइड' के लिए अब उनसे बात करनी थी

पर कैसे, यह समझ में नहीं पा रहा था। बी.ए. के दौरान कोलकाता विश्वविद्यालय में एक पेपर 'प्रेमचन्द और शरतचन्द्र के साहित्य का तुलनात्मक अध्ययन' पढ़ा था। इस पेपर की तैयारी के दौरान देखा कि इस विषय पर किताबें नहीं हैं, अत: तभी से इस विषय पर शोध करने की इच्छा थी। इस विषय पर एक पुस्तक लिखने का मन बना लिया था। जेएनयू में अब इस विषय पर शोध करने का अच्छा अवसर था। साथ ही यह भी पता चला कि पाण्डेय जी प्रेमचन्द और शरतचन्द्र पर पहले भी काम करवा चुके हैं, बस फिर क्या था, मैं दिन–रात इस पर अध्ययन करने लग गया। एक दिन मौक़ा पाकर मैंने डरते हुए अपनी इच्छा सर के सामने रखी। सर ने कहा — "अरे इस पर पहले कुछ पढ़कर आओ और मुझे बाद में फ़ोन करो, मेरा नम्बर है न?" मै पेन निकालते हुए ना में अपना सर हिला दिया। सर ने अपना नम्बर दे दिया। हॉस्टेल पहुँचकर मुझे बी.ए. के दिन याद आने लगे, एक सपने को सच होते देख रहा था। वह दिन मेरे जीवन में दर्ज हो गया। लगभग सात दिन बाद मैंने सर को फ़ोन किया और मिलने के बारे में पूछा, सर ने उसी दिन शाम को घर आने के लिए कह दिया। अपने विषय पर काफ़ी तैयारी के साथ मैं पहुँचा और जितना अब तक मैंने पढ़ा था, सर के समक्ष रखा, उत्सुकता वश सर ने भी कई सवाल पुछे, मुझे भी इसमें काफ़ी आनन्द आया, सर इस विषय में रूचि ले रहे थे। धीरे-धीरे चर्चा आगे बढ़ी और मैंने महसूस किया कि सर को बांग्ला साहित्य का अच्छा–ख़ासा ज्ञान है। बंकिमचन्द्र, शरतचन्द्र और टैगोर को वह पूरा पढ़ चुके थे। आधुनिक लेखक—कवि सुभाष मुखोपाध्याय पर भी उन्होंने मुझे बहुत ज्ञान दिया। और अन्त में उन्होंने कहा कि "तू इस विषय पर काम करना चाहता है, तूझे इस पर ज़्यादा ज्ञान होगा, मुझे तो बस इतना ही ज्ञान था"। विषय रोचक है। इस पर काम किया जा सकता है। मैं सुन्न पड़ चुका था, यह अहसास हो गया था कि आगे का रास्ता और कठिन होगा। इतनी बहस के बाद मैंने उन्हें अपना गाइड बनने की पेशकश की और उन्होंने भी अपनी हामी भर दी। वह दिन, वह पल, वह लम्हा और वह अहसास आज भी ज्यों-का-त्यों बना हुआ है। मैं पूरी रात नहीं सोया। पाण्डेय सर को बतौर गाइड पाकर ख़ुश तो था ही मन में थोड़ा डर भी था और आनन्द भी। अगली मुलाक़ात चैप्टर पर होनी थी। मैं उसी में जुट गया और एक हफ़्ते के बाद मैंने सर को फ़ोन कर मिलने की इच्छा ज़ाहिर की, सर ने शाम को ही बुला लिया। अमूमन सर के साथ जो भी शोध कर रहे थे, उनके फ़ोन पर सर हफ़्तों बाद बुलाते थे। सर को स्टूडेंट की कोई कमी नहीं थी। बाज़ार, सैर–सपाटे आदि जहाँ भी सर मिल जाते थे, विद्यार्थी उन्हें घेर लेते थे। मैं जब भी फ़ोन करता, पता नहीं क्यों सर मुझे उस शाम को बुला लेते थे।

धीरे-धीरे मैं शाम के पाँच बजे से वाक़िफ़ हो गया। वह वक़्त जेएनयू में मेरा सर के साथ फिक्स-सा हो गया। थोड़ा अवाक् थोड़ा प्रसन्न पर यक़ीन कर पाना मेरे लिए तब भी कठिन था। उनके अधिकतर विद्यार्थी उनसे मिलने के लिए महीनों इन्तज़ार करते थे। मेरे हॉस्टेल में ही एक सीनियर डॉ. सर्वेश सिंह जो मेरे गुरु भ्राता भी थे, मुझे सर के बारे में बारीक जानकारियाँ देते रहते थे। बहरहाल शाम को मैं सर से मिलने पहुँचा, और उनके चरणों के नीचे बैठ गया। सर ने चेयर पर बैठने को कहा पर मैं वहीं बैठा रहा। अधिक वक़्त न गँवाकर मैंने अपना चैप्टर उनको सुना दिया और क़लम लेकर करेक्सन करने के इरादे से उनकी तरफ़ देखने लगा, सर ध्यानमग्न सुनते रहे फिर चिर-परिचित अन्दाज़ में अपने सिगार में आग लगाते हुए बोले—"ठीक है।" मुझे कुछ समझ नहीं आया, अपने सीनियरों के आउटपुट के अनुसार या तो वह ग़ुस्सा हो जाते हैं और नये सिरे से स्वयं ही चैप्टर बनवाते हैं या कुछ बदलाव तो करते ही है। पर उनका "ठीक है" वाक्य मेरे लिए बिल्कुल नया था। मैं बार-बार अलग-अलग तरीक़े से पूछकर तसल्ली कर लेना चाह रहा था। इसलिए मैंने पूछा सर तो मैं टाइपिंग के लिए भेज दूँ? सर ने फिर एक कश और खींचा और कहा—"ठीक है"। थोड़ा डर भी लग रहा था मेरे लिए इतने कम शब्द क्यों? मैं हॉस्टेल आ गया और सिनॉप्सिस टाइपिंग के लिए भेज दिया। माजरा कुछ ऐसा था कि दोस्त पूछते थे कि सर ने क्या कहा, तो मैं पूरा ब्योरा दे भी नहीं पाता था। क्या बोलता कि सिर्फ़ 'ठीक है' और यह भी नहीं पता कि कितना ठीक है। टाइपिंग के बाद मैंने सर को फिर फ़ोन किया और सर से हस्ताक्षर करवाने के लिए वक़्त माँगा, फिर वही उसी दिन शाम 5 बजे। घर पहुँचकर मैं उनके चरणों में बैठ गया। सोच रहा था कि आज हस्ताक्षर करते हुए बदलाव कर सकते हैं, मैं मानसिक तैयारी करने लगा, सर ने सिनॉप्सिस को दोबारा देखा और फिर वही "ठीक है।" हस्ताक्षर कहाँ करना है? मैंने हस्ताक्षर की जगह की ओर संकेत कर दिया। सर से हस्ताक्षर लेने के बाद मैं लगभग भागने जैसी अवस्था में चप्पल पहनने लगा, मन में सोच रहा था की बला टल गयी, तभी सर ने आवाज़ दी और सिनॉप्सिस में किये हुए हस्ताक्षर काट दिया। मन एकाएक बैठ गया, फिर सर ने अपना हस्ताक्षर हिन्दी में करते हुए कहा कि अब लो और जाकर जमा कर दो। सिनॉप्सिस लिए मैं ज़ोर से हॉस्टेल की ओर भागा और लगभग एक साँस में हॉस्टेल पहुँचा और चैन की साँस ली।

एम.फ़िल. जमा हो गया और तुलनात्मक साहित्य के विशेषज्ञ इन्द्रनाथ चौधरी मेरे वाह्य विशेषज्ञ पधारे थे, अच्छी बहस हुई। ग़ौरह तलब यह था कि पाण्डेय जी को भी मेरा शोध पूरा याद था। बहस के दौरान मैंने यह कई बार महसूस किया।

यानी सर मेरे शोध को अच्छी तरह पढ़ चुके थे। आगे मैं पीएच.डी. शोध में लग गया और रोज़ 'साहित्य अकादेमी' के पुस्तकालय में जाकर अध्ययन करने लगा। इस बीच सर से मेरी नज़दीकियाँ और बढ़ीं, अब सर से टॉपिक के इतर विषयों पर भी चर्चा होने लगी थी। पाण्डेय जी आदिकाल के स्वयंभू से लेकर सम्पूर्ण मध्यकाल और आधुनिक आलोचना के पारंगत ज्ञाता थे। हिन्दी मार्क्सवाद के शीर्ष आलोचकों में से एक थे। अत: आदिकाल से लेकर आधुनिक काल तक उनका ज्ञान संसार फैला हुआ था। यही नहीं, गद्य एवं पद्य दोनों पर उनका समान अधिकार था। नियमित रूप से वह पुस्तकालय जाकर पत्रिकाओं को देखा करते थे, अब मुझे मेरे उन मित्रों की ग़लतियों के बारे में पता चल चुका था जिनका शोध सर ने जमा होने नहीं दिया था। सुधार का मौक़ा सर देते थे पर कोई होशियारी करे और सर के नज़रों से बच जाये, यह सम्भव नहीं था। समकालीन पत्रिकाओं में उनका लेख नियमित रूप से छपा करता था। सर से हुई तमाम चर्चाएँ मेरे जीवन की एक उपलब्धि हैं। यह लेख लिखते हुए आज भी वह सारी यादें कौंध रही हैं। समय गुज़रता जा रहा था, और नौकरी न मिलने की मायूसी मुझमें आ रही थी। सर धैर्यपूर्वक मुझे दिलासा देते पर उससे मुझे कोई शान्ति नहीं मिलती थी। इसी दौरान पापा के इन्तक़ाल ने पारिवारिक ज़िम्मेदारी का भी बोझ करा दिया था। जीवन से हताश हो रहा था। पर सर का वचन अभी भी याद है, वह कहा करते थे कि हिम्मत ज़िन्दगी से लड़ने की सबसे बड़ी पूँजी होती है। डी.यू. के कुछ इंटरव्यू ने आगे के लिए एक अच्छी ज़मीन तैयार कर दी थी।

फिर एक रात कोलकाता से ख़ुशख़बरी आई कि कॉलेज सर्विस कमीशन में मेरा नाम चयनित हो गया है। सारी रात सो नहीं पाया और सुबह होते ही सर के आवास स्थान मुनिरका की ओर भागा। सुबह के सात बज रहे थे, फ़ोन बूथ बन्द था सो बिना फ़ोन किये ही घण्टी बजा दिया, सुबह के सात ही बजे थे, इसका इल्म भी न था। किसी तरह रात बिताया था। सर ने मिलते ही मुबारकबाद दिया। यह समाचार भी सर को पहले ही मिल चुका था। मिठाई की दुकान खुल गयी थी। अत: एक डिब्बा मिठाई ले लिया था। पर सर को शुगर था, चाय भी वह फ़ीकी पीते थे। लेकिन उन्होंने मिठाई का डिब्बा खोलकर एक टुकड़ा मेरी ओर बढ़ाते हुए कहा, "आज मेरे अन्तिम स्टूडेंट की भी नौकरी लग गयी, मैं बहुत प्रसन्न हूँ।" मैं सर को देखता रहा, सर को भी भावुक होते पहली बार देखा। मन भर आया और तब और कुछ भी न कह सका। एक मौनरूपी अभिव्यंजना दोनों की आँखों में थी। मैं सर का अन्तिम स्टूडेंट था, यह बात आज भी मुझे गर्व महसूस करवाता है।

साथ ही सर का वह वाक्य 'मेरे अन्तिम स्टूडेंट की भी नौकरी लग गयी'। कोलकाता रवाना होने से पहले मैं उनका आशीर्वाद लेने पहुँचा। वही पाँच बजे। सर आशीर्वाद के साथ-साथ कुछ पैसे भी देते हुए कहा कि दो-तीन अच्छे पैंट-शर्ट ख़रीद लेना। हमेशा यह क्या आधा पैंट पहने रहते हो। मैं भाव-विभोर हो गया और आँसुओं को रोक नहीं पाया। विनम्र होकर सर से कहा "सर, पैसा है खरीद लूँगा।" सर ने ज़ोर देकर कहा– "अरे कुछ पैसे रख लो, मैं दे रहा हूँ तो रख लो।" ये कुछ पैसे लगभग कई हज़ारों में थे, मैं सुनकर चौंक गया। सर फिर बोले अगर अप्वाइंटमेंट लेटर देने से कोई क्लर्क हिचकिचाये तो यह पैसा दे देना, कहकर अपने अनूठे अन्दाज़ में हँस पड़े। इतना ख़्याल और स्नेह! अश्रु जल अब धारा प्रवाह में बह चला। फिर भी मैंने हिम्मत से कहा "सर जे.आर.एफ़. से पैसा बचाकर रखा है, ज़रूरत होगी तो आपको फ़ोन करूँगा।"

नौकरी ज्वाइन करने के बाद भी मैं सर से बराबर जुड़ा रहा। फ़ोन पर बीच-बीच में बातचीत होती रही। पढ़ाते हुए भी कई ऐसे विषय सामने आये जिन पर उनके ज्ञान का सहारा लेना आवश्यक प्रतीत होता था। समय ऐसे ही गुज़रता चला गया। सर के 80वें जन्मदिन पर पूरा हिन्दी जगत उन्हें शुभकामनाएँ दे रहा था। जन्मदिन वाले दिन सर इतने व्यस्त थे कि बात नहीं हो पायी, लगभग एक हफ़्ते बाद बात करना सम्भव हो सका। कुछ ही दिन बाद ख़बर मिली की सर अस्पताल में भर्ती हैं। कोरोना के बाद उनके फेफड़ों में शिकायत आ रही थी। उनकी पुत्री रेखा जी से जैसे ही यह ख़बर सुनी, मुझसे कोलकाता रुका न गया और दूसरे ही दिन मैं पहली फ़्लाइट से दिल्ली पहुँच गया। सर वसन्त कुंज फ़ोर्टिस हॉस्पिटल में एडमिट थे। सुबह मिलने का वक़्त गुज़र चुका था, मैं बेसब्री से शाम होने का इन्तज़ार कर रहा था और शाम के पाँच बजते ही सर से मिलने का बुलावा आ गया, एक बार फिर से पाँच बजे! यह वक़्त जैसे भगवान ने मुझे सर से मिलने के लिए ही फ़िक्स कर दिया हो। सर तो मिलते ही डाँटने लगे–"अरे इतनी दूर से नौकरी छोड़कर आने की क्या ज़रूरत थी? आराम से आते।" मैंने कहा, "सर छुट्टी लेकर आया हूँ।" और सर भी अपने चिर-परिचित अन्दाज़ में ज़ोर-ज़ोर से बातें करने लगे। उनकी ऊर्जा देख नर्स ने धीरे बात करने की हिदायत दी पर वे कहाँ सुनने वाले थे। एक घण्टा कैसे बीत गया, पता ही नहीं चला। आशीर्वाद लेकर मैं शाम की फ़्लाइट से कोलकाता लौट आया। बहुत दिनों बाद काफ़ी सुकून महसूस कर रहा था। दो हफ़्ता बिता ही था कि सर की पुनः तबीयत बिगड़ने की ख़बर आयी, मैंने जाना अनिवार्य समझा क्योंकि पिछली बार मेरे जाने के बाद ही वह ठीक होकर डिस्चार्ज हुए थे। चन्द्रा मैडम

को भरोसा दिया कि मैं फिर आ रहा हूँ सर को डिस्चार्ज करवाने। अगली सुबह मूसलाधार बारिश के बीच मैं दिल्ली उतरा। इतनी तेज़ बारिश कि कहीं जाना-आना मुश्किल हो रहा था। किसी तरह दोस्त की गाड़ी से शाम को फ़ोर्टिस पहुँचा और क़िस्मत वही पाँच बजे। दौड़कर ऊपर गया। आई.सी.यू. के बाहर बैठी रेखा जी रो रही थीं और उन्होंने रोते हुए ही मुझसे सर के ऑपरेशन होने की बात कही लेकिन मुझे कुछ सुनायी नहीं दे रहा था। मैं सर हिलाये जा रहा था। शायद सर से मिलने का वक़्त गँवाना नहीं चाहता था। इस बार केवल पाँच मिनट का ही वक़्त मिला था। मैं अन्दर पहुँचा तो पूरे शरीर में बिजली दौड़ गयी। सर के गले का ऑपरेशन हो चुका था, रेखा जी की बातों को याद करने की कोशिश करने लगा। याद आया, वह बता रही थी कि सर अब बोल नहीं पायेंगे। वह यूनिक आवाज़ अब दुनिया से रुख्सत हो गयी थी। सर के पाँव छूते ही मुझे देखे और देखते ही रहे, मेरा शब्द खो चुका था, ऐसे हालात की कल्पना भी नहीं की थी। किसी तरह सर से कहा कि सर मैं बाग, फिर आ गया हूँ आपको घर ले जाने। सर ने इशारों में जो कहा, वह मैं बाहर निकलकर किसी से कह न सका...पाँच मिनट का समय भी बिताना कठिन हो रहा था और दो तीन मिनट बाद ही मैं बाहर निकल आया। रेखा जी और चन्द्रा मैडम से जल्द विदा लिया और बाहर निकलकर उस मूसलधार बारिश में भीगता रहा। उनके वह संकेत आज भी दिल में टीस पैदा करते हैं। वही सर से मेरी अन्तिम मुलाक़ात थी। वह सही अर्थों में मेरे मार्ग-निर्देशक थे, पढ़ाई या विषय के ही नहीं, मेरे जीवन के भी।

ज़िक्र उस परीवश का...

डॉ. वीरेश कुमार

गुरुवर डॉ. मैनेजर पाण्डेय जी की विद्वत्ता से मेरा पहला परिचय उनके एक आलेख के माध्यम से हुआ। हालाँकि अपने मूल स्वरूप में वह आलेख नहीं बल्कि उनके एक भाषण का ट्रांसक्रिप्शन था। 80 के दशक के आरम्भ में प्रगतिशील लेखक संघ का एक बड़ा कार्यक्रम पटना में हुआ था। उसमें इस आन्दोलन के अन्य पुरोधाओं के अलावा डॉ. नामवर सिंह साहब और डॉ. मैनेजर पाण्डेय भी पधारे थे। इन दोनों महानुभावों ने उस अवसर पर जो उद्‌बोधन दिया वह उस समय की एक पत्रिका में अविकल रूप में छपा था जिस पत्रिका का नाम मुझे याद नहीं आ रहा है।

हिन्दी साहित्य का विद्यार्थी होने के नाते नामवर सिंह साहब को तो मैं जानता था, क्योंकि उनकी छायावाद नामक किताब पढ़ी थी। सो उनका भाषण मैंने पहले पढ़ा जिसका आरम्भ उन्होंने ग़ालिब के दो शेरों के साथ किया था—

ज़िक्र उस परीबश का और फिर बयाँ अपना
बन गया वो रक़ीब आख़िर कि जो था राज़दाँ अपना।
ग़र्मी सही क़लाम में लेकिन न इस क़दर।
की जिससे बात उसने शिकायत ज़रूर की।।

ये दोनों शेर उस दौर के बयान वीरों पर कटाक्ष करते हुए कहे गये थे जो यह समझते थे कि उनके क्रान्तिकारी वक्तव्यों से ही समाजवाद आ जायेगा। (ढेर सारे लोग आजकल रामराज्य के बारे में ऐसा ही समझते हैं)

पाण्डेय जी के वक्तव्य की शुरुआत कुछ इस तरह हुई थी—किसी भी विचार सत्र के अन्त में बोलने में सुविधा भी है और असुविधा भी। सुविधा यह है कि आप जो चाहें वह बोले, क्योंकि आपके बाद कोई और बोलने वाला नहीं है। असुविधा यह है कि उस विषय पर इतने सारे लोगों के बोल लेने के बाद आपके बोलने के लिए कुछ ख़ास नहीं बचता। (पूरे पाण्डाल से आती ठहाकों की आवाज़)

लेकिन वे यहीं नहीं रुके। इतना और जोड़ा कि सुविधा को तो मैं अपने लिए रखता हूँ और असुविधा को आपकी सदाशयता पर छोड़ देता हूँ। (पूरे पांडाल से आती तालियों की गड़गड़ाहट)

उनके इस अन्दाज़-ए-बयाँ से मैं बड़ा मुतसिर हुआ और आज भी जब किसी सत्र या गोष्ठी वग़ैरह की अध्यक्षता का मौक़ा मिलता है, तब मैं इस गुरुवाणी को अक्सर दोहराता हूँ और श्रोताओं की तरफ़ से कुछ-कुछ वैसा ही रेसपांस मिलता है। ऐसी ही चीज़ों को मैं गुरु का असली प्रसाद मानता हूँ, जो तुम्हें ऐसे सूत्र दे जिनके बल पर विद्वानों की सभा में लोगों की प्रशंसा के पात्र बन सको।

उनका ऐसा ही एक और वक्तव्य याद आ रहा है जो बहुत बाद का है लेकिन प्रसंग चल रहा है तो उसका ज़िक्र कर ही डालूँ। 1987 या 1988 की बात होगी। तब 'अन्धे के हाथ बटेर' की उक्ति को सार्थक करते हुए मैं जेएनयू के एम.फिल. पाठ्यक्रम में प्रवेश पा चुका था।

कुछ दिनों के लिए प्रलेस की जेएनयू इकाई का सचिव भी रहा। इसी दौरान आयोजित एक कार्यक्रम में अध्यक्षीय भाषण देते हुए पाण्डेय जी ने कहा—कुछ लोग आकर किसी कार्यक्रम को सफल बनाते हैं और कुछ लोग नहीं आकर किसी कार्यक्रम को सफल बनाते हैं। तो इस कार्यक्रम की सफलता के लिए मैं उन दोनों ही प्रकार के लोगों को धन्यवाद देता हूँ। इतना सुनते ही हॉल में हँसी की लहर–सी दौड़ गयी।

असल में यह उन लोगों पर कटाक्ष था जो आपसी खेमेबन्दी के कारण उस कार्यक्रम में शामिल नहीं हुए थे।

अब थोड़ा प्रत्यक्ष दर्शन में चलते हैं। पटना वाले कार्यक्रम में हुए उनके भाषण को पढ़कर (जिसका ज़िक्र शुरू में किया गया है) मैंने अपने मन में पाण्डेय जी के व्यक्तित्व की एक ख़ास छवि बनायी। इसके अनुसार उनकी डील-डौल नामवर सिंह साहब के जैसी या उनसे थोड़ी उन्नीस होनी चाहिए थी। अब जेएनयू में नामांकन के बाद जब क्लास करने डाउन कैंपस पहुँचे तब मेरी आँखें उन्हीं पाण्डेय जी को ढूँढ़ रही थीं। फिर किसी सीनियर ने कहा–"वो देखो, पाण्डेय जी आ रहे हैं।" सामने देखा तो पाया कि एक अति सामान्य क़द-काठी का इन्सान कुर्ता-पायजामा पहने हुए और कन्धे से एक झोला लटकाये हुए चला आ रहा है। मेरे मानस-पटल पर बनी हुई छवि एकाएक ध्वस्त हो गयी और सच कहूँ तो मुझे कुछ निराशा भी हुई। इसको मैंने अपने मित्रवर रमेश जी से शेयर किया तो ठेठ मगही में उनका जवाब

था—"अभी की देख रहलो हैं। क़द-काठी पर नैं जाहो। क्लास लेथुन तब देखिहो केत बड़ विद्वान हथिन।"

नोट—इस वक्तव्य का 'हिन्दी' में अनुवाद करके मैं शुक्ल जी की इस स्थापना के ख़िलाफ़ जाना नहीं चाहता कि हिन्दी भाषी प्रदेशों के लोग एक दूसरे की भाषा बोल भले न पायें, समझ ज़रूर लेते हैं। (हिन्दी साहित्य का पहला और अन्तिम इतिहास, पृ. याद नहीं!)

रमेश जी की यह बात सौ प्रतिशत सही साबित हुई। एम.फिल. के कोर्स वर्क में पाण्डेय जी हम लोगों को 'साहित्य का इतिहास-दर्शन' पढ़ाते थे। केदार बाबू तुलनात्मक साहित्य और नामवर सिंह साहब साहित्य का समाजशास्त्र पढ़ाते थे। केदार बाबू कैसा पढ़ाते थे, इस बारे में मैं अपने इसी ढंग के एक संस्मरणात्मक लेख में लिख चुका हूँ। नपे-तुले शब्दों में व्याख्यान कैसे दिया जाता है यह बात उनसे सीखनी थी।

आदरणीय नामवर सिंह जी की अध्यापन-कला के बारे में यह कहा जाता था कि यह हाथ में बड़ा-सा बाँस लेकर तनी हुई रस्सी पर चलने के समान थी यानी उदाहरणों, दृष्टान्तों, निदर्शनाओं और जहाँ तक कि हँसी-मज़ाक की झड़ी लगाते हुए अपने मूल विषय या टॉपिक पर दृढ़ता से केन्द्रित रहना।

इन लोगों के अलावा उस समय जेएनयू के और अध्यापक थे—प्रो. सावित्री चन्द्र शोभा, प्रो. बी.एम. चिन्तामणि और डॉ. सुधेश। प्रो. शोभा हमें शोध प्रविधि पढ़ाती थीं। बाक़ी दो लोगों से कुछ पढ़ने का अवसर नहीं मिला।

पाण्डेय जी की अध्यापन-शैली के बारे में कुछ कहने से पहले उनके विषय की दुरूहता को समझने का प्रयास करते हैं। विषय था—साहित्य का इतिहास-दर्शन यानी साहित्य, इतिहास और दर्शन, तीन-तीन महान् विषयों का मिला-जुला रूप। लेकिन वे उस प्रवीण वायुयान चालक की तरह थे जो झंझावात से भरे वायुमार्ग से अपने विमान को संचालित करता है और गंतव्य पर सुरक्षित उतर जाता है।

पाण्डेय जी इमोशनली चार्ज्ड होकर पढ़ाते थे। अपनी गहन विद्वता का बोझ अपने छात्रों पर डाले बिना, अपने विशद ज्ञान का आतंक उन पर लादे बिना एक विचार-प्रधान विषय को भावोच्छ्वास के साथ पढ़ाना–यह चीज़ उनसे सीखनी थी। लेकिन एक उनकी सबसे बड़ी कमज़ोरी, जिसे वे ख़ुद भी स्वीकार करते थे। वह यह थी कि किसी भी चीज़ की व्याख्या करते समय कहे गये शब्दों को दोहराते नहीं थे। छात्रों के आग्रह करने पर कहते कि भाई माफ़ करना, एक बार जो कह दिया सो कह दिया–इसे फिर से कह नहीं पाऊँगा। अब यह उनकी सबसे बड़ी कमज़ोरी थी

या सबसे बड़ी विशेषता–इसका फ़ैसला मैं अपने सुधी पाठकों पर छोड़ता हूँ। मुझे तो लगता है कि यह विशेषता ही थी क्योंकि आप दिमाग़ से निकले शब्दों को तो ज्यों-का-त्यों दोहरा सकते हैं लेकिन अन्तःकरण की गहराइयों से निकले उद्‌गारों को दोहराया नहीं जा सकता है।

प्रो. केदारनाथ सिंह साहब मेरे गाइड थे। उनके बारे में मेरा ऐसा ही एक लेख 'चौपाल' में छपा है। उसमें मैंने पाण्डेय जी के बारे में भी बहुत कुछ लिखा है, क्योंकि मेरा मानना है कि वे मेरे 'को-गाइड' जैसे थे। क्योंकि एम.फिल. के डिसर्टेशन और पीएच.डी. की थीसिस के बारे में ढेर सारा अनौपचारिक मार्गदर्शन उनसे प्राप्त हुआ था।

पास आउट होने के बाद दो बार उनसे मिलने का अवसर मिला। एक बार सन् 2003 में किसी कार्यक्रम के सिलसिले में मेरे गृह ज़िला बेगूसराय आये थे। तब उनके योग्य शिष्य और अपने पुराने सहपाठी डॉ. (अब प्रो.) महेश प्रसाद सिन्हा जी के सौजन्य से उनसे मिलने का मौक़ा मिला। सिन्हा जी उन दिनों बेगूसराय के सर गणेशदत्त महाविद्यालय में पदस्थापित थे।

पाण्डेय जी से मिलने का दूसरा और अन्तिम मौक़ा वहाँ 'मिला जहाँ के बारे' में मैंने कभी सपने में भी नहीं सोचा था। मेरा जन्म तो गंगा के किनारे हुआ, उच्च शिक्षा हुई यमुना के किनारे लेकिन मेरी क़िस्मत में कावेरी का पानी पीना लिखा था। नियति ने इसका पूर्वाभास बहुत पहले से देना शुरू किया था लेकिन जैसा कि होता है—उस समय मैं इसे समझने में असमर्थ था। जेएनयू में मुझे जो हॉस्टल मिला वह था कावेरी हॉस्टल और मैं छात्र बना सीआईएल का। और आख़िरकार मुलाजमत मिली तो सीआईआईएल, मैसूर में। अगर देखें तो पहले सिर्फ़ एक 'आई' थी, अब एक और 'आई' मिल गयी।

यहीं पर वर्ष 2008 या 2009 में एक दिन मैसूर विश्वविद्यालय के हिन्दी विभाग की एक अध्यापिका (जो मेरी बहुत ही गहरी मित्र बन गयी थीं) ने बताया कि उनके यहाँ एक राष्ट्रीय संगोष्ठी हो रही है जिसमें प्रो. मैनेजर पाण्डेय मुख्य अतिथि के रूप में पधार रहे हैं। उस कार्यक्रम का न्योता मुझे भी था सो अच्छी तरह भेंट हुई और गुरुसेवा का अवसर मिला और इसका नगद इनाम भी मिला। अपने उद्‌बोधन में डॉक्टर साहब ने मेरा नाम लेकर मेरी तरफ़ इशारा किया और पूरे सभागार की निगाहें मेरी ओर मुड़ गयीं। इसके साथ ही उस समय पाण्डेय जी के श्रीमुख से जो अनमोल शब्द निकले, वे ये हैं—इस दुनिया में बड़े-बड़े पद हैं जहाँ आपको प्रतिष्ठा मिलती है। लेकिन यह प्रतिष्ठा कहीं-न-कहीं उस पद के साथ ही समाप्त हो जाती है।

लेकिन एक अध्यापक का पद ऐसा है जिसमें पद के जाने के बाद भी प्रतिष्ठा बनी रहती है। क्योंकि यह प्रतिष्ठा भय पर नहीं बल्कि श्रद्धा पर आधारित होती है। दिल्ली से इतना दूर धुर दक्षिण में आकर अपने पुराने छात्र से मिलकर मुझे यह एहसास दुबारा से हो रहा है।

इस प्रकार की ढेर सारी बातें हैं, जो आदरणीय पाण्डेय जी के बारे में मुझे याद आती हैं, लेकिन आप लोगों की आज्ञा से यहीं विराम लेता हूँ।

मैनेजर पाण्डेय और हिन्दी कविता की आलोचना

फ़ैज़ानुल हक़

मैनेजर पाण्डेय हिन्दी साहित्य के महान आलोचक और विद्वान थे। साहित्य के बारे में उनके निबन्ध समाज को सदैव अपने साथ लेकर चलते थे। मैनेजर पाण्डेय का विचार है कि समाज से दूरी बनाकर कभी भी साहित्य की रचना नहीं की जा सकती। उनके अनुसार साहित्य की रचना में समाज सदैव सम्मिलित रहता है। अतः आलोचना करते समय एक आलोचक को भी साहित्य के सामाजिक सम्बन्धों को नहीं भूलना चाहिए।

मैनेजर पाण्डेय की किताब 'संकलित निबन्ध' का अध्ययन करते हुए, साहित्य और समाज के गहरे सम्बन्ध का ज्ञान होता है। इस पुस्तक में आलोचना की आलोचना, उपन्यास और लोकतन्त्र, कविता का समाज तथा संस्कृति और समाज के तहत 18 निबन्ध संकलित हैं। इनमें से पहले तीन भागों में चार-चार निबन्ध सम्मिलित हैं तथा पुस्तक का आख़िरी भाग छह निबन्धों पर आधारित है। वैसे तो इस पुस्तक के सभी निबन्ध एक शोधार्थी को अपनी ओर आकर्षित करते हैं और साहित्य को पढ़ने व समझने का नया अनुभव प्रदान करते हैं, परन्तु 'कविता का समाज' के उपलक्ष्य में मैनेजर पाण्डेय के जिन चार निबन्धों को यहाँ जगह दी गयी है, वे अत्यन्त महत्त्वपूर्ण हैं। इसके अलावा मैनेजर पाण्डेय की एक दूसरी महत्त्वपूर्ण पुस्तक 'हिन्दी कविता का अतीत और वर्तमान' है, इस पुस्तक में दो खण्ड हैं। पहले खण्ड में कबीर, दादूदयाल, मीरा और रहीम की कविताओं पर विचार व्यक्त किये गये हैं। इसके बाद दूसरे खण्ड में शंकर, मैथिलीशरण गुप्त, दिनकर, नागार्जुन, त्रिलोचन, अज्ञेय, रघुवीर सहाय, धूमिल, कुमार विकल, शैलेन्द्र, अदम गोंडवी, जी शंकर कुरुप की कविताओं के सम्बन्ध में कई लेख सम्मिलित हैं। इसके अलावा भी मैनेजर पाण्डेय ने हिन्दी कवियों और कविताओं के बारे में बहुत कुछ लिखा है।

मैनेजर पाण्डेय की हिन्दी कविता की आलोचना का अध्ययन करते हुए सदैव यह ध्यान में रखना आवश्यक हो जाता है कि मैनेजर पाण्डेय एक प्रगतिशील

आलोचक थे। इस सम्बन्ध में लिखे गये उनके सभी लेख कविता की रचना के साथ, उसके प्राचीनतम रूप पर भी प्रकाश डालते हैं। इन लेखों से कविता के बदलते स्वरूप और भाषा शैली का ज्ञान होता है। मैनेजर पाण्डेय कविता की आलोचना किसी पारम्परिक दृष्टिकोण से नहीं करते, बल्कि जब वह कविता पर अपनी बात रखते हैं तब उसकी परम्परा लोकप्रियता और प्रगति के कई रहस्य भी सामने आते हैं। उन्होंने हिन्दी गद्य और पद्य की मूल भिन्नताओं को ध्यान में रखा है। उनके अनुसार गद्य की रचना करते हुए एक लेखक को अधिक स्वतन्त्रता प्राप्त होती है और वह बग़ैर सोचे–समझे अपनी बात आसानी के साथ रखने में सक्षम होता है। इसके विपरीत एक कवि को कविता के लिए न केवल भाषाशैली को ध्यान में रखना ज़रूरी है बल्कि कविता के मुख्य विषय, अपने दृष्टिकोण, भावना और जन सम्बन्धी तथ्यों का ख़्याल रखना भी आवश्यक हो जाता है। मैनेजर पाण्डेय के अनुसार कविता की ज़िम्मेदारियाँ गद्य रचनाओं की ज़िम्मेदारियाँ से अधिक हैं। किसी भी कहानी, उपन्यास या निबन्ध का अध्ययन करते हुए हमें उसे याद करने या जन-जन तक पहुँचाने का कम ही एहसास होता है, जबकि कविता के साथ ऐसा नहीं है। कविता एक पुकार है और हर पुकार अपने श्रोताओं की तलाश के साथ, उनके उत्तर का भी इन्तज़ार करती है। अगर मैनेजर पाण्डेय यह बात कहते हैं तो इसका अर्थ यह नहीं कि वह कविता के पाठकों का मनोबल तोड़ना चाहते हैं, बल्कि उनका उद्‌देश्य सिर्फ़ इतना है कि कभी-कभी कविता की रचना कहानी या उपन्यास लिखने से कहीं ज़्यादा महत्त्वपूर्ण हो जाती है, और उसका सबसे बड़ा कारण समाज और समय की पुकार होती है। अतः जब हम अपने समाज की पुकार या उसकी आवाज़ बनने की कोशिश करते हैं, तो हमारे लिए यह भी आवश्यक हो जाता है कि हम अधिक–से–अधिक लोगों तक पहुँच सकें। जब बात लोगों तक पहुँचने की आती है तब शब्द चयन और भाषाशैली का मुद्‌दा भी खड़ा हो जाता है। इसीलिए मैनेजर पाण्डेय कविता की भाषा के उपलक्ष्य में बहुत ही गम्भीरपूर्वक विचार रखते हैं। वह भली-भाँति जानते हैं कि हमारा समाज दिन-प्रतिदिन तब्दील होता जा रहा है और इस बदलाव से उसके आचरण, रहन-सहन, खान-पान और जीवनशैली में बदलाव आना एक बहुत बड़ा कारण है। हम अपने समाज की किसी समस्या का उल्लेख करते हुए, आज उस भाषा और शब्द का प्रयोग नहीं कर सकते, जिसका प्रयोग कुछ समय पहले न केवल सम्भव, बल्कि सुखद था। कविता की भाषा के सम्बन्ध में वे लिखते हैं—

“आज की नागर कवि की एक विचित्रता भाषा की वह बनावट है जो साधारण ही नहीं, सुधी पाठकों की समझ को भी अँगूठा दिखाती है। कभी-कभी वाक्य का गठन इतना विचित्र होता है कि उसके प्रत्येक शब्द का अर्थ तो समझ में आता है लेकिन पूरा वाक्य एक पहेली लगता है। ऐसी कठिनाई का सामना हिन्दी कविता के पाठकों को उस समय नहीं करना पड़ता जब वे ‘प्रिय प्रवास’ और ‘राम की शक्ति पूजा’ जैसी कविताएँ पढ़ते हैं। क्योंकि कठिन शब्दों का अर्थ शब्दकोश की मदद से भी जाना जा सकता है, लेकिन किसी कविता के जटिल वाक्य का अर्थ कहाँ से मालूम होगा? काव्य भाषा की यह बनावट पाठकों को कविता से दूर करने के लिए बहुत दूर तक ज़िम्मेदार है।" (मैनेजर पाण्डेय: संकलित निबन्ध, पृ. 162)

आधुनिक समाज में उद्योग संस्कृति के विकास के कारण भिन्न-भिन्न बदलाव देखने को मिलते हैं। हमारे जीवन में टेक्नोलॉजी और मीडिया का बहुत बड़ा हस्तक्षेप दिखाई देता है। ऐसे में यह सम्भव ही नहीं कि हम अपने समाज के आधुनिकीकरण से आँखें मूँदकर किसी कविता की रचना करें। मैनेजर पाण्डेय का विचार है कि कविता को इस उद्योग संस्कृति से बचाना आवश्यक है। इसी सन्दर्भ में वे कविता की भाषा को पुरानी शैली में देखना ज़्यादा पसन्द करते हैं। उनके इस विचार से सहमत होना या ना होना कवि की अपनी पसन्द और नापसन्द भी हो सकती है। लेकिन हमें यह बात आवश्यक रूप से ध्यान में रखनी चाहिए कि कविता को मैनेजर पाण्डेय लोकगीत के रूप में देखना अधिक पसन्द करते हैं। और शायद इसीलिए वह ऐसे किसी बदलाव को देखना नहीं चाहते जो कविता को समाज से काटकर उसे केवल एक व्यक्ति की अभिव्यक्ति बना दे। ऐसी स्थिति में कवि के लिए यह भी आवश्यक हो जाता है कि वह समाज के मौजूदा संस्कृति उद्योग से पहुँचने वाले ख़तरों पर नज़र रखें और अपनी कविता को सँवारने का प्रयत्न करे। मैनेजर पाण्डेय का यह कथन समाज की आधुनिक परिस्थितियों के सम्बन्ध में कितना महत्त्वपूर्ण है कि—

“आज की कविता के सामने एक बड़ा संकट संस्कृत के उद्योग का विस्तार है। इससे समाज में कविता की ज़रूरत ख़तरे में है और उसका अस्तित्व भी। उसकी सार्थकता के बारे में तरह-तरह के सवाल खड़े हो रहे हैं। संस्कृति के उद्योग के अनेक रूप हैं। लेकिन उसका सबसे शक्तिशाली रूप टेलीविज़न है। यह संस्कृति का उद्योग फेंटेसी की दुनिया रचता है। जिसमें झूठे सच का विस्तार होता है। वह ऐसी माया की संस्कृति गढ़ता है जो रहस्य, रोमांस, विलक्षणता और सनसनी के सहारे चलती है। उसमें अचरज का राज़ होता है। जो दर्शन को उत्सुकता, जिज्ञासा,

आश्चर्य और इन्तज़ार के अन्तहीन सिलसिले में बाँधे रहता है। वह जीवन की वास्तविकता को सामने लाने के बहाने वास्तविकता के दिशा को रहस्यमय बनाने और झूठ परोसने का माध्यम है। यह दृश्य माध्यम छद्म चेतना की खान है, और नक़ली हृदयों का कारख़ाना।" (मैनेजर पाण्डेय : संकलित निबन्ध, पृ. 155)

मैनेजर पाण्डेय ने कविता के पाठकों को एक ही रूप में देखने के बजाय उन्हें अलग-अलग भागों में विभाजित करके देखने की कोशिश की है। उनके विचार में कविता के पाठक भिन्न होते हैं और अध्ययन की अलग-अलग आवश्यकताओं के तहत इसका अध्ययन करते हैं। कवि ख़ुद भी अपनी कविता का पाठक होता है, लेकिन कविता पढ़ते हुए इसका उद्देश्य एक आम नागरिक के उद्देश्य से अलग होता है। अपनी कविता का अध्ययन करते हुए यह सम्भव है कि कोई कवि अपनी भाषा शैली या कविता के स्वरूप पर प्रश्नवाचक चिह्न न लगाये लेकिन एक आम नागरिक उसे समझाना चाहता है और उसे कविता में अपने दुख–दर्द का व्याख्यान देखना चाहता है। कविता जब इस नागरिक की आवाज़ बन जाती है तब कविता के पंख लग जाते हैं और वह सही रूप में उड़ान भरने लगती है। उसे समय कविता भाषा के सम्बन्ध में सभी प्रश्नों का उत्तर देते हुए तेज़ रफ़्तार के साथ आगे बढ़ती है। उसकी लोकप्रियता ही उसकी शैली और शब्द–चयन का सबसे बड़ा उत्तर होती है। कविता पाठकों की भिन्नता पर अपने विचार प्रकट करते हुए मैनेजर पाण्डेय लिखते हैं—

"कविता के प्रमुख पाठक कवि ही हैं। वे एक दूसरे की कविताएँ पढ़ते हैं, उन पर बातें करते हैं, और कभी-कभी लिखते भी हैं। कवियों के बाद कविता के पाठक वह हैं जो साहित्य के पुरोहित माने जाते हैं। उन्हें आलोचक भी कहा जाता है। वे कोई किताब तभी पढ़ते हैं, जब उसे पढ़ना ज़रूरी होता है। इन सबके साथ ही कविता के पाठक वे भी हैं जो साहित्यिक समुदाय में शामिल होने की तैयारी में कविता उसी तरह पढ़ते हैं जैसे उपन्यास और कहानियाँ। कविता का एक बड़ा पाठक वर्ग शिक्षण संस्थानों में पाया जाता है, जो ज़रूरत के मुताबिक़ मजबूरी में कविता पढ़ता और पढ़ाता है। इन सबसे अलग कविता का एक और पाठक समुदाय है जिसे साधारण पाठक कहा जाता है। वह साहित्यिक समुदाय का हिस्सा नहीं है उसके हास्य पर रहता है और साहित्यिक समुदाय के कर्म कुकर्म को सहता, भोगता और स्वीकार करता है। वह मनुष्य और उसकी संस्कृति में दिलचस्पी के कारण कविता पढ़ता है। इसी साधारण पाठक के पास पहुँचकर कविता सचमुच

सार्थक होती है, क्योंकि वह उसकी चेतना का हिस्सा बनती है।" (मैनेजर पाण्डेय : संकलित निबन्ध, पृ. 151-152)

मैनेजर पाण्डेय के इस विचार के सन्दर्भ में यह कहा जा सकता है कि कवि अपनी कविता की भाषाशैली का चयन करते हुए पूर्ण रूप से स्वतन्त्र और ग़ैर-ज़िम्मेदार नहीं हो सकता। अगर वास्तव में इसका उद्देश्य अपनी आवाज़ को दूर तक पहुँचाना है तो उसे समाज और दूसरे नागरिक की आवाज़ के तौर पर अपनी कविता में रंग भरना ही पड़ेगा।

मैनेजर पाण्डेय ने कविता के साधारण व्यक्तियों की आवाज़ बनने के सम्बन्ध में कई और महत्त्वपूर्ण बातें भी की हैं। उनका विचार है कि अगर कविता आज लोकप्रिय नहीं हो पा रही है या उसके पाठकों की संख्या निरन्तर घटती जा रही है तो यह बग़ैर किसी कारण के नहीं। मैनेजर पाण्डेय ने कविता की लोकप्रियता के बदलते स्वरूप को देखा है और उसे उसकी मकबूलियत के प्राचीन रहस्यों में ढूँढ़ने की कोशिश की है। इस सम्बन्ध में उनका यह विचार बहुत ही महत्त्वपूर्ण है कि कविता अगर आज लिखित रूप में अधिक नज़र आती है तो यह उसकी विफलता की एक कहानी है। उन्होंने कविता की लोकप्रियता को उसके मौखिक रूप से निकलकर लिखित रूप में आने से जोड़कर देखने की कोशिश की है। अगर आज हमारे समाज में कविता के पाठकों की कमी दिखाई देती है तो उसका एक कारण यह भी है कि आज की कविताएँ लोगों ज़बान पर चढ़ने के लिए तैयार नहीं। प्राचीन काल में बड़ी-से-बड़ी कविता मौखिक रूप से पीढ़ी-दर-पीढ़ी सफ़र करती रहती थी। और इस सफ़र को सुखमय बनाने में शब्दों के चयन और भाषाशैली का बहुत बड़ा योगदान था। आज का कवि कविता को लिखते हुए भी उसे किसी भी तरह मौखिक रूप का हिस्सा नहीं बनना चाहता। वह कविता को सोचने के बजाय उसे केवल लिखना चाहता है। ऐसी कविताओं के पाठकों से हम कैसे यह उम्मीद कर सकते हैं कि वे हमें इन कविताओं का पाठ करके सुनायें या उसे अपनी बैठकों और गपशप की जगहों पर काम में लायें। मैनेजर पाण्डेय कविता के प्राचीनतम रूप और उसकी लोकप्रियता के कारणों पर प्रकाश डालते हुए लिखते हैं

"आरम्भिक काल में जब मानव समाज मौखिक संस्कृति की अवस्था में था, तब कथा की तरह कविता भी मौखिक थी। उस समय कविता व्यक्तिगत कला नहीं, सामूहिक क्रियाशीलता थी। जिसमें पूरा जन समुदाय शामिल होता था। तब कविता सामाजिक जीवन के धर्म और कर्म से अनिवार्य तथा अविभाज्य रूप से जुड़ी हुई थी। जनजीवन पर उसका प्रभाव बहुत व्यापक था और गहरा भी। लगभग जादुई प्रभाव। उस समय कविता प्रार्थना थी, भविष्यवाणी थी, आप्त वचन थी, और आर्ष

वाक्य थी। वह सत्य के स्रोत और ज्ञान के साधन के रूप में सर्वजन सुलभ थी। क्योंकि सम्पूर्ण समाज के जीवन–व्यवहार और अनुभव की भाषा में उसकी रचना होती थी। जन समुदाय तक उसके पहुँचने में न कोई बाधा थी ना शर्त और ना भेद की स्थिति।" (मैनेजर पाण्डेय : संकलित निबन्ध, पृ. 153)

मैनेजर पाण्डेय ने कविता के मौखिक रूप से निकलकर लिखित रूप में आ जाने के कारण कविता पाठ के अभाव को महसूस किया है। उनका विचार है कि कविता को पढ़ना एक अलग अनुभव है और कविता को लिखना एक दूसरा अनुभव। यही कारण है कि जब कोई कवि अपनी कविता का पाठ करता है तब उसे पढ़ते समय में कविता के शब्द और उसकी शैली से आधुनिक अर्थ निकलते हैं और समाज के लिए नयी चुनौतियाँ पेश करते हैं। ऐसे में लिखी हुई कविता को मन में पढ़ने का अनुभव उस अनुभव से बिल्कुल अलग होता है जो कवि को कविता पाठ करते हुए देखने से होता है। मैनेजर पाण्डेय के अनुसार—

"कविता स्वभाव से चाक्षुष कला नहीं है, वह शब्दों की साधना है और शब्द सगुण साकार होते हैं बोलने के समय, केवल पढ़ने पर नहीं। कविता के रूप की पूर्णता और गुणों की समृद्धि का जैसा साक्षात्कार उसे सुनते हुए होता है वैसा पढ़ने के दौरान नहीं। जिन्हें निराला, भवानी प्रसाद मिश्र, रघुवीर सहाय, केदारनाथ सिंह और आलोकधन्वा का काव्य पाठ सुनने का अवसर मिला है। वे जानते हैं कि कवि से कविता सुनने का अनुभव उसे किताब में पढ़ने से कितना अलग और समृद्ध होता है। काव्य पाठ की प्रक्रिया से भाषा की स्थानीयता और कथन भंगिमा का सौन्दर्य खुलकर प्रकट होता है और अर्थ की नयी सम्भावनाएँ भी उजागर होती हैं।" (मैनेजर पाण्डेय : संकलित निबन्ध, पृ. 156)

कविता के मौखिक रूप से निकलकर लिखित रूप में आ जाने का केवल एक ही नुकसान नहीं बल्कि इसके अनगिनत नुकसान हैं जिन्हें मैनेजर पाण्डेय ने महसूस किया है। इस बदलाव से कविता के स्वरूप पर भी प्रभाव दिखाई देता है। इसके अलावा कविता के पाठकों की रुचि भी कम होती जा रही है। इसके प्रभाव पर प्रकाश डालते हुए मैनेजर पाण्डेय लिखते हैं—

"साहित्य की संस्कृति में मौखिक से लिखित के अलगाव का सर्वाधिक दूरगामी प्रभाव कविता पर पड़ा। उस कविता का आन्तरिक स्वरूप और बाहरी रूप तो बदला ही, काव्य अनुभव की पूरी प्रक्रिया रूपान्तरित हो गयी। कविता श्रुति और स्मृति न रहकर पाठ बन गयी। वह सामूहिक संवाद की जीवन्त प्रक्रिया के बदले व्यक्तिगत रूप से आस्वाद की वस्तु हो गयी। यही नहीं वह व्यापक जनजीवन से अलग और उसे जीवन की भाषा से दूर जाकर एक सीमित समुदाय के सांस्कृतिक

शौक का सीमित साधन बन गयी। कविता जब लिखित रूप में पाठ बनी तब उसमें रचनात्मक प्रयोग की सम्भावनाएँ ज़रूर थीं लेकिन उसकी रचना से पाठ तक की पूरी प्रक्रिया विशिष्ट और व्यक्तिगत हो गयी। वह बहुसंख्यक जन समुदाय के लिए सहज–सुलभ नहीं रही। उसके आशीर्वाद के अधिकारी थोड़े से विशिष्ट, नागर, सहृदय, रसिक, विदग्ध और पण्डित रहे। कविता जब मौखिक से लिखित अवस्था में आयी तो वह पूरे समाज की संजीवनी शक्ति नहीं बल्कि एक सीमित समुदाय के लिए मकरध्वज बन गयी। अब तक के इतिहास में कविता इस स्थिति से तभी उबरी है, जब वह मौखिक से लिखित के विभाजन की सभी सीमाओं को तोड़कर विकसित हुई है। जैसे कि भक्ति काल की कविता। (मैनेजर पाण्डेय : संकलित निबन्ध, पृ. 154)

कविता की लोकप्रियता और भाषाशैली के सम्बन्ध में मैनेजर पाण्डेय ने एक और महत्त्वपूर्ण जानकारी दी है। उनका विचार है कि आज का कवि अपनी जड़ों की तलाश में पुरानी सभ्यता से ज़्यादा, संस्कृत की जटिल भाषाशैली में प्रवेश करना चाहता है। और वह इसे ही सार्थक रूप में अपनी जड़ों से जुड़ाव समझता है, जब कि मैनेजर पाण्डेय का विचार है कि जड़ों से जुड़ने के लिए कवि पर संस्कृत के कठिन–से–कठिन शब्दों का प्रयोग करना आवश्यक नहीं, बल्कि लोक संस्कृति को समझना और उसे बरतना ज़्यादा महत्त्वपूर्ण है। आज का कवि जड़ों की खोज के सिलसिले में अपनी स्मृति से ज़्यादा काम लेना चाहता है। उसका विचार है कि वह जिस प्रकार तेज़ी से अपनी स्मृति की खुदाई करेगा, उसी प्रकार उसे जड़ों से जुड़ने का अवसर प्रदान होगा। हालाँकि यह एक भ्रम है, जो आज की कविता को जटिल बनाने के साथ-साथ कविता की लोकप्रियता के लिए भी बहुत बड़ी बाधा उत्पन्न करता है। इस सम्बन्ध में मैनेजर पाण्डेय लिखते हैं—

"इधर कुछ समय से हिन्दी के अनेक कवि जड़ों से जोड़ने के लिए चिन्तित हैं। उनमें से कुछ यह समझते हैं कि जड़ों की तलाश के लिए परम्परा और स्मृति की जितनी गहरी खुदाई होगी, कविता उतनी ही अधिक जड़ों से जुड़ेगी। इस समझ के कारण हिन्दी कविता की भाषा एक बार फिर संस्कृतनिष्ठता की ओर बढ़ रही है। क्या संस्कृत की परम्परा से जुड़ना ही जड़ों की तलाश की एकमात्र दिशा है। क्या लोक संस्कृति और लोक भाषाओं की रचना परम्परा से जुड़ने की कोशिश जड़ों की तलाश की सही और सार्थक दिशा नहीं है?" (मैनेजर पाण्डेय : संकलित निबन्ध, पृ. 163)

मैनेजर पाण्डेय का विचार है कि कविता के लिए सामाजिक जीवन में हस्तक्षेप ज़रूरी है। यदि कविता केवल कवि की व्यक्तिगत टिप्पणियों पर आधारित है

और उसकी जाति से बाहर नहीं निकलना चाहती तो कविता के लिए एक बहुत बड़ा संकट है।

मैनेजर पाण्डेय के विचार में "कविता जब मुक्त धर्मी संस्कृति का माध्यम होती है, तभी वह सामाजिक जीवन में हस्तक्षेप करने वाली शक्ति बनती है। अन्यथा वह या तो बुद्धिजीवी समुदाय के मनोरंजन का एक साधन होती है या संस्कृति के संग्रहालय की वस्तु।" इसीलिए मैनेजर पाण्डेय कविता के सम्बन्ध में लिखे गये अपने लेख में यह शिकायत करते दिखाई देते हैं कि "आज की अधिकांश हिन्दी कविता का जनजीवन पर कोई ख़ास प्रभाव नहीं है, और उससे व्यापक समाज का कोई लगाव भी नहीं है। क्योंकि उसका स्वभाव अभिजन समुदाय की अभिरुचि के अनुकूल है, व्यापक समाज की आकांक्षा के अनुरूप नहीं।" मैनेजर पाण्डेय के विचार में यही एक मुख्य कारण है जिसकी वजह से कविता के पाठकों की संख्या निरन्तर घटती जा रही है। वह ठीक ही कहते हैं कि जो कविता केवल कवि के एकाकीपन की व्याख्या करने में लगी हो, उसमें अगर पाठकों की कोई दिलचस्पी न हो तो क्या आश्चर्य है। आज का कवि जिस आधार पर अपनी कविता की रचना कर रहा है, उस प्रक्रिया में कविता से जीवन्तता ग़ायब होती जा रही है। मैनेजर पाण्डेय ने भक्ति आन्दोलन के तहत लिखी जाने वाली कविताओं की इसीलिए प्रशंसा की है कि वह लोकप्रियता से कभी अलग नहीं हुई और उनमें लोकजीवन की विशेषताएँ सदैव उपस्थित रहीं।

मैनेजर पाण्डेय ने आधुनिक हिन्दी कविता को 'नागर कविता' का नाम दिया है। इससे उनका तात्पर्य यह है कि आज की कविता में उसके स्वरूप और अभिप्राय दोनों जगह पर नागरता दिखाई देती है। इस कविता की विशेषता यह है कि वह शहरी मध्य वर्ग के बौद्धिक समुदाय की आत्म केन्द्रित दृष्टि की उपज है, इसीलिए इस कविता में इस वर्ग के जीवन की वास्तविकताओं, संवेदनाओं, आकांक्षाओं और उम्मीदवारों की अभिव्यक्ति हो रही है। ऐसे में यह कैसे सम्भव है कि वह कविता लोक समुदाय का दुख-दर्द समझ सके या उन्हें अपनी कविता का मुख्य विषय बना सके। जब स्वयं कवि चाहता हो कि उसकी कविता केवल उसकी अभिव्यक्ति बन जाये, तो ऐसे में अगर पाठक उसकी कविता में रुचि नहीं दिखाते तो कवि को आश्चर्य नहीं करना चाहिए। मैनेजर पाण्डेय के इसी विचार को सामने रखते हुए कई आलोचकों का मानना है कि मैनेजर पाण्डेय आधुनिक हिन्दी कविता के अर्थ को पूर्णरूप से समझ नहीं सके। लेकिन उनके इस हस्तक्षेप से पहले मैनेजर पाण्डेय की सामाजिक आलोचना या फिर साहित्य को सामाजिक रूप से देखने की निरन्तर

कोशिशों पर भी ध्यान देना आवश्यक है। अगर हम यह समझते हैं कि एक ऐसा व्यक्ति जो साहित्य को समाज से भिन्न करके देखने का उत्तरदायी नहीं, उससे हम यह कैसे अपेक्षा कर सकते हैं कि वह कविता को व्यक्ति विशेष की अभिव्यक्ति तक सीमित रहने में सुखद अनुभव का एहसास करे। आधुनिक कविता के बारे में मैनेजर पाण्डेय का यह विचार उन्हें अप्रासंगिक आलोचक नहीं बनाता, बल्कि इससे यह सिद्ध होता है कि एक आलोचक समाज को साहित्य से कितना जुड़ा हुआ और आवश्यक समझता है। आधुनिक हिन्दी कविता के बारे में उनके विचारों का इसी सन्दर्भ में अध्ययन करना अधिक सुखद होगा।

मैनेजर पाण्डेय आधुनिक हिन्दी कविता से निराश बिल्कुल नहीं हैं। उनकी माँग बस इतनी है कि यह कविता अपने आप को भाषाशैली के रूप में इतना अजनबी न बनाये कि उसके पाठकों के लिए यह कोई पहेली मालूम होने लगे। वह जानते हैं कि आज के समाज में पत्रकारिता का रूप किस तरह बदला है। लेकिन इसके बावजूद वह कवि के लिए ऐसा कोई सन्देश नहीं रखते जो कवि या कविता को आधुनिक पत्रकारिता या अख़बारों से बिल्कुल अलग कर दे। ऐसा होना समाज के लिए, और ख़ुद कविता के लिए क्षतिपूर्ण होगा। इसीलिए वह चाहते हैं कि कविता प्रासंगिक पत्रकारिता को समझते हुए, उसकी चमक-दमक को अपने ऊपर हावी न करते हुए, अपनी अलग राह बनायें। उन्होंने इस सन्दर्भ में रघुवीर सहाय की कविताओं का ख़ास अध्ययन किया है। उनका विचार है कि कवि को अपने समाज की घटनाओं से पूरी तरह अवगत होना चाहिए और उसे अख़बारों से दूरी नहीं बनानी चाहिए, इस सम्बन्ध में वह लिखते हैं—

"जो कवि होने के नाते अख़बार नहीं पढ़ते वे नक़ली उदासीनता के शिकार हैं, ऐसे कवि समकालीन ज़िन्दगी की वास्तविकताओं के गर्द गुबार से कविता को बचाते हैं। और मनगढ़न्त समस्याओं पर जड़ाऊ कविता लिखते हैं।" (मैनेजर पाण्डेय : संकलित निबन्ध, पृ. 174)

इस कथन के भीतर झाँकने के बाद भी यही मालूम होता है कि मैनेजर पाण्डेय कविता के विषयों के चयन में भी सामाजिक घटनाओं को अधिक महत्त्व देते हैं।

इस प्रकार हिन्दी कविता के आलोचक के रूप में मैनेजर पाण्डेय के विचारों को कभी भी नज़रअन्दाज़ नहीं किया जा सकता। और न यह कहा जा सकता है कि मैनेजर पाण्डेय को आधुनिक कविता के रहस्यों का ज्ञान नहीं, बल्कि यह मानना अधिक उचित होगा कि मैनेजर पाण्डेय एक विशेष सिद्धान्त रखने के कारण साहित्य के दूसरे रूपों की तरह कविता से भी यही उम्मीद रखते हैं कि वह समाज में लोक समाज की आवाज़ बनकर रहे।

स्मृति शेष : कुछ अलग क़िस्म के थे मैनेजर पाण्डेय...

प्रभात खबर

डॉ. मैनेजर पाण्डेय का निधन हिन्दी साहित्य के लिए गहरी क्षति है। उनकी पहचान हिन्दी साहित्य के गम्भीर और विचारोत्तेजक आलोचक के रूप में रही है। अपने गाँव, गोपालगंज ज़िले के पंचदेवरी प्रखण्ड के लोहटी से उनका हमेशा गहरा लगाव रहा। उनके निधन पर नामचीन साहित्यकारों ने उन्हें याद करते हुए नमन किया...

हिन्दी के मूर्धन्य साहित्यालोचक डॉ. मैनेजर पाण्डेय अब हमारे बीच नहीं हैं। बिहार के गोपालगंज ज़िले के एक गाँव लोहटी में 23 सितम्बर, 1941 को जन्मे मैनेजर पाण्डेय ने 6 नवम्बर, 2022 की सुबह दिल्ली में आख़िरी साँस ली। इस तरह उन्होंने कोई 81 वर्षों का जीवन जिया। वे कहते थे कि उनके परिवार में कोई पढ़ा-लिखा व्यक्ति नहीं था। यह तो उनके नाम से भी अभिव्यक्त होता है। पिता या जिस किसी ने उनका नाम रखा होगा, उनकी ख्वाइश होगी कि बालक मैनेजर जैसा पद-प्रतिष्ठा हासिल करे। बिहार में कलक्टर, ज़मींदार, सिपाही, दारोग़ा जैसे नाम ख़ूब रखे जाते थे। दारोग़ा राय मुख्यमन्त्री बने और कलक्टर सिंह केसरी और सिपाही सिंह श्रीमन्त नाम के कवि भी हुए। कहते हैं कि जन्म के समय परिवार की हज़ार रुपये की आमदनी होने के कारण द्विवेदी जी का नाम हजारीप्रसाद हो गया था। मैनेजर पाण्डेय नाम भी कुछ सोच-समझ कर ही रखा गया होगा।

मैनेजर पाण्डेय स्कूली शिक्षा पूरी कर बनारस आये और बीएचयू से उच्चतर शिक्षा पायी। लम्बे समय तक वह दिल्ली के जवाहरलाल नेहरू विश्वविद्यालय के भारतीय भाषा विभाग में प्रोफ़ेसर रहे। इस बीच उन्होंने व्यवस्थित ढंग से काम किया और नामवर सिंह ने जिस दिशा में काम किया था, उसे आगे बढ़ाया। हिन्दी साहित्य का पूरा ठाट कमोबेश भदेस-अभिजनवादी रहा है। हिन्दी भाषा की जड़ें बोलियों में हैं और खड़ी बोली के रूप में इसका नगरीय रूप विकसित हुए बस सौ–सवा सौ साल हुए हैं। आधुनिक हिन्दी साहित्य का भी यही समय है। ऐसे में मैनेजर पाण्डेय को हिन्दी भाषा और उसके साहित्य का मिज़ाज समझने में कोई कठिनाई नहीं हुई होगी।

वह 19वीं सदी के रूसी साहित्यालोचक चेर्नाश्वेस्की की तरह साहित्य को समाज के निकर्ष पर परखने के आग्रही रहे और इसी क्रम में उनके साहित्य सम्बन्धी विचारों का एक व्यवस्थित दस्तावेज़ पुस्तक रूप में 1982 में प्रकाशित हुआ 'साहित्य के समाजशास्त्र की भूमिका'। 2005 में प्रकाशित उनकी पुस्तक 'आलोचना की सामाजिकता' उसी की अगली कड़ी है। उनकी मौलिक किताबें एक दर्जन से अधिक होंगी...व्यावहारिक आलोचना पर भी उन्होंने उल्लेखनीय कार्य किया है, लेकिन इन सबसे अधिक एक विद्वान शिक्षक के रूप में उन्होंने विशिष्ट छात्रों की ऐसी मण्डली विकसित की, जो आज हिन्दी साहित्य के चिन्तन और आलोचना को चतुर्दिक समृद्ध कर रहे हैं।

मैं साहित्य का विधिवत् विद्यार्थी कभी नहीं रहा, लेकिन प्रो. पाण्डेय से निकटता 1980 के दशक से ही रही। राजनीतिक स्तर पर वह मार्क्सवादी चेतना के थे, लेकिन मेरी जानकारी में नामवर जी की तरह वह किसी कम्युनिस्ट पार्टी के मेंबर कभी नहीं थे। सांस्कृतिक बौद्धिक स्तर पर वह विवेकवादी थे। मुझसे मिलते तो कभी-कभार बौद्ध धर्म–दर्शन की चर्चा छेड़ देते और फिर देर तक बातें होतीं। एक दफा उन्होंने अपने इलाक़े के एक गाँव हाथीखाल की चर्चा की और बताया कि वह गाँव ही हत्तीगाम है, जहाँ बुद्ध ने अन्तिम उपदेश दिया था। बुद्ध के निर्वाण स्थल कुशीनगर से कोई 80 किमी दूर स्थित इस गाँव में उन्होंने रुचि लेनी शुरू की। उनके एक शिष्य (अब दिवंगत) केदार चौधरी थे, जिनका वह गाँव था। वहाँ स्थानीय खुदाई में ग्रामीणों को बुद्ध की मूर्तियाँ मिली थीं। उस हाथीखाल गाँव में ग्रामीणों ने बुद्ध का एक स्मारक बनवाया, एक भव्य जलसा हुआ, जिसमें देश-विदेश के अनेक बौद्ध भिक्षुओं के साथ में और बिहार सरकार के तत्कालीन मन्त्री शिवानन्द तिवारी शामिल हुए।

पूरे कार्यक्रम के पीछे पाण्डेय जी दत्तचित्त होकर लगे थे। अपने इलाक़े को बुद्ध से जोड़ कर वह उत्साहित थे। यह सम्भवत: 2001 की बात होगी। इसके पूर्व वह ऐसे ही उत्साहित थे, जब उन्होंने अश्वघोष की किताब 'वज्रसूची' पढ़ी थी। इस पर उन्होंने एक लेख भी लिखा था, जो 'हंस' में प्रकाशित हुआ था। 'मनुस्मृति' के साथ 'वज्रसूची' की तुलना करते हुए वर्णाश्रम व्यवस्था पर उन्होंने जिस तरह से सवाल उठाये थे, वह आज भी उल्लेखनीय है। अश्वघोष की कृति, सौन्दरनन्द और गीता पर उनसे बात की, तब ख़ूब उत्साहित हुए। हम दोनों नेहरू को पसन्द करते थे। बातचीत से ही पता चला था कि हम दोनों ने नेहरू को पटना के कांग्रेस अधिवेशन के समय 1962 में देखा था। मैं तब नौ साल का था और वह 21 के। साहित्य में बुद्धि-विवेकवाद के हम दोनों हिमायती थे।

तंग व कट्टर नज़रिया चाहे मार्क्सवाद का ही क्यों नहीं हो, हम दोनों ख़ारिज करते थे। इसलिए उनसे मिलने का उत्साह बना रहता था। पिछले वर्ष उनके 80वें जन्मदिन पर हुई एक अन्तरराष्ट्रीय ऑनलाइन संगोष्ठी में उन्हें स्क्रीन पर ही देखा। इस बार जब वह बीमार पड़े और अस्पताल में भर्ती हुए, तब उम्मीद की थी कि वह ठीक हो जायेंगे और फिर उसी उत्साह के साथ मिलेंगे, लेकिन यह नहीं होना था। उन्होंने निराश किया, दुनिया को अलविदा कर दिया। उनके विद्वतापूर्ण कार्य, उनकी किताबें हिन्दी साहित्य को दीर्घकाल तक निदेशित करती रहेंगी। हाँ, हिन्दी के सांस्कृतिक जीवन में जो खालीपन आया है, उसे भरा नहीं जा सकेगा।

समाजशास्त्रीय विचारों को साहित्य से जोड़ा

वरिष्ठ आलोचक मैनेजर पाण्डेय का निधन हिन्दी साहित्य के लिए दुखद घटना है। हिन्दी आलोचकों में उनका नाम बहुत ऊँचे स्तर पर था। उनका लेखन अमिट रहेगा। उन्होंने हिन्दी आलोचना के क्षेत्र में बड़ा काम किया। उनका सारा लेखन ही महत्त्वपूर्ण है। उन्होंने भक्ति साहित्य को नये ढंग से पढ़ने और समझने की राह दिखाई। विशेष रूप से हिन्दी साहित्य में समाजशास्त्रीय आलोचना की गम्भीर शुरुआत की। नये साहित्य को पढ़ने की उनकी तरफ़ से दी गयी यह बड़ी दृष्टि दी थी। इसके लिए उन्हें हमेशा याद रखा जायेगा।

सबसे महत्त्वपूर्ण बात यह थी कि दिवंगत पाण्डेय ने क्रान्तिकारी विचारों को साहित्य से जोड़ने में बड़ी भूमिका निभायी। साहित्य को समझने और जानने में उनके द्वारा किया गया यह बड़ा बदलाव उनके लेखन से ही आया। यह उनकी बड़ी देन है। उन्होंने हिन्दी आलोचना के क्षेत्र में बिहार से आगे जाकर राष्ट्रीय पहचान बनायी। नलिन विलोचन शर्मा, डॉ. सुरेन्द्र चौधरी और डॉ. नागेश्वर लाल जैसे सशक्त आलोचकों के अलावा मैनेजर पाण्डेय उन आलोचकों में थे, जिन्हें राष्ट्रीय ख्याति मिली। उन्होंने अपने कृतित्व से बिहार को गौरवान्वित किया।

हालाँकि, उनका समूचा लेखन ही आलोचना साहित्य की धरोहर है। इससे उनकी साहित्यिक प्रखरता का अन्दाज़ा लगाया जा सकता है। उन्होंने आलोचना को नयी शैली दी। उनका व्यक्तित्व बेहद सरल और सशक्त था। वह संवेदनशील साहित्यकार के रूप में याद रखे जायेंगे। सबसे बड़ी बात यह है कि वह बिहार को कभी नहीं भूले। वह अक्सर पटना आते थे। उनसे हुई मुलाक़ातें हमारे ज़ेहन में हमेशा बनी रहेंगी। वह अपने युग के बड़े लेखक थे। उनके निधन की ख़बर साहित्य जगत के लिए दुखभरी घटना है। उन्हें नमन है। उन्हें सादर श्रद्धांजलि अर्पित करता हूँ। उनका देहान्त साहित्य जगत की यह अपूरणीय क्षति है।

नदी पार कर स्कूल जाया करते थे

हिन्दी साहित्य के शीर्षस्थ आलोचक प्रो. डॉ. मैनेजर पाण्डेय के जीवन संघर्ष की दास्तां उनके पैतृक गाँव गोपालगंज ज़िले के पंचदेवरी प्रखण्ड के लोहटी में सबकी ज़ुबान पर है। इस गाँव में गिने-चुने लोगों का ही शिक्षा से ताल्लुक रहा है। ऐसे गाँव से निकलकर डॉ. पाण्डेय ने जेएनयू तक का सफ़र तय किया और पूरे देश में अपनी एक अलग पहचान बनायी। गाँव की बग़ल में राजापुर प्राथमिक विद्यालय व बगही मध्य विद्यालय से प्रारम्भिक शिक्षा ली। इसके बाद खुरहुरिया हाई स्कूल में नामांकन हुआ। गाँव से इस स्कूल की दूरी क़रीब 10 किमी. थी। बीच में सोना नदी थी। कभी-कभी गर्दन भर पानी पार कर विद्यालय जाना पड़ता था, लेकिन वह प्रतिदिन विद्यालय जाया करते थे, 1959 में उन्होंने मैट्रिक परीक्षा पास की। बीच में उन्हें पढ़ाई भी छोड़नी पड़ी थी, लेकिन उन्होंने हिम्मत नहीं हारी। बीएचयू से पीएचड़ी करने के बाद 1969 में बरेली कॉलेज, बरेली में उनकी नौकरी हुई। उसके बाद उन्होंने कभी पीछे मुड़ कर नहीं देखा।

मैनेजर पाण्डेय का प्रकाशित साहित्य

प्रकाशित पुस्तकें

शब्द और कर्म, साहित्य और इतिहास–दृष्टि, भक्ति आन्दोलन और सूरदास का काव्य, साहित्य में समाजशास्त्र की भूमिका, आलोचना की सामाजिकता, संकट के बावजूद, उपन्यास और लोकतन्त्र, हिन्दी कविता का अतीत और वर्तमान, आलोचना में सहमति–असहमति, भारतीय समाज में प्रतिरोध की परम्परा, अनभै सांचा, साहित्य और दलित–दृष्टि, शब्द और साधना।

सम्पादित पुस्तकें

सीवान की कविता मुक्ति की पुकार, पराधीनों की विजय यात्रा, सूर संचयिता, लोकगीतों और गीतों में 1857, देश की बात, मुग़ल बादशाहों की हिन्दी कविता, नागार्जुन चयनित कविताएँ, आचार्य द्विवेदी की स्मृति में (द्विवेदी अभिनन्दन ग्रन्थ)-2015

सम्मान व पुरस्कार

हिन्दी अकादमी दिल्ली द्वारा 'शलाका सम्मान', 'राष्ट्रीय दिनकर सम्मान', रामचन्द्र शुक्ल शोध संस्थान, वाराणसी का 'गोकुलचन्द्र शुक्ल पुरस्कार', दक्षिण भारत हिन्दी प्रचार सभा का 'सुब्रह्मण्य भारती सम्मान', 'साहित्य सेवी पुरस्कार', 'बिहार राजभाषा पुरस्कार'।

मैनेजर पाण्डेय के नोट्स

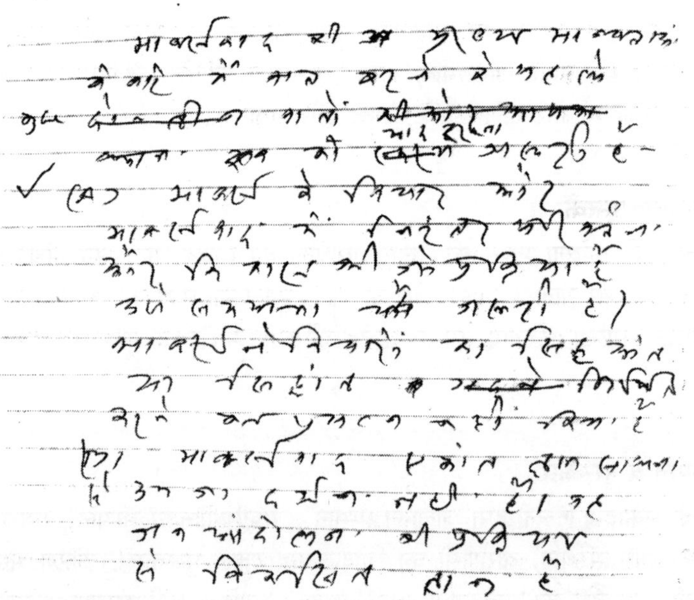

भारतीय स्त्री की पराधीनता की
पीड़ा और स्वाधीनता के लिए
संघर्ष की आकांक्षा की जैसी
अभिव्यक्ति कविता और गद्य में
महादेवी वर्मा ने की है वह
20वीं सदी के हिन्दी साहित्य में
अनन्य है।

20वीं सदी की हिन्दी कविता
आकांक्षाओं की कविता है
छायावाद 1 परिवर्तन की आकांक्षा
प्रगतिवाद 2 प्रगति की आकांक्षा
प्रयोगवाद 3 कविता में प्रयोग की
आकांक्षा
अंतिम दशकों में 4 प्रतिरोध की आकांक्षा

11-12 नवम्बर 2016

(1) आचार्य शुक्ल के भाव या मनोविकार संबंधी निबंधों में अभिव्यक्त उनकी सामाजिक दृष्टि

1 चिंतामणि में आए निबंध यद्यपि भाव या मनोविकार पर हैं, लेकिन उनमें मनोविज्ञान से अधिक समाज-दर्शन या सामाजिक दृष्टि भी अभिव्यक्त है।

(2) ये सभी निबंध स्वाधीनता आंदोलन के काल में लिखे गए थे। भारतीय स्वाधीनता आंदोलन केवल राजनीतिक मुक्ति का आंदोलन नहीं था, वह सामाजिक मुक्ति का भी आंदोलन था। उसमें नयी सामाजिक चेतना और दृष्टि के विकास का प्रयास भी था। शुक्ल जी के निबंधों में उसी नयी सामाजिक चेतना और दृष्टि की व्यंजना है।

(3) स्वाधीनता आंदोलन की सफलता के लिए भारतीय मानव-समाज में नई कर्मशीलता, कर्मठता या क्रियाशीलता के

महादेवी वर्मा

उनका काव्य — जीवन-जगत के बारे में जितना सजग बनाता है

उनके रेखाचित्र — मानवीय संवेदनशीलता को विकसित करते हैं

विवेचनात्मक गद्य — विचार-सम्पन्न बनाता है

उनका जीवन — निर्भीकता और सत्यनिष्ठा की प्रेरणा देता है

(2) (A) जीवन — संघर्ष के विभिन्न रूप

स्वतंत्रता के लिए — व्यक्तिगत — परिवार

(3) छायावादी कवियों में केवल अकेली महादेवी वर्मा स्वाधीनता आंदोलन से जुड़ी थी।

महात्मा गांधी का गहरा असर 1930–42

स्वाधीनता आंदोलन के दौरान

गुप्तरूप से प्रचार साहित्य के वितरण की व्यवस्था। क्रांतिकारियों को मदद।

(4) बंगाल का अकाल — बंग दर्शन

(D) जो अंग्रेजों से लड़ सकती थी

वह अपनों से भी लड़ी —

आघात काल — गले का आपरेशन

"गनीमत थी, मेरा तो गला ही कटा था, देश की तो जबान काट ली गई थी।"

1926
57
69

भारत दुर्दशा — भारतेन्दु
भारत सौभाग्य — प्रेमघन · 89
भारत दुर्दशा — प्रतापनारायण · 93-4

भारतेन्दु की अनेक रचनाओं — नाटकों में
भारतीय सामंतों - राजाओं की आलोचना।
विषस्य विषमौषधम् —
कलकत्ते के सब राजा अपूर्व कृतघ्न।
कैसे राजा — अंगरेज के —

भारतेन्दु युग के साहित्य में 1857 के संग्राम
का उल्लेख नहीं है। उल्लेख करना
आसान नहीं था — लेकिन पराधीनता
के कारण देश की दुर्दशा का वर्णन है
और स्वाधीनता की आकांक्षा भी है
जिसे 1857 के संघर्ष की देन कहा
जा सकता है। भारत सौभाग्य — प्रेमघन।
(X) 1857 के संग्राम का ब्योरा है 1889

1857 का उल्लेख — वीरों की गाथा
1869 की रचना 'आल्हा की रायसौं'
कल्याण सिंह कुड़रा —

बुंदेली रचना — राव कवि मदन दाऊ जी [illegible]

अंगनामा — [illegible] सिंह — गदर के ख्याल के
[illegible] के [illegible] सिंह विजय
के 1857 के युद्ध का वर्णन

प्रेमचंद —	1857 — कर्मभूमि
सोज़े वतन	आहुति — भगत सिंह

साहित्य के इतिहास से समाज का इतिहास स्वतंत्र और पूर्व निर्धारित नहीं होता। — साहित्य का इतिहास कभी-कभी समाज का इतिहास रचता और लिखता भी है

बंगला नवजागरण - से हिन्दी-नवजागरण का अंतर

कभी-कभी अतीत का बोध = वर्तमान की चेतना - भविष्य की चिंता

साहित्य की चेतना जातीय/राष्ट्रीय राजनीतिक चेतना की बुनियाद बनती है, इसका उदाहरण है बंगलादेश का इतिहास....

समाज के इतिहास और साहित्य के इतिहास के बीच गहरा रिश्ता है — रामचन्द्र शुक्ल [illegible]

साहित्य के इतिहास-लेखन की [illegible] अभिप्राय का स्वरूप दुनिया भर में स्त्रियों द्वारा अपने साहित्य के इतिहास-लेखन के प्रयासों में दिखाई देता है।

Andrienne Rich के एक निबंध 'When we ~~dead~~ Awaken: Writing as Re-vision' में लिखा है

" Revision — the act of looking back of seeing with a fresh eye, of entering an old text from a new critical direction is for women more than a chapter in cultural history: it is an act of survival. Until we can understand the assumptions in which we are drenched we cannot know ourselves. We need to know the writing of the past, and know it differently than we have ever known it, not to

(7)

आधुनिक हिन्दी साहित्य का इतिहास

(1) साहित्य के इतिहास का आधार समाज का इतिहास

(2) हिन्दी साहित्य — मध्य युग से आधुनिक युग में — सामंती युग से जनयुग में

(3) लोक भाषाओं — मैथिली, ब्रज, अवधी से खड़ीबोली (प्रांतीय भाषा) बाद का साहित्य

(4) भारतीय भाषाओं के साहित्य से हिन्दी साहित्य का सम्बन्ध
बांग्ला | मराठी

(5) ——— यूरोप के साहित्य से सम्बन्ध।

स्वाधीनता के पूर्व और पश्चात हिन्दी साहित्य के इतिहास-लेखन के लक्ष्य

(क) स्वत्व/अस्मिता/परंपरा की पहचान

(ख) हिन्दी भाषा और साहित्य की व्यापकता-विविधता का बोध कराना

व्यावहारिक आलोचना
(क) गोस्वामी तुलसीदास
(ख) जायसी ग्रन्थावली की भूमिका
(ग) भ्रमरगीत-सार की भूमिका
(घ) हिन्दी साहित्य का इतिहास में...

हिन्दी का इतिहास

3 सैद्धांतिक आलोचना

(क) भारतीय काव्यशास्त्र का
पुनर्मूल्यांकन और नयी स्थापनाएं
(ख) अलंकारवाद और रीतिवाद का
खण्डन
(ग) रस-सिद्धांत का नया स्वरूप—
साधारणीकरण का स्वीकार - नयी व्याख्या
आलंबन भाव के महत्व की स्थापना
सुख-दुखात्मक को रसः का स्वीकार
रसानुभूति की आनंदमयता का अस्वीकार

4. कविता के स्वरूप की नयी व्याख्या
हृदय की मुक्तावस्था
काव्य में बिम्ब-विधान का महत्व
लेकिन बिम्बवाद का खण्डन
चित्रों बात करना अच्छी बात है, पर कहने
के लिए कोई बात चाहिए।

रीतिकाल देव-मतिराम / बिहारी-घनानंद
भारतेन्दु-मैथिलीशरण गुप्त, प्रसाद-पंत

5 काव्य-दर्शन-कविता के दार्शनिक
दूसरे पैड पर

6 व्यावहारिक आलोचना

(क) तुलसीदास की दार्शनिकता
का विवेचन — भाव-दर्शन, समाज-दर्शन
(ख) सूरदास की कलात्मकता —
काव्य भाषा का सौंदर्य क्रीड़ा भाव
भाव सम्पन्नता-पंचामृत
(ग) जायसी के पद्मावत में
लोक भाषा, लोक संस्कृति, लोकजीवन
एवं मानविकता स्वीकृत.

7. साहित्य का इतिहास

(क) समग्रतावादी इतिहास दृष्टि
हिन्दी समाज + हिन्दी = हिन्दी साहित्य
(ख) साहित्य का सामाजिक आधार
साहित्य जनता की चित्तवृत्ति का
संचित प्रतिबिम्ब। आलोचना की प्रकृति / (४)
(ग) इतिहास और
विद्यापति, कबीर, जायसी-सूर-तुलसी / रीतिकाल
(घ) परंपरा की खोज और अपनी
पहचान का प्रश्न।
हम कौन थे क्या हो गये
फिर और क्या होंगे अभी
उपनिवेशवाद-विरोधी दृष्टिकोण।

□□□